EXERCICES

DE SAINT IGNACE

Imprimatur.

Tornaci, die 25ᵃ januarii 1864.

A.-P.-V. DESCAMPS
Sac. Theol. Doct. et Vic.-Gen.

EXERCICES

DE

SAINT IGNACE

POUR UNE RETRAITE DE HUIT JOURS

PAR

Le P. CATTANEO

de la Compagnie de Jésus.

TRADUCTION DE M. LE CHANOINE D.-G. HALLEZ

professeur au Séminaire de Tournai.

NOUVELLE ÉDITION.

PARIS ✛ LEIPZIG

LIBR. INTERNATIONALE CATHOLIQUE | L.-A. KITTLER, COMMISSIONNAIRE

Rue Bonaparte, 66 ✛ Querstrasse, 34

Vve H. CASTERMAN

ÉDITEUR PONTIFICAL, IMPRIMEUR DE L'ÉVÊCHÉ.

TOURNAI

1883

69391270

MANIÈRE

DE PRATIQUER LES SAINTS EXERCICES.

———◦◇◦———

Un bon nombre de religieux et de séculiers ont coutume de faire chaque année les exercices spirituels. On ne voit pas cependant chez tous ce changement et cette perfection de vie qui est l'effet propre des exercices. Plusieurs restent fermes pendant quelques mois, et puis retombent dans leurs imperfections. C'est un signe que les exercices n'ont pas été bien faits, car ils suffisent pour faire des saints.

La perfection de l'homme, selon tous les maîtres de la vie spirituelle, consiste dans son union avec Dieu par le moyen de la grâce en cette vie, et par le moyen de la gloire en l'autre. En effet, l'homme par lui-même n'étant que pauvreté, toute sa richesse provient de son union avec le souverain Bien, à peu près comme un corps froid se réchauffe au contact d'un plus chaud, et comme le noir blanchit, en s'unissant à la blancheur.

La fin et le but des exercices n'est pas de passer huit ou dix jours en retraite, ni de faire trois ou quatre méditations par jour, ni de recevoir de belles lumières d'en haut. Il ne suffit pas de lire, d'écrire et de conférer beaucoup avec son directeur. Cette fin consiste à devenir meilleur, de telle sorte que la parole de Samuël à Saül se vérifie en nous : L'esprit du Seigneur s'emparera de vous, et vous serez changé en un autre homme. *Insiliet in te spiritus Domini, et mutaberis in virum alium.* Il suffit moins encore de faire une confession générale de toute sa vie, ou depuis l'époque où l'on a fait cette confession.

Dieu dit un jour à sainte Thérèse : Oh! combien il y a d'âmes à qui je parlerais volontiers, pour leur manifester les mystères les plus sublimes; mais le monde fait du bruit autour de leur cœur et de leurs oreilles, tellement que ma voix ne peut s'en faire entendre. Oh! si elles se séparaient quelque peu du monde!

Or, remarquez qu'il y a quatre sortes de solitudes dans lesquelles Jésus-Christ s'est retiré, selon que l'évangile le rapporte. La première est celle du désert où il jeûna pendant quarante jours et quarante nuits, et où il fut tenté par le démon; on peut la nommer la retraite de pénitence. La seconde, ce fut sur la montagne des Oliviers, où il donna en particulier à ses disciples ces hautes leçons de sagesse chrétienne : Bienheureux les pauvres; bienheureux ceux qui pleurent; bienheureux les humbles. On peut l'appeler la retraite d'enseignement. La troisième fut sur le mont Thabor, où il se transfigura entièrement en présence de trois de ses disciples, Pierre, Jacques et Jean ; et l'évangéliste rapporte que dans cette vision du paradis, Elie et Moïse s'entretenaient de la passion de Jésus-Christ. Cette solitude peut être appelée celle de la compassion. La quatrième eut lieu sur le mont de Galilée, lorsqu'après sa résurrection, Notre-Seigneur se montra tout glorieux à ses apôtres dans un lieu écarté ; et cette quatrième solitude peut s'appeler celle de la joie. Nous les fréquenterons toutes quatre pendant les saints exercices ; et chacun de nous dira certainement : ô heureuse solitude, ô unique béatitude ! *O beata solitudo, o sola beatitudo.* Nous allons donner ici quelques avis utiles à cette fin.

I. Il faut s'armer de constance contre les tentations. Dans le cours des exercices, plusieurs sont tentés de défiance ; il leur semble qu'ils ne pourront changer de vie, ou que leur changement ne durera pas. Dans ce temps, l'un est combattu par la tristesse, l'autre par le dégoût, un autre par des pensées mauvaises ou par des inquiétudes et des sollicitudes temporelles ; ils sont presque au regret d'être entrés en retraite. Pour votre consolation, remarquez ce qui est arrivé à Jésus-Christ lui-même. Il n'est pas dit que le démon l'ait jamais tenté ailleurs que dans le désert. S'il n'a pas épargné le Sauveur, comment vous épargnera-t-il,

vousqui êtes dans la solitude des saints exercices?
Courage donc et persévérance. Armez-vous bien
de force contre tous vos ennemis ; ne cherchez pas
les consolations spirituelles; mais abandonnez-
vous totalement entre les mains de Dieu, avec
défiance de vous-même et pleine confiance en lui.
Ecoutez le bel avis de saint Ignace : Celui qui se
met en retraite se sent merveilleusement fortifié,
quand il y entre avec un cœur grand et généreux,
et qu'il offre toutes ses puissances et son libre
arbitre à Dieu son créateur : *Mirum in modum
juvatur qui suscipit exercitia, si magno ac libe-
rali animo accedens, totum studium et arbitrium
suum offerat Deo creatori.* Remarquez cette
parole, *merveilleusement.* Oh! que de merveilles
le Saint-Esprit opèrera en vous, si vous vous donnez totalement et sans réserve à Dieu pendant
cette sainte retraite!

II. Il faut consulter en tout le Père spirituel, et
lui découvrir avec sincérité les mouvements de
votre âme. C'est ainsi que pendant la maladie et
l'application des remèdes, on communique au
médecin tous les incidents nouveaux qu'on éprouve
dans le corps. Il faut surtout se garder de faire
des vœux ou des pénitences sans permission.

III. Il convient de faire l'examen particulier sur
la fidélité aux annotations, qui sont si importantes
pour le succès des saints exercices. Une montre à
rouages, quoique parfaite, s'arrête pour la moindre chose qui en gêne le mouvement. Un grand

navire est arrêté dans sa course par un petit poisson. Estimez la transgression des annotations comme un mal de conséquence, car on ne peut appeler petit mal, ce qui peut empêcher un grand bien.

IV. Nous assignons trois sujets de méditations seulement pour chaque jour. La quatrième peut être une répétition de celles déjà faites, comme saint Ignace le recommande beaucoup. Plus on presse sur un cachet, plus avant il s'imprime et se grave dans la cire. Il en est de même de la répétition des méditations dans le cours des exercices.

V. Les vérités éternelles, quelque frappantes qu'elles soient, n'émeuvent la volonté que pour autant qu'on les connaît ; plus on s'en pénètre, plus on en est touché. C'est pourquoi on ne doit pas se contenter pendant la retraite de les effleurer superficiellement, mais on doit tâcher de les posséder à fond. Et parce que les vérités que la foi nous propose, sont plus certaines que l'évidence même, il est aussi préférable, pour certaines vérités principales, de faire appel à la foi que de recourir au raisonnement ; et bien souvent, on réussit plus facilement par cette voie. Si nous pouvions voir la gloire du ciel ou les peines des damnés, des yeux du corps, combien nous serions touchés de ce spectacle ! La vue de la foi est plus certaine et plus pénétrante que celle du corps. Ajoutez à cela qu'une oraison dirigée par les seules lumières de la foi est plus parfaite. Si on disait à un aveugle : Voici le Roi ! dans quel maintien respectueux il se mettrait aussitôt !

VI. Comme la multitude des viandes nourrit moins qu'elle ne charge l'estomac, et que la quantité de bois n'entretient pas, mais étouffe le feu ; ainsi dans les exercices, la quantité de lectures, la multitude des réflexions font que l'intelligence éparpille ses pensées sur une foule de vérités, et n'en pénètre aucune. Une seule vérité bien approfondie fera plus d'impression sur le cœur que cent qui auront été seulement effleurées. Les rayons du soleil concentrés sur un seul point, prennent feu ; épars çà et là, ils ne brûleraient pas seulement une paille ; c'est ainsi que toutes les pensées de la retraite, si on a soin de les ramasser sur un seul objet, ne manqueront pas d'allumer dans le cœur un foyer ardent.

VII. Faites un compte sommaire de la distribution des heures, et soyez fidèle à l'observer, jusque dans les plus petits détails. S'il vous reste du temps libre, employez-le à la lecture d'un chapitre de l'Imitation, ou à tenir note de ce qui vous a frappé, ou à faire quelques prières vocales. N'oubliez pas dans le cours de la journée, de faire de fréquentes oraisons jaculatoires, appropriées aux sujets que vous avez médités.

VIII. Ayez sous la main un petit cahier, sur lequel vous écrirez les lumières, les sentiments et les affections qu'il plaira au Seigneur de vous donner pendant les saints exercices. Vous y marquerez aussi vos résolutions, qui sont le fruit que vous tirerez des méditations. Ce cahier vous servira à deux choses fort importantes. Premièrement, à imprimer plus avant dans votre esprit les vérités méditées; secondement, en le relisant de temps à autre, et au moins une fois le mois, vous pourrez juger si vous avancez ou si vous reculez. C'est ce que fait un bon économe qui tient son livre de compte où il enregistre toutes ses dépenses et ses recettes dans le plus grand détail. Ce cahier sera donc le livre de votre âme. Vous y verrez les grâces que le Seigneur vous a faites, et comment vous y avez correspondu.

IX. Enfin ne perdez pas un seul moment de ces jours si précieux : *Particula boni doni non te prætereat.* Imitez, en quelque sorte, la sollicitude que le prêtre met à l'autel, pour ne point laisser perdre les moindres parcelles consacrées, parce que chaque atome sensible de l'hostie contient Jésus-Christ tout entier. La moindre parcelle de temps, dit saint Bernardin de Sienne, vaut autant que Dieu. *Tantum valet modicum tempus, quantum Deus.* Et pourquoi ? parce qu'avec cette parcelle de temps bien employée, on peut gagner Dieu. *Bene enim consumpto tempore, enitur Deus.* Je termine par la magnifique invitation de saint Pierre Chrysologue :

> *Dedimus corpori annum,*
> *Demus animæ dies ;*

Vivamus paululum Deo,
Qui sæculo viximus totum.
Seponamus domesticas curas.

Nous avons donné toute l'année au corps, donnons quelques jours à l'âme. Vivons un peu pour Dieu, après avoir vécu tant de temps pour le siècle. Congédions pour un moment toutes les sollicitudes domestiques.

MANIÈRE

DE SE METTRE EN PRÉSENCE DE DIEU AVANT LA MÉDITATION.

———❦———

Je crois avec une foi vive, ô mon Dieu, que vous m'êtes ici présent. Je vous adore comme mon créateur et mon souverain Seigneur, et je vous supplie de tout mon cœur de m'assister dans cette méditation, afin que j'en retire le fruit que vous croyez m'être le plus nécessaire pour le salut et la perfection de mon âme.

Sipiritus sancti gratia illuminet sensus et corda nostra.

Que la grâce du Saint-Esprit éclaire nos intelligences et nos cœurs.

Maria, Mater sapientiæ, doce, illumina et rege me.

Marie, Mère de la sagesse, enseignez-moi, éclairez-moi, dirigez-moi.

Angele Dei, qui custos es mei, me illumina, custodi, rege et guberna. Amen.

Ange de Dieu, qui êtes mon gardien, éclairez-moi, protégez-moi, dirigez-moi, et gouvernez-moi. Ainsi soit-il.

RETRAITE SPIRITUELLE

PREMIÈRE PARTIE

MÉDITATIONS

MÉDITATION PRÉPARATOIRE.

IMPORTANCE DU SALUT. — MON SALUT ÉTERNEL DÉPEND
PEUT-ÊTRE DE CES EXERCICES.

PRIÈRE.

*Per signum crucis de inimicis nostris, libera nos,
Deus noster.*

In nomine Patris, et Filii, et Spiritus sancti ! Amen.

Faisons brièvement : 1° un acte de foi sur la présence
de Dieu. — 2° Un acte d'adoration. — 3° Un acte de
demande.

Pour m'exciter à cet acte de foi, je me figurerai que
je suis tout en Dieu, et que Dieu m'enveloppe de toute
part, comme un homme qui se place en face du soleil
est tout environné des rayons du soleil. Je l'adorerai,
en disant par exemple : *Venite, adoremus, et proci-
damus ante Deum* ; je lui demanderai la lumière et le
secours dont j'ai besoin pour bien faire cette méditation.
PRÉLUDE. Je me figurerai que ma prédestination
à la vie éternelle est comme une chaîne composée de

divers anneaux, qui sont les grâces actuelles de Dieu, grâces auxquelles je dois correspondre. Cette correspondance supposée, l'œuvre de mon salut débute par les plus faibles commencements, pour aboutir enfin à la possession de Dieu.

Je puis également me la représenter comme une échelle, telle que celle de Jacob, dont le pied repose sur la terre, et qui, de degré en degré, s'élève jusqu'au ciel.

Mon Jésus, qui êtes mort sur la croix pour sauver mon âme : *Vias tuas, Domine, demonstra mihi, et semitas tuas edoce me;* découvrez-moi vos voies, Seigneur, et instruisez-moi de vos sentiers. Au milieu de ce dédale de fausses routes qui se rencontrent ici-bas, mettez-moi en main le fil qui doit me diriger dans la voie par où vous voulez que je marche : *Vias tuas.* Mes voies sont incertaines; les voies du monde sont trompeuses. *Vias tuas, Domine, demonstra mihi, et semitas tuas edoce me.*

Premier point.

Considère, ô mon âme, que la plus grande grâce que Dieu puisse te faire, c'est celle du salut éternel. Si Dieu dévoilait à tes regards tous les trésors de sa puissance, et qu'il te dit : Vois-tu? Voilà les honneurs, les richesses, la beauté, le savoir; voilà en un mot le paradis tel que tu peux le désirer sur la terre : *Pete quod vis, et dabitur tibi;* demande ce qui te plaît, et tes désirs seront accomplis. Supposons que tu choisisses la science; eh bien! quand tu aurais toi seul tout le savoir du monde, quand tu posséderais tous les arts, et tous les secrets de la nature, comme Salomon; si tu viens ensuite à te perdre, toutes ces connaissances ne te serviront de rien, et tu seras plus malheureux que le plus grossier campagnard qui se sera sauvé malgré son ignorance; tu seras plus misérable qu'un aliéné ou un idiot qui entre en paradis. Celui qui ne sait pas se sauver, fût-il l'homme le plus lettré du monde, est le dernier des ignorants.

Et quand tu aurais vécu au sein de l'abondance, de la santé et des délices, comme le volupteux de l'Evangile, tu deviendrais plus pauvre que Lazare, ce mendiant tout couvert de plaies, et pourquoi? Parce que Lazare s'est sauvé, tandis que le riche s'est damné.

Donc, la plus grande grâce que Dieu puisse te faire, c'est celle du salut éternel.

Seigneur, je vous demande cette grâce : *Adveniat regnum tuum*, que votre royaume nous advienne !

La grâce du salut n'est pas seulement la plus grande de toutes les grâces naturelles, elle est encore la plus grande de toutes les grâces même surnaturelles. Quelle grande faveur, si tu étais né du temps de Jésus-Christ, et que le Sauveur t'eût choisi pour son Apôtre et gratifié du don des langues, du don de prophétie, du don des miracles? Or, Judas a possédé tout cela; et néanmoins Judas est un malheureux et un disgracié, parce qu'il fut apôtre et qu'il s'est damné. Réunissez ensemble tous les dons extraordinaires et surnaturels que Dieu a départis à ses plus chers amis : révélations, visions, extases, prophéties, miracles; si ces faveurs ne contribuent pas, comme il est arrivé plusieurs fois, à conduire l'homme au ciel, tout cela n'est rien : *quam dabit homo commutationem pro anima sua?* Il y a quelque chose qui importe plus que le titre d'Apôtre, plus que la dignité de père putatif de Jésus-Christ, comme fut saint Joseph, plus enfin que tout autre don et toute autre grâce surnaturelle, c'est le salut.

Oui, Seigneur, je conçois cette vérité, et le front prosterné dans la poussière, je vous demande le salut de préférence à tout autre faveur : *Unam petii a Domino : hanc requiram, ut inhabitem in domo Domini omnibus diebus vitæ meæ.*

Deuxième point.

Considère, ô mon âme, comment cette affaire si importante du salut dépend fort souvent des plus petites choses.

Le bienheureux Rainer de Pise était occupé à jouer de la guitare. Un homme de grande vertu vient à passer vis-à-vis de lui ; aussitôt il laisse sa musique, le suit, l'entend parler de Dieu, est vivement touché, change de vie, se voue à la perfection, devient un grand saint. Tout cet ordre de choses paraît à nos yeux un jeu du hasard ; mais dans la pensée de Dieu, c'est une suite et un enchaînement de circonstances qui doivent contribuer à notre salut éternel. Le bienheureux Gonzalve, de l'ordre de saint Dominique, étant un jour à cheval, sa monture se cabre et le jette dans la boue ; les assistants d'en rire. Pour lui, réfléchissant sur cette mésaventure : Vois, se dit-il à lui-même, de quelle manière le monde te traite ! Cette pensée le pénètre ; il abandonne le monde et devient un saint. Un passage de l'Evangile entendu par saint Antoine ; un livre qui tombe entre les mains de saint Ignace ; une prédication à laquelle assiste saint Nicolas de Tolentin : tel fut le principe de leur conversion.

Or, supposons que saint Nicolas, que saint Antoine-le-Grand n'eussent pas prêté une oreille attentive à ce sermon, à ce trait de l'Evangile ; que saint Ignace eût manqué d'application dans la lecture de ce livre, qui sait si peut-être ils ne se fussent point perdus ; mais, en tout cas, que de bien n'aurait jamais eu lieu ! Saint Ignace n'aurait pas établi sa compagnie, ni converti saint François Xavier ; tant de milliers de bons livres n'auraient pas vu le jour ; tant de millions d'idolâtres et de païens n'auraient pas reçu la grâce du baptême. Le nombre des enfants morts après le baptême dépasse déjà plusieurs millions. Voyez combien d'âmes ne jouiraient pas du paradis.

O mon Dieu, je comprends, je comprends que mon bonheur éternel peut dépendre d'une chose légère, et très légère même en apparence. Et pourquoi, Seigneur, avez-vous attaché un si grand résultat à des causes si faibles? Pourquoi? Pourquoi? Ah! comprenons bien, ô mon âme, le motif de cette conduite; c'est pour t'apprendre à ne rien négliger.

Les exercices que tu commences peuvent être pour toi, oui, pour toi, le commencement d'une vie sainte, *initium viæ bonæ*. Cette méditation que tu fais, cette lumière que Dieu te donne, peuvent être l'étoile qui doit te guider au port de la bienheureuse éternité.

Réfléchis donc un peu ici : Si le maintien de ta santé devait dépendre de ces exercices, avec quelle application ne les ferais-tu pas? Or, ce n'est pas simplement la santé du corps, mais le bonheur éternel de l'âme qui est attaché à ces exercices. S'ils pouvaient me procurer la fortune ou quelque haute position dans le monde, je n'en perdrais pas un seul instant. Ils peuvent me valoir le salut éternel qui l'emporte sans comparaison sur tous les honneurs, les richesses et les autres avantages du monde; et je ne ferais pas tous mes efforts, pour m'en bien acquitter?

Mais, ô mon âme, pauvre et misérable comme tu es, penses-tu pouvoir te sauver à ta manière et par la voie qui te plaît? Ah! non : il faut te soumettre, et te sauver par celle que Dieu te prescrit et à laquelle il attache sa grâce. Or, n'est-ce pas aujourd'hui même et par le moyen de ces saints exercices qu'il veut que tu commences? Je dirai donc à Dieu : *Emitte lucem tuam et veritatem tuam; ipsa me deduxerunt et adduxerunt in montem sanctum tuum et in tabernacula tua :* Ô mon Dieu! accordez-moi un rayon de votre lumière et de votre vérité. Qu'elles soient mes guides pour me conduire vers votre sainte montagne, c'est-à-dire, pour me diriger dans la voie du salut et de la perfection, et me faire enfin parvenir dans le tabernacle de votre gloire!

Troisième point.

O mon âme, quel que soit ton état présent, et bien que tu sembles n'être pas tout à fait dépourvue de la crainte du Seigneur, puisque tu as de la piété et que tu ne négliges pas les sacrements, considère et médite sérieusement combien d'âmes plus saintes que toi, et qui menaient une vie angélique, après s'être distinguées quelque temps par leur ferveur, ont commencé d'abord par se relâcher, et ont fini par se perdre. La parole de saint Augustin est capable de nous donner à tous de l'effroi : *Vidi homines corruisse, de quorum casu nil minus dubitabam, quam Ambrosii et Hieronymi.* J'ai vu, dit ce saint Docteur, j'ai vu prévariquer des hommes, dont la chute m'a causé autant de stupéfaction que celle d'un Ambroise et d'un Jérôme. L'entendez-vous? Vous croyez être ferme? Prenez garde de tomber. Que celui qui est debout, regarde, dit l'Apôtre ; *qui stat, videat,* c'est-à-dire, qu'il travaille à acquérir toujours plus de lumière ; qu'il prenne toujours plus de précautions, *ne cadat,* de peur de tomber.

Non, on ne peut se contenter d'une certaine médiocrité, mais il faut toujours croître en ferveur ; il faut revenir souvent sur les grandes vérités du salut, et puis recourir à Dieu dans certaines circonstances spéciales. De moi-même que puis-je, sinon défaillir et pécher? Et si, en punition de ma vie tiède et relâchée, Dieu venait à m'abandonner à moi-même, à n'avoir plus de moi qu'un soin ordinaire et à me priver des secours spéciaux de sa grâce, ne pourrais-je point tomber à la première occasion? Or, ces secours spéciaux, comment puis-je les espérer, si je ne m'applique avec une sollicitude spéciale à les obtenir? Saint Augustin affirme qu'il n'est point de crime si énorme qui ne puisse être commis par un homme quelconque, aussi longtemps qu'il vit sur la terre.

Ah ! plût à Dieu, ô mon âme, que nous fussions de ceux qui n'ont besoin que de se perfectionner, et de s'affermir dans leur état ! Que de fois tu tombes et retombes, tu te relèves et tu formes des résolutions et les enfreins ! Peut-être ta vertu n'a-t-elle jamais su triompher d'une épreuve quelque peu critique, comme, par exemple, de souffrir le besoin, de mépriser certaines avances, de résister à certaines séductions ; et je ne sais comment elle sortira intacte de dangers plus pressants. Tu ne possèdes donc pas l'habitude de la vertu ; et d'autre part, tes passions ressemblent aux vipères qui, engourdies par le froid, paraissent sans venin, et que les premiers feux de l'été rendent plus venimeuses que jamais. Ta piété se soutient à peine un mois, et même moins. Enfin si tu comptes bien, tu verras que tu déchois d'année en année, parce que les vrais principes, les maximes de l'Evangile ne font plus sur toi la même impression qu'auparavant.

Or, en vivant de la sorte, quel avenir te prépares-tu ? Regarde donc, ô mon âme, regarde ces jours comme les premiers anneaux de la chaîne de ta prédestination. Que de fois peut-être tu as rompu cette chaîne ! Recommence - la maintenant, et tout de bon. Considère combien il y a d'âmes en enfer, qui se seraient sauvées, si elles avaient eu l'avantage de faire une seule fois les exercices ! Et combien sont en paradis, qui n'y seraient peut-être pas ou qui n'y seraient certainement pas si élevées, si elles avaient négligé les exercices !

Dieu te fait cette grâce et t'accorde ces jours de salut : *Ecce nunc tempus acceptabile ; ecce nunc dies salutis.* Offre-lui ce peu de jours en compensation du temps si considérable que tu as mal employé ou tout à fait perdu. Pendant ces jours, Dieu et mon âme, voilà ra toute mon occupation ; Dieu et mon âme, à lieu de tout le reste. Et si la retraite, le silence, tie, l'oraison me causent quelque ennui, je me rai que de ma générosité à vaincre ces difficultés, peut dépendre et dépendra probablement mon salut éternel. Ainsi donc l'affaire dont nous allons traiter, c'est notre éternité : *Negotium pro quo contendimus, æternitas est.*

Iᵉʳ JOUR.

Iʳᵉ MÉDITATION.

DU FONDEMENT OU DE LA FIN DE L'HOMME.

Creatus est homo ad hunc finem, ut Dominum Deum suum laudet, ac revereatur, eique serviens tandem salvus fiat. (S. Ignace.)

L'homme a été créé, afin de louer, de révérer et de servir le Seigneur son Dieu, et de parvenir ainsi au salut.

Cette méditation s'appelle le fondement, parce que c'est sur elle que repose toute la suite des exercices, toute la vie chrétienne, toute la vie spirituelle, et même toute la vie civile et politique. De même qu'après avoir fixé le but du voyage, chacun voit aussitôt le chemin qu'il doit choisir, de même, quand j'aurai bien déterminé la fin pour laquelle je suis au monde, à l'instant, je découvrirai les moyens et les voies auxquels je dois m'attacher.

Saint Bernard proposait souvent à ses religieux les deux réflexions que voici : *Unde venis? Quo vadis?* D'où viens-tu? Où vas-tu? J'en ajouterai une troisième : *Ubi es?* Où es-tu?

Nous tirerons donc la connaissance de notre fin de ces trois points : *Unde venis? Quo vadis? Ubi es?*

Unde venis? D'où viens-tu ?

Mon point de départ pour arriver à l'existence, quel est-il ? C'est le néant. Je suis sorti du néant. Il y a cinquante, cent, mille ans, moi, qui suis ici maintenant, qui vis et qui pense, j'étais néant. Ce monde, cette maison, cette ville existaient sans moi, et personne ne pensait à moi ; et de même qu'il importe très peu qu'il y ait au monde une fourmi de plus ou de moins ; ainsi importait-il peu ou point du tout au monde, que je reçusse la vie.

Pauvre enfant du néant, regarde quel capital tu possèdes en propre ! Si tu avais été un grain de poussière, tu serais du moins quelque chose ; mais tu n'étais même pas cela de toi-même. Il a été dit à l'homme pour sa confusion : *Quid superbis, terra et cinis?* De quoi te glorifies-tu, cendre et poussière ? *Terra et cinis*, la poussière et la cendre sont du moins quelque chose ; je n'étais même pas cendre et poussière !

Mais si pendant quatre mille ans et plus, si pendant toute l'éternité, je n'étais rien ; comment est-ce que je vis, que je pense et que je respire en ce moment? Me suis-je par hasard donné l'être à moi-même ? Non, certainement.

Dieu, par cette puissance infinie qui appelle ce qui n'est pas comme ce qui est, *vocat ea quæ non sunt, tamquam ea quæ sunt*, Dieu, dis-je, a tiré mon âme du trésor infini des créatures possibles. Il en a laissé une infinité d'autres dans leur néant, et il m'a choisi sans aucun mérite qui me valût cette prédilection, sans que je lui demandasse ou que je pusse même demander l'existence. *Manus tuæ fecerunt me. Formasti me, et posuisti super me manum tuam.* Ce sont vos mains, Seigneur, qui m'ont fait. Vous m'avez formé et vous avez posé votre main sur moi.

Et cette existence ne m'a pas seulement été donnée une fois, mais vous ne cessez, ô mon Dieu, de me la conserver depuis tant d'instants, d'heures, de jours et d'années ; c'est votre grande bonté qui vous engage à tenir la main sur moi.

Or, si c'est Dieu qui m'a tiré du néant, qui me donne, qui me conserve l'être, et que je n'aie pu ni me créer, ni me conserver par moi-même un seul instant ; donc, j'appartiens à Dieu, et non à moi-même ; donc Dieu est mon Maître, et je ne le suis pas. A qui appartient une statue, sinon à celui qui l'a façonnée ? A qui appartient une maison, un jardin, un tableau, une horloge, sinon à ceux qui les ont faits ? *Ipse fecit nos, et non ipsi nos.* C'est lui qui nous a faits, et nous ne nous sommes point faits nous-mêmes.

Suppose, ô mon âme, que Dieu te redemande tout ce qu'il t'a donné, et qu'il te dise : Rends-moi l'usage de la raison. — Que resterait-il de toi ? La brute. — Je t'ai aussi donné l'être sensitif ; rends-le-moi. — Que deviendrais-tu ? Une pierre. — Cette substance est encore à moi ; je la reprends. — Que te reste-t-il ? Tu n'es plus qu'un pur accident. — Cet être accidentel m'appartient aussi, continue le Seigneur, rends-le-moi. — Que reste-t-il de ton fond ? Le néant.

Combien donc est étroite l'obligation que tu as de servir Dieu, ton unique principe ! Cette obligation n'est point accidentelle comme celle qui lie les serviteurs tantôt à un maître, et tantôt à un autre, dont, du reste, ils n'ont pas reçu l'existence. Cette obligation est essentielle et inhérente à mon être. Et parce que Dieu seul m'a donné l'être, je suis obligé de servir Dieu seul, et non mes passions, ni le monde, ni le démon, car aucun d'eux ne m'a donné l'être, ni ne me le conserve.

Enfin que chacun s'interroge ici soi-même : de quel droit jouis-tu, à l'exclusion de tous autres, des fruits de ta vigne ou de ton jardin ? Parce qu'ils sont ton bien. Pourquoi te fais-tu servir par ton serviteur, et ne veux-tu qu'un autre en dispose? Pourquoi te fais-tu porter ou conduire en carrosse par ce cheval, et ne permets-tu pas que d'autres s'en servent? Parce qu'il est à toi.

Et pour Dieu, qui est ton maître par essence, ton auteur, ton principe, à qui tu appartiens à tant de titres, quelle est ta soumission et ton obéissance?

Deuxième point.

Quo vadis? Où vas-tu?

Le raisonnement que je viens de faire augmente de force, si je considère que Dieu n'est pas seulement mon premier principe, mais qu'il est encore ma fin suprême.

Pourquoi en effet Dieu m'a-t-il créé? Serait-ce par caprice, à peu près comme font les enfants qui s'amusent à crayonner des figures sur le papier? Nous lisons au Deutéronome, et c'est un article de foi, que le Seigneur a créé toutes les nations pour l'honneur et la gloire de son nom : *Creavit Dominus omnes gentes in laudem, et nomen, et gloriam suam.* Ecoute donc, ô mon âme, et comprends bien ; et vous, Esprit de vérité, faites pénétrer profondément cet axiome dans mon cœur : Dieu n'est pas simplement la cause efficiente de mon existence ; il en est encore la cause finale. Comment puis-je me soustraire à sa volonté?

O homme, Dieu ne t'a point créé pour toi, mais pour lui. En te créant, il a voulu que tu fusses son fils, pour lui obéir et l'aimer ; son serviteur, pour faire sa volonté. Entends-tu? *Ad hunc finem, ut Dominum Deum suum laudet, ac revereatur.* Et cette filiale soumission, ne la lui dois-tu pas à une infinité de titres? Si tu engages un serviteur, si tu achètes un champ, si tu te fais un vêtement, n'est-ce pas afin d'en faire l'usage qui te convient?

Or maintenant, comment as-tu servi Dieu qui t'a fait uniquement pour lui? Comment lui as-tu obéi? Quel a été ton amour pour lui? Et quant à tes dispositions

actuelles, demande-toi de nouveau : *Quo vobis?* Où
vas-tu ? Peux-tu te dire à toi-même ce que disait Jésus-
Christ à ses disciples : *Vado ad eum qui misit me;* je
vais vers celui qui m'a envoyé? Telle est pourtant la
fin et la fin unique, *ad hunc finem,* pour laquelle je
suis né, pour laquelle je vis, et tous les hommes avec
moi : aller à Dieu, et le regarder lui seul comme la fin
et la règle de toutes mes opérations.

Il existe ici-bas une grande diversité d'emplois,
d'états et de professions. Celui-ci travaille, celui-là vit
de ses rentes. Celui-ci suit la carrière des armes, celui-
là cultive les lettres ; ici c'est un trafiquant, là un avocat, plus loin un négociant. Les uns commandent, les
autres obéissent. L'un est pape, l'autre, roi ; celui-ci est
monarque, celui-là, empereur. Toutefois ce n'est pour
aucun emploi ou occupation de ce genre, que Dieu m'a
mis ou envoyé en ce monde. Le pape n'est pas né pour
être pape, ni le roi, pour être roi, ni moi pour cette
dignité, ce titre, cette fonction que j'occupe. Dieu m'a
fait naître uniquement pour que je le serve et que je
l'aime, pendant le court espace de cette vie, et que, de
retour à lui, je jouisse éternellement de sa félicité. *Hoc
est omnis homo,* voilà ce qu'est tout homme. C'est par
cette sentence que Salomon termine son livre de l'Ecclé-
siaste. *Ad hoc natus est omnis homo,* voilà quelle est la
fin de chacun de nous. Par conséquent, concluent saint
Jérôme et saint Bernard, en cela consiste tout le savoir-
faire de l'homme, et sans cela tout le savoir de l'homme
se réduit à rien : *Ergo si hoc est omnis homo, absque hoc
nihil est omnis homo.* Par conséquent encore, si je sais
me sauver, en servant Dieu, je suis le plus grand savant
du monde, et je suis le plus insensé, si je ne le fais pas,
ou si je ne veux pas le faire.

Troisième point.

Ubi es? Où es-tu ?
Dieu seul m'ayant créé, et créé pour cette fin unique,

où m'a-t-il placé? Il m'a placé en ce monde par *intérim*. Comprends bien cette parole : par *intérim*. Je ne suis pas en ce monde, comme dans ma patrie, ni comme au terme de ma carrière; mais comme en passant, comme en dépôt, comme dans un lieu d'épreuve.

Toutefois, avec quelle bonté Dieu me traite dans cette demeure provisoire! A mon entrée en ce monde, il a commandé à toutes les créatures de me servir comme leur monarque. Soleil, tu feras luire pour lui le jour et tu lui donneras successivement les diverses saisons! Etoiles et planètes, vous veillerez sur lui pendant la nuit! Cieux, vous ferez pleuvoir sur lui vos salutaires influences! Terre, tu le nourriras de blé, de légumes et de fruits! Brebis, vous lui donnerez votre laine pour le vêtir et votre chair pour le nourrir! Vous toutes enfin, créatures, vous vous tiendrez sous ses pieds : *Omnia subjecisti sub pedibus ejus!*

N'est-il pas vrai, en effet, que toutes les créatures te servent, ô homme, avec la dernière ponctualité?

Mais les nobles et les riches ne sont pas seulement servis par les créatures d'un ordre inférienr; ils ont même des hommes pour serviteurs, et quelle assistance ils en retirent! La main divine a été plus libérale envers eux; ils sont beaucoup mieux servis qu'une infinité d'autres; les richesses, les honneurs, les délices abondent pour eux. Dieu a usé d'une sorte de partialité envers eux, de sorte qu'un homme qui est noble ou riche, qui jouit de la santé, qui a de l'esprit, qui jouit des commodités de la vie ou de la considération des autres, a bien plus d'obligations envers Dieu que ces pauvres que le besoin soumet à des travaux mécaniques, aux fatigues du corps, et qu'il excite même parfois à dérober le bien d'autrui. Il lui est bien plus obligé que tant de blessés et de malades qui gémissent dans les hôpitaux. Il lui est plus obligé que tant de gens stupides, mal mis et encore plus mal élevés, comme on en rencontre en grand nombre, même dans les familles les plus distinguées.

Or, à quelle fin Dieu a-t-il soumis tant de créatures à mes ordres, et m'a-t-il comblé de tant de bienfaits, de préférence à une foule d'autres ? Ecoutez la parole d'Hugues de Saint-Victor : « Vois, ô homme, nous dit le monde, combien t'a aimé celui qui m'a créé pour toi ! Je te sers, parce que j'ai été fait pour toi, mais c'est afin que tu serves à ton tour Celui qui nous a faits l'un et l'autre : moi pour toi, et toi pour lui. *Vide, homo, dicit mundus, quomodo amavit te, qui propter te fecit me. Servio tibi, quia factus sum propter te, ut tu servias illi qui fecit me et te : me propter te, et te propter se.* Voilà donc ta fin, c'est pour que tu serves Celui qui est le Créateur du monde et de toi-même ! *Ut tu servias illi, qui fecit me et te.* Il a voulu par cette multitude de bienfaits t'exciter à l'aimer davantage ; et si les bienfaits sont des chaînes d'or, c'est par de tels liens qu'il a voulu t'attacher à son service.

Ces créatures ne sont point ta fin, et tu n'es pas créé pour en jouir. En effet, la fin d'une créature, c'est précisément ce bien dont l'obtention la satisfait pleinement. La pierre arrivée à son centre, cesse tout mouvement ; les eaux parvenues à la mer, ne remontent plus leur cours.

Or, considère quelle est la créature qui puisse te contenter parfaitement. Aucune, et pourquoi ? Parce que tu n'es fait pour aucune. Si les créatures ne sont pas ta fin, elles sont donc des moyens et des degrés pour t'encourager et t'aider à t'élever au ciel par le service de Dieu : *Ut tu servias illi, qui fecit te, illique serviens tandem salvus fias.*

Rentre maintenant en toi-même, ô mon âme ; quel usage as-tu fait et fais-tu encore de tant de créatures ? Que d'années pendant lesquelles tu as joui de dons si précieux dans un perpétuel oubli du Créateur, et sans lui témoigner ta reconnaissance! *Oblitus es Creatoris tui.* Ah! mon Dieu, je confesse que j'ai abusé de la lumière pour marcher dans la voie de l'iniquité. J'ai abusé des ombres de la nuit pour couvrir d'infâmes désordres; j'ai abusé des richesses pour nourrir mon luxe, ma vanité, mon faste, sans trouver jamais de quoi satisfaire de pauvres créanciers, de quoi secourir l'orphelin et la veuve qui soupiraient après un morceau de ce pain que je prodiguais à des chiens, ou même peut-être à des scélérats stipendiés. Avec les revenus que je possède, j'aurais pu doter quelque jeune fille exposée, sauver son honneur et celui de Dieu, et je les ai employés à sa perte! Je n'ai jamais su prendre de délassement, sans offenser Dieu, ni m'accorder un plaisir, sans lui causer du déplaisir. *De auro meo, et argento meo fecisti tibi imagines, id est, idola.* (Ezech. XVI.)

Dieu m'a donné la noblesse, et je l'ai tournée contre lui par tant d'actes d'orgueil, en manquant de respect pour ses églises et en marquant plus d'égards pour telle ou telle créature que pour lui.

J'ai tourné contre lui mon autorité, en opprimant les faibles et en protégeant les méchants. En un mot, j'ai abusé de tant de bienfaits ou pour mieux dire de tous les bienfaits reçus de Dieu, pour lui faire la guerre; guerre par toutes les facultés de mon âme, guerre par toutes les forces de mon corps. Ma langue était spécialement obligée de bénir et de louer Dieu, et elle a blasphémé son nom avec audace, elle l'a profané par le parjure. Hélas! ne me suis-je pas fait une gloire d'outrager ce saint nom plus que les autres? Mes yeux se sont armés contre Dieu par tant de regards dangereux, par la lecture de livres propres à allumer le feu des passions ou à affaiblir ma foi. Mon intelligence s'est exercée à trouver des moyens pour arriver à mes fins perverses. Ma volonté s'est attachée obstinément à des amours coupables, à des entreprises

criminelles, à des projets de vengeance irrémissible.
J'ai abusé de mes pieds et de mes mains, autant qu'il
m'a été possible ; enfin, tout cet intérieur, tout cet
extérieur que j'avais reçu de Dieu pour le servir, je
m'en suis servi pour l'offenser.

Je vous demande pardon, ô Dieu de mon âme, de
cet abus ! Créatures, je vous demande pardon de vous
avoir fait servir contre votre fin ! Mon Dieu ! vous les
avez toutes mises à mes pieds pour être comme autant
d'échelons qui m'élèveraient vers vous ; et moi, je
vous ai mis sous mes pieds vous-même, et votre honneur, et votre loi, pour me servir d'échelle et arriver
à mes fins profanes et criminelles.

Oh ! que ne suis-je né pauvre, infirme, muet, estropié, plutôt que d'avoir tourné contre vous ma santé,
mes richesses, mes yeux, ma langue et tous mes sens !
Oh ! pourquoi n'ai-je point perdu la vue, la langue,
les mains et tous les membres de mon corps, plutôt
que d'en avoir fait un si mauvais usage ! Je me repens,
Seigneur, et je regrette de tout cœur de vous avoir
offensé. J'accepte la pauvreté, les infirmités, les disgrâces, si elles doivent me servir à vous aimer, à vous
servir, et à répondre plus fidèlement à l'avenir à mes
obligations.

*Fiat, Domine, in me, de me, per me, circa me, et
circa omnia mea sanctissima voluntas tua, in omnibus,
et per omnia, nunc et in æternum. Amen.*

RÉFLEXIONS.

I. Cette méditation repose sur deux principes phi-
losophiques et moraux, tous deux évidents. Le premier, c'est que la cause efficiente et principale est la
maîtresses de toutes ses œuvres. Ainsi, un horloger
qui fait une montre, un peintre qui fait un tableau,
un sculpteur qui fait une statue, sont maîtres de leurs
œuvres. A plus forte raison, celui qui ne donne pas

simplement la forme, mais qui fait la matière et le fond de la chose.

II. Le second principe, c'est que la cause finale a aussi un plein domaine sur son effet. Ainsi une maison est bâtie pour l'habitation de l'homme ; elle doit servir à cette fin. Le vêtement, le serviteur, le carrosse, le cheval sont faits et entretenus pour l'utilité du maître, et le maître est en droit d'exiger qu'ils servent à cette fin. Si une clé n'ouvre pas, si une plume n'écrit pas, si un couteau ne coupe pas, on les façonne, on les tourne et on les dispose de manière à ce qu'ils servent.

Mais quand la cause efficiente et la cause finale s'unissent dans une seule personne, la causalité, et par suite, le droit de propriété se trouve porté à son degré suprême.

Tels sont les deux principes sur lesquels repose cette méditation : Dieu est la cause, efficiente et finale tout à la fois, de tout mon être, de mon âme, de mon corps, de mon intelligence, de ma volonté, de mes yeux, de mes sens, enfin de toute ma personne ; par conséquent il est le maître absolu de tout, du tout sans exception ; et je dois le servir en tout. Ce grand Maître me donne la nourriture et le vêtement ; c'est lui qui me conserve et me soutient. Je ne puis faire qu'il ne soit pas mon Maître. Et non seulement il est mon Maître, mais il est encore mon père.

III. Au sujet de ce nom de Père, je considèrerai avec quelle tendresse les pères et les mères aiment leurs enfants ; combien ils sont heureux de les avoir mis au monde, et avec quel amour ils impriment mille baisers sur leur front, pendant qu'ils sont petits.

Mais s'il leur était donné de prévoir tous les déplaisirs que ces enfants si chéris leur causeront un jour, l'ingratitude, le mépris, le mauvais cœur, la dureté, l'inhumanité, le manque de respect dont ces enfants paieront peut-être leur amour ; car n'en voit-on pas qui refusent le pain à leurs parents? sans nul doute, ils ne les aimeraient point aussi passionnément, et ils ne seraient pas si enchantés de leur avoir donné le jour.

Or, quand Dieu m'a créé, il voyait par avance toutes les offenses dont je devais me rendre coupable envers lui. Il avait devant les yeux toutes les injures que je lui ai faites depuis ; et malgré cette prévision, il m'a aimé, il m'a créé, il m'a conservé, il m'a supporté. Oh! quel amour!

IIe MÉDITATION.

DE LA FIN DERNIÈRE DE L'HOMME.

Dans la plupart des beaux-arts, on distingue deux sortes de fins. La première s'appelle la fin immédiate et prochaine, la seconde, la fin médiate et dernière.

Dans l'art de la rhétorique, la fin immédiate qui est le but de l'enseignement et que recherchent les maîtres, consiste à inventer, à coordonner et à exposer avec ordre et liaison toutes les parties d'un discours. La fin dernière, c'est de convaincre et de persuader les auditeurs. En médecine, la fin immédiate est la connaissance de la maladie, et l'application des remèdes convenables. La fin dernière, c'est la guérison du malade. Dans l'art militaire, la fin immédiate consiste à bien composer une armée, à manier les armes, à connaître l'art des marches et des retraites. La fin dernière, c'est la victoire. On peut raisonner de la même manière sur les autres arts.

La fin que Dieu a fixée pour l'homme est aussi de deux sortes. Sa fin prochaine et immédiate est d'aimer et de servir Dieu en cette vie. Sa fin dernière, est de le posséder pendant toute l'éternité, dans un océan de consolations et dans la plénitude du bonheur.

Cette fin sublime, les pauvres païens ne l'ont pas

connue, et saint Augustin dit qu'ils étaient si incertains, si divisés et si contraires les uns aux autres à cet égard, qu'on peut compter jusqu'à deux cent quatre-vingts opinions différentes parmi eux sur la fin de l'homme. En effet, les uns la faisaient consister dans l'indolence ou l'insensibilité; celui-ci, dans les plaisirs; celui-là, dans les honneurs; d'autres, dans les plaisirs des sens.

La foi m'a éclairé sur ce point; l'expérience et la raison confirment ces enseignements.

Premier point.

O mon âme, commence ici à raisonner avec toi-même. Dieu m'a créé à son image et à sa ressemblance, il m'a fait pour ainsi dire l'égal des anges, ces esprits immortels qui sont les premiers ministres de sa cour : *Minuisti eum paulo minus ab angelis.* Il a mis sous mes pieds toutes les créatures : *Omnia subjecisti sub pedibus ejus.*

Or, quelle fin Dieu s'est-il proposée en me créant ? Qu'a-t-il prétendu faire de moi ? Par quelle voie dois-je marcher pour parvenir à ma fin ? Comme l'aiguille aimantée tourne toujours vers l'étoile polaire, soit qu'on la renferme dans une grotte obscure, soit qu'on l'ensevelisse sous terre, soit que les vagues de la mer l'agitent et la ballottent; et que toujours elle s'efforce de reprendre sa direction naturelle, qui est le septentrion, de même, mon âme, éclairée d'un rayon de la foi, doit toujours se tourner vers le ciel, au milieu même des flots agités de cette vie.

Dieu n'a pu avoir pour fin dernière, que je jouisse des biens de ce monde sans en espérer d'autres. S'il en était ainsi, j'aurais une fin semblable à celle des animaux, qui se contentent de jouir des biens qui sont en eux avec leurs sens, et dont les désirs ne s'étendent point au delà. Je suis d'un rang et d'une dignité immensément supérieurs aux animaux ; comment donc partagerais-je une fin commune avec eux ? Je serais mille fois plus malheureux que les brutes. La sphère des animaux est courte ; ils se contentent de peu, peu de chose suffit pour les satisfaire. Moi, j'ai un entendement et une capacité sans bornes, et tous les biens de ce monde ne sauraient combler mes désirs. Les animaux n'ont aucun souci de la réputation, et ils ne sont point sensibles aux injures ; ils sont exempts de toute sollicitude pour l'avenir ; ils ne connaissent pas les remords de la conscience, ils n'ont aucune crainte de l'autre vie qui n'existe pas pour eux. Moi, vivant en ce monde, je suis soumis aux inquiétudes, aux sollicitudes, aux réclamations de la conscience. Par conséquent, ou je suis de pire condition que les bêtes, ou quelque chose de grand m'est réservé pour contenter les besoins de mon cœur. *Duo Tortores animæ : timor et dolor. Quando tibi bene est, times. Quando male est, doles* (August.).

Ensuite, cette vie est si courte, si misérable, si sujette aux maladies, aux disgrâces, à l'envie ; et les biens de ce monde sont tous en général si vils, si fugitifs et enfin si fragiles, car la mort nous les ravit en un clin d'œil, qu'il est impossible que j'y trouve un parfait contentement. Par conséquent, d'autres biens, d'un ordre infiniment supérieur, m'attendent et me sont destinés. Et ces biens, quels sont-ils, sinon les biens éternels ?

O sainte foi, quelle vérité tu m'enseignes ! O lumière de la raison, quelle grande chose tu me découvres ! Je suis sorti de Dieu pour retourner à Dieu : *Fecisti nos ad te, Domine.* Vous nous avez faits pour vous, Seigneur ; et nous avons beau faire, *inquietum est cor nostrum, donec requiescat in te,* notre cœur est dans une agitation incessante, jusqu'à ce qu'il repose en vous. Ainsi parlait saint Augustin. Saint Bernard ajoute : Celui qui a fait le ciel et la terre, ne t'a point fait pour la terre, mais pour lui-même : *Non tibi terram, sed seipsum servat, qui fecit cœlum et terram.*

Or, si je ne suis créé ni pour ce monde ni pour cette vie, dites-moi, je vous prie, quelle est ma destinée et ma fin ? disait l'abbé Moïse à ses religieux. *Respondete mihi, quæ est destinatio vestra, et finis ?*

Deuxième point.

Ma fin dernière est de voir Dieu, de jouir de Dieu, de posséder Dieu. C'est la même que celle des anges, qui sont de purs esprits ; la même que celle de la Vierge Marie, Mère de Dieu ; la même que la très sainte humanité de Jésus-Christ ; la même enfin que celle de Dieu, dont le bonheur consiste à se comprendre lui-même, à jouir de lui-même, à s'aimer lui-même et à se complaire en lui-même. *Ego ero merces tua magna nimis.* Dieu ne pas créé comme les vermisseaux, pour vivre toujours dans la fange ; au contraire, les étoiles même doivent un jour me servir de marche-pied. Je ne suis pas né uniquement pour cette vie mortelle, mais une autre vie m'attend, et quelle vie ? *Omnium bonorum aggregatio perfecta.* Une vie qui est l'assemblage de tous les biens. Et pendant combien de temps ? pendant l'éternité ! *Merces magna nimis ;* cette récompense dépasse toute espérance, parce qu'il n'y a aucune proportion entre une si grande récompense et le peu de services que je dois rendre à Dieu ici-bas. *Non sunt condignæ passiones hujus temporis ad futuram gloriam. Momentaneum et leve tribulationis nostræ æternum gloriæ pondus operatur in nobis.* Non, dit l'apôtre saint Paul, il n'y a aucune proportion entre les peines de cette vie et la gloire future. L'épreuve ne dure pour nous qu'un moment et elle est légère ; cependant elle opère un immense de gloire pour toute l'éternité. Vois distance se trouve entre ce moment et l'éternité, entre cette épreuve légère, et ce poids de gloire.

Dieu pouvait me refuser toute récompense, car je suis obligé de le servir, à une infinité d'autres titres. Il pouvait me donner une récompense infiniment moindre, et pourquoi pas? Et cependant, ô cieux! soyez dans la stupeur, et vous, portes du ciel, livrez-vous aux gémissements, *Obstupescite, Cœli, et portæ ejus desolamini vehementer*; Dieu étant mon principe, ma fin, ma récompense, ma couronne, ma félicité, j'ai renoncé à lui pour une vaine fumée, pour un plaisir d'un moment, pour une gorgée d'eau corrompue et boueuse. Est-ce là de l'intelligence? Est-ce là de la foi. Y a-t-il de la raison à faire un échange si vil? Je suis né pour vivre immortel; et pourquoi donc est-ce que je ne cherche que les choses passagères? Je suis né pour posséder Dieu; et pourquoi donc tant d'attache à quelques pieds de terre? Je suis esprit, quant à l'âme; pourquoi donc me plonger dans des voluptés de bêtes?

Mon Dieu, je vous demande pardon des torts énormes que j'ai eus envers vous et envers moi-même. Non, non, il n'en sera plus ainsi à l'avenir.

Troisième point.

Considérez les conséquences qui résultent d'une fin si sublime.

Dieu seul a créé mon âme. Je ne dois donc adorer que lui seul : *Dominum Deum tuum adorabis, et illi soli servies*. Dieu m'a créé tout entier ; tout ce qui est en moi doit donc conspirer au service de ce grand maître : *Omnia ossa mea dicent illi gloriam*. En me créant, Dieu m'a comblé d'une multitude de faveurs. J'ai la santé, il m'a mieux traité que tant d'infirmes. J'ai quelque fortune, il m'a mieux traité que tant de pauvres. Je dois donc le servir plus parfaitement, puisque je lui ai de plus grandes obligations. Un sujet n'est pas obligé d'obéir à son roi, un soldat à son général, un fils à son père? Dieu est mon père : *Pater noster qui es in cœlis.* Il est mon roi : *Rex regum et Dominus dominantium.* Il est mon chef, mon capitaine, mon général : *Deus exercituum Dominus.* Je lui dois donc obéissance à tous ces titres.

Lorsqu'un citoyen ou un ministre reçoit de la part du roi un avis conçu en ces termes : Le service de Sa Majesté exige que vous vous rendiez à tel poste, que vous entrepreniez telle charge ou tel voyage, se fait-il prier pour obéir? Le service de la divine Majesté demande que vous vous appliquiez un peu plus au soin de votre âme, que vous abandonniez telles et telles occasions, que vous réprimiez votre caractère, et vous feriez difficulté d'obéir?

Remarquez en outre en combien de manières on peut faillir à sa fin, et s'en écarter.

I. On s'écarte tout à fait de sa fin par le péché mortel; car, dit saint Cyprien, l'homme se fait un Dieu de tout ce qu'il préfère à Dieu, *quidquid homo Deo anteponit, Deum sibi facit.* Si je préfère mon plaisir à Dieu, par cette préférence, je proteste hautement que mon plaisir est un bien supérieur et que ce bien l'emporte sur le bien suprême. Ainsi je fais mon idole et ma fin dernière de la plus vile créature.

II. On s'éloigne de sa fin par tout péché véniel; en effet, bien que le péché véniel ne nous fasse point perdre la grâce de Dieu, c'est pourtant une désobéissance à l'égard du souverain maître, et un manquement au service absolu que je lui dois.

III. On cesse de poursuivre sa fin avec autant de sécurité et de succès, quand on néglige ses pratiques de piété. Cette négligence prive l'âme d'un degré supérieur de grâce, et d'un degré supérieur de gloire dans le ciel.

Ces conséquences seront éclaircies par l'exemple du pèlerin qui s'achemine vers sa patrie. Pendant le voyage, il peut s'écarter tout à fait du bon chemin ; il peut s'éloigner quelque temps du chemin le plus direct ; il peut s'arrêter et ne pas avancer dans sa route. C'est ainsi que nous tous qui sommes des voyageurs marchant vers le ciel, si nous péchons gravement, nous quittons tout à fait la voie qui y conduit ; si nous péchons véniellement, nous nous éloignons quelque peu du droit sentier ; si nous négligeons l'exercice des vertus, nous nous arrêtons et nous n'avançons plus.

Mais, lors même qu'il serait possible d'allier ensemble le service de Dieu et le service du monde, nous ne devrions pas, ô mon âme, nous attacher à un autre maître qu'à Dieu. A plus forte raison doit-il en être ainsi, puisque ces deux services sont incompatibles : *Qui non est mecum, contra me est.* Celui qui n'est pas avec moi est contre moi, dit le Seigneur. Il veut de plus que nous l'aimions de tout notre cœur, de toute notre âme et de toute nos forces.

O mon âme, toi qui connais naturellement la raison et l'équité, et qui tiens à honneur de rendre son bien à chacun et d'observer la justice, quelle est donc cette justice dont tu uses envers ton Dieu, en voulant le mettre au niveau du monde, et te partager toi-même entre l'un et l'autre ? Dieu s'est donné tout à toi ; et toi, faible vermisseau, tu feras difficulté de te donner entièrement à Dieu ?

O mon âme, cherche un jour, une heure, un moment, où Dieu suspend ses faveurs et te retire ses grâces ; et pour cette heure, j'y consens, interromps toi-même et suspends le service de ton Dieu !

Ah ! mon Dieu, si j'avais à vivre une infinité d'années, si j'avais des forces infinies, si j'avais un cœur capable d'aimer infiniment, je devrais tout employer sans exception à vous aimer et à vous servir, pour correspondre à tant de grâces que j'ai reçues de vous. Ma vie est courte, mon esprit borné, mon cœur étroit, et quoique j'aie si peu à vous offrir, je voudrais encore vous en dérober une partie à vous qui êtes tout à moi ? Non, non, il ne sera pas dit que je commettrai plus longtemps cette iniquité. Vous seul êtes mon Dieu et mon maître : *tu solus Deus, tu solus Dominus ;* je veux donc vous servir vous seul, vous aimer vous seul, et je commence à l'instant même : *Et dixi; nunc cœpi,* pour continuer pendant toute l'éternité, comme je l'espère de votre grâce. Ainsi soit-il.

RÉFLEXIONS.

I. De même que ceux qui bâtissent un édifice ont sans cesse à la main le plomb et le niveau, afin de s'assurer que leur construction est d'aplomb ; ainsi je dois avoir continuellement présente à l'esprit, la pensée de ma fin : Je suis fait pour Dieu ; je tends vers Dieu ; tout le reste ne mérite pas une ombre de sollicitude ; quoi qu'il en advienne, cela est indifférent. Tel acte est pénible et fatigant pour le corps; il contrarie mes inclinations, cela est vrai, mais c'est la voie par laquelle Dieu veut que j'aille à lui. Cette voie est un peu rude, mais elle conduit à Dieu, et cela me suffit. Un voyageur qui se trouve en face de deux chemins, s'informe pour savoir, non pas quel est le plus commode, mais quel est le plus direct pour arriver à son but, et il le parcourt quoique long, incommode et fatigant.

II. Les créatures sont choses indifférentes ; ce sont comme deux voies qui me conduisent également à mon Créateur. Si ces voies sont égales, je dois prendre celle que Dieu m'assigne ; or quelle est la voie qu'il m'assigne ? C'est celle qu'il nous commande ou dont il nous instruit, soit dans la prière, soit par le moyen de nos directeurs, dont il a dit : Celui qui vous écoute, m'écoute : *Qui vos audit, me audit.*

La pauvreté peut me servir aussi bien que les

richesses pour me conduire au ciel. Si donc Dieu m'envoie la pauvreté, pourquoi me troubler? Est-ce que par hasard je serais pour ce motif hors de la bonne voie? Le malade, comme celui qui se porte bien, sont sur le chemin du paradis. Par conséquent, si Dieu veut que je sois malade, qu'importe? Oh! de quelle tranquillité ne jouit pas celui qui est parvenu à cette indifférence à l'égard de toutes les créatures? Un artisan qui a dans son atelier des tenailles, des limes, des scies, n'est-il pas souverainement indifférent, quant au choix des instruments nécessaires à son travail? le voit-on jamais si affectionné à ses limes, qu'il s'en serve au lieu de la scie dont il a besoin?

III. Persuadé que toutes les créatures sont indifférentes en elles-mêmes, je puis et je dois m'en servir et les aimer, uniquement selon qu'elles peuvent contribuer à ma fin, et jamais autrement. Je suppose un seigneur, un noble, qui jouit de la considération générale et qui est constitué en autorité. Il a un carrosse, on vient le lui demander à prêter; il accède volontiers à cette demande. Mais si l'emprunteur s'en servait pour promener par la ville des personnes mal famées, quelle injure ne ferait-il pas au maître, en déshonorant ainsi son carrosse et sa livrée? Et s'il se permettait de faire passer le carrosse sous les fenêtres même du maître, ne ferait-il pas encore pis? Si quelqu'un d'honorable avait prêté ses salons pour une réunion d'agrément, et qu'on y introduisît des bandits, des assassins, des personnes infâmes, de manière à gâter les ameublements, que dirait le maître de l'abus qu'on fait de sa complaisance? — Mais vous me les aviez prêtés. — Oui, prêtés, mais non pour cet usage.

Eh bien, tout ce que nous avons en ce monde, c'est Dieu qui nous l'a prêté, à nous pauvres créatures, afin que cela nous aide à le servir : Les richesses, pour nous maintenir dans la position où il nous a placés, et rien de plus; l'esprit et la prudence, pour diriger les affaires publiques ou nos entreprises particulières, mais par rapport à Dieu. Et nous, comment nous en servons-nous? Quel usage en avons-nous fait jusqu'ici? Quel usage prétendons-nous en faire à l'avenir? Saint François de Sales disait cette belle parole : si je prévoyais qu'une seule pensée de mon esprit, qu'une seule affection de mon cœur, qu'une seule œuvre de mes mains, dût tendre vers d'autres que vers Dieu, je préférerais être sans esprit, sans cœur et sans mains.

Enfin, aidons-nous encore de quelques autres similitudes.

Quel est l'homme au monde qui prend plus de médecines, ou des médecines d'une autre espèce que celles dont il a besoin pour se guérir? Quel est celui qui, voulant arriver à un lieu déterminé, fait plus de chemin ou suit un chemin autre qu'il ne faut? Celui qui a besoin d'écrire cherche une plume, et rejettera un sceptre royal, quoique cet instrument soit plus noble, parce qu'il est impropre à son but. Donnez à un courrier des voitures légères, élégantes et bien ornées ; il n'en voudra pas, parce qu'elles ne peuvent l'aider à remplir son office qui est de courir librement. Une pierre tombe du haut d'un édifice en ruine. On tend un drap de soie pour la retenir; arrêtera-t-elle son mouvement? Elle déchirera ce faible et précieux rempart et s'ouvrira violemment un chemin pour parvenir à son centre naturel, bien qu'elle puisse rencontrer un rocher et s'y briser, ou une mare fangeuse et s'y salir. Un fleuve court entre des rives émaillées de fleurs, ombragées d'arbres, ornées de jardins et de palais : Si on lui disait : Arrêtez-vous ici, lors même qu'il coulerait sur un sable d'or, comme on l'a dit du Pactole ; en avant, répondrait-il ; à la mer, à la mer ! Voilà ma place, voilà mon centre, voilà mon terme ; et il ne s'inquiéterait aucunement ni de l'amertume des eaux auxquelles il va se mêler, ni de la fureur des tempêtes qui bouleversent l'Océan.

Voilà des créatures sans raison, et cependant elles agissent selon l'instinct qui leur est naturel, et vous qui êtes éclairé des lumières de la raison et de la foi, vous n'agiriez pas conformément à votre fin ? Réfléchissez-y sérieusement devant Dieu ; confondez-vous, et prenez de bonnes résolutions.

IIIᵉ MÉDITATION.

DES MOYENS QUE NOUS AVONS DE FAIRE NOTRE SALUT.

Puisque je suis élevé à une fin aussi sublime, à une fin supérieure à tout ce qui est créé, à une fin qu'il m'est impossible d'atteindre par les forces humaines, je considérerai quels sont les moyens et les secours que Dieu m'a donnés et qu'il ne cesse de me fournir, afin de l'obtenir.

Dieu n'agit pas comme certains hommes qui commandent et proposent quelque grande entreprise, et qui ensuite vous livrent à la merci de vos seules ressources.

Pour prélude, nous nous représenterons un jardinier soigneux. Je me figurerai le voir tout appliqué à la culture d'un beau jardin ; il y conduit l'eau pour les fleurs, soigne les arbrisseaux, cultive les arbres, entretient les chemins, tient tout dans un ordre parfait.

Je me figurerai ensuite voir Notre-Seigneur Jésus-Christ en personne, les yeux fixés sur mon âme, afin que, semblable à un parterre soigné, elle ait un jour l'honneur d'être habitée par Dieu. Je m'imaginerai qu'il m'adresse ses paroles : Qu'ai-je dû faire de plus pour ma vigne, que je n'aie point fait : *Quid debui ultra facere vineæ meæ, et non feci?*

Premier point.

Le premier moyen, le premier secours que Dieu m'a donné, c'est la lumière de la foi. Les infidèles, les hérétiques, les mahométans même sont nés pour servir et posséder Dieu. Mais qu'ils ont peu de lumières et de secours, en comparaison de ceux que Dieu m'a donnés, à moi, en me faisant naître au sein des splendeurs de la vérité?

Imagine-toi, ô mon âme, qu'avant d'être enfermée dans le corps que tu as actuellement, Dieu t'ait montré les quatre parties du monde, et que tu aies eu connaissance des fausses religions qui dominent en certaines contrées, où l'on naît dans le péché, où l'on vit dans le péché, où l'on meurt dans le péché. A la vue de ces centaines et de ces milliers d'âmes qui sont envoyées chaque jour dans la Tartarie, la Perse, la Grèce, quelle appréhension n'aurais-tu pas ressentie d'être destinée toi-même pour un pays schismatique ou hérétique? Tu te serais écriée : Ah ! Seigneur, Seigneur, plutôt pauvre catholique, afin de jouir de la vraie foi, que d'être roi de Tunis ou d'Alger avec le Coran et le turban ; n'est-ce pas vrai?

Or ce moyen fondamental de salut, c'est-à-dire la foi, Dieu te l'a donné sans nul mérite de ta part, par une prédilection toute spéciale ; et cette grâce, il te l'a destinée de toute éternité. Un esclave turc s'occupait à considérer par curiosité une crèche où reposait l'image de l'enfant Jésus. Tout à coup il voit le divin Enfant tourner les yeux vers lui, lui faire un signe avec la main, et dans le même moment, il éprouve un mouvement intérieur qui l'appelle à la foi. Il reçut le baptême, et toute sa vie, le souvenir de cette grâce resta imprimé dans son cœur ; aussi ne cessait-il de s'écrier : Vous à moi, à moi, à moi? Je tâcherai de m'exciter à une vive reconnaissance et à une fidélité parfaite pour la grâce du saint baptême, afin que le caractère de chrétien ne soit pas pour moi l'occasion de châtiments plus rigoureux en enfer, et que l'eau baptismale ne serve pas à en activer les flammes.

Deuxième point.

Considérez, en second lieu, les autres moyens de salut qui vous ont été donnés.

Le Père Eternel a envoyé son divin Fils en personne sur la terre; le Fils a envoyé le Saint-Esprit. Jésus-Christ s'est donné tout entier et d'une manière permanente dans la sainte Eucharistie; et de quelle efficacité n'est pas ce grand moyen de la sainte communion.

L'histoire de la compagnie a enregistré avec reconnaissance le gage d'affection vraiment royale qui lui fut donné par Henri IV, roi de France. Ce prince ordonna qu'après sa mort, on lui ouvrit le corps et qu'on en tirât son cœur pour être inhumé dans l'église des Jésuites. Nous lisons dans la vie de sainte Catherine de Sienne que Notre-Seigneur lui apparut un jour et lui donna son cœur. On ne peut concevoir ni expliquer la grandeur de cette faveur; quelle ineffable bonté de la part de Jésus-Christ de donner ainsi son cœur !

Dieu me donne son Fils : *nobis datus, nobis natus;* le Fils me donne le Saint-Esprit; Dieu se donne entièrement à moi, pour m'aider à faire mon salut ; il me donne son sang, pour que je paie mes dettes ; ses mérites, pour que je les fasse valoir devant son Père ; sa grâce, afin qu'avec ce secours, je mérite sa gloire : *Quid debui ultra facere vineæ meæ, et non feci?* Qu'ai-je dû faire de plus pour ma vigne, que je n'aie point fait?

En outre, afin de m'inspirer plus de confiance, de m'attirer, de m'aider d'une manière plus suave et plus douce, il m'a donné Marie. Le Verbe de Dieu étant venu au monde, sans le secours d'un père, il pouvait sans aucun doute prendre un corps, sans le secours d'une mère. De même qu'Adam a paru sur la terre, homme fait ; de même, Jésus-Christ aurait pu se façonner un corps, s'y unir, et accomplir ensuite sa mission. Non, je veux, a-t-il dit, qu'une simple créature soit ma mère, et qu'en conséquence, elle ait une autorité, pour ainsi dire, sans bornes sur toutes les autres créatures, et que, comme une Reine d'amour, elle soit toute compassion pour les hommes, qu'elle les attire et les aide à se sauver. Marie ! Oh ! quelle puissante médiatrice de salut ! Seigneur, combien je vous remercie de ce nouveau secours ajouté à tant d'autres ! O Marie, quelle confiance je me sens pour vous !

Parcours, ô mon âme, tous les autres moyens que Dieu t'a procurés. Tant de beaux enseignements donnés par Jésus-Christ, pour éclairer ton intelligence ; tant de saints exemples pour toucher ton cœur ! Tant de bons livres, tant de prédicateurs, tant d'églises, tant de confréries ! Cet ange, qui se tient toujours à tes côtés pour te suggérer de bons sentiments : *Quid debui ultra facere vineæ meæ, et non feci?* Ces exercices enfin et ces méditations, ne sont-ils pas encore des moyens que Dieu te ménage, et que Marie a enseignés en personne à saint Ignace, pour le salut des âmes?

Troisième point.

Pèse, ô mon âme, les moyens spéciaux, efficaces, pleins de douceur et d'amour que Dieu t'a donnés pour te sauver. A cet égard, chacun, sans sortir de son intérieur, trouvera une matière de réflexions. Je me contente de dire que j'ai connu un homme qui, depuis un grand nombre d'années, marchait à grands pas dans la voie de la vertu, et cela, en reconnaissance d'une disgrâce dont Dieu l'avait délivré. En passant un torrent que les pluies avaient gonflé et rendu très rapide, il fut entraîné par le courant, sans aucune ressource de salut ; deux de ses compagnons périrent. Lui seul parvint par miracle, disait-il, à gagner l'autre rive. La première pensée qui lui vint à l'esprit, fut celle-ci : Combien j'ai été près de l'enfer! *Nisi quia Dominus adjuvit me, paulo minus habitasset in inferno anima mea.* Cet accident fut pour ce jeune homme le principe d'une conversion solide : *initium viæ bonæ.*

Que chacun passe en revue dans son esprit les moyens dont Dieu s'est servi pour le rappeler à lui, la patience extrême avec laquelle il a supporté sa vie criminelle, les inspirations, les succès, les revers même ; car, lorsque Dieu frappe à la porte du cœur, il imite un homme qui frappe à la porte de son ami. Il frappe d'abord doucement. Si au premier coup, on ne lui ouvre pas, il frappe de plus en plus fort ; et s'il le faut, il prend un caillou et fait plus de bruit, pour qu'on l'entende enfin. C'est ainsi que Dieu nous envoie parfois des disgrâces, et nous frappe de coups sensibles, non parce qu'il nous veut du mal, mais parce qu'il nous veut du bien, et qu'il désire obtenir l'entrée de notre cœur. *Quid debui ultra facere vineæ meæ, et non feci?*

Je réfléchirai ici devant Dieu que j'ai peut-être traversé et rompu tous les desseins de miséricorde et de bonté qu'il avait formés pour mon salut, et que j'ai négligé la plupart de ses grâces. Que serais-je devenu si Dieu m'avait châtié, comme je le méritais. Non, Seigneur, non, ne me châtiez pas encore, mais prenez patience. *Patientiam habe in me.* Votre charité est infinie, et les ingratitudes des hommes ne sont pas capables de l'épuiser. *Ne perdas cum impiis, Deus, animam meam. Ne derelinquas me usquequaque.*

RÉFLEXIONS.

I. Nous devons tirer de cette méditation les réflexions pratiques qui suivent : premièrement, le salut est de la plus haute importance, puisque Dieu fait tant de frais pour l'assurer. Quand un sénat délibère pendant plusieurs heures sur une question ; quand un conseil se prolonge jusque dans la nuit, on en conclut avec raison que l'affaire dont il s'agit est d'une grande conséquence. Or les trois augustes personnes de la sainte Trinité ont pris les moyens les plus propres pour m'aider à me sauver, et elles ont pensé pendant toute une éternité à cette affaire. Il faut donc qu'elle soit de la dernière importance.

II. Qui des deux est le plus intéressé à mon salut, ou Dieu ou moi-même ? Quand je viendrais à me perdre, qu'est-ce que Dieu y perdrait ?

III. Que fais-je pour me sauver ? Est-ce que je fuis le péché ? Est-ce que j'évite les occasions qui peuvent me dérober ou m'assassiner mon âme ? Est-ce que je fréquente les sacrements ? Ai-je une vraie et solide dévotion envers Marie ? Ignores-tu que la patience de Dieu t'exhorte à la pénitence ? *Ignoras quoniam benignitas Dei ad pœnitentiam te adducit?* peut-être ne te reste-t-il d'autre voie pour te sauver que la pénitence. Dieu cependant te supporte, afin que, touché de sa patience infinie, tu te décides enfin à faire le bien et à te sauver. Quelques-uns disent : Je me sauverai bien, sans tant de prières ; je me sauverai bien, sans tant de communions. Combien d'âmes se sont perdues pour toujours par cette présomption !

IV. Enfin mon salut n'est pas seulement une affaire d'importance, mais une affaire dont l'issue est incertaine, puisque Dieu met tant de moyens en œuvre pour l'assurer. Que serait-ce donc si, en punition de mes péchés, il venait à me priver de ces moyens ?

L'échelle de Jacob est l'image des secours que le Seigneur m'accorde pour parvenir au salut. Le pied de cette échelle reposait sur la terre, et le sommet touchait aux cieux. Ainsi en est-il des grâces du salut. Cette échelle était unique, et n'avait d'échelons que d'un côté. Cependant Jacob vit des anges qui montaient, et d'autres qui descendaient par cette même échelle et par ces mêmes échelons. C'est ainsi qu'un certain nombre s'élèvent vers le ciel, tandis que d'autres descendent vers l'enfer par les mêmes moyens. La même noblesse, les mêmes talents, les mêmes richesses, les mêmes exercices qui servent d'échelle à ceux-là pour monter au ciel, servent de degrés à ceux-ci pour glisser jusqu'au fond de l'abîme.

Quant à moi, dans quelle direction l'échelle me conduit-elle? Dieu ne cesse de me répéter : *Quid debui ultra facere vineæ, et non feci?* Qu'ai-je dû faire de plus pour ma vigne, que je n'aie point fait? Il y a si longtemps que je la cultive; il y a trois ans, il y a plus encore, que je viens voir, si elle fructifie, et elle ne présente aucune apparence de fruit. Coupez-la donc; à quoi bon lui laisser occuper la terre : *Succide ergo illam; ut quid etiam terram occupat?* Pourquoi charge-t-elle le sol d'un poids inutile? pourquoi cet homme remplit-il le ministère sacerdotal? pourquoi occupe-t-il telle charge dans l'église? *Succide ergo illam.* En entendant cette formidable sentence, le jardinier s'interpose et supplie le maître de la vigne de lui accorder encore une année : *Dimitte illam etiam hoc anno.* — Oui, Seigneur, accordez une prorogation de vie à cet homme. — J'engraisserai cette vigne, je la cultiverai, je n'épargnerai aucun soin, pour qu'elle porte du fruit. — Je me figurerai ici que mon saint ange gardien est intervenu, afin de m'obtenir le sursis d'une année. C'est lui qui m'a conduit dans cette sainte retraite, qui m'a procuré la grâce des saints exercices. Il m'attend ici, il m'exhorte à faire fructifier mes bonnes résolutions. O mon âme, si tu restes stérile, attends-toi à subir la terrible sentence lancée contre l'arbre infructueux. Tel a été le sort d'un grand nombre d'autres ; ce sort peut t'être réservé à toi-même. En ce cas, que deviendras-tu ?

IIe JOUR.

Ire MÉDITATION.

GRAVITÉ DU PÉCHÉ MORTEL, CONSIDÉRÉE DANS LE CHATIMENT DES ANGES REBELLES.

Après qu'on a médité la fin dernière de l'homme, saint Ignace suppose qu'on a puisé dans cette considération, une volonté efficace de se sauver. C'est pourquoi il nous propose ensuite les obstacles qui pourraient s'opposer au salut. Ce n'est ni la maladie, ni la pauvreté, ni l'ignorance qui peuvent nous empêcher d'atteindre notre fin. L'unique obstacle au salut, c'est le péché. En nous faisant méditer sur le péché, le saint prétend deux choses : la première, que nous en concevions une véritable douleur et que nous en fassions une confession sincère, afin d'effacer tous ceux que nous avons eu le malheur de commettre. La seconde, c'est que nous concevions une grande crainte de Dieu et une v.ve appréhension du péché, afin de prévenir tout danger de le commettre encore à l'avenir.

Dans ces méditations, et dans les autres du même genre, je me tiendrai en la présence de Dieu avec le même effroi qu'un vassal en présence de son roi, dont il aurait reçu une multitude de faveurs, et qu'il aurait

la conscience d'avoir payé d'une noire ingratitude ;
ou bien encore, je me tiendrai devant lui, comme un
coupable convaincu de grands crimes, en présence de
son juge Enfin je pourrai m'exciter à la componction, par quelque autre pieuse imagination.

Premier point.

Considérez comment Dieu créa une grande multitude d'anges, qu'il distribua en plusieurs hiérarchies,
subordonnées les unes aux autres, dans l'ordre le plus
harmonieux qu'on puisse jamais concevoir.

Je me représenterai à l'esprit cette jeunesse si
florissante, si pleine de vie, si spirituelle, d'une
noblesse supérieure à toute noblesse humaine ; d'une
intelligence et d'un savoir beaucoup plus élevés que
les plus beaux génies d'entre les hommes ; en effet le
moindre des anges l'emporte en science sur le plus
savant des hommes. Dieu les créa tous dans la grâce.
Il les adopta pour ses enfants ; il les destina à le servir
pendant un espace de temps très court, et puis à le
posséder pendant toute l'éternité. Leur demeure était
le ciel empyrée, en attendant qu'ils fussent admis à la
vision béatifique. Semblables aux premiers courtisans
des rois, ils se tenaient dans l'antichambre la plus
voisine de la salle du trône, tout prêts à y entrer.

Enrichis de dons si précieux, que leur arriva-t-il ?
Une grande partie de ces anges se laissa enfler d'orgueil, et refusa son respect et son obéissance à ce Dieu
qu'ils auraient dû reconnaître pour leur souverain
maître et servir pour tant de bienfaits. Quelle énorme
ingratitude ! Mais la mienne n'est-elle pas encore pire ?

Deuxième point.

Considérez comment Dieu, irrité de leur orgueil,
les châtia sur-le-champ, sans leur donner ni le temps,

ni la grâce de faire pénitence. Au sentiment de l'illustre docteur Scot, du père Lessius et de plusieurs autres, il est certain qu'un bon nombre de ces anges rentrant en eux-mêmes, se seraient repentis de leur faute, s'ils avaient eu les mêmes secours de la grâce que nous. Mais non ; pas un seul instant ne leur fut accordé : *Videbam Satanam, sicut fulgur, de cœlo cadentem.* J'ai vu Satan tomber du ciel comme un éclair.

Or, lors même que Dieu n'eût point donné d'autre exemple de sa terrible justice depuis plus de six mille ans que le monde existe, ce seul trait devrait suffire pour faire trembler le monde entier d'épouvante pendant des milliers de siècles.

Supposez un puissant monarque qui, après avoir fait emprisonner quatre ou cinq grands de son royaume, les condamne à la mort ; supposez qu'il en condamne un cent, et qu'en un seul jour il leur fasse trancher la tête à tous. On parlerait dans le monde d'une si violente résolution ; toutes les histoires en feraient mention ; les pères la raconteraient à leurs enfants avec effroi et horreur ; tous les vassaux du monarque trembleraient et se diraient les uns aux autres : Prenons garde d'offenser le roi ; car il sait se faire respecter.

Or, Dieu qui est le monarque suprême du ciel, a condamné à une mort éternelle les premiers et les plus grands princes de son royaume. Mais en quel nombre ? N'y en eût-il qu'un seul, déjà nous devrions être saisis d'effroi ; mais, hélas ! quelle multitude de victimes ! Saint Antoine abbé vit le monde entier tout rempli de ces esprits rebelles ; et Dénis l'aréopagite dit que les anges sont plus nombreux que les étoiles du ciel, que les grains de sable de la mer, que les feuilles des forêts et que les herbes des champs : *Angeli plures sunt, quam stellæ cœli, quam arenæ maris, quam folia, quam herbæ.* Examinez une plante, voyez combien elle contient de feuilles. Supputez ensuite, s'il vous est possible, combien il y a de feuilles sur tous les arbres ; le nombre des anges est encore plus considérable. Comptez, si vous en avez le courage, tous les grains de sable qui forment le lit d'une rivière ; imaginez ensuite combien il en faut pour former celui de la mer ; réunissez tout cela, et les anges l'emportent encore par leur nombre. Or, de cette multitude innombrable d'esprits, il y en eut un tiers qui périt. Oh! quelle horrible justice pour un seul péché! Et moi qui en ai tant commis, je serais sans crainte?

Troisième point.

Considérez les excuses qu'ils pouvaient alléguer pour se soustraire au châtiment.

Pour mieux les entendre, figurons-nous qu'un avocat se serait chargé de plaider leur cause. Voici bien certainement ce qu'il aurait pu dire à Dieu : Seigneur, un roi mérite plus d'égards lui seul qu'une grande multitude de vassaux ; mais combien un seul ange ne l'emporte-t-il pas sur tous les rois ensemble? Les lois s'adoucissent en faveur d'un noble coupable, et c'est un sentiment commun que celui qui excelle dans un art ne doit pas mourir : *Excellens in arte, non debet mori.*

L'ange est le chef-d'œuvre de la nature ; il est doué des plus éminentes qualités. Son péché fut le premier de tous ; ce fut seulement un péché de pensée et qui ne dura qu'un moment. Seigneur, souvenez-vous que vous êtes la bonté même. Si vous leur pardonnez, ils vous en seront reconnaissants et vous loueront de votre miséricorde pendant toute l'éternité ; au contraire, si vous les punissiez, ils vous maudiront à jamais, et, devenus les ennemis implacables de votre gloire, ils rempliront le monde d'idolâtrie et d'impiété ; ils attireront à leur parti une foule innombrable d'âmes et les entraîneront dans la perdition.

Ces raisons pouvaient nous sembler, à nous, justes et convaincantes, mais comment Dieu en a-t-il jugé? — Ils ont péché; qu'ils soient punis. Il est vrai que je suis la bonté même, mais je suis aussi la justice même. Qu'ai-je besoin de leurs louanges? qu'ils se retirent pour toujours, les maudits, de ma présence! C'est peu de chose, à ton avis, que de m'offenser, même une seule fois? — Outrager Dieu, ce grand Dieu, ne fût-ce qu'un moment, c'est quelque chose qui l'emporte sans comparaison sur toute une éternité de bénédictions et de louanges. — Que les hommes apprennent de cet exemple ce que c'est qu'un seul péché, et s'il en est qui veulent se damner avec les anges rebelles, qu'ils se damnent; ce sera leur faute, et non la mienne; car je les ai créés uniquement pour qu'ils se sauvent.

Réponds maintenant ici, ô mon âme. Est-ce que la balance divine a changé? Est-ce que le péché a moins de poids maintenant que jadis? Seras-tu encore d'avis, ou bien te permettras-tu encore de dire qu'une imagination coupable n'est qu'un passe-temps qui ne fait de mal à personne? Que le péché est une bagatelle, et qu'un de plus ou de moins importe peu? Que c'est une fragilité, une faiblesse, et que Dieu pardonne aisément? Oh! que la malice d'un seul péché est affreuse!

RÉFLEXIONS.

1. Considérez que toutes les œuvres de Dieu ont été faites avec poids, nombre et mesure. Si une seule de ses œuvres pouvait être imparfaite, Dieu ne serait plus Dieu, parce qu'il serait sujet à l'erreur. Dieu est souverainement juste dans ses vengeances. En lui, il n'y a point de passion qui puisse le porter à appesantir sa main plus qu'il ne doit; au contraire, il punit toujours au-dessous du mérite. Non seulement Dieu est juste, mais il est le père des anges, aussi bien que

des hommes, leur ayant fait le don de la grâce. Dieu est créateur, et, en cette qualité, il aime les œuvres de ses mains : *Nihil odisti eorum quæ fecisti.* Et cependant, un seul péché lui a inspiré une haine implacable pour tant et de si nobles créatures : *Odio sunt Deo impius et impietas ejus.*

II. Si, au moment où les anges tombèrent du ciel, je m'étais trouvé dans un coin du paradis, chargé de tous les péchés que j'ai commis; non pas seulement d'un seul, comme les anges, mais de tant et de tant de péchés, et même mortels; à la vue de la chute irrémédiable d'un Behemoth, d'un Astaroth, d'un Lucifer, avec des millions et des millions de complices, à quelle espèce de châtiment n'aurais-je pas dû m'attendre? Et si Dieu, se tournant vers moi, m'avait dit : Vois-tu? Je veux user de miséricorde envers toi seul; quelle confusion n'eût pas été la mienne? — Envers moi seul, Seigneur, envers moi seul? et pourquoi, pourquoi envers moi seul? — Dieu m'ayant donc préféré aux anges avec tant d'amour, combien ne suis-je pas plus strictement obligé de l'aimer?

III. Le premier péché des anges fut leur dernier. Saint Thomas est d'avis que Dieu a fait éclater une si grande sévérité envers les anges, parce que les anges eurent plus de grâces et de lumières que l'homme. Mais moi, que de grâces et de lumières n'ai-je pas reçues de Dieu? *Servus sciens voluntatem Dei, et non faciens, vapulabit multis.* Le serviteur qui connaît la volonté de son maître et ne la fait pas, sera doublement châtié. Le même saint remarque que le péché de Lucifer fut un péché de scandale; car s'il ne contraignit pas, il entraîna cependant ses compagnons dans sa ruine par son exemple. Oh! quel malheur que le scandale et le mauvais exemple!

IIᵉ MÉDITATION.

LA GRAVITÉ DU PÉCHÉ, CONSIDÉRÉE DANS SES AUTRES CHATIMENTS.

Premier point.

Considérez quelle fut la punition du péché d'Adam. Qui était Adam? Comment a-t-il péché? Et quel fut son péché?

Jamais il n'y eut au monde de monarque semblable à Adam. Avant son péché, il exerçait un domaine souverain et absolu sur toutes les créatures, en sorte que tout ce que nous lisons de merveilleux dans la vie des saints, Adam pouvait l'opérer, en vertu du pouvoir que le Très Haut lui avait communiqué. Sa sagesse était supérieure à celle de tous les hommes, et elle lui était due en sa qualité de chef du genre humain; il possédait donc toutes les sciences dans le degré le plus éminent. Il avait toutes les vertus infuses, les unes en acte, les autres en habitude; elles étaient autant de dons du Saint-Esprit. De plus, il était doué de la justice originelle, qualité d'une vertu ineffable; car, en premier lieu, elle assujettissait l'âme à Dieu, répandant dans l'intelligence la facilité de connaître, et dans la volonté, l'inclination à aimer le bien suprême. Secondement, elle assujettissait les sens à la raison, et les appétits bas et inférieurs à la partie raisonnable et supérieure. Troisièmement, elle assujettissait le corps lui-même à l'âme, en sorte qu'il ne lui causait aucune pesanteur, aucune incommodité; de là vient que le corps était exempt des maladies, de la souffrance, et de la mort même.

Cette justice s'appelait originelle, parce qu'elle aurait été transmise par Adam à tous ses descendants, de la même manière que se transmet le péché originel.

Y eut-il jamais, existera-t-il jamais un monarque
égal au premier homme ? Qui jamais a possédé un tel
pouvoir, une telle sagèsse, un tel empire sur lui-
même, un tel empire sur la mort même?

Dieu ayant donc comblé Adam de dons si précieux,
voulut qu'il le reconnût pour son souverain maître.
C'est pourquoi il exigea de lui un acte du moins
d'obéissance, c'est-à-dire, que sur les milliers de
fruits que produisait le paradis terrestre, il s'en
réserva un seul auquel il défendit à Adam de toucher.
Dieu n'obtint pas de l'homme cet acte si facile de
soumission. Adam viola la défense divine, pour ne
pas contrister son épouse trompée et séduite par le
serpent. Comme Eve, il mangea du fruit défendu, et
voilà comment il prévariqua ; voilà quel fut son péché.

A présent, considérez la sentence que Dieu prononça contre le coupable, et la grandeur de la peine
à laquelle Adam fut soumis pour cette faute.

Il est chassé soudain du paradis terrestre. Arraché
aux délices de ce lieu enchanteur, il est condamné à
une vie de misères et de souffrances, et assujetti à la
mort, à tous les maux du corps et à toutes les passions
de l'âme.

Justice divine, n'en est-ce point assez? Non. Vous
ne comprenez pas ce que c'est que d'offenser Dieu, et
quel mal c'est de désobéir, même une seule fois, à un
si grand maître. Pendant neuf cents ans, Adam pro-
longera sa pénitence ; après ces neuf cents ans, il
sera relégué pour des milliers d'années dans les
limbes, et il verra, à sa grande douleur, descendre
chaque jour des centaines d'âmes dans cette prison
ténébreuse, à cause de son péché ; et cette peine terrible, c'est un Dieu qui l'inflige, un Dieu qui est toute
miséricorde ; et il l'inflige pour un seul acte de désobéissance ! Quand un prince n'est point dispensé de
subir le châtiment d'une faute, quelle indulgence et
quel pardon peut espérer un simple sujet? Vois, ô

mon âme, comment le péché, un péché unique, a été châtié sur-le-champ avec sévérité dans les anges qui sont les princes du ciel, et dans Adam qui a été le premier souverain de la terre ; et toi, qui n'es pas moins coupable, tu ne craindras pas les jugements de Dieu ? *Et tu non times Deum, qui in eadem damnatione es ?*

Deuxième point.

Considérez en outre que cette peine si grande a été étendue à tous les enfants et descendants d'Adam. Toute sa postérité, pendant des milliers d'années et pendant des milliers de générations, sera soumise à tous ces maux. Tant de pestes, tant de guerres, tant d'incendies, toutes les maladies et les morts qui ont désolé le monde, tant d'enfants qui ne verront jamais la face de Dieu, voilà quelques-unes des suites du péché d'Adam ; et aussi longtemps qu'il y aura sur la terre une goutte de son sang, l'épée de la divine justice continuera de frapper le genre humain, à cause de cet unique péché. A cette multitude innombrable d'enfants qui seront éternellement privés de la vue de Dieu, joignez ce nombre incalculable d'adultes qui seront éternellement voués à l'enfer, par la raison que toute la nature humaine, infectée du péché originel, se laisse aisément entraîner au péché mortel, et par le péché mortel, à la damnation. Nous-mêmes n'éprouvons-nous pas sans cesse de la répugnance pour le bien, et de la propension pour le mal ? Est-ce Dieu qui nous a créés avec ces dispositions ? Non sans doute. Si vous entendiez une horloge sonner à contre-temps, s'arrêter, indiquer faussement l'heure, vous diriez aussitôt qu'elle n'est point sortie en cet état des mains de l'horloger. Si vous voyiez un vêtement souillé, vous ne diriez pas non plus que le tailleur l'a fait ainsi. L'horloge et le vêtement étaient faits convenablement ; mais l'une s'est dérangée, l'autre a été souillée, soit par accident, soit par la malice d'autrui.

Mais du moins, Seigneur, lorsque Jésus-Christ sera mort pour le salut des hommes, vous mettrez un terme à la punition du péché d'Adam? — Non, pas encore. Je pardonnerai plus facilement le péché, à cause des mérites infinis de mon Fils. Mais quant à la peine du péché, je veux absolument qu'elle dure toujours jusqu'à la fin du monde, et que celle de la privation de ma vue dure pendant toute l'éternité pour ceux qui ne sont pas baptisés. — Mais, Seigneur, en sera-t-il ainsi de ceux qui n'ont point péché personnellement? — Oui, car il faut que le monde apprenne ce que c'est que d'offenser Dieu, et quel crime il y a à lui désobéir, même une seule fois.

Maintenant, ô mon âme, réunis ensemble dans ta pensée tous ces maux : Confiscation de tous les biens, exil, infamie, infirmités et maladies, mort; toutes les créatures révoltées contre l'homme; ce roi de la nature condamné à labourer la terre; lui et tous ses descendants traités comme des rebelles; à la vue de tant de désastres, le péché te semblera-t-il encore un mal léger? Réunis ensemble toutes les famines, les pestes, les inondations, les tempêtes, les tremblements de terre, les guerres, la pauvreté, les gémissements, les procès, les carnages et les meurtres, les injustices, tant d'âmes qui sont perdues et qui se perdront éternellement; tout cela est radicalement la punition d'un péché léger et excusable en apparence, péché qui consista pour Adam à manger d'un fruit pour ne pas causer de peine à sa femme! Encore une fois, à la vue d'un spectacle si funeste, penseras-tu encore que ce n'est rien d'offenser Dieu, ce Dieu terrible qui ôte la vie aux princes? *Terribili, et ei qui aufert spiritum principum.*

Ah! mon Dieu, je vous dirai avec saint Augustin, qu'en voyant un seul péché mortel puni par vous avec tant de sévérité, je dois du moins apprendre à vous

craindre, si je n'ai pas encore appris à vous aimer :
Discam timere te, si nondum didici amare te.

Troisième point.

Considérez que l'intensité et la durée de la punition
réservée au péché mortel, se découvrent surtout dans
l'âme d'un réprouvé. C'est un article indubitable de
notre sainte foi que l'enfer a été décrété de Dieu pour
un seul péché mortel. Or, l'enfer, c'est l'assemblage de
tous les maux qu'il est possible d'imaginer. Et d'abord,
les peines y sont d'une intensité extrême. O mon âme,
descends par la pensée dans l'enfer, et vois quelle
multitude d'âmes brûlent dans ces flammes et y brû-
leront à jamais, et pourquoi? Pour une seule de ces
fautes que tu as peut-être commises par centaines et
par milliers, avec une déplorable insouciance, dans ta
vie passée. On connaît l'histoire de ce jeune homme
qui, s'étant laissé aller à un mauvais désir, pour la
première fois de sa vie, fut frappé de mort à l'instant,
sans pouvoir se confesser, et fut ainsi misérablement
damné. Et ce Dieu, qui est toute miséricorde, n'a pas
été touché de compassion? Il n'a pas différé? Il ne lui
a pas donné le temps de rentrer en lui-même? Non.
A son premier péché grave, il le plonge soudain dans
l'enfer. O épouvantable malice du péché mortel! ô
malice inconcevable, puisque, commis une seule fois,
tu mérites des châtiments éternels!
Enfin considérez le plus terrible des châtiments qui
aient été infligés au péché : c'est la passion et la mort
du Fils unique de Dieu. Quatre potences ont été dres-
sées, pour ainsi dire, par la justice divine, pour
inspirer un salutaire effroi au pécheur. La première,
dans le ciel, pour les anges; la seconde dans le paradis
terrestre, pour Adam; la troisième, dans l'enfer, pour
les damnés, n'eussent-ils commis qu'un seul péché
grave; la quatrième enfin, qui est la plus horrible et

la plus épouvantable, a été dressée sur le Calvaire pour
la personne de Jésus-Christ.

Réfléchissez qui est Jésus-Christ. C'est le Fils unique
du Père Eternel, et l'objet de toutes ses complaisances :
Hic est filius meus dilectus, in quo mihi bene complacui.
Ce Fils est d'une telle excellence, d'une si haute dignité
que, selon l'expression de l'Apôtre, toute la plénitude
de la divinité habite corporellement en lui : *In quo
plenitudo divinitatis habitat corporaliter.* C'est un personnage si digne de respect, que lui tirer seulement
un cheveu de la tête par mépris, serait un mal plus
grand que la ruine du monde entier, que l'anéan-
tissement de toutes les créatures, et même, que la
damnation éternelle de tous les anges et de tous les
saints du paradis.

Or, quel mal n'a point fait à Jésus-Christ le péché,
ou pour parler plus exactement, la seule ombre de nos
péchés dont il s'est chargé par charité, afin de satisfaire pour nous ? A peine le Père Eternel l'eut-il vu
couvert de la simple apparence du péché, qu'il le livra
aussitôt et sans pitié aux ignominies les plus affreuses,
aux souffrances les plus cruelles qu'on puisse jamais
dire ou concevoir, jusqu'à le traiter lui-même non pas
seulement comme un être maudit, mais, chose horrible à dire ! comme s'il était devenu la malédiction en
personne. Pour vous, ô hommes, nous dit-il par la
bouche de l'Apôtre, j'ai consenti à devenir la malédiction même : *Factus pro vobis maledictum !*

Considère ici, ô mon âme, la grandeur du péché.
Si à cause de ceux que tu as commis, tous les hommes
sans exception, tant ceux qui existent maintenant
que ceux qui naîtront jusqu'à la fin du monde,
devaient être condamnés à la mort ; quelle horreur
concevrais-tu à la vue d'un si effroyable carnage !
Mais la vie de Jésus-Christ ne vaut-elle pas plus
incomparablement elle seule, que celles de tous les
hommes ensemble. Oh ! quelle haine, quelle horreur

ne dois-tu donc pas avoir du péché? *Ut a peccato sanemur*, dit saint Augustin, *Christum crucifixum intueamur*. Pour nous guérir du péché, nous n'avons qu'à contempler Jésus crucifié.

RÉFLEXIONS.

I. Qui osera s'exposer au danger, en voyant Adam, cet homme si sage, qui n'avait que de bonnes inclinations, dont les passions étaient soumises, dont la vertu était si capable d'affronter le danger, tomber cependant d'une manière si lourde à la première occasion : *Memento, quod paradisi colonum de possessione sua mulier dejecit*. Souviens-toi, dit saint Jérôme, que le citoyen du paradis terrestre a été chassé de ses domaines par la femme.

Ajoutons qu'Adam n'en vint pas tout d'un coup à désobéir à Dieu. Il commença par regarder le fruit, le flaira, et il lui parut fort beau et fort bon à manger, comme il avait paru à Eve. *Pulchrum visu, et ad vescendum suave*. Prenez garde dès le principe ; prenez garde de commencer ou par pure curiosité, ou par caprice.

II. Quand un coursier, débarrassé du frein, voit l'abîme devant lui, il suspend sa course et s'arrête. Au-dessus de ma tête, est suspendu le glaive de la divine Justice pour me frapper ; sous mes pieds, l'enfer est ouvert, prêt à m'engloutir, et je ne m'arrêterais pas sur la pente du péché? Plusieurs ont été damnés, après en avoir commis un seul, et moi qui les ai multipliés sans nombre, je ne crains pas, que le premier que je commettrais encore, soit le dernier? Et si pourtant il l'était? *Horrendum est peccata peccatis addere, quia nescimus, pro qua culpa nos Deus sit in hoc sæculo relicturus.*

Il est affreux, disait en tremblant le saint pape Adrien VI, d'ajouter péchés à péchés; car nous ne

savons pas pour quel péché Dieu nous abandonnera en
ce monde.

III. S'il y avait un poison assez violent pour que son
ombre seule fît mourir les hommes ; combien on en
redouterait l'approche ! Le péché est ce poison, puisque
son ombre seule a donné la mort à Jésus-Christ. Et
s'il en est ainsi de l'innocent, qu'en sera-t-il du coupable ? *Si hœc in viridi fiunt, in arido quid fiet ?*

Un jour le divin Rédempteur dit, du haut de la croix,
à une sainte âme qui était en oraison : Regarde-moi ;
respice in me. Comme s'il lui eût dit : Considère que je
suis crucifié pour toi ; considère quel mal tes péchés
m'ont fait : *Respice in me.* Et si la divine justice a été
si rigoureuse envers l'innocent, misérable pécheur, que
dois-tu attendre ? *Respice, respice in me.*

Prenez en main votre crucifix, et contemplez-le
comme l'espérance et l'effroi des pécheurs. Dites-lui
avec un cœur contrit : Regardez-moi, ô miséricordieux
Sauveur, et soyez propice à cette créature pécheresse.

IIIᵉ MÉDITATION.

SUR NOS PROPRES PÉCHÉS.

Les méditations de saint Ignace ont entre elles le
même rapport que les glaces d'un télescope. Aucune
de ces glaces en particulier n'a la faculté de grossir
et de rapprocher l'objet ; c'est l'ensemble qui produit
cet effet. Pour que vous voyiez l'enchaînement harmonieux des exercices, et la liaison qui existe entre
les méditations, observez qu'après nous avoir proposé
la fin pour laquelle nous sommes créés, et qui est
Dieu seul, saint Ignace nous fait considérer l'unique
obstacle qui peut nous empêcher d'y arriver ; c'est le
péché. Après cela, il nous fait voir le désordre qu'un

seul péché a introduit parmi les anges, qui sont les fils aînés de la création ; puis le désordre qu'il a causé dans Adam, le premier-né des hommes ; enfin le poids des châtiments dont il a chargé les épaules du premier-né, ou plutôt du fils unique de Dieu, Notre-Seigneur Jésus-Christ.

A la suite de ces vérités qui sont autant d'articles de foi, et dont la clarté ne permet aucun doute, saint Ignace nous propose la considération de nos propres péchés. C'est comme s'il nous disait : Vous êtes l'aîné de toutes les créatures ; vous n'êtes pas le premier-né, ni le fils unique de Dieu, voyez cependant que d'offenses vous avez commises envers Dieu.

Ce serait à chacun de nous en particulier à faire cette méditation, parce que personne ne sait mieux que nous quelle a été notre vie passée. Cependant je parcourrai et j'indiquerai les principales sources de nos péchés.

Saint Ignace nous prescrit de ne pas trop descendre dans le détail, mais de nous tenir dans certaines généralités, en faisant cette méditation. Nous devons nous y comporter comme des gens qui sont au sommet d'une montagne et qui voient à leurs pieds une vaste plaine. Ils n'aperçoivent pas chaque chose en détail, et ils ne distinguent pas une chaumière d'avec un champ, ni une bourgade d'avec une cité.

Premier point.

Considère, ô mon âme, la multitude des péchés que tu as commis à toutes les époques de ta vie.

Peut-être as-tu commencé à offenser Dieu, même avant de le connaître ; et après que tu l'eus connu comme ton souverain maître, comme ton tendre père, comme un juge inexorable, tu as continué à l'offenser plus que jamais.

Qu'ai-je fait pendant ma jeunesse, ou plutôt que

n'ai-je pas fait? *Inquinatæ sunt viæ meæ omni tempore.*
J'ai souillé par mes désordres toutes les demeures que
j'ai habitées; toutes les places publiques par où j'ai
passé, les écoles que j'ai fréquentées, les lieux où je me
suis récréé, ont été infectés de la mauvaise odeur de
mes péchés. Les églises mêmes en ont été profanées.
Mes péchés se sont accrus dans l'usage des sacrements;
j'ai violé la sainteté du tribunal de la pénitence, au
lieu d'y déplorer mes fautes et d'en recevoir le pardon.
Inquinatæ sunt viæ meæ omni tempore. J'ai péché pendant le saint temps de pâques et du jubilé; peut-être
même ai-je abusé de la grâce du jubilé pour me livrer
à des désordres plus monstrueux. Je n'ai pas même
rompu mes liaisons coupables, au temps de la semaine
sainte; et si je les ai laissées un instant, c'était pour
les reprendre aussitôt après. *Omni tempore, omni
tempore.*

O mon Dieu! si j'étais venu au monde pour vous
offenser, et non pour vous servir, aurais-je pu tenir
une conduite plus criminelle? O temps de ma jeunesse,
montrez-moi un seul jour dans lequel je n'ai pas
péché! sainte loi de Dieu, montrez-moi un commandement que je n'ai pas violé cent fois! sainte Eglise, montrez-moi un seul précepte, contre lequel je n'ai point
mille transgressions à me reprocher! *Multiplicatæ
sunt super capillos capitis mei iniquitates meæ.* Mes
iniquités se sont multipliées au delà du nombre des
cheveux de ma tête. Oui, ô mon âme, nous sommes un
nouveau Job : depuis la plante des pieds jusqu'au
sommet de la tête, il n'y a rien de sain en nous; *A
planta pedis usque ad verticem capitis non est in me
sanitas.*

O Dieu d'une miséricorde infinie, vous savez quelle a
été ma folie, et mes péchés ne vous sont point cachés;
*Tu scis insipientiam meam, et delicta mea a te non sunt
abscondita.* Voici un pauvre pécheur à vos pieds.
Esprits infernaux, vous pourrez me porter envie. J'ai

commis moi seul plus de péchés que des milliers d'entre
vous; et si mes iniquités étaient partagées entre autant
d'hommes différents, elles en entraîneraient par milliers au fond des enfers.

Je confesse au Dieu tout-puissant que j'ai péché
excessivement. Oui, j'ai commis beaucoup trop de
péchés. *Peccavi nimis cogitatione.* J'ai péché une multitude de fois, par tant de pensées de vanité, d'orgueil,
de vengeance, d'impudicité. *Peccavi nimis verbo.* J'ai
péché une multitude de fois par tant de paroles de
ressentiment, de duplicité, de dissimulation, et par
tant de discours déshonnêtes. *Peccavi nimis opere et
omissione.* J'ai péché une multitude de fois par des
regards curieux, indiscrets, immodestes. J'ai péché une
multitude de fois, par l'ouïe, par la bouche, par le
tact, par tous mes sens, par toute ma personne.
Peccavi nimis, peccavi nimis.

Je vous demande pardon, à vous, créatures de mon
Dieu qui m'aviez été données pour m'aider à m'élever
vers lui, et dont j'ai abusé pour me faire des armes
contre Dieu. J'ai abusé de mon intelligence, cette
faculté angélique, et je l'ai fait servir à des satisfactions brutales, en étudiant, en recherchant la manière
d'offenser Dieu. J'ai abusé des richesses que la main
libérale de Dieu m'avait départies, et je les ai employées
à pervertir l'innocence, à corrompre la justice, à
satisfaire mes passions. Esprit et richesses, je vous
demande pardon. Je vous demande pardon, ô beauté,
ô don de Dieu dont j'ai fait un écueil pour ma propre
vertu et pour celle d'autrui. Je vous demande pardon,
ô noblesse que Dieu m'a donnée gratuitement et dont
j'ai abusé pour accabler mes inférieurs de mépris.

Attributs et perfections de mon Dieu, que j'ai spécialement outragés, je vous demande pardon. Je vous ai
offensée, bonté divine, en abusant de votre bienveillance sans bornes. Je vous ai offensée, ô immensité de
mon Dieu, en péchant sous vos yeux et en votre sainte

présence. O patience de Dieu, c'est votre gloire de n'avoir point de limites ; sans cela, vous vous seriez lassée de tant de désordres. Je vous demande pardon, justice de mon Dieu, de ne m'être pas soucié de vos sévérités. Je vous demande pardon, toute-puissance de mon Dieu, de tant d'outrages que je vous ai faits par mes iniquités ; pardon, ô sainteté de mon Dieu, que j'ai rendue témoin de tant d'abominations!

Vois, ô mon âme, s'il y a au monde un être, quelque méprisable qu'il soit, que tu aies autant outragé que tu as outragé ton créateur et ton Dieu qui est si grand et si bon. Si un homme m'avait fait la millième partie des injures que j'ai faites à Dieu, j'en serais mort de chagrin. Si un homme m'avait injurié dans ma maison, blasphémé mon nom, outragé mon honneur ; si en outre il s'était vanté de m'avoir injurié, moi et les personnes de ma maison ; s'il n'avait point passé un jour sans m'offenser, l'aurais-je souffert et ne m'en serais-je pas vengé? Dieu, lui, a eu tant de patience à mon égard et il m'a supporté pendant si longtemps!

Deuxième point.

Considérez les circonstances qui ont accompagné vos péchés.

I. J'ai offensé mon Dieu après tant de bienfaits dont il s'est plu à me favoriser. *Dicebant Deo : Recede a nobis, cum ipse implesset domum eorum bonis.* (Job. 21.) C'est lorsque ma maison était remplie de biens, lorsque ma santé était parfaite et que j'étais à la fleur de l'âge ; oui, c'est lorsque j'étais le plus obligé de servir Dieu, que je l'ai offensé! J'ai dit à Dieu du fond du cœur, du moins par ma conduite : Retire-toi de ma mémoire, et laisse-la s'occuper de pensées d'ambition, de faste, d'impureté. Retire-toi de ma langue ; je veux l'employer au parjure, au blasphème, au murmure. Retire-toi de mon cœur ; il est attaché à d'autres amours. Retire-toi de ma maison; je veux donner l'hospitalité à tes ennemis.·

. Lorsque j'étais étendu sur un lit de douleurs, ou en proie à quelque peine, j'ai invoqué mon Dieu, et touché de ma prière, il m'est venu en aide; mais une fois son secours obtenu, je lui ai dit : Retire-toi, retire-toi; je ne me soucie pas de toi.

II. Je n'ai pas seulement péché en face de tant de bienfaits; j'ai péché malgré les inspirations divines. Je sentais battre mon cœur. C'était la voix de Dieu qui me détournait du péché. C'était le commandement de mon maître qui m'interdisait tel regard, tel discours, telle action. Et malgré cet avertissement si pressant, j'ai péché contre Dieu, contre ma conscience, malgré mes remords et malgré la connaissance du mal que je faisais.

III. Je n'ai pas seulement péché par fragilité, mais avec une malice profonde; car j'ai délibéré, j'ai étudié, j'ai concerté la manière de pécher.

IV. J'ai offensé Dieu avec un désir insatiable de l'offenser encore, j'ai été semblable à la flamme qui ne dit jamais : C'est assez. Un péché n'attendait pas l'autre; le premier en appelait un second et un troisième avec autant de facilité que s'il eût été question d'avaler un verre d'eau : *Bibi iniquitatem sicut aquam*.

V. Comme s'il ne m'eût pas suffi de pécher moi-même, j'ai enseigné le péché à d'autres; je leur ai donné des leçons d'iniquité par mon exemple, par mes paroles et par mes omissions. Jamais je n'eusse voulu suborner le serviteur d'autrui; et j'en ai détourné un grand nombre du service de Dieu.

VI. J'ai porté si loin la perversité, que bien des fois j'ai juré de commettre le péché, juré de me venger, promettant ainsi à Dieu d'offenser Dieu lui-même. O aveuglement ! Et puis, comme si mes péchés eussent été un sujet de gloire, que de fois ne m'en suis-je point vanté dans les sociétés, en m'attribuant même

ceux que je n'avais pas commis, pour paraître plus
ennemi et plus contempteur de Dieu.

Ah ! mon Dieu ! Ah ! mon Dieu ! ayez pitié de moi
qui suis le plus grand des pécheurs. *Deus, propitius
esto mihi peccatori.* Seigneur, vous êtes venu pour sauver les pécheurs ; eh bien, je suis le premier d'entre
eux. Si j'avais commis une moitié seulement de ces
graves insultes envers le dernier des hommes, je
n'oserais paraître devant lui ; et comment se fait-il
que j'ose paraître si hardiment en présence du Très
Haut ? *Commissa mea pavesco, et ante te erubesco.* O mon
Dieu, je frémis à la vue de mes crimes, et je suis
rempli de confusion en votre sainte présence.

Troisième point.

Considérez combien a été grande la patience de
Dieu à votre égard. Raisonnez ainsi avec vous-même :
indépendamment des bienfaits dont Dieu n'a cessé de
me combler, et cela, dans le temps même où je
l'offensais, de combien de maux ne m'a-t-il pas préservé, bien que mes péchés méritassent cette punition ?
J'ai mérité, à cause de mes vices, de perdre la santé ;
et vous, ô mon Dieu, vous me l'avez conservée. J'ai
mérité de perdre ma fortune, à cause de l'abus que
j'en ai fait ; et vous avez toujours maintenu l'abondance dans ma maison. J'ai mérité de perdre tout à
fait ma réputation ; car j'ai commis des fautes honteuses qui auraient dû me la ravir ; et vous avez trouvé
moyen de me mettre à couvert et de me conserver
l'honneur.

Nous avons en quelque sorte rivalisé entre nous :
Vous, Seigneur, pour me faire du bien, et moi, pour
vous faire tout le mal possible par mes péchés. Que
de réclamations vous ont été adressées à mon sujet,
tantôt par les pauvres que j'opprimais, tantôt par les
peuples que je scandalisais, tantôt par les âmes qui se

sont perdues à cause de moi! Je sais que les démons, tant de fois vainqueurs, ont demandé justice contre moi. Les créatures dont j'ai abusé, et mes propres péchés, ont crié hautement vengeance contre moi! Et vous, ô mon Dieu, vous avez fermé l'oreille à toutes ces plaintes, et pendant que tout le monde criait justice, vous avez voulu user de miséricorde envers moi, envers moi qui n'ai profité de cette miséricorde que pour vous offenser davantage.

Ah! mon Dieu, mes innombrables péchés méritent une douleur éternelle; leur gravité est telle qu'ils mériteraient une douleur infinie. Je pleurerai ces péchés aussi longtemps que je vivrai, et je désire vivre pour pouvoir les pleurer comme je dois. Lorsque je serai tenté d'en commettre de nouveaux, je me souviendrai que je ne les ai déjà que trop multipliés : *Peccavi nimis, peccavi nimis.*

Ah! mon Jésus, qui pendant un si grand nombre d'années m'avez supporté pécheur, et grand pécheur, accueillez-moi maintenant repentant et profondément repentant. Faites miséricorde à un infortuné qui se repent, vous qui avez épargné si longtemps le coupable. *Fac misericordiam misero et pœnitenti, qui tamdiu pepercisti peccatori.* (Saint Bernard.) Vous avez rappelé à la vie Lazare mort depuis quatre jours, malgré qu'on vous dit qu'il répandait déjà l'infection; quel être fut jamais plus fétide, plus rebutant, plus enseveli dans le vice que je le suis? Ah! rappelez-moi à la vie de la grâce; je vous promets de n'y plus mourir désormais. Vous avez délivré tant de possédés, et moi, hélas! ne suis-je pas plus qu'eux au pouvoir de Satan! Délivrez-moi, je vous en supplie, de cet affreux esclavage, et ne permettez pas que votre ennemi trouve de nouveau l'entrée de mon âme.

RÉFLEXIONS.

I. Réfléchissez que la pénitence doit être proportionnée au péché. Convertissez-vous, dit le prophète Isaïe, selon que vous vous étiez éloigné de Dieu. Ma pénitence doit être une conversion sincère et de cœur ; il ne suffit pas de me repentir du bout des lèvres, ni de concevoir une douleur sensible qui me fasse verser des larmes purement extérieures. Bien que le fer soit devenu rouge, tendre et maniable, on ne peut pas dire qu'il soit changé en feu, parce qu'il conserve toujours la forme et la nature du fer, et qu'il tend à redevenir dur, noir et froid. Le bois, au contraire, se convertit en feu, parce qu'il se dépouille de sa forme naturelle. Je ne dois donc pas me fier à cette ferveur que je parais avoir conçue, ni à certaine sensibilité que j'éprouve ; il faut que le changement ait lieu dans mon esprit, en sorte qu'il soit désabusé des fausses maximes du monde ; il faut que le changement ait lieu dans ma volonté, en sorte qu'elle soit détachée de toute affection déréglée pour les plaisirs, pour l'ambition, pour la vengeance, et qu'ainsi tout son amour soit concentré en Dieu seul. Voilà ce qui est requis pour une vraie conversion : *Hæc mutatio dexlere excelsi.*

II. En second lieu, nous devons nous convertir, *selon* que nous nous étions éloignés de Dieu. *Convertimini sicut recesseratis.* Cette parole, *selon,* marque qu'il doit y avoir de la proportion entre la pénitence et la faute. Autant je me suis livré à l'iniquité, autant je me suis égaré, autant je dois revenir sur mes pas et pratiquer la vertu.

J'ai servi le démon pendant tant d'années ; puis-je me contenter de me donner à Dieu pour quelques jours ? Je me suis lié au mal et au démon par d'innombrables chaînes, par mes mauvaises habitudes, par mes liaisons coupables, par tant d'actes criminels ; ni les inspirations divines, ni la crainte des châtiments éternels, ni les bons exemples dont j'ai été témoin, ni les prédications, ni les prières, ni les bons conseils qui m'ont été donnés, n'ont eu assez d'empire sur moi pour me faire rentrer en moi-même. Après cela, puis-je m'unir à Dieu par un fil si faible qu'il suffise d'une raillerie, d'une considération humaine, d'une tentation légère pour me séparer aussitôt de lui? Ah! non, il n'en peut être ainsi? *Quis me separabit a charitate quæ est in Christo Jesu? Certus sum, quia neque mors, neque vita, neque altitudo, neque profundum poterit nos separere...*

III. *Convertimini, sicut in profundum recesseratis.* Réfléchissez encore sur cette parole, *in profundum,* comme vous vous étiez éloigné de Dieu pour marcher vers l'abîme. Le prophète veut nous indiquer par cette expression que nous avons péché avec une pleine malice, avec une parfaite connaissance du mal, en un mot, que nous avons mis de l'étude à commettre le péché. C'est aussi ce que marque le psalmiste, quand il dit que le pécheur a médité l'iniquité pendant qu'il prenait son repos : *Iniquitatem meditatus est in cubili suo.*

Ah! mon Dieu, et je ne mettrais pas autant d'application à vous servir, que j'en ai mis à vous offenser ? Cet esprit qui s'est ingénié à trouver les moyens d'atteindre ses fins criminelles, ne s'appliquerait pas avec un zèle égal à acquérir la vertu?

Celui-là s'éloigne de Dieu et marche vers l'abîme, qui pèche sans s'inquiéter ni du nombre, ni de la qualité des fautes qu'il commet. *Impius cum in profundum venerit contemnit.* Il lui importe peu de commettre cent, deux cents, mille péchés de pensées, de paroles, d'actions et d'omissions, comme si pécher était la même chose que de cracher sur la terre.

Ah! mon Dieu! et après avoir dévoré l'iniquité avec plus d'avidité que les aliments, je me contenterais d'un petit nombre d'actes de vertus, et encore d'actes produits avec langueur, avec tiédeur ; et je me lasserais, aussitôt les premiers pas faits dans la carrière ? serait-ce donc que j'aie médiocrement péché ? Ne puis-je pas dire au contraire en toute vérité que je me suis enfoncé dans la fange du péché, et que je me suis fait des blessures trop profondes ? *infixus sum in limo profundi ; nimis profundæ factæ sunt cicatrices meæ.* J'ai eu tant de vigueur, quand il s'est agi d'offenser Dieu ; comment suis-je maintenant si languissant pour lui donner satisfaction ? Quand est-ce que j'ai dit aux passe-temps, aux plaisirs, au péché : En voilà assez ? et maintenant, pour peu que je fasse de bien, il me semblera que j'en fais trop, et je penserai à ralentir ma marche et à abandonner ce que j'ai commencé ? *Grande scelus grandem necesse est habere satisfactionem.* Un grand crime, dit saint Ambroise, réclame une grande expiation.

IIIᵉ JOUR.

Iʳᵉ MÉDITATION.

SUR LA MORT.

Rien de plus efficace pour nous détacher du péché, que la pensée de la mort. De même que la mort nous ôte le pouvoir de pécher, de même la pensée de la mort, bien approfondie, détache l'âme de toute affection au péché. C'est pour ce motif, qu'après nous avoir fait méditer sur le péché, saint Ignace nous propose la considération de nos fins dernières, et en particulier, de la mort.

On dit que la mort est amère. *O mors, quam amara*

est memoria tua ! Qu'est-ce qui la rend amère? rien
autre, voyez-vous, que le péché. On envie la mort des
enfants qui ont reçu le baptême ; pourquoi, parce que
leur mort est sans péché. Est-ce que la mort si affreuse
des martyrs, qui ont été écorchés, tenaillés, brûlés
vifs, n'est pas une mort précieuse ? Et pourquoi ? parce
que le martyre est un second baptême, et que leur mort
a été sans péché. Séparez le péché de la mort, et la
mort cesse d'être amère. J'ai connu des jeunes gens
qui ne tenaient aucun compte de la vie ; leur seule
crainte concernait les suites de la mort ; et cette
crainte, qui la leur inspirait, sinon le péché? Saint
Jean vit la mort montée sur un coursier que suivait
le démon. La mort est assise sur le cheval, et l'enfer
est en croupe, et voilà ce qui fait toute son amertume.
Mais encore une fois, qu'est-ce qui met l'enfer en
croupe, sur le coursier de la mort, si ce n'est le péché ?

La méditation de la mort est donc très puissante
pour nous détacher du péché. Je la proposerai brièvement en trois points, tous trois d'une évidence frappante, comme on a coutume de faire pour ce sujet.
De même que les eaux courantes et les puits fré-
quentés sont les meilleurs ; ainsi, dans certains sujets,
les considérations les plus usuelles sont les plus fortes.

De ces trois points, je déduirai trois conséquences
également évidentes.

Premier point.

Certitude de la mort.

Applique-toi, ô mon âme, à bien pénétrer cette
vérité. Moi qui suis ici en ce moment plein de vie et
de santé, je finirai par être malade, par tomber en
agonie, et enfin par mourir. Moi qui vais aujourd'hui
sur mes pieds ou en carrosse, un jour je serai porté
sur les épaules des autres. Un jour viendra où je

sortirai de ma maison pour n'y plus rentrer ; ou j'entrerai dans un cimetière pour n'en plus sortir. J'entends sonner les cloches pour les autres ; un jour on les sonnera pour moi ; j'ai porté le deuil pour d'autres, d'autres le porteront pour moi. Repasse dans ta mémoire les portraits que tu possèdes dans ton habitation. Ce sont ceux de personnes qui ont vécu comme tu vis toi-même ; et maintenant, il ne reste plus d'eux au monde, que ces images. Il ne restera également de toi que ton image ; encore sera-ce pour peu de temps. Faites avec saint Augustin la revue de tous les biens et de tous les maux de ce monde ; vous lisez indistinctement sur leur front : Tout est incertain. Vous espérez la fortune ? La chose est incertaine. Vous désirez trouver une épouse ? La chose est incertaine, tout est incertain ; la mort seule est certaine. *Incertum est, incertum est. Speras pecuniam? incertum est. Speras uxorem? incertum est. Incerta omnia : sola mors certa est.* Un enfant vient au monde, cet enfant grandit ; on n'en peut rien assurer, sinon qu'il mourra.

Commence, ô mon âme, à tirer une conséquence de ce premier point. La mort est certaine, par conséquent je dois me disposer de bonne heure à la recevoir. Considère quels apprêts on fait pour des évènements douteux, apprêts qui coûtent de grandes dépenses et de grandes fatigues souvent sans résultat. On prépare la maison pour recevoir la visite d'un étranger, et l'étranger ne vient pas. On prépare une quantité de marchandises pour une foire, et la foire n'a pas lieu. On fortifie une place, parce qu'on s'attend à un siège, et l'ennemi porte ses forces sur un autre point. On fait de grands préparatifs de toilette pour une fête ; on fait emplette d'un mobilier en vue d'un mariage ; et souvent tout cela tombe par terre, parce que la fête est contremandée et que le mariage ne réussit pas.

Les préparatifs que tu feras, pour attendre la mort,

seront-ils vains et inutiles? As-tu jamais vu, ou entendu dire que la mort ait épargné quelqu'un, et que, par suite, ses confessions, ses communions, ses aumônes, ses bonnes œuvres aient été peines perdues pour lui? Ecoute, ô mon âme : quand même la mort serait un évènement douteux, c'est-à-dire, quand il arriverait qu'elle frappât ceux-ci, et qu'elle oubliât ceux-là, c'est un fait d'une si haute importance qu'il faudrait toujours se tenir sur ses gardes. Combien plus est-il nécessaire de nous y préparer, puisque la mort est inévitable?

Remarque de plus, que lorsqu'il s'agit d'une représentation, d'un concert, d'une fête, si les préparatifs ne sont pas achevés, on retarde la solennité. Mais si tu n'es pas préparée à la mort, quand elle viendra, pourras-tu lui dire qu'elle attende un peu, qu'elle tarde un jour, qu'elle tarde une heure? *Memento, quia mors non tardat.* Souviens-toi que la mort n'attend pas. La mort ne fait pas antichambre, même pour le pape. Elle n'attend pas que le moment d'audience soit venu : prêt ou non, elle entre : *mors non tardat.*

Venons-en ici à la pratique, ô mon âme : veux-tu être saisie par la mort, avec ou sans préparation? — sans préparation, oh non ! — Mais quand veux-tu te préparer? au moment où elle viendra? Mais ne sais-tu pas que la précipitation gâte tout? Commence donc aussitôt à te préparer, et pour cela mets-toi entre les mains d'un sage directeur; mets ordre aux affaires de ta conscience, prends la résolution de fréquenter les sacrements, adjoins-toi à quelque pieuse congrégation ou confrérie, si la chose est possible.

Deuxième point.

Incertitude de l'heure de la mort.

O mon âme, creuse soigneusement cette seconde vérité. La première est dure, parce que je sais qu'il faut mourir ; la seconde est lamentable, parce que je ne sais quand je mourrai. *Primum est durum, quia scio me moriturum : secundum plango, quia moriar, et nescio quando.*

On remarque chez presque toutes les nations civilisées, un certain ordre fondé sur l'ancienneté. Entre hommes, on accorde la préséance au plus âgé; dans les chapitres ecclésiastiques, ce sont les dignitaires qui ont le pas; il y a un ordre, jusque parmi les serviteurs.

La mort n'a nul égard pour cet usage. Elle passe, enlevant le plus jeune de la maison et laissant derrière le plus âgé. Elle oblige le plus fort à succomber devant elle, et elle laisse vivre le plus faible. Celui-là meurt quoique très utile à la société, à la famille ; celui-là reste qui ne rend aucun service.

Et ici, approfondis cette vérité de la certitude du moment de la mort : mourrai-je jeune ou vieux, de maladie, ou d'un coup de foudre, dans ma maison ou en voyage, au milieu des chemins? Mourrai-je cette année, ou ce mois? qui le sait? quelquefois la mort nous envoie la maladie comme un précurseur ; quelquefois elle se présente, sans s'être fait annoncer, et il faut la recevoir et il faut s'y soumettre, quand elle se montre, quand ce serait au moment le plus fâcheux pour la famille et pour la position ; elle rompt tous les projets, fussent-ils en pleine voie de réussite.

Ce second point, ô mon âme, est-il évident? Oui, de la dernière évidence. Mais quelle conséquence dois-tu donc en tirer? la voici :

· Puisque l'heure de la mort est incertaine, elle peut me surprendre dans le lieu, le temps et de la manière qu'il lui plaît ; conséquemment, non seulement je dois m'y préparer, mais je dois me tenir toujours prêt : *Estote parati?*

Dans ce moment même où je suis occupé à méditer, la mort peut venir ; et j'oserais me mettre en oraison, sans être prêt à la mort ? Au moment où je mets le pied hors de la maison, il peut se faire que ce soit mon dernier mouvement ; et j'oserais sortir de chez moi sans être prêt à la mort ? Au moment où je porte la main à la bouche pour prendre ma nourriture, il peut se faire que ce soit mon dernier morceau ; et j'oserais m'asseoir à table sans être prêt à la mort ? Au moment où je vais prendre mon repos, il est possible que je m'endorme du dernier sommeil ; et je me mettrais au lit sans être prêt à la mort ? Il est horrible, dit saint Bernard, de vivre un seul instant dans un état où l'on ne voudrait pas mourir ; et je pourrais vivre un jour, un mois, une année, en état de péché ? avec tant de difficultés sur la conscience, avec tant de chimères dans l'esprit, avec si peu de bonnes œuvres entre les mains, avec tant de mauvaises habitudes, de passions, de vices, d'inclinations au péché ?

Approfondis de nouveau cette vérité, ô mon âme. L'heure de la mort est incertaine ; par conséquent, au moment même où je commets le péché, je puis mourir, et mourir non seulement dans le péché, mais mourir en commettant le péché, comme tant d'autres malheureux qui ont été surpris par la mort, en flagrant délit. Et après cela, j'oserais commettre le péché, tandis que je puis mourir dans l'acte même du péché ? Que dis-tu ? Que réponds-tu ? — Je suis jeune. — Mais est-ce qu'on ne meurt par hasard que de vieillesse ? — Je suis robuste. — Mais ne meurt-on que de faiblesse ? — Les médecins me disent que je suis d'une excellente constitution. — Mais les méde-

cins ont-ils pu prévoir ce coup de pied que ton cheval
peut te donner? Ce mur qui peut s'écrouler sur ta
tête? Cet accident qui peut arriver en voyage? Cette
herbe vénéneuse qu'on peut mêler par accident avec
les aliments? Ce chien enragé qui peut te mordre?

Penses-y bien; en quelque état que tu sois, la mort
n'a pas à franchir les montagnes pour te joindre; il
n'y a point de mur de séparation, il n'y a point de
fleuve ni de rivière, entre elle et toi. Et si tu as le
malheur d'être en état de péché mortel, quel intervalle
y a-t-il entre toi et l'enfer? *Nec mare, nec montes, nec
nos mare dividit ingens : exigua prohibemur aqua.*

Mais soit, je veux bien que tu meures dans ton lit.
Que de maladies nous ôtent l'usage ou de la parole ou
de la raison même, dès leur première atteinte! Que
de maladies sont trompeuses ou inconnues des médecins! Que de fois aussi les médecins usent de réticence
pour ne pas attrister la famille!

Mais supposons encore que rien de tout cela n'ait
lieu. Combien n'ont pas le courage de faire venir le
confesseur du malade? Que de fois aussi le confesseur
sera occupé et ne pourra pas venir, ou ne viendra
qu'au bout d'une heure? et ce retard d'une heure
suffira pour vous mettre hors d'état de recevoir avec
fruit l'absolution. De semblables accidents ne sont-ils
pas possibles? Que dis-je, ne sont-ils pas fréquents,
et n'en avons-nous pas à tout instant des exemples?

Ah! quand même nous emploierions tout le temps
de notre vie à penser à la mort; notre vie, fût-elle
d'un siècle, serait encore trop courte pour une affaire
de cette importance.

Troisième point.

On ne meurt qu'une fois.

Voilà ce qu'il y a de plus terrible dans la mort. En effet, comme on ne meurt qu'une fois, si on meurt en mauvais état, c'en est fait pour toujours : *Periisse semel, æternum est.* Si la mort était une scène à recommencer à diverses reprises, il importerait peu de ne pas réussir dès l'abord, parce qu'on aurait du temps pour corriger son erreur ; et celui-là serait excusable, qui vit continuellement dans le péché, sans songer à s'amender. Mais puis-je mourir une fois à titre d'essai, et me réserver de mourir tout de bon une autre fois ? Puis-je en dépêcher un autre en avant pour me frayer le passage, et retenir ma propre âme, pour le faire avec sécurité ? De même que nous n'avons qu'une vie et une âme, de même il n'y a qu'une mort. Par conséquent, ce serait de l'audace et de la témérité que de risquer le moins du monde de faire une mauvaise mort, et de perdre ainsi cette âme unique qui, une fois perdue, est perdue pour toute l'éternité. *Periisse semel, æternum est.*

Plutarque raconte qu'un certain Lamascus, capitaine ou centurion, gourmanda un jour un de ses soldats pour je ne sais quelle méprise qui lui était arrivée à la guerre. Honteux de la réprimande, le soldat lui répondit, les yeux baissés et d'un air confus : Seigneur capitaine, croyez-le bien, c'est une erreur involontaire et cela ne m'arrivera plus. — La réponse est belle, reprit le capitaine ; cela ne m'arrivera plus ! mais ne sais-tu donc pas qu'à la guerre on ne peut pas se méprendre deux fois ?

Ah! mon frère bien-aimé, quelle guerre cruelle vous feront à la mort, les démons, vos péchés et vos mauvaises habitudes ! Faites-y bien attention : on ne peut se tromper deux fois dans cette guerre ; un seul instant suffira alors pour causer votre perte éternelle. O moment ! ô épouvantable moment d'où dépend notre éternité !

O mon âme, encore une fois, ce troisième point est-il évident ou non ? Peux-tu révoquer en doute qu'on ne meurt qu'une seule fois ? Il est de foi que je dois mourir ; il est également de foi que je ne mourrai qu'une seule fois.

Quelle conséquence dois-je tirer de là ? Outre celles qui ont déjà été indiquées, voici ce que je dois conclure : Je dois me faire de saintes habitudes pendant la vie, ne pas me contenter de vivre dans la grâce de Dieu et de ne pas rester un seul instant dans l'état de péché ; mais je dois mener habituellement une vie si chrétienne et si féconde en bonnes œuvres, qu'à ma dernière heure, le démon ne puisse m'ébranler par ses tentations et me faire périr pour l'éternité. *Periisse semel, æternum est.*

RÉFLEXIONS.

I. L'auguste sénat des trois personnes divines a prononcé la sentence qui me condamne à la mort : *Statutum est hominibus semel mori;* il est décrété que tous les hommes mourront une fois. Je suis donc en cette vie, comme un condamné à mort, en chapelle. Le malheureux qui est en cet état, s'occupe-t-il beaucoup de passe-temps, d'intérêts ou de nouvelles ?

Nous avons beaucoup d'exemples de sentences de mort qui ont été révoquées, grâce à l'intervention de certains personnages éminents. La mienne est irrévocable. Il est aussi certain que je dois mourir, que si j'étais déjà mort.

II. Les tribunaux du siècle ont coutume de désigner le jour, l'heure, et le lieu de la mort, par exemple tel samedi, dans l'intérieur de la prison, ou sur la place

publique. Je suis un condamné qui ne sait pas l'heure
où s'exécutera la sentence. Le bourreau qui en est
chargé, est peut-être prêt à m'ôter la vie ce soir, cette
nuit, à l'heure même ; et je ne sais où il l'exécutera,
si c'est dans ma maison, ou à la campagne, ou sur
une place publique.

III. La justice humaine détermine aussi le genre
de mort que doit subir le condamné. Elle déclare s'il
sera décapité par le fer, ou étranglé par la corde. Je
suis un pauvre condamné qui ne sait à quel genre de
mort il est voué, si sa mort sera violente ou naturelle,
si elle aura lieu par surprise et par accident, ou bien
par suite d'une ruine ou d'un éboulement. Je ne sais
où la mort me surprendra, si c'est dans tel lit, si c'est
dans telle promenade ou dans tel bosquet.

Enfin les tribunaux du siècle, en dénonçant aux
condamnés leur sentence ainsi que le lieu, l'heure et
le genre de supplice, leur laissent la facilité et le loisir
de se disposer à ce redoutable passage. La justice
divine, en me laissant ignorer l'heure, le lieu et le
genre de mort que je dois subir, veut par là que je
me tienne toujours prêt : *Estote parati.*

Eh bien, si en cet instant même je devais mourir,
me trouverais-je convenablement disposé ?

IIe MÉDITATION.

DU JUGEMENT PARTICULIER.

A l'instant même où le moribond aura rendu le
dernier soupir, l'âme, échappée du corps, se verra en
présence du Juge suprême ; elle le verra au lieu même
et au moment où elle aura quitté sa dépouille mortelle.

Que chacun de nous se représente donc le lit sur
lequel il doit mourir. Au pied de ce lit qui a peut-être

été témoin d'une foule d'iniquités, se dressera l'épouvantable tribunal, où interviendront trois personnages
bien différents : le démon, l'Ange gardien et Jésus-
Christ. Cette méditation va rouler sur ces trois points.

Premier point.

L'acte d'accusation présenté par le démon.

Souviens-toi, ô mon âme, de la composition de ce
tribunal, et commence par écouter les accusations que
le démon élève contre toi. Saint Augustin pense que
le premier livre qui sera ouvert sous nos yeux par le
démon, sera le registre du baptême, dans lequel il
nous fera lire les promesses solennelles que nous avons
faites, en recevant ce sacrement. *Diabolus ante tribunal
Christi recitabit verba professionis nostræ.* Lorsque tu
fis ta première entrée dans l'Eglise de Dieu, nous
dira-t-il, on t'a proposé trois renonciations solennelles.

Renonces-tu au démon, à la chair, et au monde?
Et par la bouche de ton parrain, tu as répondu affirmativement, en disant sans hésiter : J'y renonce. Or,
dis-moi maintenant, quand et comment tu as observé
tes engagements. Est-ce que tu as renoncé au monde,
toi qui as toujours suivi les lois, les idées, les maximes
du monde, et qui as cherché en tout à plaire au monde,
comme si le monde avait été ton maître suprême?

Renonces-tu à la chair? — J'y renonce. — Malheureux que tu es! oses-tu bien affirmer que tu as
maintenu cette promesse? L'oses-tu, te dis-je? Oh!
que tu as bien renoncé à la chair et aux sens, toi qui
t'es fait un plaisir de contenter en tout ta sensualité
et ton corps, en menant une vie semblable à celle d'un
animal, plutôt que d'un homme et d'un chrétien!
Quelles preuves as-tu jamais données que tu renonçais
aux sens et à la chair? Est-ce dans le cours de ton
enfance? Mais tu as commis le péché, avant même de

le connaître. Est-ce dans ta jeunesse? Mais tu ne t'es nourri que d'abominations. Est-ce dans un âge plus mûr? Mais en avançant en âge, on a vu s'accroître en toi les attaches, les passions, les vices, et les inclinations les plus honteuses et les plus abominables!

Serait-ce enfin à moi, continuera le démon, que tu aurais renoncé? *Abrenuntias satanæ? Abrenuntio.* Hypocrite! menteur! cela n'est pas vrai. Que ta parole retourne dans ta poitrine! Si tu m'avais juré la plus inviolable fidélité, tu ne m'aurais pas mieux servi que tu n'as fait. Réponds : quelle est la pensée mauvaise que je t'ai suggérée, et que tu aies chassée? A quelle tentation as-tu résisté? Quelle occasion dangereuse as-tu évitée? Quelle obligation de conscience as-tu remplie? Tu as obéi en esclave à mes moindres signes,! Je t'ai suggéré de cacher tel péché en confession, et tu l'as caché; de ne point pardonner telle injure et d'en tirer vengeance, et tu m'as obéi! Il y a plus. N'as-tu pas été toi-même un démon semblable à moi par tes scandales? Combien d'âmes ont appris de toi et par ta faute une malice que je ne leur avais pas enseignée moi-même!

Juste Juge, conclura le démon, juste Juge, maintenant donc, ordonnez que cette âme me soit adjugée, à cause de ses crimes, puisqu'elle n'a pas voulu être à vous, malgré toutes vos grâces. *Nunc ergo, æquissime judex, judica meum esse per culpam, qui tuum esse noluit per gratiam.*

O mon âme, pèse bien ici ce que tu pourras répliquer au démon pour ta défense. Fais maintenant tout ce qui est en ton pouvoir pour le démentir, en demandant pardon à Dieu, et en faisant à temps pénitence pour tes péchés.

Juste Judex ultionis,
Donum fac remissionis,
Ante diem rationis.

Deuxième point.

Accusations de l'Ange gardien.

Figure-toi, ô mon âme, que tu vois ton ange gardien, tenant à la main le petit registre où sont marquées tes bonnes œuvres. Mais à la vue du réquisitoire terrible que le démon a lancé contre toi, il ne sait que dire, et garde le silence. Obligé ensuite de parler, sur l'ordre de Jésus-Christ, lui aussi remplira le rôle, non plus d'Ange gardien, mais d'accusateur. Il t'accusera de tant de lumières et d'inspirations qu'il t'a obtenues de Dieu ; de tant de secours qu'il t'a procurés par lui-même, en te préservant du danger de perdre la vie, lorsque peut-être tu aurais dû périr en même temps pour le corps et pour l'âme. Il te remettra devant les yeux cet attrait qu'il t'a donné à plusieurs reprises dans ta jeunesse, attrait qui te portait à sortir du monde, pour mettre ton salut en sûreté. Rappelle-toi, te dira-t-il, ces remords et ces frayeurs que tu as ressentis, aussitôt après avoir commis le péché. Mais, ô ingrat, tu as toujours été sourd à ma voix ! Réponds : ai-je négligé d'accomplir à ton égard le devoir que Dieu m'avait imposé de t'éclairer et de te garder ?

Outre l'ange gardien, les autres anges qui ont été témoins de nos œuvres, se porteront aussi nos accusateurs.

Pour comprendre la valeur de cette assertion, réfléchissez sur une doctrine qui est communément admise par les théologiens et par les saints. Ils enseignent que Dieu a destiné des anges gardiens, non-seulement aux individus, mais encore aux communautés, aux royaumes, aux villes, aux congrégations religieuses et à chacune des églises.

Ainsi, ô mon âme, pour ne rien dire des autres, que dira à ton sujet l'ange tutélaire de tant d'églises où tu as été, soit en ville, soit à la campagne, à l'occasion de certaines fêtes, de certaines réunions, de certaines solennités musicales ou d'autres offices religieux? Voilà, diront-ils, un homme qui a abusé des églises pour exhaler le feu de ses passions impures, et qui a profané le lieu saint par ses scandales. Il y est entré, vêtu avec la même vanité et le même faste, que dans une salle de bal, pour voir et pour être vu. Il s'y est comporté avec tant d'irrévérence et d'immodestie, qu'il n'aurait pu faire pis dans une place publique.

Lorsqu'on célébra telle solennité dans mon église, dira l'un de ces anges, je fus obligé de m'éloigner sans retard, ne pouvant plus résister à l'impudence criminelle de cet homme qui se permettait tant d'œillades, de révérences, et de démonstrations inconvenantes, sous les yeux redoutables de Jésus-Christ dans l'Eucharistie. Levez-vous, Seigneur, conclura-t-il, levez-vous, et jugez votre cause : *Exurge, Deus, et judica causam tuam.* Tirez vengeance et faites justice de tant d'outrages commis contre votre présence réelle, contre votre personne, et dans les lieux mêmes que vous avez ordonné si rigoureusement de respecter. *Exurge, Deus, et judica causam tuam.*

Pèse attentivement ici, ô mon âme, les accusations dont pourront te charger et ton ange gardien, et les autres anges tutélaires des églises, surtout en ce qui regarde la manière dont tu as reçu les sacrements, ou la bénédiction de Jésus-Christ, dont tu as entendu la sainte messe ou la parole de Dieu. Quelle a été ton intention, quelle a été l'attention de ton esprit, quelle a été ton attitude extérieure? Quelle a été ta modestie, en fait de regards et de paroles? Avec quel recueillement et quel fruit as-tu assisté à nos saints mystères?

Repens-toi du fond du cœur, et prends une généreuse résolution de t'amender parfaitement à l'avenir.

Juste judex ultionis
Donum fac remissionis,
Ante diem rationis.

Troisième point.

Accusations de Jésus-Christ.

Ce personnage sera le plus épouvantable de tous, et
pourquoi? parce que Jésus-Christ sera juge et témoin
tout à la fois, et qu'il le sera dans un temps où il n'y
a plus lieu à la miséricorde, mais où la justice aura
son cours rigoureux.

Vois donc, ô mon âme, dans quel malheureux état
tu seras pour lors. Il n'y aura plus pour toi en ce
moment, ni temps, ni assistance, ni pitié. Lorsque
Joseph, après avoir été si cruellement persécuté par
ses frères, se découvrit à eux comme vice-roi d'Egypte,
en leur disant : Je suis Joseph votre frère ; le texte
sacré rapporte qu'ils furent si atterrés et si bouleversés
à cette nouvelle, qu'ils restèrent sans parole : *Nec*
poterant respondere, nimio terrore perterriti. Et pourquoi? parce qu'en ce moment même, ils se rappe-
lèrent les outrages et les mauvais traitements qu'ils
lui avaient fait subir autrefois ; et maintenant ils le
voyaient sur le trône, investi d'une pleine autorité
pour les punir. Cependant, remarquons-le bien, Joseph
leur parla avec le sourire sur les lèvres, avec un
visage plein d'aménité, dans une circonstance joyeuse,
et dans la disposition de les protéger comme ses
frères. Je suis Joseph, votre frère. Par ces paroles, il
se déclarait, non pas leur ennemi, ni leur maître,
mais ce qu'il avait été jadis, c'est-à-dire leur frère.

Que feras-tu donc, âme pécheresse, lorsque Jésus-
Christ t'apparaîtra en qualité de Juge, non plus pour
t'encourager, ni pour te défendre, ni avec de douces
paroles, comme Joseph, mais avec une voix de ton-

nerre qui répandra l'effroi dans ton sein, et quand il
te dira : Je suis Jésus ; *Ego sum Jesus*. A cette simple
parole, Saül, frappé d'étonnement et hors de lui-
même, fut renversé de cheval et resta trois jours
comme mort, sans manger, ni boire, ni articuler
aucune parole. Je suis Jésus, que tu persécutes ; *Ego
sum Jesus, quem tu persequeris*. Voilà ce que lui avait
dit Jésus-Christ en lui apparaissant, et cette apparition n'avait pour but que de le convertir. *Ego sum*,
c'est moi, avait dit Jésus aux soldats qui vinrent pour
le saisir au jardin des Oliviers ; et ces deux mots
furent comme un coup de foudre qui les jeta par
terre: *Prostrati ceciderunt retrorsum*. Et pourtant,
c'était la voix d'un agneau plein de douceur, qui se
livrait spontanément entre leurs mains.

Oh! quelle épouvante, quelle épouvante sera la
tienne, ô mon âme, quand tu entendras cette parole :
Ego sum Jesus ! Je suis, oui je suis ce Jésus, lui-même,
que tu as tant de fois persécuté, et dont tu as tant de
fois renouvelé la mort par tes péchés. Me voici en ce
moment juge et témoin de tes iniquités les plus abominables : *Ego sum testis et Judex*. Je t'ai vu, je t'ai
entendu, j'ai été présent à tout ce que tu as fait pendant tout le cours de ta vie. Est-ce que par hasard
mes bienfaits méritaient cette ingratitude dont tu les
a payés? Quel mal t'ai-je fait, pour me traiter de la
sorte? Jusqu'ici je me suis tû, et je t'ai supporté :
Tacui, patiens fui. Mais maintenant, il faut que ma
fureur et mon indignation éclatent : *Nunc ut parturias
loquar*. Je te parlerai, non plus en père, mais en juge,
non plus comme un avocat charitable, mais en accusateur rigoureux de tout le mal que tu as fait. *Redde
quod debes*. Rends-moi compte de cette obéissance, de
ce respect, de cet amour que tu me devais comme à
ton maître, comme à ton père. *Redde quod debes*.
Quelle satisfaction m'as-tu donnée pour tant de dettes
que tu as contractées envers moi par tes innombrables

péchés? Que de fois moi-même je les ai payées au prix de mon sang, et tu n'as pas cessé d'en contracter de nouvelles! Ah! scélérat! tu as pensé peut-être que je te ressemblerais, et que j'oublierais les grâces dont je t'ai comblé! *Existimasti inique quod ero tui similis.* Ingrat, oui ingrat, rends-moi ce que tu me dois, et pour tout ce temps, et pour tous ces secours, et pour toutes ces facilités que je t'ai prodiguées, uniquement pour te sauver. Au lieu d'en profiter, tu as voulu en abuser à ton préjudice, pour te damner. Retire-toi, maudit, loin de moi, et va savourer pour toujours les fruits de tes iniquités dans l'enfer. *Discede a me, maledicte, in ignem æternum.*

Pése ici, ô mon âme, ce que le saint homme Job ne pouvait considérer sans un extrème effroi : Que ferai-je, s'écriait-il, lorsque le Seigneur se lèvera pour me juger ; et que lui répondrai-je, lorsqu'il m'interrogera? *Quid faciam, cum surrexerit Dominus ad judicandum ; et cum quæsierit, quid respondebo?* Que ferai-je? lui demanderai-je du temps pour réparer le mal que j'ai fait? Mais quel temps, alors qu'il n'y en a plus? *Tempus non erit amplius.* Lui demanderai-je grâce et pardon? Mais Dieu sera alors mon juge, et un juge qui ignore ce que c'est que pardonner et faire miséricorde, *ignorans veniam, et nesciens misericordiam.*

Et lorsqu'il m'interrogera avec la dernière exactitude et la dernière rigueur sur mes moindres manquements, que lui répondrai-je? Lui dirai-je peut-être que j'ai agi par ignorance ? que j'ai péché par faiblesse? car toute la justification des coupables se réduit d'ordinaire à alléguer l'ignorance ou l'impuissance ; mais moi, comment me disculper, sous prétexte d'ignorance? N'avais-je pas la lumière de la raison et celle de la foi? et puis, que de prédications entendues, que de saintes inspirations reçues! Si je n'ai pas ouvert les yeux à tant et de si vives lumières, l'ignorance, au lieu d'être mon excuse, augmentera ma faute, et puis, qui osera alléguer en sa faveur l'impuissance et la faiblesse? Il est vrai que telle est la pauvre excuse qu'on a coutume de produire. Pardonnez. — Je ne saurais. — Restituez. — Je ne puis. — Rompez cette liaison. — J'y trouve trop de difficultés, je m'en sens incapable. — Oui, oui, portez ces belles excuses devant le tribunal du souverain juge, et vous verrez si Jésus-Christ les acceptera.

Si je disais alors qu'il m'a été impossible de vivre en chrétien, aussitôt, je me verrais démenti par une foule de mes semblables qui ont vécu dans la charité, ou qui se sont corrigés à temps et ont fait pénitence. Jésus-Christ lui-même me donnerait un démenti en me montrant ses plaies, au sein desquelles je pouvais trouver un asile assuré contre toutes les tentations.

Ah! mon Jésus! cachez-moi maintenant dans ces plaies sacrées, *intra vulnera tua absconde me*, et pendant que vous êtes encore mon bon père, pardonnez-moi, je vous en supplie, avant que vous deveniez pour moi un juge inexorable.

Juste judex ultionis,
Donum fac remissionis
Ante diem rationis.

RÉFLEXIONS.

I. Les saints avaient une crainte extrême du jugement. Nous avons entendu comment s'exprimait le saint homme Job. Voici ce que disait saint Cyprien, cet illustre docteur et ce grand pontife, au moment même où il allait être décapité par le glaive pour le nom de Jésus-Christ : Malheur à moi, s'écria-t-il, lorsque je paraîtrai au jugement : *Væ mihi, cum ad judicium venero!* Saint Augustin, saint Bernard, et saint Jérôme s'écrient d'une voix unanime : Malheur à nous! que dirons-nous en présence de la majesté redoutable du souverain Juge ! *Væ nobis, quid faciemus sub tanti judicis majestate.* Et saint Jérôme craignait que les pierres même de sa caverne solitaire ne parlassent contre lui et qu'elles ne s'élançassent dans les airs pour le lapider. *Cellulam ipsam, quasi cogitationum mearum consciam pertimescebam,* et que pouvait donc lui reprocher cette étroite et pauvre cellule ? tout au plus, quelques moments de tiédeur dans la prière, quelques distractions, quelque pensée involontaire. Mais d'un autre côté, ne devait-elle pas aussi lui rappeler la pauvreté de sa vie, la dureté de son lit qui n'était autre que la terre, ses pénitences, ses jeûnes, ses disciplines ? Lui-même ne pouvait-il pas en voir les murs teints de son sang ? ne pouvait-il pas voir ces cailloux dont il se frappait la poitrine ? Malgré tout cela cependant, il a redouté le jugement.

Que chacun réfléchisse ici si les murs de la chambre dans laquelle il mourra, ne rendront point témoignage contre lui. Ces peintures, ces livres, ce portrait, ce présent, garderont-ils le silence ? et ces lettres, ces billets n'élèveront-ils pas la voix ?

II. La crainte des saints était fondée sur la rigueur et l'exactitude extrêmes avec lesquelles le Seigneur a déclaré qu'il jugerait, non-seulement le mal, mais même le bien que nous aurons fait : *Scrutabor Jerusalem in lucernis.* Je scruterai Jérusalem, la lanterne à la main. De même qu'on allume un flambeau pour mieux chercher dans les coins et recoins un objet qu'on a perdu ; ainsi Dieu fera une exacte perquisition dans les replis de notre conscience, pour découvrir chacune des pensées, des intentions, des affections, des inclinations de l'âme même la plus sainte. *Scrutabor Jerusalem in lucernis.* Il proteste qu'il examinera même nos œuvres les plus saintes : *Ego justitias judicabo.* Elles nous paraissent à présent exemptes de souillure, comme le soleil nous paraît sans tache. Il faut un télescope pour apercevoir les taches de cet astre. Oh ! quel télescope pénétrant ne sera pas le regard de Dieu, pour distinguer les moindres souillures de notre âme ! S'il a découvert de la malice dans ses anges, pensez ce qui en sera de vous, pauvre et misérable pécheur ! Combien d'actions sont maintenant couvertes du beau masque de la vertu, et qui paraîtront alors hideuses de vice !

Examinez-vous avec soin, même sur le bien que vous avez fait, afin qu'au jour du jugement vous ne soyez point en proie à la confusion et à la crainte : *Verebar omnia opera mea*, disait le saint homme Job ; j'ai eu peur de toutes mes œuvres, et j'ai craint que mes vertus même ne fussent des vices.

III. *Si nosmetipsos dijudicaremus, non utique judicaremur a Domino*. Si nous avions soin de nous juger nous-mêmes, dit saint Paul, nous ne voudrions pas être jugés par le Seigneur ; c'est-à-dire que si nous portions un jugement droit sur notre vie, nous n'aurions rien à craindre de Jésus-Christ, au moment de la mort. Si maintenant nous nous jugeons sévèrement nous-mêmes, au jour du jugement, nous ne serons pas examinés avec autant de rigueur, ou du moins nous n'aurons pas autant sujet de craindre la rigueur des jugements de Dieu.

Prenez la résolution de faire l'examen de votre conscience, du moins tous les soirs, avant de vous mettre au lit. Plusieurs le font deux fois par jour, c'est-à-dire une seconde fois dans la matinée, avant de se mettre à table. Saint Ignace avait coutume de passer en revue chaque heure de la journée par un petit examen, et il disait que c'était un moyen très efficace pour réformer et perfectionner notre vie.

Quand on veut sincèrement se corriger de quelque vice ou défaut particulier, quand on désire acquérir une vertu spéciale, voici l'excellent expédient que ce même saint nous enseigne. Faites, dit-il, sur ce défaut, ou cette vertu un examen particulier, en notant pendant le jour d'après un signe de convention, et en marquant chaque soir sur le papier, le nombre de fois que vous êtes tombé dans ce défaut, ou le nombre d'actes de vertu que vous avez pratiqués. Comparez ensuite un jour avec l'autre et voyez si vous avez fait quelque progrès ou si vous avez essuyé quelque perte.

Initium salutis est notitia peccati ; qui nescit se errare, corrigi non potest. La connaissance de nos péchés est le commencement du salut. Celui qui ne sait pas qu'il pèche, ne peut pas se corriger. En effet celui qui ne réfléchit pas sur sa conduite et qui n'examine pas ses œuvres, comment pourra-t-il remarquer ses fautes et les amender ?

IIIᵉ MÉDITATION.

SUR L'ENFER, SOUFFRANCES DU CORPS DANS L'ENFER.

Nous divisons en deux parties la méditation sur l'enfer : l'enfer du corps, et l'enfer de l'âme. Le pécheur s'étant servi du corps et de l'âme pour offenser Dieu, Dieu de son côté le punira justement et dans son corps et dans son âme ; dans son corps réuni à son âme, après le jugement universel ; dans son âme séparée de son corps, après le jugement particulier.

Dans cette méditation, saint Ignace procède par la méthode qu'on appelle *l'application des sens.*

Ainsi imaginons-nous que nous sommes sur le seuil de l'enfer et commençons par y appliquer la vue.

Premier point.

Vois-tu, ô mon âme, cette horrible prison ? Qu'elle est profonde ! qu'elle est obscure ! qu'elle est étroite ! La vois-tu remplie de feu, remplie de fumée et de ténèbres affreuses, au milieu desquelles est ensevelie pour toujours la masse infortunée des réprouvés?

L'opinion la plus commune des saints pères et des théologiens est que l'enfer occupe à peu près le centre de la terre, et ils basent leur manière de voir sur certains passages des divines écritures.

Quelques israélites, s'étant révoltés contre Moïse, furent séparés du reste du peuple, et la terre s'entr'ouvrit sous leurs pieds : Elle ouvrit la bouche, dit le texte sacré, et les dévora avec leurs tentes, et ils descendirent tout vivants dans l'enfer, engloutis sous terre. *Aperiens os suum, devoravit illos cum tabernaculis suis; descenderuntque vivi in infernum,\operti humo.* Aussi quelle nuit profonde à une si grande distance du soleil ! Cet astre ayant dérobé sa lumière aux Egyptiens pendant trois jours seulement, d'horribles ténèbres se répandirent, dit l'Ecriture, sur tout leur pays. *Factæ sunt tenebræ horribiles super terram.* Qu'en sera-t-il donc en enfer, où jamais ne pénètrera un seul rayon de lumière? *Hi sunt, quibus procella tenebrarum servata est in æternum. Usque in æternum non videbit lumen.* Ah! si je me damne, disait en pleurant saint Cyprien, jamais je ne verrai Dieu et je serai fixé et comme scellé au milieu des ténèbres : *Non videbo Deum in tenebris sigillatus.* Il y a en enfer un feu véritable, mais obscur et ténébreux, dit saint Thomas. *Ibi erit ardor sine claritate.* Dans la fournaise de Babylone, le feu n'avait que sa lumière, et non ses ardeurs, pour les trois jeunes gens qui y furent jetés et qui furent conservés par miracle. Au contraire, le feu infernal aura toute son ardeur, mais sera privé de lumière pour les damnés : *Ibi erit ardor sine claritate;* de sorte que l'enfer ne sera que feu et fumée. Quel supplice, quand on est forcé de rester, même pour peu de temps, dans une pièce toute remplie de fumée, quand même cette fumée serait celle d'un parfum ! Comment donc pourras-tu supporter une fumée de soufre et de poix qui te piquera les yeux sans relâche?

Un second tourment pour la vue des damnés, ce sera de se voir les uns les autres, dégoûtants, hideux, avec des visages tout contrefaits par la vivacité de la douleur ; visages beaucoup plus épouvantables que ceux des possédés qui sont au pouvoir du démon, et que ceux des moribonds qui luttent avec la mort. Ajoutez à cela, la vue des démons qui apparaîtront aux damnés sous les formes les plus affreuses d'ours, de tigres, de serpents, de dragons, pour les épouvanter, et qui se jetteront sur eux comme pour les mettre en pièces et les dévorer. Sainte Catherine de Sienne vit un jour un démon pendant l'espace de quelques secondes. Epouvantée de cette apparition, elle jeta un grand cri, et dit que plutôt que de consentir à le revoir, elle aurait préféré aller à pieds nus sur des charbons ardents, jusqu'au jour du jugement.

Considère enfin, ô mon âme, de quelle manière les damnés sont dans cette étroite prison. Vois-les entassés, les uns sur les autres, comme les grappes de raisin sous le pressoir, ou comme les pierres à chaux dans une fournaise. *Congregabuntur in congregatione unius fascis.* Ils seront rassemblés comme les bois d'un fagot qu'on jette dans un four. *Et claudentur ibi in carcere. Ligatis manibus, et pedibus, mittite in tenebras exteriores.* Ainsi pendant toute l'éternité, ils ne pourront remuer un pied, ni retirer leurs bras des morsures du feu. Ils ne pourront se tourner sur le flanc, mais ils seront immobiles comme la pierre.

O mon âme, nous qui prenons la liberté de voir tout ce qui se passe, de lire tout ce qui se présente, d'aller partout où bon nous semble, regardons un peu les entraves et les chaînes qui nous sont réservées, à cause de ces regards, de ces promenades, de ces allées et venues où nous commettons plus de fautes peut-être que nous ne faisons de pas.

Mais, du moins, dans cette étroite prison, auras-tu dans ton voisinage quelques bons compagnons? Tes

compagnons et tes voisins, regarde, ce sont les démons; le fils et la mère se mangent tout vifs; les
compagnons et les amis se déchirent comme des
chiens. Non, jamais tu ne rencontreras dans l'enfer
un bon compagnon, un véritable ami, un honnête
homme. Jette-toi maintenant au milieu des sociétés
licencieuses; prends part à des réunions criminelles,
à des conversations dangereuses; voilà le sort qui t'est
réservé dans l'éternité.

Deuxième point.

Tel est l'enfer de la vue. Parcourons maintenant
brièvement l'enfer des autres sens.

Quel sera l'enfer de l'ouïe? Prends courage, toi qui
ne peux entendre, je ne dis pas les aboiements d'un
chien, mais qui ne peux même souffrir les pleurs d'un
petit enfant qui est ton frère ou ton fils; toi qui sens
frémir tes entrailles, quand tu entends les grincements
d'une lime; toi qui t'inquiètes et qui te tourmentes au
bourdonnement d'une mouche qui vole; prends courage, te dis-je, car si tu tombes en enfer, tes oreilles
y seront éternellement déchirées par les hurlements du
désespoir, par les blasphèmes, les cris, les malédictions
des réprouvés contre Dieu, contre la sainte Vierge
contre les saints, contre leurs compagnons, contre
leurs parents et contre eux-mêmes, bien qu'alors ils
sachent que c'est par leurs fautes qu'ils sont damnés.
Oui, tu maudiras toi-même l'heure où tu naquis, les
grâces que tu as reçues, et les péchés sans nombre
que tu as commis. *Ergo erravi.* Je me suis donc
trompé! Voilà le cri le plus aigu et le plus déchirant
qui sort de la poitrine des damnés. Je me suis trompé
en ne me corrigeant pas! Je me suis trompé en ne res-
tituant pas, tandis que je le pouvais; en ne rompant
pas cette amitié qui m'entraînait au péché! *Ergo
erravi!*

Quel sera l'enfer de l'odorat?

Saint Thomas est d'avis, qu'au jour du jugement, toutes les immondices de la terre s'écouleront dans les enfers, comme dans le lieu qui leur convient, et tomberont sur la tête des damnés. La puanteur sortira de leurs cadavres, dit la sainte Ecriture ; *de cadaveribus eorum ascendet fœtor.* Oh ! quelle horrible puanteur ! Si le corps d'un seul damné paraissait sur la terre, il suffirait, dit saint Bonaventure, pour répandre l'infection et engendrer la peste dans le monde entier. Quel tourment des millions de corps semblables causeront-ils à l'odorat? Quand un tombeau a été longtemps fermé, et qu'on vient à l'ouvrir, il exhale des miasmes si fétides et si pestilentiels, qu'on a quelquefois vu succomber ceux qui l'avaient ouvert. Le corps du roi Antiochus même encore vivant, répandait une puanteur si épouvantable, que toute son armée en fut incommodée ; et pourtant cette armée campait en pleine campagne. Quelle peste n'eût-il pas occasionnée, s'il avait été dans un lieu fermé et dépourvu d'air, tel qu'est l'enfer? L'infection que répandait le corps d'une dame qui mourut à Venise, et dont les chairs tombaient de son vivant en pourriture, par un châtiment du ciel, empesta tout son voisinage, malgré qu'on ouvrît toutes les fenêtres pour faire circuler l'air, et qu'on parfumât la maison avec des grains d'encens et d'autres aromates.

Jeune homme, flaire l'odeur de ce sépulcre toujours fermé et qui renferme non pas seulement un corps qui tombe en putréfaction, mais des millions et des millions de corps exhalant la puanteur de tous les péchés du monde ! Voilà où aboutiront toutes les vanités, si tu ne rentres à temps en toi-même !

Quatrième point.

Quel sera l'enfer du goût?

En enfer, la bouche sera condamnée à avaler les breuvages les plus amers, des breuvages mille fois plus rebutants et plus désagréables que les médecines et les remèdes d'ici-bas. *Ignis et sulfur, pars calicis eorum.* Le feu et le soufre, telles seront les liqueurs renfermées dans leur calice. Le plomb fondu, la poix bouillante, les aliments et les breuvages les plus dégoûtants, voilà ce que les démons forceront les damnés d'avaler en dépit de leurs nausées et de leurs répugnances. De plus ces malheureux seront tourmentés par une faim et une soif qui exciteront leur rage : *famem patientur ut canes.* Cette faim sera bien plus atroce que celle dont certaine famine nous offre le lamentable spectacle, lorsqu'on vit des mères en venir au point de manger leurs enfants et de dévorer leur propre chair. La soif des damnés sera des plus ardentes. On trompe la soif de ceux qui ont la fièvre, par le moyen de quelques rafraîchissements, ou du moins en leur montrant de l'eau claire ou de la glace, dont la vue agit sur leur imagination. Le damné ne pourra jamais parvenir à tromper ainsi la sienne. On avale tout d'un trait une médecine qui répugne, et on découvre ainsi le fond du vase. Le calice de plomb fondu et de fiel de dragon destiné au damné ne s'épuisera jamais.

Bouche délicate, toi qui es accoutumée à prendre des liqueurs distillées ou des glaces dans des tasses d'argent, goûte un peu les rafraîchissements réservés en enfer à ta gourmandise, savoure une goutte de ce fiel ! O ciel ! quelle amertume ! Bois et ne cesse jamais de boire à cette coupe infernale qui ne se videra jamais.

Saint François Xavier appliqua un jour la bouche sur les plaies d'un lépreux, d'où découlait un pus infect. Nous glissons en peu de mots sur ce trait, pour épargner la délicatesse de nos auditeurs. Ce fut là un acte de pure générosité et d'héroïque mortification.

Mais si je me damne, je devrai approcher les lèvres d'une coupe bien plus répugnante, bien plus sordide, bien plus dégoûtante ; et ce ne sera pas en passant, mais pour toujours ; ce ne sera pas de gré, mais de force.

C'était un douloureux spectacle de voir, dans les temps de grandes disettes, des dames et des seigneurs du grand monde, courbés vers la terre, aller çà et là chercher des herbes et les manger à la façon des bêtes, si toutefois ils avaient le bonheur d'en trouver ; et quand ils n'en trouvaient pas, on les voyait creuser la terre avec les mains et les dents pour découvrir des taupes immondes ou des vers dégoûtants ; puis les manger et se les disputer les uns aux autres, pressés par une faim dévorante. Il n'est pas rare que, pour apaiser sa soif au milieu de la mer, et surtout de l'Océan, on se résigne à boire des eaux corrompues et toutes chargées de vers.

Figure-toi maintenant que tu savoures ces immondices, et puis dis-toi à toi-même : Voilà la nourriture, la pâture, le rafraîchissement qui m'attendent dans les enfers.

Cinquième point.

Quel sera l'enfer du tact ?

Le sens du tact, dit le philosophe, ne réside pas seulement dans les mains, mais il est répandu par tout le corps, de sorte que les yeux, la langue, les oreilles ont la faculté du toucher, c'est-à-dire, que tous participent aux sensations que l'un d'entre eux éprouve.

Qu'en sera-t-il donc, lorsque tous les sens à la fois seront tourmentés par toute sorte de souffrances ? Si un seul des cinq sens qui souffre, si la plus petite et la plus infime partie du corps qui est blessée, cause des angoisses au cœur et répand du malaise dans tout le corps, que sera-ce de souffrir les tourments les plus atroces dans tous les sens à la fois, et dans toutes les parties du corps, depuis la plante des pieds jusqu'au sommet de la tête, et cela pendant toute l'éternité?

Le mauvais riche, tombé dans l'enfer, le nomme un lieu de tourments : *Locum tormentorum;* mais quels tourments y endure-t-on? Des tourments infinis en nombre, d'une atrocité insupportable, des tourments continuels sans relâche et sans soulagement, des tourments éternels et sans fin, des tourments incompréhensibles. Qu'ont de commun avec ces tourments les roues, les scies, les épées, les haches, les chevalets, les ongles de fer, les brasiers ardents, les étangs glacés, les chaudières bouillantes, les taureaux de bronze rougis au feu, et les autres supplices, les autres tortures même les plus barbares que les martyrs ont endurés? Un seul damné aura plus à souffrir que les onze millions de martyrs et plus, que la sainte Eglise honore. Et si Dieu a permis qu'on exerçât tant de rigueur et de cruauté envers ses meilleurs amis, que voudra-t-il, (c'est le raisonnement de saint Grégoire), que voudra-t-il que ses ennemis aient à souffrir?

O mon âme, quel plaisir et quelle jouissance te donneront alors les plaisirs que tu as goûtés sur la terre? N'as-tu pas expérimenté comment un mal de tête quelque peu aigu et qui ne dure qu'une heure, te fait oublier tous les plaisirs passés? Que sera-ce de souffrir non pas une heure, ni un mois, ni une année, ni un siècle, mais des siècles de siècles, sans fin, et pendant toute l'éternité, tous les tourments de l'enfer?

Ah! mon Dieu, brûlez, tranchez, ne m'épargnez pas ici-bas, afin de m'épargner dans l'éternité. *Hic ure, hic seca, hic non parcas, ut in æternum parcas.*

Mais parce que le feu est le roi des tourments, considérez comment les damnés seront tourmentés par le feu dans tout le corps et sans relâche. Ils jetteront du feu par les yeux, du feu par les oreilles, du feu par les narines ; leur bouche sera pleine de feu, leur langue environnée de feu, et jusque dans la moelle de leurs os, dans leurs entrailles, dans leur tête, le long des côtes, des épaules et des pieds, de toutes parts, ce ne seront que feux et flammes.

Pour concevoir plus vivement cette terrible souffrance, figurez-vous que vous voyez le corps d'un damné plongé dans un grand lac de feu. Quelle sera la circonférence et l'étendue de ce feu ? Imaginez-vous ce pauvre damné tout environné d'un abîme de feu ; d'un côté un abîme de feu, de l'autre un abîme de feu, au-dessus et au-dessous un autre abîme de feu.

Si cette mer de feu sans rivages ne contenait qu'un feu semblable au nôtre, quel supplice ne serait-ce pas déjà d'y être plongé ? Mais quelle distance entre le feu infernal et celui de la terre ! Le commun des docteurs assure que notre feu est à peine une ombre de celui de l'enfer. Tertullien dit que ce feu remplit un ministère divin : *Habet ignis ille divinam subministrationem.*

Notre feu ne tarde pas à consumer la matière à laquelle il s'applique. Le feu de l'enfer nourrit et conserve les corps qu'il tourmente. Voilà pourquoi Notre-Seigneur Jésus-Christ a dit dans saint Marc que les réprouvés seront salés par le feu : *Omnis enim igne salietur ;* c'est-à-dire, ajoute saint Hilaire, que comme le sel dessèche les viandes et les conserve ; de même ce feu brûle les corps des damnés, sans les faire mourir.

Notre feu est vif et coloré ; celui de l'enfer est noir et rend les ténèbres plus épaisses. Notre feu ne fait éprouver qu'un genre de douleur ; le feu de l'enfer est un instrument qui cause des douleurs très aiguës et de tous genres : la faim, la soif, les fièvres, la goutte, la pierre, etc.

Enfin, notre feu est un don de la libéralité divine, accordé aux hommes pour leurs besoins et leur agrément. Par ce feu nous dissipons les ténèbres, et nous témoignons notre allégressé aux jours de fête. Le feu nous réchauffe, cuit nos aliments, purifie les métaux, distille les herbes, et nous rend mille autres services. Mais le feu de l'enfer, loin d'être un effet de la miséricorde divine, est un glaive forgé par la justice. C'est l'instrument de cette haine infinie que Dieu porte au péché. Créé uniquement pour tourmenter, Dieu lui a donné à cette fin les qualités les plus cruciflantes ; et comme si cela ne suffisait pas, Dieu lui-même l'alimente par le souffle éternel de sa colère, l'applique aux entrailles des réprouvés, et augmente son activité naturelle, pour le rendre plus sensible à cette troupe de malheureux et de désespérés.

Un jeune homme, en méditant sur le feu de l'enfer, tenait sur ses genoux un papier contenant le détail de ses péchés. En voyant et en relisant ce papier après la méditation, cette pensée lui vint à l'esprit : Oh ! combien de bois pour le feu de l'enfer ! Et vous, qui lisez ces lignes, que dites-vous vous-même ? Et quelles sont vos résolutions ?

Ah ! mon Dieu, brûlez, tranchez, ne m'épargnez pas ici-bas, afin de m'épargner dans l'éternité : *Hic ure, hic seca, hic non parcas, ut in æternum parcas.*

RÉFLEXIONS.

I. Plusieurs ne s'appliquent qu'à contre-cœur à la méditation de l'enfer Dites-moi, est-ce que, par hasard, vous éviterez le danger d'aller en enfer, en ne voulant pas y penser ? Au contraire, vous risquez beaucoup d'y aller pour n'y avoir pas pensé.

Réfléchissez que votre place y est marquée comme pour tant d'autres. Sainte Thérèse vit celle qui lui était destinée ; et si elle n'avait point pensé à temps à l'enfer, et si elle ne s'était pas donnée sincèrement à Dieu, celle que nous vénérons aujourd'hui sous le titre de Thérèse de Jésus, aurait peut-être été la Thérèse du diable.

. II. D'autres, à la seule pensée de l'enfer, au seul énoncé des tourments qu'on y endure, sont pénétrés de crainte et d'horreur, au point de tomber en défaillance.

Or, dites-moi, s'il est si pénible de penser à l'enfer, et d'en entendre parler, que sera-ce d'en subir les tourments? Si une demi-heure qu'on emploie à entendre le vocabulaire de ces peines, est quelque chose de si fâcheux, combien sera-t-il plus fâcheux de les souffrir malgré soi, pendant toute l'éternité?

III. Le caractère du baptême, étant indélébile, se conservera dans l'âme des chrétiens condamnés à l'enfer. Quelle confusion, quelle peine de se voir au milieu des Turcs, des hérétiques, des idolâtres, avec le signe du salut gravé à jamais sur son front, et cela pour notre malheur éternel!

L'enfer du chrétien réprouvé sera plus affreux que celui des turcs; et parmi les chrétiens, celui-là subira un enfer plus rigoureux, qui aura été plus favorisé des bienfaits de Dieu. *Infernus domus mea est*, l'enfer est ma demeure, pourrai-je me dire à moi-même avec vérité. Oui, si je me damne, après tant de grâces et d'inspirations que Dieu m'a accordées pendant ces saints exercices, je dois m'attendre au plus horrible enfer.

Ah! Seigneur, délivrez-moi, préservez-moi des peines de l'enfer! Vierge sainte, ne permettez pas que j'aie le malheur d'y tomber!

Il y en a tant parmi les fidèles qui ont la dévotion de travailler à la délivrance des âmes du purgatoire. Oh! combien il importe encore plus que j'aie la dévotion de me préserver moi-même de l'enfer. *A pœnis inferni, libera nos, Domine.*

IVe JOUR.

Ire MÉDITATION.

L'ENFER DE L'AME.

C'est une vérité certaine aux yeux des théologiens, que les réprouvés, aussi bien que les démons, conservent dans l'enfer leurs puissances et leurs facultés naturelles.

Après avoir donc considéré quel sera l'enfer du corps, c'est-à-dire, ce qu'un damné souffrira dans ses cinq sens, voyons quel sera l'enfer qu'il subira dans son âme, c'est-à-dire dans les trois facultés de l'âme qui sont la mémoire, l'intelligence et la volonté. Le saint pape Innocent III dit à ce propos que le damné sera affligé dans sa mémoire, troublé par le regret d'avoir différé sa pénitence, et enfin tourmenté par les remords. *Affliget memoria, sera turbabit pœnitentia, torquebit angustia.*

Premier point.

Supplice de la Mémoire.

Quel sera l'enfer de la mémoire? Les poètes païens ont rêvé que les âmes, en traversant le fleuve Lethé, perdaient la mémoire avec l'image de tout ce qui leur était arrivé pendant la vie.

L'âme du réprouvé aura présent à la mémoire tout son passé. Les biens dont il a joui, se sont échappés de ses mains, dit saint Bernard, mais ils ne sont pas éloignés de sa pensée : *Transierunt a manu, sed non transierunt a mente*. Saint Augustin dit aussi en parlant du mauvais riche, qu'il digérait dans les enfers ce qu'il avait mangé ici-bas : *Quod manducaverat apud superos, apud inferos digerebat.* Oh ! quelle masse énorme d'aliments indigestes le damné n'aura-t-il pas à digérer pendant toute l'éternité !

Affliget memoria. La mémoire lui rappellera donc la fin pour laquelle Dieu l'avait créé, les secours, les moyens et les grâces qu'il a reçues pour se sauver. Elle lui remettra devant les yeux tous les bienfaits de Dieu, tant généraux que particuliers, les appels qu'il lui a faits dans sa jeunesse, les exhortations qu'il a entendues à l'école, les prédications auxquelles il a assisté dans les églises, les bons exemples que lui donnèrent ses compagnons, la bonne éducation qu'il reçut de sa famille, tant de sacrements, tant d'inspirations, et tant d'occasions qu'il a eues de pratiquer le bien, dans tout le cours de sa vie.

Le damné se souviendra de la crainte qu'il éprouva la première fois qu'il commit le péché ; de l'effroi et des remords qui le poussaient à se confesser de sa faute. Que de fois, se dira-t-il, Dieu m'a invité à la pénitence ! Que de fois il m'a dit au fond du cœur : Pécheur, c'est assez ; corrige-toi de ce péché ; abandonne cette occasion ; quitte ce jeu, cette amitié, ces entretiens ; change de vie, autrement je te damnerai. Et moi, insensé, moi, stupide, j'ai fermé mon cœur et mes oreilles aux menaces comme aux invitations amoureuses de mon bon Dieu. *Ergo erravi, ergo erravi.* Je me suis donc trompé. Autant cet aveu est véritable, autant il est inutile, ajoute Lorinus : *Vera, sed inutilis illatio.* Oui, cet aveu : *Nous nous sommes trompés, nous nous sommes écartés de la voie de la vérité;* cet aveu, dis-je, sera le premier et le plus cruel des tourments pour l'âme des damnés. Rien de plus déchirant, au témoignage de l'Esprit-Saint, que cette évidence palpable qu'ils auront de s'être perdus, tandis qu'ils avaient tant de facilité pour se sauver. *Ergo erravi-mus, ergo erravimus.*

Le roi Salomon pardonna à Séméï les crimes dont il était coupable, mais à la condition qu'il resterait interné dans le territoire de Jérusalem. Sache, lui dit-il, que si tu viens à franchir le torrent de Cédron, tu périras infailliblement. *Quacumque die egressus fueris, et transieris torrentem Cedron, scito te interficiendum.* Un an, deux ans, trois ans se passèrent; Séméï, se souvenant de la menace du roi, se garda bien de mettre le pied hors de la ville. Mais quelques-uns de ses esclaves ayant pris la fuite, lui-même en personne se mit à leur poursuite. Il franchit le torrent qui était sa limite, dans cette persuasion sans doute, ou que le roi ne le saurait pas, ou qu'il lui ferait grâce; mais le roi en ayant été informé, le fit aussitôt mourir. Séméï ne pouvait se pardonner à lui-même sa transgression. Il se frappa la poitrine, déchira ses vêtements, et ne fit que se plaindre et soupirer, en disant. Il me l'a dit, je m'en souviens, il me l'a juré; je le savais; que j'ai été insensé de ne pas craindre sa menace! *Prœdixit mihi : testificatus est per Dominum.*

L'âme d'un damné éprouvera un tourment bien plus cruel : mes confesseurs et ma conscience, se dira-t-il, m'ont répété cent fois de cesser enfin d'offenser Dieu; qu'il y aurait un péché qui serait pour moi le dernier et le décisif. Je me souviens encore que Dieu avait fait serment qu'il n'y aurait plus eu de temps pour moi : *Juravit per viventem in sœcula, quod tempus non erit amplius.* Et moi, pour courir en aveugle dans la voie de mes passions, j'ai transgressé les commandements de Dieu, je suis sorti de la cité sainte, j'ai renoncé à sa grâce, j'ai déserté Jérusalem. Oh! maudite liberté! Oh! maudite démarche! *Ergo erravi, ergo erravi.*

Deuxième point.

Sera turbabit pœnitentia. Quel sera l'enfer de l'intelligence ? Le damné saura d'une manière claire et évidente qu'il fait pénitence, mais trop tard et en vain : *Pœnitentiam agentes, et præ angustia spiritus gementes,* dit le Sage. La pénitence que font les pécheurs en cette vie, est une pénitence consolante ; la pénitence que font les damnés en enfer, est pleine d'angoisses, et pourquoi ? Parce qu'ils savent que c'est une pénitence tardive : *Sera turbabit pœnitentia;* et de plus une pénitence très dure, une pénitence forcée, une pénitence éternelle, avec cette douloureuse conviction plus poignante que le reste, que c'est une pénitence inutile et infructueuse.

Remarquez combien on entend tous les jours de lamentations dans le monde, à propos des choses temporelles. Je pouvais, dit celui-ci, acheter cette maison à bon compte, et je ne l'ai pas fait ; quelle gêne je ressens maintenant d'avoir manqué une si belle occasion. — Je pouvais, dit cet autre, réparer à peu de frais les dégâts causés par les eaux, ou la ruine de ce toit ; et parce que j'ai négligé de faire quelques misérables avances, mon toit et mon bien sont en ruine. — Je pouvais, dit cet autre, avec peu de travail, et avec grande facilité, me rendre habile dans les études pendant ma jeunesse. Maintenant que je suis avancé en âge, et ignorant, je me vois sans réputation et sans emploi.

Ah ! quel enfer pour l'âme d'un damné que de savoir qu'il pouvait si aisément s'exempter de ces tourments, et se sauver ! Je pouvais me confesser, et je ne l'ai pas fait ; je pouvais restituer, et je ne l'ai pas voulu ; je pouvais abandonner l'occasion, et j'ai continué de m'y exposer. La pénitence que je fais à présent, que dis-je, la millième partie de cette pénitence que je fais ici, aurait suffi pour me faire gagner le paradis, si je l'avais faite pendant la vie, si je l'avais faite à temps. Maintenant, il est trop tard. Oh! si j'avais encore une de ces heures que j'ai consumées en jeux, en promenades, en vanités, en péchés; mais désormais plus de temps pour moi. Je pouvais aisément me sauver! Cette pensée sera continuellement fixe et immobile, comme un clou très aigu, dans l'intelligence d'une âme damnée; elle sera pour elle comme un impitoyable bourreau qui la crucifiera sans relâche. Je pouvais si aisément me sauver, et je me suis damné pour bien peu de chose. *Ergo erravi, ergo erravi.*

Le pauvre Jonathas fut inconsolable, quand il se vit condamné à la mort par le roi son père, uniquement pour avoir goûté un peu de miel en passant. Et comment, s'écriait-il les larmes aux yeux, me suis-je exposé à mériter la mort pour une satisfaction de néant? *Gustans, gustavi paululum mellis, et ecce morior,* j'ai perdu mon père, j'ai perdu un trône, je perds la vie, et pourquoi? pour un plaisir d'un moment qui s'est évanoui aussitôt. *Gustavi paululum mellis, et ecce morior.*

Imaginez-vous quelle peine et quelle douleur ce sera pour l'âme d'un damné, de reconnaître pour combien peu de chose il a refusé de se sauver, et pour combien peu de chose, il s'est perdu spontanément. Oui, pour bien peu de chose! pour une fumée de vanité, pour un gain insignifiant, pour un plaisir abject et fugitif. *Gustavi paululum mellis, et ecce morior.* J'ai effleuré le miel, et voici que je meurs, et que je meurs de mille morts, et que je meurs sans mourir, et que je mourrai toujours ainsi, sans jamais pouvoir mourir. O aveugle et forcené que j'ai été! *Ergo erravi, ergo erravi.*

Ajoutez que ce peu de chose qui eût suffi pour le sauver, il se souviendra qu'il avait commencé à le pratiquer pendant quelque temps, et cette connaissance

ajoutera encore à la vivacité de ses regrets. J'ai fait
une confession générale, et pendant quelque temps
j'ai tenu ferme, expérimentant ainsi qu'il est possible
de vivre dans la grâce de Dieu. J'ai su combien le
péché était un grand mal, et je l'ai évité; j'ai reconnu
que telle occasion était pour moi une chaîne d'enfer,
et je l'ai rompue. Voilà la grâce que Dieu m'a faite
dans tel jubilé, la lumière que je reçus dans telle
prédication, les pensées salutaires que je conçus à la
mort de tel compagnon; et pourquoi donc n'ai-je pas
suivi un mouvement si heureux? Ah! si j'avais été
fidèle à mon oraison, fidèle à fréquenter les sacrements, fidèle à me rendre à telle pieuse réunion!
J'étais heureux et content au milieu de ces exercices
de piété. Sans être ni un martyr, ni un ermite, je
me sentais l'âme pleine de vigueur; et pourquoi donc,
pourquoi n'ai-je pas continué le bien commencé? Oh!
que ma folie a été grande! *Ergo erravi, ergo erravi.*

Troisième point.

Torquebit angustia. Quel sera l'enfer de la volonté?
Le damné voudra se défaire des souvenirs importuns
que sa mémoire lui retrace sans cesse, il voudra éloigner les tristes réflexions qu'enfante sans cesse son
intelligence; mais il ne le pourra pas; et cette impuissance là même lui causera de perpétuelles angoisses qui déchireront et tourmenteront sa volonté:
Torquebit angustia.

Le roi Mithridate, déchu du comble de la fortune
dans un abîme de misères, priait ses amis, en pleurant et en gémissant, de lui suggérer un moyen
d'oublier ses prospérités passées, afin de sentir moins
vivement la peine du malheureux état où il était
réduit, *Docete me oblivisci.* Au souvenir et à la vue
de tout ce qui s'est passé pendant sa vie, l'âme d'un
damné sera continuellement agitée par les sentiments

les plus pénibles, par l'indignation, par l'envie, par la haine, par le désespoir, et il sera comme enseveli dans un abîme profond de mélancolie. Saint Bernard pense que les damnés auront devant les yeux en enfer une image du paradis pour rendre leurs tourments plus sensibles : *Ut acrius doleant, videntes quid amiserint.* Quel désespoir pour eux d'y voir tant d'hommes, autrefois grands pécheurs, mais qui ont fait pénitence à temps. Voilà, se diront-ils, les hommes dont je me suis moqué ! Voilà tels et tels qui ont été jadis mes amis et mes compagnons; ils sont sauvés ! Nous avons fréquenté ensemble les mêmes écoles, les mêmes églises, les mêmes exercices religieux. Ils en ont profité, et moi non. Ils ont changé de vie, et moi non. Voilà un tel qui fut autrefois plus impudique et plus vindicatif que moi; il est en paradis ! Tous deux nous avons été puiser à la source des mêmes sacrements; il y a lavé ses fautes et moi non, ou bien après les avoir lavées, j'ai recommencé, imprudent que j'étais, à me souiller dans la même fange.

Toujours le mauvais larron verra celui qui fut jadis son compagnon de vol, son compagnon à la croix, mais non son compagnon dans l'enfer. Judas verra les Apôtres qui ont été anciennement ses collègues; il les verra, et il en sera désespéré, et plein de confusion et de fureur : Où suis-je? où suis-je? s'écriera-t-il avec rage, dit saint Bernard.

. Et ce désespoir sera précisément la plus terrible angoisse et le plus formidable enfer pour le cœur du damné : *Torquebit angustia.* Le mal, quand il cause de la douleur, nous jette dans l'anxiété; cette anxiété augmente, s'il s'agit d'un mal qu'on pouvait aisément prévenir; elle monte à son comble, quand le mal est sans remède. Et quel remède pourra espérer une âme qui est dans l'enfer, elle qui désespère du présent, qui désespère de l'avenir! Elle désirera toujours ce qui ne sera jamais, et elle aura toujours ce qu'elle

ne voudra jamais. Peut-on concevoir une misère plus
grande que celle-là, dit saint Bernard? *Quid tam mise-
rum, quam semper velle quod numquam erit, semper nolle
quod semper erit?* Aussi concevra-t-elle une haine
implacable contre Dieu et contre elle-même : contre
Dieu qui la tourmente et qui se rit de ses tourments;
contre elle-même, parce qu'elle pouvait se sauver si
aisément, et qu'elle a voulu se damner éternellement
pour des bagatelles. Où suis-je? où suis-je?

Venons-en maintenant, ô mon âme, au fruit de
cette méditation. N'as-tu pas mérité l'enfer? Ah! que
de fois tu l'as mérité! c'est grâce à la miséricorde de
Dieu, si tu n'y es pas encore. *Misericordiæ Domine,
quia non sumus consumpti.* Mais pour quelle raison
Dieu ne t'a-t-il pas envoyée en enfer? Ecoute ce que
dit saint Augustin : Mille fois, Seigneur, vous m'eussiez damné avec raison, si vous l'eussiez voulu; mais
vous ne l'avez pas voulu. Et pourquoi? parce que vous
aimez nos âmes, et que vous dissimulez les péchés des
hommes, afin de les amener à récipiscence. *Juste
millies damnasses me, si voluisses; sed noluisti, quia
amas animas, et dissimulas peccata hominum, propter
pœnitentiam.* Dieu ne t'a point damné, à cause de
l'amour qu'il te porte, et pour te laisser le temps de
faire pénitence. — Et au lieu de faire pénitence,
hélas! je passe ma vie à pécher! Est-ce là de l'amour?
Est-ce là de la reconnaissance? Si, par impossible,
Dieu délivrait un damné de l'enfer, tiendrait-il une
conduite semblable?

Peux-tu tomber dans l'enfer? Si je ne l'ai pas
mérité jusqu'ici, ne puis-je pas le mériter dans la
suite? Indubitablement. — Et tu auras l'audace de
commettre un péché mortel, sans savoir si ce ne sera
pas le dernier? et tu ne craindras pas de te jeter dans
l'occasion, et de t'exposer ainsi au péché et à la
damnation? Ecoute ce que saint Jérôme écrivait du
fond de sa solitude : Je suis un homme qui, par

crainte de l'enfer, me suis condamné moi-même à
cette prison : *Ille ego sum, qui, ob gehennæ metum,*
tali me carcere ipse damnaveram. Et combien d'autres,
aussi par crainte de l'enfer, ont dit adieu au monde,
et se sont renfermés dans un cloître et condamnés spontanément à une vie de mortification et de pénitence !
Et moi, qu'est-ce que je fais, qu'est-ce que je veux
faire, pour éviter la damnation ?

Enfin, ô mon âme, dis-moi : Selon toute apparence, où iras-tu ? En enfer, ou au ciel ? *Tua tecum*
conscientia respondeat. Que te répond ta conscience ?

. Voulez-vous savoir de quel côté l'arbre tombera ? *Vis*
scire quo casura sit arbor? dit saint Bernard. Observez
de quel côté penchent ses rameaux : *Considera ramos*
ejus. S'ils penchent à gauche, l'arbre tombera à gauche ;
s'ils penchent à droite, l'arbre tombera à droite. Et
toi, ô mon âme, de quel côté es-tu le plus inclinée ?
Est-ce du côté du bien ou du côté du mal ? Tes bonnes
œuvres te font-elles pencher vers la droite, ou plutôt
tes péchés ne t'entraînent-ils pas vers la gauche ? Et
tu ne trembles pas ? Et tu ne vas pas prendre de
saintes résolutions ?

· O Dieu d'une miséricorde infinie, je vous en supplie
et vous en conjure par toute votre bonté : ne perdez
pas mon âme avec les impies ? *Ne perdas cum impiis,*
Deus, animam meam.

RÉFLEXIONS.

I. Si, par impossible, une âme qui est dans l'enfer
pouvait se dire : Je suis ici quoiqu'innocente ; j'ai été
injustement damnée par un caprice de Dieu ; pour
cette âme, l'enfer serait moins affreux, parce que le
témoignage de notre propre conscience est un grand
soulagement. Mais au contraire la conscience lui fait
ce reproche : que de fois j'ai su, j'ai pensé et j'ai
craint de venir ici à cause de mes péchés, et je n'ai

pas cessé de pécher. — Voilà ce ver rongeur qui, au
sentiment de saint Ambroise, est une peine beaucoup
plus douloureuse que la peine du sens, parce que
celle-ci vient de l'extérieur, tandis que celle-là naît
dans le fond même de l'âme. C'est comme la teigne
qui ronge un vêtement, *sicut vestimentum quod come-
ditur a tinea.*

O mon âme, as-tu de la délicatesse de conscience?
— Eh! à quoi bon tant de délicatesse? je n'aime pas
le scrupule. — Mais prends garde toutefois de ne pas
tomber dans l'enfer, parce que les serrements de
cœur que te causeront tes péchés, seront très douloureux et n'auront point de fin. *Vermis eorum non mo-
ritur.* Le ver de la conscience ne meurt pas.

II. La conscience est une sorte d'évangile intérieur,
qui n'est point publié à haute voix, mais que le doigt
de Dieu a gravé dans le fond de notre âme. Cet évangile est connu même des Turcs et des Barbares ; de là
vient que quand ils agissent contre les lumières de la
raison, la conscience leur en fait aussitôt des reproches. Les pécheurs font maintenant tous leurs efforts
pour imposer silence à cette voix accusatrice, pour
endormir du moins ce ver rongeur ; ils tâchent de
s'étourdir, en se livrant aux divertissements du monde,
ou bien encore en admettant quelquefois certains
doutes sur la vérité de l'enfer, du Jugement, de l'Eternité. Mais un damné ne pourra plus laisser entrer le
doute à cet égard dans son esprit Il fera l'expérience
trop véritable de l'enfer, et il ne pourra y faire diver-
sion par d'autres pensées ; ainsi le ver de la conscience
le mordra et le rongera sans pitié dans chacun des
instants de l'interminable éternité.

III. Si en ce moment vous éprouvez quelque remords
de conscience, regardez-le comme un avis bienveillant
du Seigneur, qui désire vous sauver autant qu'il est
en lui ; mais ayez soin d'y correspondre avec une
volonté sincère. Ce péché que vous commettez si sou-

vent, cette passion qui vous domine, cette occasion que vous savez par expérience n'être pas sans danger pour votre âme, ne vous donne-t-elle aucun remords, n'inquiète-t-elle pas votre conscience ? Et pourquoi donc tarder si longtemps à remédier à ce trouble ? Ah ! si la mort vous enlevait en cet état, qu'en serait-il de votre âme ? Figurez-vous que vous êtes déjà en enfer ; ne vous écrieriez-vous pas éternellement avec l'accent du désespoir : Je me suis donc trompé, je me suis donc trompé ! *Ergo erravi, ergo erravi.*

IIe MÉDITATION.

DE L'ÉTERNITÉ.

Premier point.

L'Eternité est incommensurable.

La circonférence de la terre est très vaste, celle du ciel l'est bien davantage, la hauteur des planètes et des étoiles est prodigieuse ; et pourtant, les mathématiciens et les astronomes sont venus à bout de les calculer. Le fond de la mer est un abîme ; et pourtant les navigateurs sont parvenus à le sonder. Enfin on dit d'une foule de choses, qu'elles sont immenses, et pourtant leur mesure n'est pas inconnue.

Unissez maintenant toutes les mesures imaginables ; appliquez-les toutes ensemble à l'éternité, et elles seront infiniment moins étendues que l'éternité. Observez encore que toute quantité créée diminue, quand on en retranche quelque chose, et qu'elle augmente chaque fois qu'on y ajoute ; mais ôtez cent mille ans de l'éternité et vous ne la diminuez pas d'un point ; ajoutez-y cent mille siècles et vous ne

l'allongez pas d'un instant, parce que l'éternité seule
est immuable, incommensurable, et incapable d'accroissement ou de diminution. O éternité! ô toujours,
ô jamais infiniment vaste, infiniment élevé, infiniment profond, en comparaison de laquelle la vaste
étendue des cieux, la grandeur des mondes, et les
profondeurs des mers ne sont qu'un point ou plutôt
qu'un néant! *Sæculorum spatia definita, si æternitate
comparantur, non exigua æstimanda sunt, sed nulla.*
(August.)

Ce qu'on peut dire de l'éternité, c'est qu'elle n'a
point de fin. Ne cherchez pas, dit saint Augustin,
quand l'éternité sera parvenue à la moitié, ou à une
portion quelconque de son cours. Ces mots de *quand*
et de *quelquefois* sont bons pour désigner le temps,
mais ne peuvent s'appliquer à l'éternité : *Quando et
aliquando adverbia sunt temporum; æternitas non habet
quando.* On a vu le terme du pontificat de neuf Boni-
face, de quatorze Benoît, de quatorze Clément, de
huit Urbain, de huit Alexandre. L'éternité n'a point
de terme. Non seulement les rois, mais même les
royaumes des Grecs, des Romains, des Goths, des
Vandales ont eu un terme; mais l'éternité qui n'a
point de fin, combien durera-t-elle d'années? *Quibus
annis satiari potest æternitas, cujus nullus est finis?* Les
malheurs de Job, la cécité de Tobie, les persécutions de
David ont eu une fin. Joseph fut jeté dans une citerne,
et il en sortit ensuite; l'Eglise fut affligée par des
tyrans très cruels, et puis elle obtint la paix. Tant de
guerres, de pestes, de famines, de tremblements de
terre, de calamités, de maladies, de douleurs et de
souffrances ont eu une fin; mais encore une fois combien d'années faudra-t-il pour épuiser l'éternité?
Quibus annis satiari potest æternitas, cujus nulla est finis?
...O toujours!. ô jamais! ô. labyrinthe sans issue! ô
tourment qui se renouvelle sans cesse! et comment se
fait-il que moi qui suis suspendu au-dessus d'un abîme

de maux éternels, j'aie la hardiesse de pécher, de persévérer dans le péché, de multiplier mes péchés?

Deuxième point.

L'Eternité est immuable.

Considérez que les vicissitudes qui se succèdent dans
le monde, y produisent une agréable variété. Chaque
année est partagée entre diverses saisons, Printemps,
Eté, Automne, Hiver. Le soleil monte et descend, le
ciel est tantôt nébuleux et tantôt serein. Nous voyons
des édifices s'élever, d'autres tomber en ruines; des
îles s'enfoncer dans la mer, d'autres paraître au-dessus
des eaux. Là, on construit des cités nouvelles, ailleurs
on en détruit d'anciennes. Certains fleuves rétrécissent
leur lit, d'autres l'élargissent. Certaines familles s'étei-
gnent, d'autres sont florissantes; les princes, les rois,
les pontifes, les dignités, les maîtres, les serviteurs
changent; mais parmi tant de changements et de
révolutions qui affectent les cités, les royaumes et les
temps, le toujours et le jamais de l'éternité ne changent pas. Si l'arbre tombe au midi ou vers l'aquilon,
il y demeure : *Si ceciderit lignum ad austrum, aut ad
aquilonem, ibi erit*. Il y demeure après mille ans; il y
demeure après cent mille ans.

Tes parents, tes amis, tes connaissances qui t'auront
survécu, changeront d'habitation, et toi tu resteras
dans le feu; ils passeront d'un pays à un autre, et toi
tu resteras dans le feu. *Ibi eris, ibi eris*. Si du moins
ces peines avaient quelquefois un moment de relâche,
ce serait un sensible soulagement. Un condamné aux
galères interrompt par moment ses travaux; les fièvres
les plus opiniâtres ont parfois un instant de déclin;
tout homme, et les animaux eux-mêmes ont chaque
jour quelques heures de repos ou de sommeil. Dans
l'éternité, il n'y a ni pause, ni déclin, ni repos, ni

mutation. C'est toujours la nuit, et jamais le jour
toujours le feu, et jamais le rafraîchissement ; toujours
une soif ardente, et jamais une goutte d'eau ; toujours
une faim dévorante, et jamais le moindre aliment.

O éternité! ô jamais! ô éternité! éternité sans
mesure, éternité sans fin, éternité sans changement!

Troisième point.

L'Éternité est incomparable.

Où trouver, en effet, des termes de comparaison ou
des exemples qui puissent nous en donner une idée
exacte? Je suppose, dit le père Lessius, qu'il y ait un
monde tout rempli de sable très fin jusqu'au plus haut
des cieux, et qu'il y ait un autre monde absolument
vide. Je suppose de plus que, tous les mille siècles, un
ange transporte un atome du monde plein dans le
monde vide ; quelle arithmétique, quelle algèbre
pourra supputer le nombre d'années nécessaires, pour
transporter tout ce sable? Quand il sortirait des yeux
d'un damné une seule larme, à chaque million de
siècles, dit saint Bonaventure, et quand il aurait versé
assez de larmes pour former un fleuve, et puis pour
former une mer, et enfin pour couvrir de nouveau
toute la terre d'un déluge universel, et de manière à
ce que les eaux surmontassent les plus hautes montagnes ; que de millions de siècles ne devront pas
s'écouler avant qu'il ait rempli de ses larmes un petit
vase? Combien plus lui en faudra-t-il pour remplir
goutte par goutte toute l'étendue de la terre, en supposant qu'il y ait un si énorme intervalle entre deux
larmes?

Et cependant, il viendrait un temps, où toute la
terre en serait submergée, et où le monde serait
entièrement vide de sable ; mais ce temps d'une durée
effroyable ne diminuerait en rien l'interminable lon-

gueur de l'éternité. *Exacto illo tempore, tunc æternitas incipit, et sic in infinitum.* (Euseb. Gallic.)

Quelle idée te fais-tu, ô mon âme, de tout ce qui est temporel, comparé à l'éternité? Si un plaisir criminel qui dure quelques instants, était puni par des millions d'années de feu, ce châtiment serait long, mais enfin il aurait un terme. Mais quand on doit le payer par une éternité de souffrances, sans pouvoir le racheter jamais, n'importe-t-il pas de calculer ce que coûte le péché? Un moment de plaisir! Une éternité de souffrances! *Momentaneum quod delectat, æternum quod cruciat!*

Toute la vie, fût-elle d'un siècle, est à peine d'un instant, si on la compare à l'éternité. Quelle folie donc de s'exposer pour un moment de plaisir à une éternité de douleurs; pour un moment de liberté, à une prison éternelle et embrasée; pour la satisfaction fugitive d'un entretien, à la société éternelle des démons; pour esquiver une pénitence très courte et très légère, à une pénitence éternelle et inutile!

Voilà la pensée victorieuse qui donne à la volonté la force de surmonter tout ce qu'il y a de pénible dans l'observation des préceptes divins. En effet, quand nous entreprendrions de mener, pendant soixante ou septante ans, la vie la plus austère, tout finira, et en comparaison de l'éternité, cette vie si longue n'aura été qu'un éclair. Au contraire, l'éternité ne finira jamais, jamais, jamais.

RÉFLEXIONS.

I. Dans l'éternité, on peut concevoir une certaine succession de siècles infinis, pendant lesquels le damné ne cessera pas de souffrir; cependant, à chacun des instants de cette éternité, le malheureux réprouvé en portera le poids tout entier. Imaginez-vous un globe rond et vaste comme la terre. Supposez qu'il repose sur un pavement horizontal, tout ce vaste globe ne pèse-t-il pas de tout son poids sur le seul point, où il touche le pavement? Les mathématiciens prouvent très bien en effet que si le pavement est parfaitement uni, et le globe parfaitement rond, l'un et l'autre se rencontrent en un seul point, sur lequel par conséquent cette sphère tout entière s'appuie. Comprenez la comparaison, et puis interrogez un damné qui est tombé dans l'enfer depuis une demi-heure : combien as-tu souffert jusqu'ici? — J'ai souffert et je souffre l'éternité. — Comment as-tu souffert l'éternité, puisque tu n'es en enfer que depuis une demi-heure? — Ah! c'est qu'au-dessus de cette demi-heure, il y a le poids de la sphère entière et si énorme de l'éternité, poids qui m'écrase! Je sais maintenant et je comprends que je dois brûler dans ce feu pendant un millier d'années, et puis pendant d'autres milliers d'années, et puis pendant des millions de millions d'années et de siècles; et s'il y avait un papier étendu de la terre jusqu'au ciel, et tout plein de nombre, je sais que je dois brûler pendant ces siècles innombrables; et, bien qu'ils soient encore éloignés et qu'ils ne doivent venir que successivement, mon esprit les rassemble tous; et toutes les peines à venir me tourmentent actuellement comme les présentes.

II. Plusieurs fois il est arrivé que des personnes à qui l'on proposait ou qui faisaient la méditation sur l'éternité, ont dû s'éloigner, en se tenant la tête entre les mains. Je ne puis, disaient-elles, supporter cette pensée pendant une demi-heure. Ainsi une demi-heure consacrée, je ne dis pas à l'expérience, mais à la pensée de l'éternité, suffit pour briser la tête. Or, un damné y pensera toujours, et la nuit et le jour. Dieu fixera immuablement cette pensée cruelle dans son esprit : jamais sortir, jamais cesser, jamais de liberté, jamais de repos; après toutes les années imaginables, après toutes les multiplications de nombres, mes flammes seront toujours aussi ardentes, Dieu sera toujours aussi irrité contre moi, sa justice toujours aussi implacable, mon corps toujours aussi sensible à la douleur, les démons toujours aussi cruels, le remords de la conscience toujours aussi impitoyable.

Imaginez-vous maintenant comment le damné, furieux de cette éternité dont la pensée l'obsède sans relâche, s'échappera en blasphèmes exécrables contre Dieu; comment il désirera la destruction de ce Dieu; comment il tournera ses mains et ses dents contre lui-même; comment il emploiera toutes ses forces, mais en vain, pour s'anéantir et mettre un terme à tant de douleurs; comment il s'élancera avec la rage d'un chien contre tous ceux qui auront contribué à sa damnation : Père, mère, amis ou tous autres.

Une douleur légère à laquelle se joindrait la pensée qu'elle ne finira jamais, surpasse les tourments les plus aigus, mais passagers. Un concert, une représentation qu'on vous annoncerait comme ne devant jamais finir, vous remplirait aussitôt de mauvaise humeur. Que sera donc une douleur excessive et éternelle? Un bain parfumé, mais éternel, serait un tourment; que sera-ce d'un étang de feu éternel?

Maintenant, mettez en regard des maux de l'éternité, les plus grands biens imaginables de cette vie. Pesez les uns et les autres dans la balance d'un jugement droit, et voyez si elle penche du côté des richesses, des plaisirs, des honneurs de ce monde, et si vous pouvez vous exposer, même de loin, pour si peu de chose, à un si grand malheur. *Quid hæc ad Æternitatem.* Si vous avez le malheur de vous damner, après des centaines de millions d'années que vous aurez été en enfer, lorsque tous vos parents seront morts, et les enfants de leurs enfants, et les petits-enfants de leurs petits-enfants, après mille générations; lorsque votre maison sera éteinte, que vos palais seront abattus, que le monde entier aura été réduit en

cendres; alors, comment jugerez-vous du monde?
Comment jugerez-vous de tout ce qui est passé? Une
grande ville qu'on aperçoit de loin, paraît comme une
maison de campagne; plus la distance est grande, plus
elle se rapetisse, si bien qu'enfin elle disparaît aux
regards. Déjà aujourd'hui, les années de votre enfance,
de votre jeunesse, de votre adolescence vous paraissent
un songe; que vous paraîtra donc une heure de
plaisir après des millions d'années? Comment jugerez-
vous d'un point d'honneur pour lequel vous aurez
déjà souffert des millions et des millions d'années de
tourments, sans avoir diminué en rien la rigueur de
votre pénitence?

III. L'éternité est un dogme de foi; mais on peut
convaincre un athée même qu'elle est évidemment
probable. Or, quand elle ne serait que probable, ce
serait la plus insigne de toutes les folies de s'exposer
à un mal souverain, à un mal éternel. Qui serait assez
fou pour vouloir jouir d'un beau songe et risquer à ce
prix d'être enfermé pour cent ans dans une prison?
Examinez le passé, et vous verrez qu'il n'y a aucune
différence entre un plaisir passé et un songe. Réfléchissez que tout ce qui est présent sera un jour le
passé, et vous paraîtra comme un rêve. Et je serais
assez insensé que d'exposer, pour un rêve, mon âme
et mon corps à tomber là où Dieu ne me voudra plus
de bien, là où Marie ne me reconnaîtra plus ni pour
son fils, ni pour son serviteur; là où les plaies de
Jésus crucifié ne me causeront plus que de la confusion; là où ma mémoire n'aura plus que des souvenirs
douloureux, où mon intelligence ne s'occupera plus
que de tristes pensées; là où ma volonté n'aura plus
un seul sentiment ni d'amour, ni d'espérance, mais
où elle sera éternellement déchirée par la rage, le
ressentiment, le remords, la haine de Dieu et de
moi-même?

Enfin, de même que c'est un article de foi, que

l'éternité existe ; de même, c'est un article de foi,
qu'il y a deux demeures dans l'éternité : Un paradis
éternel, et un enfer éternel. L'une de ces deux éternités
sera infailliblement mon partage ; mais laquelle?
Numquid in æternum projicies, Deus? O mon Dieu, me
rejetterez-vous à jamais loin de vous ?

IIIᵉ MÉDITATION.

DU NOMBRE DES ÉLUS ET DES RÉPROUVÉS.

Après avoir médité quel sera l'enfer du corps et
quel sera l'enfer de l'âme, après avoir médité la grande
pensée de l'éternité, car c'est ainsi que l'appelle saint
Augustin : *Æternitas, magna cogitatio;* voyons si c'est
le petit nombre ou le grand nombre qui vont en enfer.

Je tire les points de cette méditation d'un discours
du père Segneri, sur le même sujet. Voyez son excellent ouvrage : *Le Chrétien instruit, première partie, cinquième Discours.*

Premier point.

Considérez sur quelle grave autorité se base l'opinion de ceux qui croient que c'est le petit nombre
qui se sauve, parmi les chrétiens adultes.

Les saints Pères sont généralement de cet avis. C'est
ce que témoigne le saint abbé Nil. En faveur de cette
opinion, il cite expressément saint Siméon le Stylite
qu'on suppose avoir été instruit sur ce point par une
révélation divine, saint Théodore, saint Basile, saint
Ephrem et saint Jean Chrysostome. Ce dernier regarde
cette vérité comme si constante, qu'il en vint à affirmer qu'il ne croyait pas qu'il y aurait cent personnes
de sauvées dans la ville de Bergame, ni même dans
toute la ville de Constantinople. Ce Pontife si éclairé

et si zélé, n'a point dit ou écrit cette sentence en
secret, il a cru pouvoir la prêcher publiquement, et
énoncer avec franchise une parole si terrible, qu'il a
ensuite enregistrée dans ses œuvres pour les siècles à
venir : *Non possunt in tot millibus inveniri centum qui
salventur, quia et de his dubito.*

Les témoignages des Pères latins concordent avec
ceux des docteurs de l'Eglise grecque Saint Grégoire
estime qu'il y a plus de réprouvés que d'élus parmi
les chrétiens : *Ad fidem plures veniunt; ad regnum
cœleste pauci sunt qui salvantur.* Saint Anselme est du
même avis; il regarde comme une chose claire que
c'est le petit nombre qui se sauve : *Ut videtur, pauci
sunt qui salvantur.* Saint Augustin enseigne la même
doctrine en plusieurs endroits. C'est surtout en expliquant la parabole évangélique de la paille et du bon
grain. Par l'aire, il entend la sainte Eglise ; sous le
nom de paille, il entend le plus grand nombre des
fidèles qui se perdent ; et par le bon grain, le petit
nombre de ceux qui se sauvent. Voici en propres
termes sa conclusion : Le nombre de ceux qui se
sauvent est donc petit en comparaison de ceux qui se
damnent. *Pauci ergo qui salvantur, in comparatione
multorum perditorum.* Enfin saint Jérôme ne se con-
tenta pas d'affirmer pendant sa vie le petit nombre
des élus, mais parvenu à ce moment suprème, où l'on
connaît mieux et où l'on dit plus ouvertement la
vérité, il témoigna à ses disciples qu'à son avis, sur
cent mille personnes qui avaient toujours mal vécu,
à peine y en aurait-il une qui obtiendrait le pardon
des désordres de sa vie. *Vix de centum millibus quorum
mala fuit semper vita, meretur a Deo habere indulgentiam
unus.* L'évêque d'Avila, surnommé le Salomon de
notre siècle, à cause de la profondeur et de l'étendue
de son savoir, dit que cette opinion du petit nombre
des élus est commune et très vraisemblable. *Ista
positio est communis, et satis verisimilis.* Le savant Père

Suarez reconnaît de même que c'est une opinion plus commune qu'il y aura plus de réprouvés que de prédestinés parmi les chrétiens.

Au sentiment des saints Pères et des Théologiens, se joignent une foule de figures de nos livres saints et un grand nombre de révélations qu'on lit dans l'histoire de l'Eglise, et, ce qui est d'un plus grand poids, certaines sentences sorties de la bouche de Jésus-Christ lui-même, la vérité incréée : Il y a beaucoup d'appelés et peu d'élus : *Multi sunt vocati, pauci vero electi.* — Large et spacieuse est la voie qui mène à la perdition, et il y en a beaucoup qui la suivent : *Lata et spatiosa via est quæ ducit ad perditionem; multi sunt qui intrant per eam.* — Oh! qu'étroite est la porte, et étroite la voie qui conduit à la vie! Et qu'il y en a peu qui la trouvent! *Quam angusta porta, et arcta via est, quæ ducit ad vitam; est pauci sunt qui inveniunt eam.*

Ce faisceau d'autorités est en quelque sorte scellé par cette réflexion de saint Augustin : Que ceux-là donc prêtent l'oreille, dit-il, qui prétendent que le Seigneur n'est que miséricorde et qui ne veulent pas croire à sa justice. *Hoc ergo audiant, qui ita Dominum misericordem esse volunt, ut justum esse non credant.*

Maintenant, faites ce raisonnement : si un astronome, après avoir observé le jeu de certaines planètes malignes dans le ciel, venait à prédire aux habitants d'une ville la prochaine invasion d'une peste cruelle, ou d'un déluge d'eau; si les plus sages et les plus distingués d'entre les citoyens ajoutaient foi à la prédiction, en sorte qu'elle devint une opinion commune dans la cité; quel serait l'insensé qui ne pourvoirait pas à son salut, à quelque prix que ce fût? Or, ce n'est pas un seul Père, ni un seul Docteur, ni même les plus rigides d'entre eux, mais c'est une opinion commune et fort vraisemblable, qui nous apprend qu'un déluge, non point d'eau, mais de feux éternels doit entraîner à leur perte le plus grand nombre des

chrétiens. Et moi, je ne me corrige pas de mes vices,
je ne veux pas rompre avec les occasions dangereuses,
je ne me détermine pas à mener une vie sainte? Est-ce
là de l'intelligence? Est-ce là du jugement? Est-ce là
de la foi? Est-ce là m'aimer moi-même? Grande
vérité! il y a un passage où tout le monde tremble et
où le plus grand nombre tombent; et moi comment
vais-je le franchir? Est-ce que la vie que je mène
actuellement, et l'état où je me trouve, m'inspirent
quelque consolation et me donnent quelque assurance?

Deuxième point.

Considérez les raisons qui prouvent que le nombre
des sauvés sera petit.

La première, c'est qu'il n'y a que deux voies pour
aller au ciel, savoir, celle de l'innocence et celle de
la pénitence. Bien peu conservent l'innocence; car il
n'est que trop vrai qu'un grand nombre apprennent le
mal de si bonne heure, qu'à peine ils se souviennent
d'avoir été innocents. Reste donc la seconde voie ou
la pénitence. Or quelques-uns ne font pas pénitence;
d'autres la font, mais d'une manière peu sincère,
incapable d'effacer leurs péchés. C'est ce qu'on peut
conjecturer, à la vue des rechutes continuelles qu'ils
font si aisément, sans prendre jamais racine dans la
grâce de Dieu.

La seconde raison, c'est qu'il est plus difficile de se
sauver, et plus facile de se damner. On descend sans
peine dans les enfers, disait un poète païen ; *Facilis
descensus Averni.* L'expérience même nous apprend
qu'il en coûte beaucoup pour vivre chrétiennement,
à cause de la violence qu'on doit se faire à soi-même,
depuis que le vice rencontre tant de sympathie dans
les penchants de notre nature corrompue. Or, dit le
philosophe, ce qui est difficile et ardu est le fait du
petit nombre. *Arduum et difficile contingit in paucis.*

Puisque c'est une chose ardue 'de se sauver, le salut sera le partage des plus généreux seulement.

Ajoutez à cela le poids de nos péchés qui nous entraîne sans cesse à de nouveaux péchés. De plus, une foule de démons très artificieux méditent sans relâche notre perte et emploient tous les moyens pour nous faire tomber. A leurs tentations viennent se joindre les mauvais exemples du dehors, les passions et les mauvaises habitudes du dedans, qui sont autant d'écueils pour le salut éternel. autant de filets, comme les appelait saint Antoine, dont le monde est tout rempli.

Ah! mon Dieu, quel sera mon sort? Serai-je sauvé, serai-je damné? Bénirai-je Dieu ou le maudirai-je à jamais? Avec cette âme et ce corps que j'ai en ce moment, ou bien je serai un citoyen du ciel, ou bien je serai un tison de l'enfer. Et comme si j'avais entre les mains un blanc-seing qui me tranquillisât sur mon salut, je n'y pense pas, j'ai confiance, et je m'endors dans le péché. Ah! que Dieu me préserve de cette parole menaçante de saint Grégoire : Le diable endort ceux qu'il veut perdre ; *Diabolus, quod vult perdere, securos facit;* et de cette autre d'Eusèbe Enissene : Il inspire de la sécurité pour nous perdre plus sûrement : *Immittit securitatem, ut immittat perditionem.*

Troisième point.

Tirons de tout cela cette conséquence pratique : Si donc je veux me sauver, je dois vivre comme fait le plus petit nombre des chrétiens. Jésus-Christ dit qu'il y a peu d'élus ; par conséquent, si je vis comme le petit nombre, en vertu de la parole infaillible du Sauveur, je serai du nombre des élus.

Ils sont peu nombreux les jeunes gens dont les conversations sont honnêtes, qui sont modestes dans leurs regards, respectueux dans les églises, modérés dans

leurs passions. Ils sont en petit nombre ceux qui fré-
quentent les sacrements, ceux qui s'appliquent à la
piété, qui pratiquent l'oraison, qui suivent les conseils
d'un sage directeur ; il est petit le nombre de ceux qui
évitent le péché et les occasions prochaines du péché ;
petit le nombre de ceux qui, ayant eu le malheur de
faire une chute, se hâtent de se relever ! Par conséquent encore une fois, si je vis constamment parmi
ce petit nombre, je serai de ceux qui trouvent la vie.
Au contraire, si je me conforme aux mœurs, si je me
laisse aller au torrent du grand nombre, je marcherai
dans cette voie large qui mène à la perdition et que
la multitude suit en aveugle.

Que je ne me permette donc jamais de dire ou
d'entretenir dans mon cœur cette dangereuse maxime :
Il y en a tant qui se laissent aller à des amours insensés, tant qui blasphèment, tant qui ne se gênent
pas dans les églises, tant qui s'abandonnent à l'incontinence. De ce qu'ils sont en grand nombre, c'est une
preuve qu'ils ne sont point des élus. *Pauci sunt electi.*
Ne vous faites pas illusion, en disant que telle est la
mode, que tels sont les usages du monde ; car la mode
et la coutume de la multitude, c'est de marcher dans
la route de l'enfer. *Spatiosa via, quæ ducit ad perditionem, et multi sunt qui intrant per eam.* Prenez pour
règle de vie cette maxime de saint Jean Climaque :
Vivez comme le petit nombre, si vous voulez régner
avec le petit nombre. *Vive cum paucis, si vis regnare
cum paucis.* Répétez souvent au pied de votre crucifix :
Je veux vivre comme le petit nombre, je veux sauver
mon âme.

RÉFLEXIONS.

I. Plusieurs se flattent qu'ils se sauveront, parce
qu'ils se comparent à d'autres qui ont été ou qui sont
encore de plus grands pécheurs qu'eux. Moi, dit tel

homme, je n'ai jamais commis, Dieu merci, tel et tel péché, et je serais bien honteux de les commettre.

Réfléchissez qu'il ne suffit pas pour se sauver de s'abstenir de certains péchés plus énormes ; un seul, s'il est mortel, suffit pour vous damner. Vous irez en enfer avec moins de péchés ; la peine sera moindre, mais elle ne laissera pas que d'être éternelle.

Supposez qu'il n'y eût au monde que Dieu et voqs ; en ce cas, comment jugeriez-vous de vous-même et de vos péchés ?

II. D'autres se fient trop sur certaines pratiques de dévotion, au moyen desquelles ils espèrent se sauver, tout en vivant mal. C'est la plus insigne illusion de regarder comme véritable une dévotion qui n'a point la grâce de Dieu pour compagne ; car la vraie dévotion n'est autre chose qu'une volonté prompte de faire tout ce qui plaît à Dieu. Comment voulez-vous, par exemple, qu'en jeûnant le samedi en l'honneur de la sainte Vierge, en faisant quelque aumône, en récitant le chapelet, vous entriez droit comme une flèche en paradis, tandis que vos péchés vous en ferment la porte et vous en empêchent l'entrée, aussi longtemps qu'ils ne seront pas effacés ? Réfléchissez bien et voyez si vous n'avez jamais été du nombre de ces aveugles et de ces dupes.

III. D'autres enfin vivent habituellement dans la disgrâce de Dieu, et comptent sur la divine miséricorde pour se sauver. Cette miséricorde, disent-ils, est infinie, et elle se plaît à pardonner.

Remarquez que la majeure partie des hommes se damnent aujourd'hui, à cause peut-être de ce terme équivoque, *infinie miséricorde*. Que veut dire ce mot *infinie?* Cela signifie que Dieu peut pardonner une infinité de péchés ; mais cela ne veut pas dire qu'il les pardonne effectivement. La toute-puissance de Dieu, son immensité, sa providence, sont également infinies ; mais fait-il des mondes infinis, remplit-il des espaces infinis, forme-t-il des desseins infinis? Il le peut, mais il ne le fait pas, parce qu'il ne le veut pas. De même, il peut pardonner, mais il ne pardonne pas tout, parce qu'il a déclaré qu'il ne voulait pas tout pardonner, autrement s'il pardonnait sans fin, personne ne se damnerait.

Réfléchissez donc au grand nombre de péchés que vous avez commis, et dites : Jusqu'à cette heure, Dieu a usé d'une très grande patience envers moi ; mais si au premier péché que je commets encore, il me châtiait et se faisait justice, à qui devrais-je imputer ma damnation?

Terminons par la remarque de saint Remi : Peu d'hommes se sauvent, à cause du vice de l'impureté. *Propter carnis vitium, pauci salvantur.* Si vous vous en êtes préservé jusqu'ici, gardez-vous bien de vous laisser séduire. Si par malheur, vous y êtes tombé, gardez-vous bien de continuer. Quand on vit esclave de ce vice, ou en meurt aisément victime et on se damne à cause de lui. Eh quoi! pour un instant de plaisir, voudrais-je me résigner à une éternité de supplices? *Momentaneum quod delectat, æternum quod cruciat!*

Ve JOUR.

Ire MÉDITATION.

SUR L'ENFANT PRODIGUE.

Le but de saint Ignace dans les méditations précédentes a été d'imprimer dans l'âme une crainte salutaire de la justice de Dieu, le but de celle-ci est de nous faire concevoir une grande confiance dans sa miséricorde. Je n'ai d'autre mérite que votre miséricorde, disait à Dieu saint Augustin. *Meritum meum misericordia tua.* Appuyé sur ce motif, il ne doutait pas, il espérait même fermement d'obtenir le pardon de ses péchés. Cette espérance, nous la concevrons, nous aussi, si nous réfléchissons attentivement sur la parabole de l'enfant prodigue, que le divin Rédempteur nous a laissée pour notre consolation.

Imaginez-vous que vous voyez ce jeune homme, couvert de haillons, sans chaussures, à demi nu. Il se tient sous un chêne au milieu d'une troupe de vils animaux, un morceau de pain noir et maigre à la main. Pour assaisonnement, il y joint quelques-uns des glands tombés par terre; il mange dans la société et pour ainsi dire à la même table que ces animaux immondes. Figurez-vous que vous le voyez et que vous l'entendez soupirer et gémir de se voir réduit à une si profonde misère.

Seigneur, c'est vous-même qui nous avez décrit de votre propre bouche ce récit plein de mystère et qui avez voulu qu'il fût rapporté en détail dans votre saint Évangile. Je vous en conjure donc, faites descendre sur moi, comme sur ce pauvre dévoyé, un rayon de votre divine lumière, afin que, moi aussi, je retourne à vous, et que, me remettant dans vos bonnes grâces, j'y persévère désormais avec toute la ferveur dont je suis capable.

Premier point.

L'enfant prodigue abandonne son père.

Dixit adolescentior : Da mihi portionem substantiæ quæ me contingit... et abiit in regionem longinquam. Le plus jeune de la maison dit à son père : Donnez-moi la part de fortune qui me revient... et il s'en alla dans un pays lointain.

Considérez l'audace et la témérité de cet enfant. C'est le plus jeune : *Adolescentior ;* du vivant de son père, et même à la face de son père, il réclame une part de son héritage. *Da mihi portionem substantiæ;* et il ajoute qui m'appartient, *quæ me contingit.*

· Mais dans quelle vue réclame-t-il sa part? Pour s'éloigner de son père qui l'aimait tant, et pour quitter cette maison où il trouvait tout à souhait, où il était servi et choyé de tout le monde ; *et abiit in regionem longinquam.*

O mon âme, sans que tu lui en aies fait la demande, Dieu qui est ton bon père, t'a donné cette portion de bien et d'avantages qui t'appartenait en ta qualité d'homme raisonnable et d'enfant de Dieu. Il t'a donné l'intelligence, la liberté, le sentiment, la noblesse, l'esprit, les richesses, et dans une mesure plus abondante qu'à tant d'autres qui sont pauvres, dépourvus de noblesse, et même disgraciés. Tout cela est un pur don de sa libéralité, ou plutôt de sa prédilection, et il te l'a fait sans que tu l'aies mérité.

Mais, ô ingrate, qu'as-tu fait de tous ces biens que tu as reçus de Dieu? Hélas! tu t'en es allée dans une région lointaine! Ah! oui combien tu t'es éloignée de Dieu par ton intelligence, sans jamais penser à lui! Combien tu t'es éloignée de Dieu par la volonté, en aimant tout, excepté Lui! Et parce que rien ne nous éloigne autant de Dieu que le péché, *longe a peccatoribus salus,* regarde, malheureuse : autant tu as péché, autant tu t'es éloignée de Dieu. Mais quoi! as-tu donc pensé que tu entreprenais un noble dessein, en abandonnant ton Dieu, ton tendre père? Regarde et considère ce que tu as fait!.

Deuxième point.

*Du misérable état auquel l'enfant prodigue est réduit
loin de son père.*

*Dissipavit substantiam suam vivendo luxuriose. Adhœ-
sit uni... facta est fames valida, et cœpit egere.* Il dissipa
tout son avoir, en vivant dans la débauche, il s'attacha
au service d'un homme du pays... Une grande famine
survint, et il eut faim.

Le malheureux jeune homme, une fois sorti de la
maison paternelle, se met à dissiper tout son bien, et
à dépenser tout son argent, jusqu'à vendre ses propres
vêtements, afin de satisfaire ses ignobles penchants,
vivendo luxuriose. N'ayant plus de quoi vivre, moins
encore de quoi maintenir son rang, il s'engage comme
domestique au service d'un fermier qui l'envoie paître
ses pourceaux. Ce maître a si peu d'égards pour lui,
que le malheureux, pressé par la faim, se nourrissait
des glands destinés à la pâture de ces animaux, et
qu'il en vint enfin à tomber dans la plus profonde
indigence. *Adhœsit uni, facta est fames valida, et cœpit
egere.*

O mon âme, tu vois ton portrait dans ce jeune
homme. Voilà ce qui est arrivé à toi-même pour avoir
abandonné ton Dieu. N'est-il pas vrai, en effet, que
tu as aussi dissipé ton bien, et que tu as tout perdu,
peut-être en te livrant aux mêmes passions que l'enfant
prodigue, *vivendo luxuriose?* Oui, oui, tu as perdu la
meilleure partie de tes années, et l'âge qui est le plus
cher à Dieu, la jeunesse; tu as perdu une foule de
bonnes œuvres, d'occasions précieuses, et de saintes
inspirations; tu as perdu ta liberté, en te rendant
l'esclave de tes mauvaises habitudes; tu as perdu les
vives lumières de la foi, et peut-être offusqué celles
même de la raison par tes passions; tu as perdu le

temps, la santé, et les biens que Dieu t'avait donnés pour une toute autre fin que pour l'offenser. En perdant Dieu, tu as perdu la joie, la paix, le contentement, en un mot tous les biens.

On traite d'insensé celui qui jette sa fortune à tous les vents. Et moi qui ai prodigué mon âme et qui en aurais prodigué cent et mille, si je les avais eues, et cela pour jouir d'un plaisir immonde, *vivendo luxuriose;* comment qualifier ma folie? Me voici pauvre et dénué de tout bien spirituel, ne possédant pas la moindre pièce de cette monnaie qui a cours en paradis, privé de tout crédit auprès des bons, et dépouillé de toute grâce devant Dieu et devant les hommes.

Si du moins, après tant de pertes, je conservais le souvenir d'avoir goûté quelques vraies satisfactions. Mais non; j'ai ressenti, comme l'enfant prodigue, toutes les horreurs de la faim. *Facta est fames valida, et cœpit egere.* Aucun de ses plaisirs ne m'a pleinement satisfait; ils ne faisaient qu'irriter ma faim, oui, ma faim, parce que la véritable nourriture de l'âme est la parole de Dieu, et que j'ai toujours refusé de l'entendre; ma faim, parce que l'aliment de l'âme est la divine Eucharistie, et que toujours je m'en suis très éloigné; ma faim, parce que les satisfactions brutales sont la pâture des bêtes et non pas de l'homme. L'homme qui tâche de s'en rassasier, ne fait qu'exciter sa faim, car les passions sont toujours insatiables et font éprouver une faim dévorante à ceux qui prétendent les satisfaire. *Facta est fames valida.* J'ai commencé à me trouver dans une disette universelle. *Et cœpit egere.* Disette de lumière, disette d'assistance, disette de consolation, disette enfin de toutes choses, parce que j'avais tout perdu en vous perdant, et en perdant votre grâce, ô mon Dieu!

Troisième point.

L'enfant prodigue se détermine à retourner à son père.
Tendre accueil qu'il en reçoit.

In se reversus, dixit : surgam, et ibo ad patrem meum.
Rentrant en lui-même, il dit : Je me lèverai et je
retournerai à mon père.

Enfin il rentre en lui-même. *In se reversus.* Il était
comme sorti d'abord de son bon sens, en s'éloignant si
brutalement de son père. Il se détermine à retourner
vers lui. Mais ne te flattes-tu pas trop, jeune homme,
en disant : J'irai vers mon père : *Ibo ad patrem meum?*
Ton père voudra-t-il bien encore te recevoir? Il t'a
prié et conjuré avec des larmes et des sanglots, de ne
point le quitter, et tu n'en as rien fait? Tu as dissipé
son patrimoine, tu as perdu le temps, tu as perdu ton
bien, et tu as ruiné totalement ta réputation. Est-ce
que tout cela est peu de chose? Que pouvais-tu faire de
pis? Te mettre en voyage, là n'est pas la difficulté;
la question est de savoir si tu parviendras à te faire
réintégrer. Puisque ton père t'a prié si instamment
de rester, n'est-il pas juste que tu le pries à ton tour,
et que tu emploies quelque intermédiaire, afin qu'il te
reçoive de nouveau?

O mon âme, considère la tendre affection avec laquelle
laquelle le père du prodigue accueille son fils repentant et converti. A peine l'aperçoit-il de loin, qu'il en
est touché de compassion : *Cum adhuc longe esset, vidit
illum pater ipsius, et misericordia motus est.* Il va le
premier, ou plutôt il court à sa rencontre : *Accurrens.*
Oh! quel touchant empressement! Son fils pleure et se
jette à ses pieds, et lui-même verse des larmes et se
jette à son cou : *Cecidit super collum ejus.* Il ne le
gronde pas, il ne lui fait pas de menaces, il ne lui
rappelle pas même le mal qu'il a fait, mais le tenant
étroitement serré contre sa poitrine, il ne l'a pas

plus tôt entendu s'écrier : J'ai péché, *Peccavi;* qu'il imprime avec tendresse sur son front le baiser de paix : *Et osculatus est eum.*

Les caresses de ce bon père se bornent-elles à cela ? Non. A peine entré dans sa maison : Vite, dit-il, qu'on le revête de nouveau des pieds à la tête ; qu'on lui mette un anneau au doigt et qu'on prépare un somptueux banquet : *Cito proferte stolam primam, et induite illum, et date annulum in manu ejus, et calceamenta in pedes ejus, et adducite vitulum saginatum.* Je veux que tout le monde sache que je donne ce banquet, en signe de réjouissance, parce que j'ai retrouvé mon fils qui était perdu : *Perierat, et inventus est.*

Ce père aurait-il pu en faire davantage, si son fils était revenu de la cour des rois, pourvu de quelque haute dignité, ou s'il était rentré triomphant, après une grande bataille et une victoire glorieuse ?

Tel est l'amour vraiment paternel, l'amour touchant que Dieu témoigne à une âme pécheresse qui se repent et qui revient à lui. En la voyant dans un état si misérable, il est ému de pitié : *Misericordia motus.* Il court le premier avec le plus vif empressement à sa rencontre : *Accurens.* Elle se jette à ses pieds ; mais lui l'étreint contre son cœur, l'embrasse, et ne lui accorde pas seulement le pardon et l'oubli du passé : *Et osculatus est eum;* mais il la comble de consolations intérieures, l'orne de sa grâce, l'admet au banquet de l'Eucharistie, se donne ainsi tout entier à elle en nourriture, et il veut qu'on se réjouisse de sa conversion, non seulement sur la terre, mais encore dans le paradis : *Sic gaudium erit coram angelis Dei, super uno peccatore pœnitentiam agente.* Oui, les anges de Dieu se réjouissent dans le ciel, lorsqu'un pécheur revient à résipiscence ; et pourquoi cela ? Parce qu'il était mort à la grâce, et qu'il est ressuscité : *Mortuus erat, et revixit;* il était perdu, et le voilà retrouvé : *Perierat, et inventus est.*

Pauvre pécheur, jetez-vous donc à genoux devant votre crucifix, et dites à Dieu du fond de votre cœur : *Pater, Peccavi in cœlum et coram te;* mon père, mon tendre père, vous savez combien j'ai péché ; car j'ai péché sous vos yeux : *Peccavi in cœlum et coram te.* Je ne mérite certainement pas d'être appelé votre fils : *Jam non sum dignus vocari filius tuus.* Cependant j'espère et je mets ma confiance dans votre souveraine bonté, car si j'ai perdu la qualité de fils, vous n'avez pas cessé d'être mon père : *Ego quod filii erat, amisi ; tu, quod patris est, non amisisti.* Ah! mon père, mon véritable père, je ne me lasserai jamais de répéter cet aimable et doux nom de père. Oubliez toutes mes ingratitudes et mes infidélités passées. O vous, père des miséricordes, *Pater misericordiarum,* déployez-les toutes, pour cette fois encore, en ma faveur. Je suis résolu de ne plus jamais vous abandonner à l'avenir ; mais parce que je ne puis rien de moi-même, je mets tout mon espoir dans le secours de votre divine grâce.

RÉFLEXIONS.

I. Celui qui, dès sa jeunesse, commence à abandonner Dieu, pour se livrer à certains vices, en vient à un point où il n'aurait jamais cru qu'il serait capable d'en venir. En sortant de la maison paternelle, l'enfant prodigue ne s'attendait pas à tomber dans un tel excès de misère. Il croyait que le bonheur ne cesserait de lui sourire, et bientôt il tomba dans une profonde misère pour le corps, et dans une plus profonde encore pour l'âme.

Et vous, n'avez-vous aucune inquiétude sur la vie que vous menez ? Votre conscience n'est-elle pas troublée par les remords ? Jusques à quand voulez-vous donc persévérer dans ce triste état ?

Prenez une résolution généreuse. Que craignez-vous ? De n'être pas heureux au service de Dieu ? Mais

dans la maison de Dieu, non seulement on a le nécessaire, mais on jouit de l'aisance et de l'abondance :
Mercenarii abundant panibus. Oui, même les merce-
naires sont plus heureux dans la maison du Seigneur
que les pêcheurs au sein des plaisirs du monde. La
sérénité de l'esprit, la paix du cœur, l'espérance du
ciel, sont le partage de celui qui s'attache à Dieu.

Remarquez que l'enfant prodigue n'attendit pas le
temps de la vieillesse pour retourner à son père ; il put
donc ainsi consacrer encore une belle portion de sa vie
à son service. C'est ainsi que la Madeleine et saint
Augustin se convertirent à la fleur de l'âge.

Personne n'est père comme Dieu. *Tam pater nemo.*
Non, jamais père ne sera plus affectueux et plus
tendre que lui, dit Tertullien ; mais si vous tardez à
aller à lui, pendant qu'il ne songe qu'à se montrer
votre père, peut-être un jour ne trouverez-vous plus
en lui qu'un juge rigoureux.

II. Celui qui ne correspond pas sur-le-champ à certaines fortes inspirations qui le portent à changer de
vie ou d'état, est en risque de ne plus en recevoir de
semblables à l'avenir. En effet, ces sortes de grâces ont
leurs bornes et ne se donnent qu'avec mesure. C'est
là le temps de la visite du Seigneur.

L'enfant prodigue est l'image d'un pécheur qui
prête l'oreille à la voix de Dieu et qui y correspond
sur-le-champ. *Surgam, et ibo ; et surgens ibat.* Je me
lèverai, dit-il, et j'irai. Il se lève en effet, et il part.
S'il ne s'était point levé aussitôt, et s'il ne s'était pas
mis en route à l'instant même, en abandonnant son
troupeau et son méchant maître ; avec toutes ses résolutions il n'eût rien fait de bon ; il dit en futur : *Je
me lèverai,* mais il a soin d'y joindre le présent,
c'est-à-dire l'action ; *il se lève.* Voilà tout le secret
d'une véritable conversion.

Remarquez encore qu'après qu'il eut une fois renoncé à sa vie de péché, on ne lit pas qu'il y soit

retourné de nouveau et qu'il ait jamais plus quitté son père. Soyez donc fidèle aux promesses que vous avez faites à Dieu.

III. Si l'enfant prodigue, réintégré dans la maison paternelle et revêtu d'habillements précieux, avait voulu conserver ses haillons d'autrefois et paraître de la sorte devant son père, comment eussiez-vous apprécié cette conduite! que lui eussiez-vous dit? Qu'est-ce que tu fais? Souviens-toi donc que tu as recouvré ta dignité de fils, et que ton père t'a reçu avec amour et bienveillance.

Or, il y a des âmes trop craintives, des âmes scrupuleuses qui semblent se défier toujours de Dieu. Jamais elles ne sont contentes de leurs confessions. Chaque fois qu'elles entendent prêcher sur l'enfer, chaque fois qu'on célèbre un nouveau jubilé, elles veulent recommencer leur confession générale. Consultez un confesseur prudent, et acquiescez à ses avis. *Consule discretos viros, et acquiesce illis.* Voilà ce que le Seigneur eut la bonté de dire à un religieux qui était agité de scrupule. Oui, encore une fois, prenez conseil d'un bon confesseur, et tenez-vous-en à son jugement avec une obéissance aveugle. Puisque Dieu use de tant de bonté envers vous, pourquoi répondre à sa tendresse par tant de frayeur? S'il est votre père, pourquoi tant le craindre? Est-ce que sa rencontre vous fait peur? Est-ce que ses baisers vous épouvantent? Est-ce que ses embrassements doivent vous effrayer et vous troubler? Ainsi parle saint Pierre Chrysologue à l'enfant prodigue. *Forte timetur occursus? terret osculum? timetur et turbat amplexus?*

II⁴ MÉDITATION.

SUR LES DEUX ÉTENDARDS.

L'âme, ayant pris la résolution de tendre vers Dieu, comme vers sa fin dernière, et d'écarter tous les obstacles qui l'empêcheraient d'y parvenir, saint Ignace lui propose maintenant un guide pour la conduire dans cette voie. Ce guide, c'est Jésus-Christ lui-même, qui est venu en ce monde dans le dessein d'être pour tous les hommes la voie, la vérité et la vie. *Via, veritas et vita.* Mais comme il proteste qu'il n'est pas venu apporter sur la terre la paix, mais la guerre : *Non veni mittere pacem, sed gladium;* comme d'ailleurs notre vie doit être un combat continuel : *Militia est vita hominis super terram;* saint Ignace nous le représente sous la figure d'un capitaine. Voilà pourquoi il intitule cette méditation : Les deux étendards.

Premier point.

Figurez-vous, dit le Saint, que vous voyez dans une vaste plaine deux capitaines, opposés l'un à l'autre; c'est d'une part Jésus-Christ, de l'autre Lucifer. Chacun d'eux appelle tous les hommes à lui, et voudrait qu'ils s'enrôlassent sous son étendard.

Lucifer se tient dans la campagne de Babylone, qui signifie confusion; et Jésus-Christ dans la plaine de Jérusalem, qui signifie vision de paix. Considérez attentivement les traits de l'un et de l'autre de ces deux capitaines. Voyez-vous Lucifer? Il se tient, en sa qualité de roi des superbes, dans une contenance fière, assis sur un trône qui est enveloppé de feu. Pour inspirer plus de respect et de crainte, il affecte un visage horrible et effrayant. Ses traits sont courroucés, ses yeux altérés, ses sourcils arqués, son front orgueilleux, sa bouche écumante de sang. Il en sort à chacune de ses respirations une fumée et des flammes qui obscurcissent l'air environnant et le remplissent d'épaisses ténèbres.

Imaginez-vous entendre sa voix de tonnerre; il convoque avec rage tous les démons autour de lui, et voici le discours qu'il leur adresse : Notre volonté et notre dessein est de faire la guerre aux hommes qui sont dans le monde, et de les attirer tous à notre parti. Partagez-vous donc entre toutes les contrées de la terre, parcourez-la, et n'en laissez pas le plus petit coin, sans l'explorer. Tendez vos pièges, dressez vos filets; efforcez-vous de tenter et de séduire toutes les classes, afin qu'il n'y ait pas un homme qui ne se range de notre côté et qui ne s'enrôle sous notre étendard. Tâchez de les gagner par l'amour déréglé des richesses, des honneurs, des divertissements et des voluptés.

Considérons maintenant la face de Jésus-Christ. Oh! que son extérieur a déjà d'amabilité : *Speciosus forma præ filiis hominum!* Vous le voyez assis dans un lieu humble et modeste, plein d'une douce et agréable majesté, tourné vers ses anges et vers ses disciples placés en cercle autour de lui. Ecoutez ce qu'il leur dit : Allez, mes fidèles ministres, allez et répandez-vous par toute la terre, et invitez tous les hommes à venir à moi et à me suivre dans la guerre que je veux entreprendre contre Lucifer et ses suppôts Que chacun prenne ma croix; elle est mon étendard. Invitez-les tous au mépris des grandeurs humaines, à l'amour de la pauvreté, et à une haine salutaire et continuelle d'eux-mêmes. *Ite, incendite, inflammate omnia.*

A cette première vue, quels sont tes sentiments, ô mon âme? Tu as considéré les traits de l'un et de l'autre de ces deux capitaines, lequel des deux te plaît davantage? Il faut de toute nécessité que tu te prononces pour l'un des deux, car la guerre est inévitable, et dans cette guerre, la neutralité est impossible.

Jésus-Christ, en effet, n'a-t-il pas déclaré ouvertement que celui qui n'est pas avec lui, est contre lui? *Qui non est mecum contra me est.* Lequel des deux choisis-tu donc pour ton guide et pour ton capitaine, Jésus-Christ ou Lucifer?

Mais avant de faire ton choix, pèse bien les conditions du contrat qu'il s'agit de passer avec l'un ou l'autre.

Deuxième point.

Les maîtres, en prenant des gens à leur service, font avec eux une certaine convention ; il en est de même des capitaines qui enrôlent des soldats sous leurs drapeaux. Quel est donc le pacte que Lucifer propose à ceux qui veulent être ses compagnons d'armes? Quelle paie leur promet-il?

Ecoute, ô mon âme, les engagements qu'il prend : Moi, Lucifer, je promets à mes sectateurs tous les biens que le monde peut donner, passe-temps, jeux, plaisirs, contentements, honneurs, enfin tout ce qui peut rendre un homme heureux et content sur la terre. Si toute leur vie ils sont dociles et obéissants à mes volontés, s'ils sont toujours fidèles à mes lois, sans y contrevenir jamais, ils jouiront de cette félicité tout le temps de leur vie.

Le langage de Jésus-Christ est bien différent. Recueille-toi, ô mon âme, pour l'entendre : Celui, dit-il, qui veut venir à ma suite, doit prendre sa croix, se renoncer à lui-même et me suivre. Je veux qu'il ait toujours les armes à la main jusqu'à la fin de la guerre, guerre contre le monde, guerre contre la chair, guerre contre Satan. La pauvreté, l'humiliation, la pénitence seront mes compagnes. Mais aussi je serai toujours le premier à marcher en avant, le premier à soutenir le combat, le premier à souffrir les incommodités des saisons et des voyages, à souffrir les fatigues du combat, jusqu'à donner mon sang et ma vie pour les miens. Du reste, la guerre ne sera pas longue, la victoire est certaine, et tous les avantages du triomphe seront pour mes soldats.

A quoi te détermines-tu, ô mon âme, en entendant le pacte et les conditions si différentes de Jésus-Christ et de Lucifer? Est-ce que celui-ci ne t'enchaîne pas par ses promesses et ses protestations? Est-ce que Jésus-Christ au contraire ne t'effraie pas? Oui, il en est ainsi, mais venons au fait, et voyons si Lucifer tient tout ce qu'il promet. Mais comment le père du mensonge pourrait-il dire la vérité? Et qui peut se fier à un traître, à un ennemi juré du seul et unique vrai bien, qui est Dieu?

En suivant Lucifer, ai-je jamais joui du bonheur qu'il me promettait? Les remords, les angoisses, les craintes, les inquiétudes, le désespoir, voilà la paix dont il a récompensé jusqu'ici mes services.

Au contraire, en suivant Jésus-Christ, j'ai bien éprouvé quelques difficultés au début; mais une fois les premiers obstacles vaincus, une fois le premier pas fait, quel repos, quelle paix, quel contentement de cœur j'ai goûté! Tout cela est-il vrai, oui ou non? N'en ai-je pas maintes fois fait l'expérience? Oui tout cela est vrai et très vrai. A qui donc dois-je donner ma confiance? Qui dois-je suivre? A qui dois-je adresser ce cri : Vive mon capitaine! Ah! vive Jésus, mon maître! et mort, mort à toujours au traître Lucifer!

Troisième point.

Après avoir considéré quelle est la paix que Jésus-Christ et Lucifer donnent ici-bas à leurs soldats, considérons de quelle manière ils les récompensent dans l'autre vie.

Oh! c'est ici, ô mon âme, qu'il faut à tout prix et malgré tout, te déclarer vaincue, et prendre aussitôt parti sous l'étendard de Jésus-Christ. Quelle que soit la largesse de Lucifer pour te payer ici-bas en monnaie courante pour ainsi dire; quels que soient les agréments, les plaisirs et le bonheur qu'il te promet, à coup sûr tu devrais bien te garder de le suivre. Et pourquoi? Parce qu'il t'entraînerait avec lui dans le malheur, et dans un malheur éternel. Voilà la récompense dont il a payé cette foule innombrable d'aveugles et d'insensés qui l'ont suivi. Ils ont goûté quelques plaisirs empoisonnés pendant cette courte vie, et les voilà maintenant ensevelis avec lui dans les enfers, d'où ils ne pourront plus jamais sortir.

Au contraire, en suivant pour un peu de temps Jésus-Christ, une magnifique éternité de gloire t'attend, et là, tu jouiras de la plénitude de tous les contentements, de tous les bonheurs et de toute la félicité dont personne n'a jamais joui, ni ne jouira jamais dans ce monde. Et voilà, oui, voilà la récompense dont jouissent et dont jouiront à jamais tant de braves soldats qui ont combattu contre Lucifer sous les étendards de Jésus-Christ. Le combat n'a duré que bien peu de temps pour eux, et ils triompheront à jamais dans le ciel, couronnés des palmes de la victoire.

Il est donc de ton intérêt, ô mon âme, d'être fidèle à Jésus-Christ, et de ne reconnaître que lui seul pour ton capitaine et ton guide. Et qui donc peut mettre en doute s'il faut obéir à ses lois, ou bien à celles du monde et du démon, ces deux menteurs, ces deux tyrans, ces deux traîtres. Et d'ailleurs, ai-je encore la liberté de faire un autre choix, après que dans le baptême j'ai choisi Jésus-Christ pour mon capitaine? Ne me suis-je pas alors enrôlé sous ses drapeaux, pour combattre sous ses ordres? Ne lui ai-je pas fait alors un serment solennel et public d'inviolable fidélité? N'ai-je pas alors renoncé pour toujours au monde, à la chair, et à Satan? Eh quoi! veux-je maintenant me rétracter et déserter son drapeau pour suivre Lucifer? Non, non, mon Jésus!

Agréez, je vous en supplie, la protestation que je vous fais de mon sincère, perpétuel et immuable dévouement : Me voici, ô Roi et Seigneur suprême de toutes choses, quoique très indigne, m'appuyant toutefois sur votre grâce et sur votre secours, je m'offre entièrement à vous et je soumets à votre volonté tout ce qui me concerne, protestant devant votre infinie bonté, et en présence de la glorieuse Vierge, votre Mère, et de toute la cour céleste que j'ai l'intention, le désir, la volonté très ferme, pourvu que ce soit pour votre plus grande gloire et pour mon bien spirituel, de vous suivre le plus près possible, et de vous imiter dans votre patience à souffrir les injures et les adversités, en pratiquant une vraie pauvreté d'esprit, et même la pauvreté réelle, pourvu, dis-je, qu'il plaise à votre majesté de me choisir et de me recevoir pour ce genre de vie. *En, o Rex supreme, ac domine universorum, tua ego, licet indignissimus, fretus tamen gratia et ope, me tibi penitus offero; meaque omnia tuæ subjicio voluntati, attestans coram infinita Bonitate tua, nec non in conspectu gloriosæ virginis matris tuæ, totiusque curiæ cælestis, hunc esse animum meum, hoc desiderium, hoc certissimum decretum, ut, dommodo in majorem laudis tuæ et obsequii mei proventum cedat, quam possim proxime te sequar, et imiter in ferendis injuriis et adversis omnibus, cum vera, tum spiritus, tum etiam rerum paupertate; si, inquam, sanctissimæ tuæ majestati placent ad tale me vitæ institutum eligere atque recipere.* (Prière de saint Ignace.)

RÉFLEXIONS.

Cette méditation renferme un argument très efficace *a minori ad majus*, c'est-à-dire du moins au plus, qui consiste en ceci : Les princes et les rois de la terre promettent beaucoup et souvent tiennent peu, parce qu'eux-mêmes ne peuvent pas tout, et qu'ils n'agréent pas souvent ce qu'on fait pour eux. Ils ne sont pas non plus les premiers à affronter les dangers, parce qu'ils tiennent avec raison à conserver leur personne. De plus, ils ont coutume, en cas de guerre, d'exiger de grands sacrifices, comme de quitter son pays et sa famille, de s'exposer à mille incommodités et à la mort, de souffrir enfin tous les maux qu'entraîne la guerre. Enfin c'est à eux que revient la plus grande et la meilleure part des dépouilles de l'ennemi. En combattant pour eux, on n'est pas non plus certain de la victoire.

Or, malgré tous ces désavantages, ils n'ont point de peine à enrôler une multitude de soldats sous leurs étendards.

Combien plus Jésus-Christ ne mérite-t-il pas que nous le suivions, lui qui réclame des sacrifices bien moins pénibles, et qui nous promet, qui nous donne même des récompenses infiniment supérieures ! Mes frères, disait saint François d'Assise à ses religieux pour les encourager, si nous avons fait de grandes promesses à Dieu, Dieu nous en a fait de bien plus grandes. *Fratres, magna Deo promissimus, sed majora a Deo promissa sunt nobis.* Cette réflexion est de nature à nous encourager nous-mêmes, à quelque état ou à quelque genre de vie que le Seigneur nous appelle.

II. Dans cette méditation, nous remarquons deux règles, entre celles que nous donne saint Ignace pour discerner les esprits.

Première règle. Si le mouvement intérieur que l'âme éprouve est accompagné d'inquiétude, de trouble et d'obscurité, c'est un indice que cela ne vient pas du bon esprit, mais du démon. C'est ce qui nous est signifié par les traits si repoussants sous lesquels Lucifer nous est dépeint. Si, au contraire, ce mouvement est accompagné de paix et de lumière, c'est un signe que l'esprit est bon et qu'il vient de Dieu ; et c'est encore ce que signifie l'aspect si aimable sous lequel Jésus-Christ se montre.

Seconde règle. L'amour et l'inclination pour les richesses, les honneurs et les plaisirs ne peut venir que du démon. Jésus-Christ, au contraire, nous inspire toujours le mépris des biens passagers de la terre et l'estime des biens éternels, ainsi que des vertus qui nous les font acquérir.

III. Quelque état de vie que vous choisissiez, ou que vous ayez déjà choisi, Jésus-Christ doit toujours être votre guide. C'est à cette fin que Jésus-Christ a voulu mener une vie qui pût servir de modèle à tous. Aussi, remarquons-le bien, il ne s'est pas retiré au désert dans son enfance comme saint Jean, mais il est demeuré dans la maison de ses parents, et y a vécu trente ans dans l'exercice continuel de l'obéissance et de l'humilité. Il a voulu travailler dans un atelier, pour nous apprendre à fuir l'oisiveté. A mesure qu'il avançait en âge, il a donné des preuves toujours plus grandes de sagesse : *Crescebat œtate et gratia,* pour nous enseigner le progrès que nous devons faire dans la piété à mesure que nous croissons en âge. Il ne s'est point astreint à un jeûne perpétuel, ni ne s'est revêtu d'un sac ou d'un cilice ; mais on le voyait vêtu d'un habit modeste et décent, conformément à l'usage du pays. Il loua saint Jean de sa retraite au désert, mais il ne l'y suivit pas. Il exalta et conseilla la virginité, mais il approuva le mariage, et honora une noce de sa présence. En un mot, pendant les trente années de sa vie cachée, il mena un genre de vie que tout le monde peut imiter : douceur dans ses entretiens, modestie dans son extérieur, mais sans affectation, charité universelle à l'égard du prochain.

On voit clairement par là qu'il ne prétendit pas se donner pour modèle aux religieux seulement, mais à tous les chrétiens enrôlés sous ses étendards.

IIIᵉ MÉDITATION.

Après avoir choisi Jésus-Christ pour notre guide et notre capitaine, saint Ignace veut que nous fassions l'anatomie exacte de nos dispositions, afin de voir si elles sont pratiques et efficaces, ou seulement spéculatives et inefficaces. A cet effet, il nous propose trois classes d'hommes et trois degrés d'humilité, comme il les nomme.

Ces trois points feront la matière de cette méditation.

Premier point.

Considérez trois sortes de personnes qui suivent Jésus-Christ. Les uns le suivent par la pensée seulement, pour ainsi dire. Ils connaissent la nécessité, la convenance et tous les moyens qu'ils devraient prendre pour se sauver ; ils admirent et ils louent ceux qui en font usage ; mais eux-mêmes ne se déterminent jamais avec une véritable volonté à les mettre en pratique.

D'autres ont une vraie volonté de suivre Jésus-Christ, mais non pas partout où il les appelle. Je veux dire qu'ils prennent certains moyens, mais non pas tous ceux qu'ils savent être nécessaires pour se sauver.

Ces deux classes d'hommes, dit saint Bernard, suivent Jésus-Christ, mais ne parviennent pas à le joindre : *Sequuntur Christum, sed non assequuntur.*

Enfin, d'autres le suivent résolument, et en toute vérité, et partant embrassent tous les moyens qu'ils croient pouvoir contribuer à leur salut éternel ; et ces derniers suivent et atteignent Jésus-Christ. *Sequuntur Christum, et consequuntur.*

Dans laquelle de ces trois classes te trouves-tu, ô mon âme? N'es-tu pas du nombre de ceux qui vou-

draient, mais qui ne *veulent* pas; ou bien de ceux qui veulent quelque chose, mais qui ne veulent pas tout ce qu'il faut vouloir en effet, pour suivre vraiment Jésus-Christ? Quand on veut monter au sommet d'une tour, suffit-il de franchir le premier degré? Quand on veut arriver à un terme fort éloigné, suffit-il de faire quelques pas? Non, il faut aller jusqu'au bout, quand on veut arriver au but. Si un malade voulait seulement user des médecines les moins rebutantes, mais non pas de celles qui sont absolument nécessaires pour le guérir, témoignerait-il un désir efficace de recouvrer la santé?

Examine avec soin, ô mon âme, quelle est au fond ta volonté. Considère l'état malheureux de ces âmes qui sont toujours irrésolues et qui vacillent entre le oui et le non, qui balancent les raisons de la chair et celles de l'esprit, et qui n'en savent jamais tirer une conclusion pour la réforme totale de leur vie. Celui qui doute volontairement en matière de foi, montre par là qu'il ne croit pas. Par conséquent, si tu demeures en suspens pour savoir si tu prendras, oui ou non, tous les moyens requis pour te sauver, c'est un signe que tu ne veux pas sincèrement les embrasser. Quel bien as-tu fait, quel mal as-tu évité jusqu'ici avec toutes ces velléités? Si tu continues sur le même pied, tu seras toujours la même jusqu'au dernier soupir.

Ah! mon Dieu! quel plaisir ai-je trouvé à me tromper de la sorte jusqu'à présent? Vous me cherchez, et je vous fuis; vous me pressez, et je vous résiste. Je vois qu'en vous résistant, il n'y a point de salut pour moi, et moi, pour étouffer le remords qui me déchire, je cherche à endormir ma conscience par ces inutiles velléités, et je me sers de vos grâces pour m'endormir dans mon péché. *Adjuva me, Domine Deus, in bono proposito et sancto servitio tuo, et da mihi hodie nunc perfecte incipere, quia nihil est quod hactenus egi.*

Seigneur, mon Dieu, aidez-moi dans la bonne résolution que je prends de me dévouer à votre saint service. Accordez-moi de commencer une bonne fois dès ce moment, car je n'ai rien fait jusqu'ici.

Ayez soin de noter ici quelques résolutions spéciales, selon le besoin particulier de votre âme.

Deuxième point.

Considérez les trois degrés par lesquels on se dispose à suivre Jésus-Christ, et que saint Ignace appelle les trois degrés d'humilité.

Le premier consiste à s'humilier et à se soumettre à la volonté divine de telle manière qu'on soit prêt à perdre la vie, plutôt que de se séparer de Jésus-Christ, par un seul péché mortel.

Le second consiste à ne pas vouloir s'éloigner de lui, même par le péché véniel.

Le troisième consiste à se tenir si étroitement uni à lui, qu'ayant en son pouvoir de choisir les richesses ou la pauvreté, l'honneur ou l'humiliation, les aises ou la mortification, sans que notre choix porte préjudice à notre salut, nous préférions plutôt la pauvreté, le mépris et la croix, afin d'imiter et de suivre plus parfaitement Jésus-Christ.

Au quel de ces degrés es-tu parvenue, à l'heure qu'il est, ô mon âme! es-tu bien déterminée, coûte que coûte, à ne jamais commettre un seul péché mortel? Mais pour un Dieu qui est la bonté même, et qui t'a enrichie de tant de grâces, ce serait trop peu de t'arrêter là. Aurais-tu le courage de t'éloigner de lui, en commettant le péché véniel avec advertance? Songe que par là tu t'exposes à voir Dieu s'éloigner de toi; et tu es si pauvre, si misérable, et tu as si besoin que Dieu soit à tes côtés pour t'empêcher de tomber, et de glisser peu à peu dans le précipice! Considère quel est l'aveuglement de ces âmes qui tombent habituellement dans des péchés véniels, pleinement délibérés et volontaires, sans jamais s'en amender. Elles regardent ces fautes comme légères, et pourtant avec quelle sévérité Dieu ne les punit-il pas! Elles croient que ce sont des choses de peu d'importance; et pourtant quelles tristes suites elles entraînent après elles! Un Dieu qui, pour me punir, m'ôte la vie du corps, et me condamne au feu du purgatoire, peut-on supposer que je l'aie offensé légèrement?

Oh! si nous vivions dans une parfaite pureté de cœur! Si je savais éviter jusqu'aux moindres fautes, combien je serais cher à Jésus-Christ, combien je serais près de son cœur! *O si intacta anima viveremus!* C'était le cri de saint Zénon. Je dois arriver à ce second degré, et je le puis, si j'ai une volonté sincère de suivre Jésus-Christ.

Le troisième degré n'est point pour le commun, mais il est d'une haute perfection. Toutefois je puis y aspirer et y tendre; et si Dieu daigne m'y appeler, loin de me déconcerter, je dois mettre ma confiance en lui, et espérer qu'il me donnera la force de répondre à ma vocation. *Non ego, sed gratia Dei mecum.*

Troisième point.

Considérez les avantages dont jouit une âme qui mène cette vie parfaitement innocente, et qui s'applique sincèrement à la perfection. Le premier avantage de cette vie, c'est l'accroissement de nos mérites. Nous méritons par chacune de nos bonnes œuvres. De plus, nous acquérons un titre à une gloire supérieure pour toute l'éternité. Le second avantage, c'est la paix et le repos de la conscience, c'est cette consolation intérieure que l'âme ressent. Si déjà je l'ai éprouvée pendant le peu de jours que je me suis donné à Dieu, combien serai-je plus heureux, si je me laisse posséder entièrement par lui? Le troisième avantage, c'est la confiance et la sécurité dont nous jouissons à la mort, au moment de paraître devant le tribunal de Jésus-Christ. *Cursum consummavi, fidem servavi; in reliquo reposita est mihi corona justitiæ, quam reddet mihi Dominus in illa die, justus Judex.* J'ai consommé ma course, j'ai gardé ma foi ; il ne me reste plus qu'à recevoir la couronne de justice, que le Seigneur, qui est un juste Juge, me rendra au grand jour. Telle était la consolation et la confiance avec lesquelles l'apôtre saint Paul envisageait la mort. C'est là le langage que je pourrai tenir moi-même, si je puis dire à Dieu avec vérité : *Fidem servavi*, j'ai gardé ma foi, je vous ai été fidèle ; et non seulement si je puis dire que j'ai maintenu ma foi, mais que j'ai consommé ma course avec perfection et avec ferveur. *Cursum consummavi, fidem servavi.*

O mon âme, tu te laisses aller à de fausses appréhensions et à des craintes d'enfant, quand tu songes à mener une vie plus retirée, plus spirituelle et plus pieuse. Pour te désabuser une bonne fois, examine avec un peu d'attention ce que suppose une vie de ce genre. Faut-il renoncer à tout commerce avec les hommes ? Non, non, car certains rapports de société sont sans danger, et Dieu les permet. Faut-il renoncer absolument au jeu ? Non, pas absolument, car il y a des jeux modérés, des passe-temps, des délassements honnêtes qui reposent l'esprit, mais sans passionner le cœur, et sans nous jeter dans ces angoisses, ces blasphèmes, ces rages, ces désespoirs trop ordinaires à la passion du jeu. Il faudra sans doute réprimer notre langue, nous interdire certains discours, nous interdire certains regards, pardonner telle injure, contrarier notre humeur, supporter tel mauvais procédé ; il faudra souffrir certains ennuis, vaincre le respect humain, etc. Mais est-ce que tout cela doit durer une éternité ? Non. Est-ce que cela durera toute la vie ? Non encore. Quand on s'est fait de bonnes habitudes, on n'a plus tant de peines, ni tant de difficultés.

Pour le bien qui t'en reviendra, oh! qu'il sera précieux! ne l'as-tu pas déjà éprouvé pendant ces jours, ô mon âme? N'as-tu pas avoué que jamais tu n'avais goûté pareille consolation pendant tout le cours de ta vie? Quelle douceur n'as-tu pas ressentie à t'appliquer à l'oraison, à rester à l'église, à t'entretenir avec Dieu! Une seule goutte de ces consolations intimes ne vaut-elle pas mieux que tous les torrents fangeux des plaisirs du monde? Et si telle est ta consolation pendant la vie, quelle sera ta félicité à la mort et pendant toute la bienheureuse éternité!

Eh bien! choisis maintenant la vie que tu veux mener à l'avenir. Compare la manière dont Dieu et le monde traitent leurs serviteurs; et puis détermine-toi en faveur de celui qui te plaît davantage.

RÉFLEXIONS.

I. Après avoir considéré notre fin, et l'obstacle à notre fin, c'est-à-dire le péché, puis le guide parfait qui doit nous conduire à notre fin, c'est-à-dire Jésus-Christ; après avoir reconnu où en est notre résolution de le suivre, saint Ignace veut que nous en venions au choix de quelques moyens particuliers, qui soient propres à nous établir plus solidement dans le service de Dieu.

Le premier et le principal objet qui tombe sous cette élection, c'est le choix d'un état de vie, quand on n'en a encore embrassé aucun; et ce choix est tellement important, qu'il exige toute notre application, afin de ne pas nous tromper.

Le second objet de cette élection, ce sont les circonstances de l'état de vie que nous avons embrassé. Il s'agit d'examiner si nous devons accepter tel emploi, demeurer dans tel lieu; il s'agit de régler nos dépenses, nos aumônes, et autres choses semblables.

Le troisième objet de cette élection, c'est de déterminer à quel parti il convient de s'arrêter, quand on se trouve dans le doute par rapport à certaines choses, ou bonnes ou indifférentes. Saint Ignace donne deux règles pour bien faire cette élection. L'une regarde le temps, c'est-à-dire qu'on ne doit la faire que lorsque l'esprit est paisible et tranquille, et jamais quand il est inquiet ou troublé par quelque passion ou tentation. L'autre regarde la manière de procéder. Il faut qu'on fasse cette élection avec une entière indifférence, et uniquement pour accomplir la volonté de Dieu, sans aucune autre vue ou intention terrestre.

II. Voici la manière de procéder à cette élection. D'abord il faut se mettre en présence de Dieu, et, après avoir invoqué l'aide du Saint-Esprit et de la très sainte Vierge, peser les raisons pour et contre, afin d'embrasser ou de rejeter le projet qu'on a en vue. Il faut examiner avec soin, au flambeau divin de la foi et avec le secours de la saine raison, les inconvénients et les avantages qui se rencontrent plus ou moins dans le genre de vie sur lequel on délibère, par exemple dans tel office, dans tel emploi, dans telle entreprise. En même temps on doit rapporter toutes choses à l'unique fin pour laquelle nous sommes créés, c'est-à-dire à la gloire de Dieu et au salut de notre âme.

III. Enfin le Saint assigne trois autres règles pour bien faire cette élection.

Voici la première. Quel conseil donnerions-nous sur le sujet en question, à un ami bien-aimé dont nous désirons vivement le bien?

Seconde règle. Quel choix voudrions-nous avoir fait, au moment de la mort?

Troisième. Quel choix nous inspirera plus de sécurité au tribunal de Jésus-Christ, et nous préservera le mieux de tout reproche et de tout châtiment?

Après nous être déterminés selon cette méthode, le Saint nous avertit encore de ne nous engager par aucun vœu, mais de consulter sur le tout notre père spirituel, pour nous en tenir à son avis, et pour ne plus songer à revenir sur le parti pris, surtout quand il surviendra quelques désolations, quelques inquiétudes, quelques tentations ; car, dans ces circonstances, une certaine obscurité nous empêche de bien discerner les choses. Toutefois si, pendant que nous jouissons de la sérénité de l'esprit et de la paix du cœur, il survenait quelques circonstances de nature à exiger une nouvelle délibération, ce serait le cas d'y appliquer les règles tracées ci-dessus, ou pour confirmer, ou pour modifier le parti qu'on aurait déjà pris.

VIe JOUR.

MÉDITATIONS

SUR LA PASSION ET LA MORT DE JÉSUS-CHRIST.

C'est avec raison que la sainte Église a nommé le livre des Exercices de saint Ignace un livre admirable, *admirabilem illum exercitiorum Librum*. Il est admirable, en effet, surtout à cause de la suite et de l'enchaînement qui existent entre les méditations. Elles conduisent l'âme, d'une manière pleine de suavité, dans les trois voies de la vie spirituelle, qui sont la voie purgative, la voie illuminative, et la voie unitive.

Voici donc que nous nous sommes déterminés à mener une vie plus chrétienne et plus spirituelle. Or, nous ne pouvons mener cette vie, sans rencontrer toutes sortes de tentations et de difficultés. Que fait donc notre Saint? Il propose à nos méditations la passion de notre divin Rédempteur, afin qu'elle nous serve de modèle, qu'elle nous inspire de la générosité et qu'elle nous assure la victoire dans les divers combats que nos ennemis ne manqueront pas de nous livrer. Les exemples de Jésus-Christ sont très propres à nous inspirer de la confiance et du courage, surtout, si nous considérons que nous pouvons toujours compter sur sa protection et son assistance.

Nos ennemis ont coutume de nous attaquer surtout de deux manières : quelquefois ils font pour ainsi dire le siège de la place, et quelquefois ils tâchent de la prendre d'assaut. Les méditations sur la Passion sont un puissant et efficace préservatif contre tous les genres d'attaque.

Les tentations par lesquelles nous sommes comme assiégés, sont les tentations intérieures d'ennui, de crainte et de tristesse. C'est contre elles que Jésus-Christ commence sa campagne. En effet, au jardin des Olives, il commence à éprouver de l'effroi, de l'ennui et de la tristésse : *Cœpit pavere, tœdere et contristari.* Sa conduite nous apprend quelle est la manière de les surmonter.

Les tentations par lesquelles l'ennemi tâche de nous prendre d'assaut, sont les tentations extérieures, telles que les adversités, les persécutions, et les autres dis·grâces, la perte de la réputation, de la fortune, des agréments de la vie, des amis, de la santé, et de la vie même. Jésus-Christ a soutenu le combat contre toutes ces tentations, pendant tout le cours de sa Passion. Il a été calomnié, vilipendé, outragé, flagellé, crucifié; mais toujours ferme et constant dans le dessein qu'il avait entrepris de racheter le monde, et de nous laisser les exemples les plus admirables des vertus les plus héroïques.

Faisons donc ces méditations avec toute l'application dont nous sommes capables. Nous en proposons cinq, mais d'une manière brève et succincte. On emploiera une demi-heure au moins à réfléchir sur chacune. En faisant ces méditations, ayons sous les yeux notre crucifix. Nous les terminerons par un pieux colloque avec Jésus crucifié, et par la prière : *Anima Christi, etc.*, qui se trouve à la fin de la cinquième méditation.

Ire MÉDITATION.

DE LA PRIÈRE DE JÉSUS-CHRIST AU JARDIN DES OLIVES.

Représentez-vous un jardin solitaire, où il y a beaucoup d'arbres, et Jésus-Christ au milieu de ce jardin, dans le profond silence de la nuit, tantôt agenouillé, tantôt prosterné la face contre terre, tantôt ayant les bras élevés vers le ciel. Demandez au Seigneur qu'il vous accorde la grâce de faire oraison avec lui. Imaginez-vous qu'il vous dit : Veillez et priez. *Vigilate et orate.* Protestez-lui que vous ne vous abandonnerez pas au sommeil comme ont fait les apôtres.

Premier point.

Jésus-Christ n'était coupable d'aucune faute personnelle ; il était même impeccable de sa nature. Considérez comment cependant il prend sur lui les péchés de tous les hommes.

Vois, ô mon âme, toutes les iniquités que tu as commises. Elles pèsent en ce moment sur les épaules de Jésus-Christ. De quelle charge elles l'accablent? *Supra dorsum meum fabricaverunt peccatores.* Oh ! quelle montagne de malice tu as élevée toi seule, ô mon âme, sur les épaules de Jésus-Christ ! O le très doux médecin de mon âme, quel nouvel expédient votre amour a imaginé pour me guérir ! Vous avez voulu

assumer sur vous-même toutes mes infirmités, et
boire le calice amer de votre passion, afin de me
rendre la santé! Combien je vous suis obligé pour une
charité si excessive!

Jésus s'étant ainsi chargé du poids énorme de tes
crimes, considère comment il commence à en faire
pénitence. *Cœpit pavere.* Il éprouva d'abord une vive
frayeur. Le cœur de Jésus était d'une magnanimité à
toute épreuve, et jusque-là il avait été comme inaccessible à la crainte. Mais se voyant couvert de tes
iniquités, il tremble des pieds à la tête, tant il est
saisi d'effroi. Et toi, mon âme, comment as-tu été
assez audacieuse pour commettre ces fautes, peut-être
même pour t'en vanter en présence des hommes, pour
les confesser avec le sourire sur les lèvres, et pour les
regarder comme des bagatelles, tandis qu'elles font
frémir et suer de crainte celui qui est la colonne
du ciel?

Apprends de cette crainte de Jésus-Christ, que
parmi tout ce qu'il y a de plus affreux ici-bas, rien ne
doit te faire trembler autant que le péché.

Mais Jésus-Christ ne fut pas seulement saisi de
crainte; une profonde tristesse s'empara de son âme;
à l'effroi succéda une tristesse indicible et une douleur
sans égale à cause des offenses commises envers son
Père Eternel. Et ici, considère que Jésus-Christ avait
une connaissance parfaite de la dignité, de la majesté
et de la grandeur de son Père; il savait qu'il était
infiniment digne de l'amour, de l'obéissance et des
hommages de toutes les créatures. D'autre part, il
appréciait à sa valeur la bassesse et l'indignité du
pécheur, l'outrage et le mépris que fait à Dieu une
créature qui l'offense. Il pénétrait avec une intelligence
infinie ces deux termes : Dieu et le péché. Dieu, le
souverain bien, la souveraine beauté, la souveraine
sagesse, la souveraine majesté, outragée avec tant
d'impudence par une vile créature! Aussi fallut-il un

grand miracle pour que le cœur de Jésus n'éclatât point de douleur. Il est certain que cette douleur le plongea dans une agonie cruelle, et faillit le faire expirer : Mon âme, dit-il lui-même, est triste à mourir. *Tristis est anima mea usque ad mortem.*

Quelles larmes as-tu versées jusqu'à présent sur tes péchés ? Quelle douleur en as-tu ? Hélas ! une douleur parfois si fugitive, qu'elle disparaît dès le lendemain ; si faible, qu'elle n'a pas encore eu la force de te détacher des occasions dangereuses ; si superficielle, que tout se borne à un léger battement de cœur. La douleur que le Fils de Dieu conçoit du péché le jette en agonie, parce qu'il connaît la laideur de ce monstre ; et toi, ô mon âme, quand parviendras-tu à pouvoir dire avec le Psalmiste : Je connais la grandeur de mon péché. *Peccatum meum ego cognosco.*

Deuxième point.

Il ne suffit pas pour Jésus-Christ d'avoir conçu une douleur intérieure et très vive des péchés des hommes ; considère, comment, afin de les expier, il accepte la plus douloureuse de toutes les pénitences, c'est-à-dire le calice si amer de la passion, que le Père Eternel lui présente à boire.

Vois, ô mon âme, cet horrible appareil d'outrages, de tourments et de souffrances qui s'offre aux regards de Jésus-Christ ; les soufflets, les crachats, les mauvais traitements de toute nature qui pleuvront sur sa personne adorable, sans en rien épargner ; sa bouche enflammée par la soif, sa langue détrempée de fiel, son front percé d'épines, ses mains et ses pieds transpercés de clous, ses bras chargés de chaînes, son corps, tantôt foulé aux pieds, tantôt déchiré par les verges, tantôt affublé d'un vêtement dérisoire ; enfin sa personne sacrée devenue l'opprobre et le jouet d'une vile populace.

Et moi qui suis le vrai coupable, moi qui suis obligé d'avouer : *Mea culpa, mea maxima culpa*, que c'est par ma faute et par ma très grande faute, que Jésus a souffert ; quelle pénitence ai-je faite, quelle pénitence est-ce que je fais, quelle pénitence est-ce que je ferai pour tant d'iniquités que j'ai commises ?

Troisième point.

Considère, ô mon âme, comment à la perspective de tourments si excessifs, Jésus-Christ sent redoubler dans la partie inférieure de son âme la tristesse et l'ennui. Le bon Sauveur veut expérimenter dans sa personne des sentiments si pénibles, afin d'encourager notre faiblesse par son exemple, et de nous apprendre à souffrir les ennuis et les répugnances qui se recontrent dans la vie spirituelle. Voilà les ennemis qui ont coutume d'obséder l'homme de bien : il éprouve de l'ennui dans l'oraison ; il éprouve de la répugnance à veiller sur ses sens, à s'assujettir à une vie régulière, à vaincre ses passions. Cette vie lui paraît quelquefois si sombre et si triste qu'il lui en vient comme une sueur mortelle.

Mais jamais il ne rencontrera autant de difficultés, jamais il ne devra traverser une mer de tourments, comme Jésus-Christ. Il ne sera point vendu comme un esclave, ni traîné devant les tribunaux comme un criminel, ni bafoué par les rues d'une ville comme un insensé, ni attaché à une croix comme un voleur; autant de tourments que Jésus-Christ a bien voulu souffrir pour son amour. A quoi donc se réduiront ces épreuves ? A souffrir quelques légères incommodités ou quelque contradiction ; à dissimuler une parole ou une raillerie légère; à mortifier un désir ; toutes choses qui ne valent pas la peine qu'on les craigne, d'autant plus qu'elles sont souvent beaucoup moins pénibles dans la réalité que dans l'imagination.

Ecoute, écoute donc, ô mon âme, le sang de Jésus-Christ agonisant ; il élève la voix pour te dire : Vois comment ton Sauveur a surmonté les plus grandes difficultés par amour pour toi. Vois comment il a dévoré d'innombrables souffrances, l'ennui, la tristesse, l'agonie. Et toi, âme chrétienne, tu ne t'animerais pas à souffrir pour mon service et pour ton bien, de vraies bagatelles qui n'ont de douloureux que la simple apparence ?

Le paresseux dit : Il y a un lion sur le chemin. *Dicit piger : Leo est in via.* Mais qui donc a jamais rencontré le lion au milieu de la ville ? Voilà les frayeurs que l'imagination nous cause bien souvent, pour nous faire abandonner nos bonnes résolutions. Mais les sectateurs du monde n'ont-ils donc jamais, eux aussi, des amertumes à dévorer ? Oui, ils le confessent hautement : Nous avons marché par des chemins difficiles, et nous nous sommes lassés dans la voie de l'iniquité. *Ambulavimus per vias difficiles, et lassati sumus in via iniquitatis.* Et tu voudrais plûtôt souffrir et souffrir cruellement pour l'amour du démon, que souffrir, et souffrir peu de chose pour l'amour de Dieu !

Jésus est submergé dans une mer de tristesse. Vois cependant comment, à l'approche de Judas et des soldats qui s'avançaient pour le saisir, il ne prend point la fuite, il ne se cache pas, mais va généreusement à leur rencontre ; il réveille même ses apôtres endormis, en leur disant : Levez-vous, marchons, car celui qui doit me trahir est près d'ici. *Surgite, eamus, ecce appropinquat qui me tradet.*

Voilà la manière de surmonter les ennuis et les répugnances : ne point céder, ne point s'abandonner à la tristesse, ne point se désister de ce qu'on a commencé, mais s'encourager, persévérer, tenir tête à la difficulté.

Considère en outre comment Jésus-Christ, accablé d'ennui et de douleur, loin de quitter l'oraison la pro-

longe avec d'autant plus de ferveur : *Prolixius orabat.*
Et toi donc, âme fidèle, lève-toi, et arme-toi de générosité pour surmonter toutes les tristesses de la vie
spirituelle. Demandé pardon au Seigneur d'avoir si
souvent cédé, en abandonnant ou l'oraison ou les
autres exercices de piété, ou en négligeant par paresse,
par découragement, de surmonter le dégoût et l'ennui,
qui sont la peste de la vie spirituelle. La voix du sang
de Jésus-Christ s'élève de la terre et te crie : Lève-toi,
en avant.

Adressez un colloque à Jésus en prières, et terminez
par le *Pater*.

RÉFLEXIONS.

Celui qui se laisse dominer par l'esprit d'ennui, par
la paresse, la tristesse, la somnolence dans les choses
spirituelles, risque d'être entraîné à de graves excès,
quelque robuste que soit sa vertu. Les apôtres se mon-
trèrent d'abord pleins de courage. Ils venaient de recevoir la nourriture des forts dans la dernière cène;
mais au lieu de prier avec Jésus au jardin, ils s'y en-
dormirent, et voilà pourquoi ils abandonnèrent tous si
lâchement le divin Maître. *Omnes, relicto eo, fugerunt.*
La paresse est un vice capital qui a les plus funestes
conséquences. De plus, l'expérience nous apprend que
quand on néglige un jour son oraison par ennui,
l'ennui grandit le lendemain. Si par tiédeur, vous
négligez de faire vos dévotions tel jour de fête, il
vous sera beaucoup plus difficile de les faire la fois
suivante. La paresse, dit saint Jérôme, est une décré-
pitude qui va toujours en augmentant; c'est une
phthisie qui consume lentement toutes les forces
spirituelles. Gardez-vous-en donc bien, et dans les
occasions, allez, à l'exemple de sainte Thérèse, re-
joindre Jésus-Christ dans le jardin des Olives, et ce
bon Sauveur vous animera et vous encouragera par
son exemple.

IIᵉ MÉDITATION.

JÉSUS DEVANT LES DIVERS TRIBUNAUX.

Représentez-vous Jésus Christ qui, comme un agneau innocent, se laisse garrotter et saisir par les soldats. On le conduit par les rues de Jérusalem, suivi d'un grand concours de peuple, et on le fait passer de tribunal en tribunal. Il reçoit ici des soufflets, là des insultes; ailleurs il est regardé et traité comme un insensé.

Dans cette méditation, demandez un courage supérieur à tous les jugements et à toutes les railleries du monde.

Premier point.

Considérez quelle honte ce fut pour Jésus-Christ de montrer sa face divine, tantôt devant un Juge, tantôt devant un autre, et de ne rencontrer partout que des juges iniques et passionnés qui entendent avec transport les accusations les plus fausses dont on charge Jésus, et qui se réjouissent de le voir traiter de malfaiteur public. *Si non esset hic malefactor, non tibi tradidissemus eum.* Ecoutez tout particulièrement les calomnies dont on l'accable : C'est un blasphémateur, un séducteur du peuple, un ambitieux qui prétend passer pour roi et pour Dieu, qui opère à cet effet de faux miracles, qui entraîne à sa suite un peuple toujours avide de nouveautés. Voilà ce qui se disait en face de Jésus, et voilà ce qui circulait à son sujet parmi tout ce peuple qui lui était si favorable, hier encore, parmi ce peuple qui l'avait suivi au désert, au nombre de plus de cinq mille, qui avait été rassasié d'une manière miraculeuse, et qui était venu à sa rencontre avec des palmes à la main, en criant : Béni soit celui qui vient au nom du Seigneur : *Benedictus qui venit in nomine Domini.*

Considérez combien il eût été facile à Notre-Seigneur de fermer la bouche à tous ses accusateurs. Les paroles ne lui faisaient pas défaut ; il possédait une éloquence merveilleuse et plus qu'humaine. Il avait sous la main tous les miracles utiles pour confirmer sa doctrine ; il pouvait d'autant mieux les convaincre de mensonge, que leurs témoignages ne s'accordaient pas entre eux ; il pouvait retourner les accusations contre les accusateurs même, en révélant leurs méfaits cachés. Mais Jésus laisse tout dire, il se laisse accuser, écoute et se tait.

Voilà, ô mon âme, le cas que Jésus-Christ fait des dires du monde ; il ne daigne pas même y faire la moindre réponse ; de telle sorte que Pilate en fut dans l'étonnement : *Ita ut præses miraretur vehementer.* Et non seulement il s'en étonna, mais il fit des instances au Sauveur, pour l'engager à répliquer : Ne répondez-vous rien aux témoignages qu'on allègue contre vous ? *Nihil respondes ad ea quæ isti adversus te testificantur ?*

Quand est-ce donc que j'aurai le courage de laisser dire le monde, sans me laisser ébranler par ses discours dans la voie de la vertu ? Ah ! qu'on me permette de m'exprimer ainsi : une bonne paire d'oreilles chrétiennes suffit pour fatiguer cent langues médisantes.

Et puis, quels sont ces gens qui pérorent pour discréditer la vie chrétienne ? Sont-ce les personnes les plus dignes de foi et les plus respectables par leur maturité ? Non ; mais quand on entend des discours de cette sorte, ils viennent de personnes vicieuses qui ont fort peu de sens et de raisonnement. Ces personnes ou bien se convertiront un jour et changeront de langage, louant ce qu'elles ont blasphémé, ou bien elles-mêmes se proclameront insensées pendant toute l'éternité. *Nos insensati ! vitam illorum æstimabamus*

insaniam, ecce quomodo computati sunt inter filios Dei.
Insensés que nous étions! diront ces hommes; nous
regardions la vie des gens de bien comme une folie.
Et voilà qu'ils sont rangés parmi les enfants de Dieu!

Après tout, que pourront-ils dire? Que vous êtes
scrupuleux, mélancolique, que vous voulez faire du
dévot. Ne voilà-t-il pas un énorme blasphème, dit
ironiquement Tertullien : *Grandis blasphemia.* Oh! la
mortelle injure! ne vaut-il pas mieux qu'ils vous
traitent de dévot plutôt que de vous nommer un
matérialiste, un animal, comme tant d'autres sont
traités, à cause de leurs vices?

Deuxième point.

Considère, ô mon âme, le jugement inique qu'Hérode prononça sur la doctrine de Jésus-Christ. Ce
prince était très curieux de voir Jésus-Christ, à cause
des grandes merveilles qu'on en racontait, il espérait
l'engager à faire quelques miracles devant lui. Toute
sa cour était dans l'attente de quelque beau discours,
de quelque éloquente apologie, que Jésus-Christ ne
pouvait manquer de faire, du moins à leur avis. Elle
comptait qu'il lui donnerait le spectacle de quelque
surprenant prodige. Mais Jésus-Christ, amené devant
Hérode, ne fait aucun miracle, et ne dit pas le moindre
mot. Hérode et ses officiers se regardent les uns les
autres et se disent : Voyez quel fou, quel homme
stupide, quel insensé! Hérode était disposé à protéger
le Sauveur, mais le Sauveur ne se soucia pas de sa
bienveillance et de sa protection; nouvelle raison qui
le fit prendre par Hérode pour un homme vraiment
insensé. Toute la cour le jugea tel; et on le fit passer
pour tel aux yeux du peuple, en le revêtant d'une robe
blanche : *Et illusit indutum veste alba.*

Quel jugement plus faux y eut-il jamais au monde?
Cet homme qui, dès l'âge de douze ans, laissa percer

une sagesse si éminente en présence des plus sages
docteurs de la Judée, cet homme dont la voix publique
avait dit que jamais personne n'avait parlé comme
lui : *Nunquam sic locutus est homo ;* cet esprit si sage,
cette ineffable sagesse qui donne devant ses juges
même des preuves d'une prudence surhumaine ; cet
Homme-Dieu passe pour un insensé ! Et Jésus-Christ
se laisse juger et estimer comme tel, et il refuse de
se faire connaître pour ce qu'il est, et interrogé en
présence d'Hérode, il ne répond pas un mot aux
nombreuses questions qu'on lui fait : *Interrogatus*
multis sermonibus, nihil illi respondebat !

Il n'y a qu'un moyen de réfuter le monde, c'est de
mépriser ses jugements et ses vains discours. Pardon-
nez-vous une injure ? On jugera que vous le faites par
crainte et par impuissance. Etes-vous modeste dans
vos paroles ? On jugera que vous êtes incapable d'entretenir une conversation. Vous adonnez-vous à la
piété ? On estimera que vous n'avez pas assez d'esprit
pour vivre dans le monde. Mais laissez juger les
hommes, et moquez-vous de leurs jugements, vous
souvenant qu'il n'y a que Dieu qui peut vous condamner au feu éternel, et que lui seul est le véritable
scrutateur des consciences. *Qui judicat me Dominus est.*

Ah ! mon Dieu, que de fois la crainte des jugements humains m'a détourné du service et de la fidélité que je vous dois ! Arrière donc cette mauvaise
honte, s'écrie saint Augustin, armons-nous d'une
sainte impudence. *Discedat ergo mala verecundia, et*
accedat salubris impudentia.

Troisième point.

Considère, ô mon âme, les deux plus insignes
outrages que Jésus-Christ eut à supporter dans la
maison du pontife. Un serviteur d'une maison abjecte,
qui remplissait un des plus bas offices, ayant compris

à rebours une parole dite avec infiniment de modestie par Jésus-Christ, commence par le traiter comme un homme sans éducation : Est-ce ainsi, lui dit-il brutalement, que tu réponds au pontife? *Sic respondes pontifici?* Tu ignores donc les procédés de la politesse? Puis levant la main sur cette figure auguste et vénérable, il lui donne en public un terrible soufflet, et se met à rire !

O mon âme, lève les yeux, et vois sur les joues du Sauveur cette flétrissure si indigne de sa majesté royale et divine. Comment, moi, qui suis à la fois si misérable et si orgueilleux, souffrirai-je que la colère me monte au front et que je sois si susceptible, lorsqu'on blesse tant soit peu mon honneur?

As-tu jamais mis aux pieds de Jésus-Christ quelque victoire remportée sur toi-même en ce point, en souffrant pour lui quelqu'injure, ou en renonçant pour son amour à la vengeance? Compare la dignité de Jésus-Christ avec ta misère; compare les graves offenses qu'il a souffertes avec les légères injures dont tu es l'objet; compare son héroïque patience avec tes ressentiments et ta colère; et que cette comparaison t'humilie et te confonde.

Il y a un outrage plus sanglant que d'être soufflété au visage, c'est que l'on vous crache à la face. La face est la partie la plus noble et la plus distinguée de l'homme, et l'on ne se-débarrasse des crachats que dans les lieux les plus immondes; on a même soin de les couvrir de terre pour qu'ils ne blessent les yeux de personne. Qu'est-ce donc que de lancer à la face d'un Dieu ce qu'on ne souffre même pas à ses pieds? Qu'est-ce de voir cette face si auguste et si vénérable, ces yeux si modestes, ce front si imposant, devenu le but des plus affreuses immondices, et traité comme un cloaque infect? quel abîme d'ignominie !

O mon Seigneur, ô Dieu de majesté, si vilipendé pour l'amour de moi, et si calme au milieu de tant d'humiliations, que vous ne dites pas le moindre mot, ni ne faites le moindre geste qui marque la plus légère altération ; ô vous, Dieu de la grâce, vous serez traîné de tribunal en tribunal, comme le dernier des malfaiteurs ; vous serez couvert de crachats, comme le plus vil objet du monde, vous serez meurtri à coups de poing, à coups de pied, bousculé, souffleté, nonseulement en vue de vous tourmenter, mais encore de vous outrager ; on vous accablera de mauvais traitements, et une vile soldatesque insultera à vos douleurs ! Et moi, indigne créature, qui ne suis que néant devant votre divine majesté, moi, misérable esclave du péché, qui ai été racheté tant de fois par pure miséricorde, je sais, à n'en pouvoir douter, que tous ces indignes traitements me sont dus ; et cependant j'oserai encore me livrer à l'orgueil ? j'oserai ambitionner les honneurs, les dignités, les distinctions ? j'oserai persécuter jusqu'à la fin de ma vie, quiconque m'aura blessé, même légèrement, dans mon honneur ? je graverai sur le marbre jusqu'aux moindres injures qu'on me fait ?

Représente-toi, ô mon âme, la face divine de Jésus-Christ, livide de soufflets, et souillée par des crachats ; et si tu en as le courage, continue de t'abandonner à l'orgueil, et au ressentiment !

Faites un colloque avec Jésus-Christ qui s'est montré si magnanime à souffrir les mépris et les jugements du monde, si humble au milieu des plus insignes traitements, et terminez par un *Pater*.

RÉFLEXIONS.

Un saint religieux, méditant sur ce sujet, en demeura tout saisi d'étonnement. Il demandait au Seigneur, comment il avait pu garder le silence parmi tant de calomnies et d'affronts. Jésus-Christ lui répondit du haut de sa croix, que, dès sa naissance, il avait pris sur lui le fardeau de nos iniquités, et que se considérant lui-même comme pécheur, il s'était tu. Il ajouta que toujours il avait eu devant les yeux que c'était son Père qui lui présentait le calice de sa passion. C'est ainsi qu'il se soumit à tout, parce que telle était la volonté de son Père éternel.

Jésus-Christ lui enseigna donc et à nous en même temps, les deux motifs qui doivent nous engager à endurer toutes sortes d'affronts. Ces deux motifs sont nos péchés, et la volonté de Dieu. Joignons-y l'exemple de Jésus-Christ, et à chaque injure qu'on nous fait, répétons ce que disait souvent saint Jérôme : *Et Judæi Dominum meum*. Les juifs en ont fait bien plus à mon divin Maître. Que notre orgueil cesse donc désormais de se plaindre, en disant que nous sommes innocents. Jésus-Christ était-il donc coupable? Ne disons pas, non plus, que ce sont des inférieurs qui nous traitent si mal. Est-ce que les juges de Jésus-Christ l'étaient moins à son égard? Ne prétextons pas qu'il y va de notre réputation. Celle de Jésus-Christ, du Fils de Dieu, du Fils unique du Père était-elle d'une moindre valeur?

Oh! que notre langue reste donc clouée une bonne fois et pour toujours aux pieds du divin Crucifié, souvenons-nous de cette belle parole d'Eutime : Jésus crucifié est la solution de toutes les difficultés. *Christus crucifixus, solutio omnium difficultatum.*

IIIᵉ MÉDITATION.

DE LA FLAGELLATION ET DU COURONNEMENT D'ÉPINES.

Représentons-nous ce spectacle de douleur. Demandons un vrai repentir de nos péchés, une tendre compassion pour Jésus, et la grâce de l'imiter.

Premier point.

Représentez-vous vivement l'innocent Agneau dépouillé de ses vêtements et sur le point d'être flagellé. Quelle confusion pour lui de paraître nu sous les yeux de ses indignes bourreaux ! Avec quel amour il offre au Père éternel le sanglant supplice qu'il est près d'endurer !

On commence par lui attacher les mains à une colonne peu élevée, pour que son corps soit plus accessible aux coups. Ecoute, ô mon âme, le sifflement des fouets. Sa chair très sainte devient bientôt livide ; son sang divin coule déjà de tous ses membres ; ses os sont mis à nu ; on lui fait plaie sur plaie, et Jésus n'ouvre pas la bouche, il souffre et se tait.

Tirons de là diverses affections : premièrement, de compassion, en voyant ce corps si délicat, livré à la merci de bourreaux sans pitié, et sillonné par les fouets des pieds à la tête. Secondement, d'admiration, en voyant le Fils de Dieu traité comme un esclave. Troisièmement, de détestation de nos fautes qui sont châtiées d'une manière si atroce dans la personne de Jésus-Christ ; car chacun de nous peut dire en vérité que cette tempête s'est déchaînée sur le Sauveur, à cause de nos péchés : *Per me hæc tempestas venit.*

Tout meurtri et ensanglanté, Jésus est détaché de cette colonne basse, et lié à une colonne plus élevée qui soutenait le portique du prétoire, pour être flagellé dans la partie antérieure du corps. Quelle douleur ce fut pour lui de s'approcher et d'être serré à un marbre froid et grossier, ayant les épaules et les bras tout déchirés !

Considère ici, ô mon âme, que les premiers bourreaux étant fatigués, d'autres leur succédèrent, armés de nouveaux instruments. Renouvelle tes sentiments de compassion, d'étonnement, de componction. Oh !

que ne puis-je répandre autant de larmes que Jésus a
répandu de gouttes de sang pour mes péchés ! Eclate
en transports de reconnaissance pour Celui qui a voulu
payer si chèrement tes énormes dettes. Récompense
par ton amour Celui qui t'a aimé plus que sa chair et
plus que son sang précieux. Excite-toi à une vive confiance ; car s'il a tant fait pour te sauver, il ne te
refusera pas sa grâce pour te conduire à bonne fin.
Confonds-toi d'avoir jusqu'ici si peu fait et si peu
souffert pour l'amour de Celui qui a tant fait pour
toi. Dis-lui, toi aussi : Me voici disposé à toutes les
disgrâces : *Ecce ego in flagella paratus sum*. Seigneur,
me voici prêt à supporter tout ce qu'il plaira à votre
divine majesté de m'imposer, mortifications, peines,
infirmités, maladies même prolongées ; tout cela sera
au-dessous de ce que je mérite et de ce que Jésus-
Christ a souffert pour moi.

Deuxième point.

Jésus détaché de la colonne, affaibli par le sang
qu'il avait perdu et par les souffrances de la nuit pré-
cédente, tombe dans une mare formée de son sang
au pied de la colonne, et personne ne lui tend la main
pour le relever ; il va, en rampant, chercher ses vêtements que les soldats avaient jetés à leurs pieds. A
peine s'était-il recouvert qu'il vint à la pensée de
ces bourreaux inhumains, qu'il avait tenté de se faire
roi ; et à cette pensée, ils conçoivent aussitôt le projet
d'en faire un roi de théâtre et de douleurs.

Ils le dépouillent donc de nouveau, renouvelant
ainsi tout à la fois sa confusion et ses souffrances ; ils
lui jettent sur les épaules un vieux pan d'écarlate ; le
font asseoir sur un escabeau, réunissent autour de lui
toute la garde, et lui posent sur la tête une couronne
dérisoire.

Aurais-tu le courage, ô mon âme, de souffrir une

ironie si sanglante, et de te voir, au milieu d'une
assemblée, avec une couronne de mépris sur la tête,
un morceau de pourpre sur les épaules, pour être
ensuite la fable et le jouet des assistants? Jésus n'exige
pas autant de toi. Auras-tu du moins le courage de
souffrir avec générosité, pour l'amour de Jésus-Christ,
les railleries qu'on pourra faire de ta piété? Tu seras
modeste dans le lieu saint, tu t'éloigneras des objets
dangereux, et on se moquera de toi. Tu fréquenteras
les sacrements, et on te décochera quelques traits
railleurs. Sois courageuse pour supporter tout cela, à
l'exemple et pour l'amour de Jésus tourné en dérision.

Mais Jésus ne fut pas seulement couronné par mépris; son couronnement lui valut d'horribles souffrances. Sa couronne, faite de joncs marins, était
armée d'épines très aiguës et très dures; et ce n'était
pas un simple cercle, mais une sorte de réseau qui
embrassait toute la tête.

Vois son sang qui découle du front, des yeux, des
cheveux et de toute la face. Remarque ces trois épines
qui de la partie supérieure du crâne, pénètrent dans
l'intérieur et sortent par le front! Le moindre mal
de tête est presque insupportable; comment Jésus
souffrira-t-il tant de piqûres dans une partie si sensible?

Il a souffert ce tourment affreux, spécialement en
expiation de tant de pensées inutiles, orgueilleuses,
criminelles, auxquelles tu t'es arrêtée volontairement.
Vois combien Jésus a payé cher cette complaisance
d'un instant pour une imagination ou une pensée
coupable. Déteste cordialement cette sorte de péché,
et propose-toi à l'avenir de chasser sans retard, et dès
la première vue, ces voleurs de la grâce de Dieu.

Troisième point.

L'état de Jésus-Christ était si pitoyable que Pilate,
qui désirait le délivrer des mains des Juifs, crut qu'il

suffirait de le montrer au peuple pour exciter sa compassion et l'apaiser.

Et vous aussi, âme fidèle, contemplez votre Jésus, exposé sur un balcon à la vue du public; il est couvert d'un haillon de pourpre, il a les mains liées sur la poitrine, un roseau entre les mains, pour signifier sa prétendue royauté; le sang dégoutte de tous ses membres; sa face est couverte de crachats et meurtrie par les soufflets; ses cheveux et sa barbe sont noués par un sang caillé. Voyez et entendez Pilate qui dit au peuple : *Ecce Rex vester*. Voici votre Roi. Demandez avec amour à ce roi de douleur, s'il est véritablement roi : *Ergo rex es tu?* Et il vous répondra que son royaume n'est pas de ce monde : *Regnum meum non est de hoc mundo*. Ma gloire, ma joie et mon bonheur ne sont pas sur la terre.

Et toi, ô mon âme, qui n'aimes que la gloire de ce monde, que les plaisirs et les richesses de ce monde, et qui ne penses qu'à t'établir dans ce pauvre monde, n'es-tu pas convaincue évidemment que tu n'appartiens pas à Jésus-Christ, mais à Lucifer qui s'appelle le prince de ce monde? Et quand les joies si courtes de ce monde auront pris fin pour toi, quel sera ton sort dans l'interminable éternité?

Demande une seconde fois à Jésus-Christ, s'il est véritablement roi. Oui, je le suis, te répondra-t-il. Vois maintenant si tu veux répliquer avec les Juifs : Nous n'avons pas d'autre roi que César : *Non habemus regem, nisi Cæsarem*. Je ne connais d'autre roi que le monde, que mon corps, que ma liberté. Et quand tu seras parvenue à la fin de cette vie si fugitive, tu iras alors demander ta récompense au monde qui déjà t'aura abandonnée, ou bien à ce corps qui pourrira dans le tombeau, ou enfin au démon qui sera ton accusateur, et puis ton bourreau dans l'enfer.

Ah! mon Dieu! c'est vous qui êtes mon roi et mon maître; et votre royaume, Seigneur, durera pendant tous les siècles : *Tu es rex meus et Deus meus, regnum tuum, regnum omnium sœculorum.* Je ne veux d'autre roi que mon Jésus ; bien qu'il soit l'homme de douleur, je ne veux d'autre roi que lui.

S'il en est ainsi, prenez la résolution de pratiquer envers Jésus les devoirs dont de fidèles sujets s'acquittent envers leur prince. Premièrement, soyez-lui fidèle, quand même il serait abandonné et méprisé par les autres. Secondement, obéissez à sa voix et à ses commandements, et ne vous laissez pas gouverner par les lois du monde et de la chair. Troisièmement, honorez-le, en vous faisant gloire de porter sa livrée, et en ne craignant pas de vous montrer son disciple dans vos paroles, dans votre conduite, et dans toutes vos actions.

Ah ! mon roi, jusqu'ici je n'ai rien fait pour vous, qui ait la moindre valeur. Je me suis toujours contenté d'une chétive médiocrité. J'ai cherché à allier Dieu et le monde, la chair et l'esprit. Mais maintenant je suis résolu de faire de grandes choses pour votre amour. Si les Juifs cruels vous crient : Qu'il soit crucifié, qu'il soit crucifié ! *Crucifigatur, crucifigatur !* pour moi, ô mon souverain Maître, je dirai : Que ma chair soit crucifiée, que mon amour-propre soit crucifié ! Et toi, ô mon âme, qui es la plus noble partie et la maîtresse de mon être : prends l'amour-propre et crucifie-le, *tolle, tolle, crucifige eum ;* attache à la croix tes sens rebelles, car ceux qui sont à Jésus-Christ, doivent crucifier leur chair avec ses vices et ses convoitises. *Qui sunt Christi, carnem suam crucifixerunt cum vitiis et concupiscenciis suis.*

On terminera ce colloque par le *Pater.*

RÉFLEXIONS.

Le père Hippolyte Durazzo, qui renonça à la prélature et à la présidence de la chambre apostolique, pour entrer dans la compagnie de Jésus, avait la plus tendre dévotion pour la passion du Sauveur, qu'il méditait assidûment. On lit dans l'histoire de sa vie les beaux sentiments dont il était animé envers Jésus souffrant. Une des pensées qui le touchait le plus, c'était celle-ci : Si moi, disait-il, j'avais versé mon sang pour un prince de la terre, quelles faveurs ne devrais-je pas en attendre? Que sera-ce donc, si je le répandais pour mon Dieu? Or, ce que Jésus a fait pour moi, je suis censé l'avoir fait moi-même, je puis donc dire : J'ai été flagellé, couronné d'épines, épuisé de sang, non pas en réalité, mais quant au mérite. Cette pensée, disait-il, m'a inspiré de la confiance, et la confiance a fait naître l'amour dans mon cœur.

Cette même réflexion est bien propre à produire aussi en nous des sentiments semblables de confiance et d'amour. Plus nous sommes attaqués par les passions, et surtout par celles de la colère et la convoitise, plus nous devons recourir avec confiance à la passion du Rédempteur.

IVᵉ MÉDITATION.

JÉSUS EST CONDAMNÉ A MOURIR EN CROIX.

Imaginez-vous voir Pilate assis sur son tribunal, environné des scribes, des pharisiens et des autres chefs du peuple. Jésus est debout devant lui, sur les marches du tribunal, ayant les mains liées ; il entend lire sa sentence.

Demandez par les mérites de la très sainte mort de Jésus, la grâce d'échapper à la sentence de mort éternelle.

Premier point.

Considérez comment un vil respect humain, je veux dire la crainte panique que Pilate eut du peuple et de César, fut la cause prochaine de la condamnation et de la mort de Jésus-Christ. Pilate avait reconnu son innocence. Je suis innocent du sang de ce juste, avait-il dit : *Innocens ego sum a sanguine justi hujus.* Il avait dit une autre fois : Quel mal a-t-il fait ? *quid enim mali fecit ?* Le silence même de Jésus, sa patience, sa modestie, la sérénité et le calme de son visage, tous ses procédés témoignaient assez qu'il n'était pas un malfaiteur ni un rebelle, comme le prétendaient ses accusateurs. Pilate savait, de plus, qu'ils le lui avaient livré par haine et par jalousie. Mais parce que le peuple persistait à vouloir la mort de Jésus-Christ, au lieu d'un refus catégorique, il se mit à chercher des moyens termes pour sauver Jésus et contenter le peuple.

Voià, ô mon âme, le premier, mais bien dangereux écueil qui t'attend au sortir des exercices. Tu as connu le bonheur du repos de la conscience ; la vertu n'a plus pour toi un aspect aussi terrible que jadis ; l'oraison, la fréquentation des sacrements, la charité envers les pauvres, l'empire sur tes passions, ne te paraissent plus des difficultés aussi sérieuses, lorsqu'il s'agit de vivre et de mourir en paix, lorsqu'il s'agit d'aimer Dieu en cette vie pour en jouir éternellement dans l'autre.

Or, le démon va bientôt te proposer toute espèce d'accommodement pour concilier le service de Jésus-Christ et du monde, et unir ensemble la vertu et le vice. Il t'engagera à ne point commettre de fautes dans telle réunion, tout en continuant de t'y rendre pour te divertir. En public, te dira-t-il, parle, agis, murmure, menace comme auparavant ; mais en particulier et dans le secret de ton cœur, use de charité. Tels sont les moyens termes du démon.

Et ici, remarquons comment tous les expédients imaginés par Pilate pour sauver Jésus, sans mécontenter le peuple, n'ont réussi qu'à augmenter les souffrances de l'innocent Jésus. Son premier expédient fut de s'en décharger sur Hérode, en l'envoyant à son tribunal. Jésus-Christ fut ainsi conduit, garrotté, par les rues de la ville, moqué par Hérode, et vêtu de blanc comme un insensé. Le second expédient, ce fut de faire flageller le Sauveur, et avec quelle barbarie cet ordre fut exécuté ! Et quelle ne fut pas l'ignominie de ce supplice pour le Fils de Dieu ! Le troisième expédient, ce fut de le montrer au peuple en lui disant : *Ecce homo*, voilà l'homme, et ce moyen fut encore un outrage pour Jésus-Christ. Il n'y eut personne qui élevât la voix en sa faveur. Le quatrième expédient fut de le mettre en parallèle avec un voleur et un meurtrier, avec Barabbas; et cette comparaison, et l'indigne préférence donnée à un criminel, quel sanglant affront pour le bon Sauveur !

Enfin Pilate en vint à le condamner. Après avoir déclaré qu'il ne trouvait en Jésus aucun sujet de condamnation, il finit par en trouver un, et on l'inscrivit sur un écriteau : *Posuerunt super eum causam ipsius scriptam*. Il eût été mieux de le condamner à la première instance, que d'ajouter sans cesse à ses tourments, dans la vue de le délivrer. Si Pilate avait eu ce caractère inflexible que réclamait sa qualité de juge, il n'eût point fait tant de fausses démarches, pour aboutir enfin au dernier précipice.

Ah ! mon âme, si, après ta conversion, tu veux encore faire au monde les plus petites concessions, soit coupables, soit du moins dangereuses, tu arriveras là où tu ne penses pas arriver. Si tu es amie de César, tu ne seras pas amie de Dieu ; si tu es amie de Dieu, tu ne seras pas amie de César. *Si es amicus Cæsaris, non eris amicus Dei; si es amicus Dei, non eris amicus Cæsaris.* L'Evangile est un glaive qui sépare, disait l'Evêque Théoctène à saint Marin.

Deuxième point.

Considérez dans quelles dispositions intérieures Jésus-Christ entend sa sentence, et comment il s'offre sans réserve au Père Eternel. Lors même que toutes les inculpations dont on le chargeait, eussent été fondées, il ne méritait pas d'être crucifié, mais tout au plus d'être lapidé, aux termes de la loi. Il consent néanmoins à subir ce genre de mort qui était et plus cruel et plus ignominieux.

On présente donc la croix à Jésus-Christ, pour qu'il la charge sur ses épaules. Voyez avec quelle affection il l'embrasse. On la met sur ses épaules déchirées par les fouets; elle était d'un bois grossier et pesant. Appliquez-vous à considérer comment Jésus Christ sort honteusement du prétoire, précédé des hérauts qui publient la sentence, à son de trompe, suivi des chefs du peuple qui ne peuvent contenir leur joie, des soldats et des officiers de justice qui marchent vers le lieu de l'exécution. Jésus est au milieu d'eux tous, attaché par une corde dont un bourreau tient le bout, dans la compagnie de deux voleurs. Il sort dans cet appareil en présence d'un peuple innombrable. Voyez les traces de sang qu'il laisse sur son passage, les chutes réitérées qu'il fait sous le fardeau de la croix; voyez comment on le presse et on le pousse sans pitié.

Vous avez aussi une croix à porter, ce sont les commandements de Dieu et vos résolutions. Ecoutez donc Jésus-Christ qui vous dit : Prenez votre croix, et suivez-moi ; *Tolle crucem tuam, et sequere me.*

On aide, il est vrai, Jésus à porter sa croix au milieu de la route du Calvaire ; mais il lui faut gravir la montagne. Chemin faisant, il dit aux femmes de

Jérusalem de ne pas pleurer sur lui, mais sur elles-mêmes : *Nolite flere super me, sed super vos ipsas flete.* Ces femmes étaient la figure de ces âmes qui versent quelques larmes de compassion sur Jésus-Christ, mais qui ne se mettent pas en peine de le suivre. Ne seriez-vous pas de ce nombre? Ah! ne pleurez pas sur le Sauveur, mais sur vous-même.

Jésus parvient enfin au sommet du Calvaire, épuisé et n'ayant plus qu'un souffle de vie, soit à cause de la fatigue, soit à cause du sang qu'il a perdu. On dépose la croix sur le sol ; il s'agenouille sur elle, comme une victime sur l'autel, et s'offre à son Père éternel. Me voici, ô mon Père!... Un bourreau l'interrompt et le pousse rudement à travers la croix. On le dépouille de ses vêtements ; puis on cloue une de ses mains, dans la partie où il y a le plus de nerfs ; on tire l'autre à force de bras ; on tire les pieds et on les cloue. On dresse la croix, et Jésus est suspendu dans les airs.

Considère la douleur qu'il dut ressentir, ainsi suspendu à quatre clous, l'ébranlement que lui causa la plantation de la croix dans le trou creusé pour la recevoir, plantation qui se fit avec une rude secousse qui renouvela et élargit les blessures des pieds et des mains...

Troisième point.

Place-toi maintenant, ô mon âme, au pied de cette croix avec la Madelaine, saint Jean et la très sainte Vierge. Considère, à la vue du crucifix, quel mal énorme c'est que le péché, quelle est la grandeur de l'amour de Jésus pour toi, et combien peu de chose tu as fait pour lui! Vois si un Dieu pouvait en faire davantage!

Ecoute les vociférations des juifs qui le blasphèment. Demande à Jésus-Christ combien il souffre. Il te dira qu'il ne peut s'appuyer sur ses pieds, tant est grande la douleur qu'il y ressent ; qu'il ne peut

s'appuyer sur ses mains, parce que ses plaies vont
toujours en s'élargissant; qu'il ne peut reposer la tête
sur la croix, parce que les épines s'y enfoncent toujours davantage; qu'il ne peut reposer ses épaules,
parce qu'elles sont toutes meurtries et décharnées...

Demande à ce doux Sauveur qui est celui qui l'a
frappé : *quis es qui te percussit?* Entends les juifs qui
lui crient avec dérision : Descends de la croix, *des-
cende de cruce!* Mais lui persiste à vouloir mourir sur
la croix, pour ton encouragement et pour te servir
d'exemple....

D'autre part, considère comment, après que tu
auras juré une fidélité inviolable à Jésus-Christ, après
que tu auras cloué au pied de sa croix tes bons propos,
mille instances te seront faites de la part du monde
et du démon, pour t'engager aussi à descendre de la
croix. Renouvelle donc du fond du cœur tes protestations, et reste attachée à la croix avec Jésus-Christ.
Sois constante à éviter les mauvaises occasions, constante à surmonter le respect humain, constante à
fréquenter les sacrements. Entre dans les sentiments
de saint Bernard : Quoi! disait ce grand saint, mon
maître est suspendu au gibet, et moi je m'abandonnerai à la volupté? *Dominus meus pendet in patibulo;
et ego voluptati operam dabo?* Entre dans les sentiments de saint Jean Chrysostome, qui considérait que
Jésus-Christ était encore disposé à être de nouveau
crucifié pour lui, pauvre pécheur : *Paratus iterum
crucifigi pro me, ac pro me peccatore;* ou enfin dis avec
saint Ignace martyr : Mon amour est crucifié : *Amor
meus crucifixus est.*

RÉFLEXIONS.

Si j'avais eu besoin que quelqu'un se dévouât pour
moi à la mort, où l'aurais-je trouvé? Il n'y a que
mon Jésus qui s'est trouvé assez dévoué pour cela, et
il l'a fait par pur amour. Si donc je n'ai pas le cou-

rage de mourir pour lui, du moins je dois vivre pour lui seul à l'avenir, mourir à tout le reste, n'avoir plus d'autre volonté en toutes choses que le bon plaisir de Dieu. Quand, au jardin des Olives, le calice d'amertume fut présenté au Sauveur, il dit aussitôt au Père Eternel : Que votre volonté soit faite et non pas la mienne. *Non sicut ego volo, sed sicut tu; non mea, sed tua voluntas fiat;* et ce n'est pas seulement à la volonté de son Père qu'il se soumit; il se soumit encore à Pilate, et aux tribunaux iniques des juifs; bien plus, il se soumit à ceux qui n'avaient aucune autorité sur lui.

Oh! quelle sainte vie, et quelle sainte mort que de n'avoir d'autre volonté, au milieu même des croix, que la volonté de Jésus crucifié! Voilà Celui qui nous apprendra ce que nous avons à faire. Voilà Celui qui nous apprendra ce que nous avons à souffrir. C'est la maxime qu'un bon serviteur de Dieu avait écrite au pied de son crucifix; et en effet, c'est à l'école de Jésus crucifié qu'on apprend à agir et à souffrir avec une pleine et entière résignation à la volonté divine.

V° MÉDITATION.

DES SEPT PAROLES DE JÉSUS-CHRIST EN CROIX.

Représentez-vous Jésus-Christ comme un bon père qui donne les derniers avis à ses enfants, et qui, se voyant près de mourir, leur dicte son testament.

Demandez la grâce de graver profondément dans votre cœur les volontés suprêmes et les derniers avertissements d'un si tendre Père.

Premier point.

Considérez la première parole : *Pater, dimitte illis; non enim sciunt quid faciunt*. Mon Père, pardonnez-leur, car ils ne savent ce qu'ils font. Oui, pardonnez à tous ceux qui ont contribué à ma mort, même à Pilate qui m'a condamné, malgré qu'il fût convaincu de mon innocence, même à Pierre qui m'a renié, enfin à mes ennemis qui m'ont crucifié...

Ici je concevrai une douce confiance d'obtenir le pardon entier de mes péchés.

Vois comment le bon Jésus tâche d'excuser le crime de ses ennemis, en alléguant leur ignorance. Vois avec quel zèle il se fait l'avocat des pécheurs.

Je m'imaginerai que Jésus-Christ m'exhorte aussi à pardonner à tous ceux qui m'ont offensé et à les excuser : mon fils, pardonne-leur, pardonne-leur pour l'amour de moi.

Deuxième point.

Considérez la parole qu'il adresse au bon larron : En vérité, je vous le dis, dès aujourd'hui même vous serez en paradis avec moi : *Hodie mecum eris in paradiso*. Quelle différence entre ces deux malfaiteurs! tous deux ont sous les yeux les mêmes miracles et les mêmes raisons de se convertir, et cependant l'un se sauve, l'autre se damne. Oh! jugements de Dieu, que vous êtes impénétrables? Et qu'en sera-t-il de moi?

Troisième point.

Considérez comment Jésus confie sa mère à saint Jean, et saint Jean à sa divine mère : *Mulier, ecce filius tuus. — Fili, ecce mater tua*. Femme, voici votre fils; et vous, mon disciple, voici votre mère.

Remerciez Jésus d'avoir bien voulu donner Marie

pour Mère à tout le genre humain, et en particulier à vous. Dites-lui donc, à cette bonne Mère, avec toute la révérence et l'affection possible : Voici votre fils, montrez-vous ma Mère. L'échange est inégal, sans doute, car pour un fils très saint et très obéissant, tel qu'a été Jésus, vous avez en moi un fils bien indigne et bien indocile; pourtant, ô Marie, daignez me montrer que vous êtes ma mère : *Monstra te esse matrem.*

Quatrième point.

Considérez la quatrième parole : Mon Dieu, mon Dieu, pourquoi m'avez-vous abandonné? *Deus meus, Deus meus, ut quid dereliquisti me?* Dieu n'abandonna ni Daniel dans la fosse aux lions, ni Joseph au milieu de ses ennemis, ni Suzanne parmi ses calomniateurs; mais il a abandonné son Fils plongé dans un océan de douleurs. Et pourquoi? parce qu'il s'était fait caution pour vos péchés.

Ame pécheresse, quelle charité de la part de Dieu de ne point t'avoir abandonnée à ton malheureux sort!

L'abandon du Sauveur consista dans la privation de toute consolation sensible. Il voulut ainsi encourager ces âmes justes que Dieu fait quelquefois passer par la même épreuve.

Considérez quelle douleur dut ressentir Marie, et ce qu'elle se dit à elle-même au fond du cœur, lorsqu'elle entendit son Fils se plaindre d'être abandonné.

Cinquième point.

Considérez cette autre parole : *Sitio,* j'ai soif. Cette soif fut surtout un insatiable désir d'obéir jusqu'à la fin à son Père éternel. Par là, il exprimait la volonté de souffrir encore plus, s'il était possible, par amour pour moi. Hélas! et moi je suis tellement délicat que j'évite avec soin les moindres occasions de souffrir!

Cette soif fut un ardent désir de mon salut. O mon Dieu, je vais tâcher de vous désaltérer, en m'appliquant sérieusement à mon salut, et aussi, du moins selon mon pouvoir, au salut des autres.

Sixième point.

Considérez que pour calmer la soif du Sauveur, on lui présenta à boire du vinaigre. Quand il l'eut goûté, il dit : Tout est consommé, *consummatum est.* A cet instant, se présentèrent à sa pensée toutes les souffrances de sa nativité et de sa circoncision, ses travaux et les fatigues de sa vie apostolique, les douleurs de sa passion, et il put se rendre le consolant témoignage d'avoir parfaitement accompli la volonté de son Père, et d'avoir achevé l'œuvre de notre rédemption.

Au moment de ma mort, pourrai-je dire aussi et dans le même sens, que tout est consommé ?

Septième point.

Considérez les dernières paroles de Jésus-Christ mourant : Mon Père, je remets mon esprit entre vos mains; *Pater, in manus tuas commendo spiritum meum.* Mon Père, je vous ai toujours obéi, je vous ai servi et aimé toute ma vie; recevez cette âme qui vient de vous et qui s'en retourne à vous.

En disant ces mots, il inclina la tête, en signe qu'il recevait la mort de la main de Dieu, qu'il mourait par obéissance, et comme pour dire adieu au monde, et il rendit l'esprit, *et emisit spiritum.*

Nous pouvons recommander à Jésus crucifié et au Père éternel, par la même prière, les saintes résolutions que nous avons conçues pendant ces exercices : Mon Père, je remets entre vos mains les bons propos que vous m'avez inspirés. Ils seraient en danger entre les miennes, c'est pourquoi je vous les confie. Je ne vous recommande ni mon corps, ni aucun de mes intérêts temporels, mais mon âme. Ah! que la mort de Jésus ne soit point inutile pour moi!

Nous pourrons nous recommander dans les mêmes termes à la très sainte Vierge : O bonne Mère, je remets mon esprit entre vos mains.

Enfin, Jésus n'eut pas plus tôt expiré, que la terre trembla et que les rochers se fendirent. Mon cœur sera-t-il assez dur pour résister à tant d'amour?

Après sa mort, Jésus eut le côté ouvert par un coup de lance, afin qu'il n'y eût pas une seule goutte de son sang qu'il ne répandît par amour pour moi. Et moi, je pourrais encore ne pas l'aimer?

Son corps détaché de la croix fut remis entre les bras de la Vierge, sa Mère. Ici, je m'imaginerai que la Mère de douleurs me montre le corps inanimé de son divin Fils, et me dit : Le voici expiré, ne mérite-t-il pas tout ton amour, ce Dieu qui est mort pour toi? Cette tête percée de mille épines, ne mérite-t-elle pas que tu combattes tes mauvaises pensées? Ces yeux qui ont versé tant de larmes, ne méritent-ils pas que tu pleures aussi tes péchés? Ce visage qui a reçu plus de cent soufflets, et plus de deux cents crachats, ne mérite-t-il pas que tu supportes une légère injure pour son amour? Ce corps qui a reçu seize cent soixante-six coups, ne mérite-t-il pas que toi, coupable de tant de fautes, tu fasses un peu pénitence? Cette langue abreuvée de fiel, ne mérite-t-elle pas que tu corriges ta démangeaison de parler? Tu étais digne de la mort éternelle; mon Fils s'est soumis à la mort pour toi. Tu méritais d'être pour toujours abandonné de Dieu; mon Fils a bien voulu être abandonné de son Père en ta place. Tu étais menacé d'une tristesse, d'une épouvante, d'un opprobre, d'une infamie éternelle; il a bien voulu pour toi être plongé dans un abîme de tristesse, et mourir sur un bois infâme entre deux voleurs. Veux-tu de nouveau le crucifier par tes péchés ?

Ah ! non, tendre Mère, il n'en sera pas ainsi ; mais accordez-moi le secours de votre protection, ô le refuge des pécheurs !

RÉFLEXIONS.

J'ai une réflexion à vous proposer. Si vous la méditez bien, elle suffira, j'espère, pour graver à jamais dans votre cœur Jésus crucifié.

Dites-moi, si Jésus n'avait point souffert et n'était point mort pour nous, misérables pécheurs, que serions-nous devenus ? Nous étions exclus pour toujours du paradis, à cause du péché originel, et si nous étions coupables d'un seul péché mortel, nous étions infailliblement damnés et sans remède. En effet, la confession n'aurait pas été instituée, et ni la contrition, ni le martyre même n'auraient suffi. S'ils suffisaient dans la loi ancienne, c'était uniquement en vue des mérites anticipés de la passion et de la mort de Jésus-Christ ; et s'ils suffisent présentement, c'est précisément parce que, par le moyen de la contrition ou du martyre, les mérites de la passion soufferte par Jésus-Christ, sont appliqués à nos âmes.

Voyez donc l'obligation immense que nous avons de nous souvenir sans cesse de Jésus-Christ crucifié. Aussi remarque-t-on chez tous les saints une tendre et singulière dévotion pour la passion du Sauveur. Un bon nombre de fidèles ont la pieuse coutume de la méditer chaque jour, en assistant à la sainte messe. Pour vous, prenez-la pour sujet de méditation, au moins tous les vendredis ; et pendant le jour, dans les moments de tentation ou bien dans les contrariétés, rendez-vous familière cette oraison jaculatoire : Passion de Jésus Christ, soyez ma force. *Passio Christi, conforta me.*

Dites aussi chaque jour, soit à l'église devant le

très saint Sacrement, soit chez vous, au pied de votre crucifix, la prière suivante dont saint Ignace faisait le plus grand cas :

Ame de Jésus-Christ, sanctifiez-moi.
Corps de Jésus Christ, sauvez-moi.
Sang de Jésus-Christ, enivrez-moi.
Eau du côté de Jésus-Christ, lavez-moi.
Passion de Jésus-Christ, fortifiez-moi.
O bon Jésus, exaucez-moi.
Cachez-moi dans vos plaies,
Ne permettez pas que je sois séparé de vous,
Défendez-moi contre la malice de mes ennemis,
Appelez moi à l'heure de la mort,
Et ordonnez que je vienne à vous,
Pour vous louer avec vos saints,
Dans les siècles des siècles.
    Ainsi soit-il.

Prière de saint François Xavier.

Seigneur Jésus-Christ, Dieu de mon cœur, par ces cinq plaies que votre amour pour nous vous a faites sur la croix, venez en aide à vos serviteurs, que vous avez rachetés par votre sang précieux, ô vous qui vivez et régnez dans tous les siècles des siècles. Ainsi soit-il.

Anima Christi, sanctifica me.
Corpus Christi, salva me.
Sanguis Christi, inebria me.
Aqua lateris Christi, lava me.
Passio Christi, conforta me.
O bone Jesu, exaudi me.
Intra vulnera tua absconde me,
Ne permittas me separari a te,
Ab hoste maligno defende me,
In hora mortis meæ voca me,

Et jube me venire ad te,
Ut cum sanctis tuis laudem te,
In sœcula sœculorum. Amen.

Oratio sancti Francisci-Xaverii.

Domine Jesu Christe, Deus cordis mei, per quinque vulnera illa, quœ tibi in cruce nostri amor inflixit, tuis famulis subveni, quos pretioso sanguine redemisti, qui vivis et regnas in sœcula sœculorum. Amen.

VIIᵉ JOUR.

Iʳᵉ MÉDITATION.

DU PARADIS.

Le martyre des sept frères Machabées est fort célèbre. On sait qu'il fut ordonné par le cruel Antiochus. Les livres saints nous en ont transmis tous les détails. Or, les six premiers ayant été martyrisés par le fer et par le feu, sous les yeux de leurs frères et même de leur mère, restait le septième. Le roi voulant au moins gagner celui-ci, fit les promesses les plus brillantes à la mère, et protesta même avec serment qu'il l'aurait comblé de richesses et l'aurait rendu heureux sur la terre : *Non solum verbis hortabatur, sed et cum juramento affirmabat se divitem et beatum facturum.* Que fit donc la pieuse mère? pour encourager son fils à ne pas craindre les tourments et à mépriser les offres du tyran : Mon fils, lui dit-elle, je te prie de lever les yeux au ciel. *Peto, nate, ut cœlum aspicias.* Là, tes frères t'attendent, et là, après quelques tourments passagers, tu seras éternellement heureux. *Peto, nate, ut cœlum aspicias.*

Le roi Antiochus est la figure du monde qui nous promet les honneurs, les plaisirs et les richesses. Jésus-Christ, au contraire, nous invite aux humiliations, à la pauvreté, aux souffrances. Mais la chair éprouve pour tout cela une vive répugnance. Il nous semble au premier coup d'œil, qu'une telle vie est plutôt un long martyre.

Que faire? que chacun de nous se figure que la très sainte Vierge Marie, qui est la mère et la maîtresse de ces saints exercices, le prend par la main et le conduit sur le seuil du paradis, en lui disant : Mon fils, je te prie de regarder le ciel. *Peto, nate, ut cœlum aspicias.* Un seul regard attentif que vous y fixerez, vous fera dire avec saint Ignace : Oh! que la terre me semble vile, lorsque je contemple le ciel. *Heu! quam sordet tellus, cum cœlum aspicio!*

Le but de la présente méditation et des suivantes, est d'unir parfaitement notre âme à Dieu. Tel est le dernier terme de la perfection à laquelle l'homme puisse parvenir ici-bas.

Nulle intelligence humaine n'est capable de concevoir ce que c'est que le paradis. Toutefois nous nous servirons, pour le méditer, de l'application de nos différents sens, comme nous avons fait pour la méditation de l'enfer ; et nous considèrerons le paradis au point de vue du corps, puis au point de vue de l'âme.

Premier point.

Considérez d'abord en quoi consistera la béatitude du ciel pour notre corps. Pour cela, parcourons successivement nos cinq sens, en réfléchissant toutefois que tout ce que nous pouvons concevoir en ce monde de la félicité éternelle, n'est rien en comparaison de la réalité. Nous n'avons que des idées

terrestres, et nous ne pouvons imaginer qu'une félicité
terrestre. Or, dit l'Apôtre, l'œil n'a jamais vu, ni
l'oreille entendu, ni l'intelligence n'a jamais conçu
les biens que Dieu nous réserve dans l'autre vie. Aussi
tous les saints se faisaient-ils scrupule, pour ainsi
dire, de parler du paradis ; il leur paraissait qu'ils ne
faisaient que l'avilir, en cherchant à le dépeindre par
le langage humain.

Cela supposé, quels seront les objets sur lesquels
se reposeront les yeux du bienheureux ? Oh ! quelle
lumière les inondera ! celle du soleil lui-même n'est
que ténèbres, comparée à la splendeur du paradis.
Quelle étendue, quelle pureté, quelle vivacité ! Combien cette lumière sera féconde en joie et en allé-
gresse ! Si un seul bienheureux se montrait à la porte
du paradis, il remplirait l'univers entier de son éclat,
et ferait luire le jour le plus serein sur le monde.
Quel reflet, quelle splendeur ne résultera donc pas de
cette multitude de corps glorieux, dont chacun sera
plongé dans un torrent de lumière ! Sans nul doute,
ce sera là le plus magnifique spectacle pour ceux qui
seront admis à le contempler. Nous lisons dans la vie
des Saints, que plusieurs d'entre eux ont apparu ici-
bas à quelques âmes privilégiées. Cette vision les
remplissait d'un tel étonnement et d'une si douce
consolation, qu'elles en conservèrent le souvenir jusqu'à la mort, et qu'elles trouvèrent dans cette faveur
un baume salutaire pour toutes leurs peines et leurs
souffrances. Que sera-ce donc de contempler tous les
Saints ensemble, et cela avec bien plus de lumière,
bien plus de satisfaction et bien plus d'intimité ?

Parmi les corps glorifiés, nous verrons celui de
l'auguste Mère de Dieu, qui sera à elle seule, comme
un paradis à part, et dont la majesté et l'éclat sur-
passeront les splendeurs réunies des bienheureux :
Formosa tanquam Jerusalem, belle comme Jérusalem.
Si, dans cette vie mortelle, la sainte Vierge fut

ornée de tant de grâces et d'amabilité, qu'on aurait
cru, comme dit saint Denis, qu'elle était une divinité,
si la foi ne nous avait certifié le contraire ; que sera-ce
de la voir dans toute sa gloire et comblée de plus de
beauté, elle seule, que Dieu n'en a donné à toutes les
autres créatures ?

Mais au-dessus de tout le reste, brillera la sainte
humanité de Notre-Seigneur Jésus-Christ, dans laquelle
sont renfermés tous les trésors de la divinité. Ses
yeux, son visage, ses plaies sont autant de sources de
lumière et de béatitude. C'est là que le Bienheureux
contemplera le prix de son salut et l'excellence infinie
de ce prix.

Après avoir considéré toutes ces choses, réfléchissez
quel est le parti que vous avez à prendre : Voyez si
vous devez chercher votre satisfaction dans la vue de
ces viles et abominables créatures d'ici-bas, à qui vous
ne pouvez donner qu'un coup d'œil en passant, ou
bien si vous devez vous réserver pour la satisfaction
infiniment plus grande qui vous attend au ciel, et
pour toute l'Eternité. Prenez la résolution de vous
abstenir des spectacles qui pourraient vous priver de
celui du ciel, et de plus, proposez-vous de mortifier
vos yeux, afin d'acquérir plus de mérites et d'obtenir
plus de gloire dans l'éternité bienheureuse.

Faites les mêmes considérations par rapport au sens
de l'ouïe Pensez de quelles mélodies vos oreilles seront
incessamment flattées et toujours avec un nouveau
charme. Les anges et les saints chantent perpétuellement des cantiques à la gloire du Très Haut. Quelle
consolation de pouvoir leur parler et de s'entretenir
avec eux ; de s'entendre louer en leur présence par
Dieu lui-même : Sois le bien venu, ô bon et fidèle
serviteur : *Euge, serve bone et fidelis !*

Faites des résolutions semblables à celles que nous
avons indiquées plus haut, et étendez-les aux autres
sens du corps.

Concluez de tout cela quelle sera la béatitude de ce corps que nous chérissons tant. Non seulement il sera exempt de toute fatigue et de toute douleur, mais il y jouira de tous les plaisirs, et dans le degré le plus parfait et le plus noble. Oh ! que de motifs pour tirer bon parti de nos sens, pour faire fructifier ces cinq talents, afin qu'ils nous rapportent la plus grande somme possible d'intérêt.

Deuxième point.

Considérez en quoi consistera la béatitude de l'âme en paradis, et pour cela parcourez chacune de ses puissances.

Pour ce qui regarde la mémoire, quel ne sera pas le contentement du bienheureux, en reportant ses souvenirs et ses pensées vers le passé, sur tant de dangers qu'il a courus, sur tant de grâces qu'il a reçues si à propos, enfin sur tout le cours de sa prédestination! Comme il bénira Dieu de toutes choses ! Comme il bénira ces moments qui lui ont procuré un si grand bien ! Comme il s'applaudira de ne point s'être laissé vaincre par les tentations qui désormais ne sauraient plus l'atteindre! Si maintenant la pratique de la vertu procure déjà tant de consolations, que les justes ne voudraient pas échanger leur bonheur pour tous les plaisirs de la terre ; que sera-ce quand ils en verront plus clairement le mérite et qu'ils en goûteront les fruits glorieux ?

L'intelligence sera continuellement occupée des plus hautes contemplations et des vérités les plus sublimes. Elle connaîtra tous les secrets de la nature, l'ordre qui règne entre les diverses sphères, l'influence des planètes, leur grandeur, leurs propriétés, les rapports qui existent entre elles ; en un mot, elle aura la connaissance de tout l'ordre de la nature, si bien qu'un pauvre idiot, en mettant le pied en paradis, en saura plus que tous les docteurs et les philosophes de ce monde.

Le plaisir d'apprendre absorbe tellement certains hommes ici-bas, qu'ils oublient tout le reste et vont jusqu'à s'oublier eux-mêmes ; et pourtant les vérités que l'étude découvre sont en si petit nombre, si obscures et mêlées de tant d'ignorance! Mais quelle jouissance pour un bienheureux, de comprendre une infinité de merveilles dans chacune desquelles il admirera la sagesse et la puissance du Dieu qui les produit!

Outre l'ordre de la nature, il connaîtra intuitivement celui de la grâce : les décrets éternels de Dieu touchant la prédestination éternelle des élus, les motifs très saints et très justes qui l'ont guidé dans la distribution de ses grâces, et les secrets de sa providence maintenant voilés à nos regards ; le grand mystère de l'incarnation du Verbe, sa vie, sa passion et sa mort, avec l'amour infini qui la lui a fait endurer, le prix inestimable de la grâce et tout ce que nous croyons maintenant dans l'obscurité de la foi ; tous ces objets enfin qui tiendront l'âme dans une admiration et une extase perpétuelle à la vue de la divine bonté. Si maintenant un seul de ces mystères, considéré à la faveur d'un rayon divin par une âme contemplative, produit sur elle des effets si prodigieux ; que sera-ce de les contempler tous et de les comprendre avec infiniment plus de lumière et de clarté?

Mais l'objet principal qui occupera l'âme du bienheureux, sera Dieu lui-même qu'il verra face à face, à la lumière de la gloire, et qui transformera totalement cette âme en lui-même, en l'attirant, en l'élevant, en la pressant sur son sein et en la divinisant en quelque sorte. En voyant Dieu, elle verra l'océan immense de ses perfections, de ses attributs, de sa grandeur infinie. Elle entendra le mystère de la sainte Trinité; elle verra comment Dieu est seul, mais non solitaire ; unique, mais non pas infécond, sans confusion dans son unité, sans division dans son nombre. De même, dit saint Bernard, que le feu, en investissant le fer, le change en quelque sorte en feu, et de même que la lumière, en traversant les airs, les rend tout lumineux ; de même la vision béatifique, en pénétrant l'âme du bienheureux, la pénètrera tellement de sa lumière qu'il deviendra tout semblable à Dieu, par une participation intime et universelle de sa félicité : *Ego dixi, Dii estis.* Je l'ai dit, vous êtes des dieux.

Enfin la volonté jouira encore de la possession de Dieu. Elle se reposera en Dieu, comme dans son centre et sa fin dernière, et par conséquent comme dans son bien suprême. Elle n'aura plus à circuler au dehors pour trouver son parfait bonheur. Là, tous ses désirs seront satisfaits, désirs que le monde, et cent mille mondes n'auraient pas suffi à rassasier. Il ne lui restera plus rien à désirer, parce qu'elle trouvera en Dieu la source de tous les biens.

De là naîtra dans l'âme du bienheureux un amour très intense pour ce Dieu qu'elle connaîtra infiniment digne d'amour ; et de cet amour naîtra une joie ineffable, mais si abondante, que ce ne sera pas la joie qui entrera dans le cœur du bienheureux, mais son cœur qui nagera dans la joie : *Intra in gaudium Domini tui*.

Apprenez de là quel usage vous devez faire des puissances de votre âme. Apprenez à les détacher maintenant de tout ce qui est terrestre, et à vous en servir uniquement pour mériter ce bien immense et infini, car telle est l'unique fin pour laquelle Dieu vous les a données.

Troisième point.

Considérez qu'on jouira en paradis de cette parfaite
béatitude de corps et d'âme, d'abord, avec une sécurité
entière. Ici-bas, on ne possède aucun bien dont la
jouissance ne soit troublée, du moins par la crainte
de la perdre un jour. Les richesses, la santé, les honneurs, sont sujets à mille vicissitudes, et les accidents
sont si nombreux, comme l'expérience le prouve, que
nous ne pouvons jamais nous promettre de jouir longtemps de la prospérité. En paradis, il n'y a plus de
place pour ces incertitudes et ces craintes ; les bienheureux savent que rien ne peut leur ravir la possession de ce bien suprême ; la volonté de Dieu qui
veut leur félicité est immuable ; ils sauront donc et
ils seront certains que rien ne sera capable d'altérer
leur bonheur.

Secondement, on en jouira à perpétuité. Lors
même qu'ici-bas nous serions sûrement à l'abri de
toute infortune, nous savons que la mort viendra un
jour mettre un terme à nos jouissances ; en paradis,
on jouira avec la certitude de jouir sans fin ; les
siècles s'écouleront sous ses pieds, mais sans porter la
plus légère atteinte à la félicité éternelle du bienheureux. Dangers, combats, fatigues, tout sera fini pour
toujours, il ne restera plus qu'à jouir d'une récompense qui n'aura jamais de fin, et avec une joie qui
ne vieillira jamais, qui sera toujours nouvelle et toujours la même.

Troisièmement, on jouira avec plénitude. Dans ce
monde, nous ne sommes pas capables de goûter plusieurs jouissances ensemble. Ainsi, nous ne pouvons
jouir en même temps des mélodies d'un concert et
des agréments de la conversation ; du repos et du
plaisir de la promenade ; des charmes de la campagne et des douceurs de la retraite ; puis, quand ces

plaisirs sont ou trop vifs ou trop prolongés, ils se changent en peines et en tourments. En paradis, nous jouirons à la fois de tous les plaisirs dans leur degré le plus intense, et ces plaisirs seront éternels, mais sans ennui et sans dégoût : *Possidete paratum vobis regnum.* Il n'y a que le paradis, où plusieurs rois puissent régner ensemble, comme dans un même royaume, que chacun possède tout entier, sans en rien retrancher aux autres. Les royaumes de la terre, tout au contraire, sont si bornés, qu'ils sont incapables de contenir deux trônes.

O saint paradis, que vous êtes grand, que vous êtes immense, que vous êtes incompréhensible! et cependant vous m'êtes destiné. Oui, moi, je suis capable, d'ici à peu de temps, de conquérir la jouissance d'un si magnifique domaine! et j'aurais encore une pensée, j'aurais encore de l'attache pour les choses viles et passagères de ce monde?

Le fruit de cette méditation doit être de concevoir une haute estime du temps et de chaque moment, car chaque moment bien employé peut nous valoir des trésors immenses de gloire dans le paradis. Gardons-nous donc bien d'en laisser perdre inutilement un seul instant, et mettons tout à profit pour la bienheureuse éternité. Si nous réfléchissions à tout ce temps que nous avons perdu, et au peu qui nous reste, ainsi qu'aux fruits abondants que nous pouvons en retirer, sans nul doute, nous embrasserions une vie toute de dévotion et de piété. Les saints nous envient pour ainsi dire ce bonheur ; et ne suffit-il pas d'entendre ce qu'est le paradis, pour nous déterminer à devenir nous-mêmes des saints? Que chacun donc se dise à lui même avec un cœur généreux et plein d'enthousiasme :

Vive Jésus! vive Marie!
Je veux sanctifier ma vie.

I. Qu'ai-je fait jusqu'ici pour acquérir le paradis ?
Qu'ai-je fait en comparaison de tant de milliers de
saints et de tant de millions de martyrs, mais surtout
en comparaison de ce que Jésus-Christ a fait et souffert pour me le mériter ? La centième partie de ce
que j'ai fait et souffert, pour me damner, eût peut être
suffi, non pas seulement pour me sauver, mais pour
devenir un saint. En effet, que ne fait pas, que ne
souffre pas un partisan du monde pour se procurer tel
honneur, telle dignité, tel avantage qu'il ne parvient
pas à obtenir, ou bien, s'il l'obtient, qui ne le contente pas ; ou encore, s'il en est content, qui lui
échappe bientôt et qui lui sera sûrement enlevé à la
mort. Et pour l'unique bien qui, une fois obtenu, est
impérissable, qu'ai je fait ?

II. Que dois-je faire pour gagner le paradis ? Un
serviteur de Dieu, se trouvant en oraison au pied du
crucifix, le Sauveur lui adressa de la croix cet important avis : *Pensez souvent combien peu, et quelles grandes
conséquences. Sæpe cogita, oh! quam parum! oh quam
multum!* Je dois faire bien peu pour me sauver, et si
peu que ce n'est rien pour ainsi dire : *Pro nihilo
salvos facies illos.* Et combien seront abondants les
fruits de ce faible travail ? Donc un peu plus de modestie dans mes regards, un peu plus de circonspection dans mes paroles, un peu plus d'oraison chaque
jour, et par le moyen de ce peu je m'assure le paradis.
Je devrai me faire quelque violence à moi-même pour
vaincre telle passion, pour pardonner telle injure,
pour abandonner tel divertissement, pour faire telle
restitution ; oui, cela est vrai, mais cette peine durera
peu, bien peu ; c'est au commencement seulement
que j'éprouverai de la répugnance ; mais bientôt quel
contentement sera mon partage, à la vie, à la mort,

et en paradis pendant toute l'éternité! Et en comparaison de cette éternité bienheureuse, est-ce que tout n'est pas peu de chose? *Sæpe cogita, o quam parum! o quam multum!*

III. Que veux-je faire, afin de m'assurer le plus possible le paradis? Je veux observer les bonnes résolutions que j'ai conçues pendant ces saints exercices. Je veux mettre en pratique la règle de vie que je me suis tracée. Je veux, s'il le faut, souffrir les plus grandes peines, plutôt que de jamais perdre la grâce de Dieu. Mon unique bien sera toujours le paradis. Si, à l'avenir, quelque autre bien vient me tenter, je dirai sans hésiter : Va-t'en loin d'ici, car tu n'es pas le paradis. En présence de tel plaisir, de tel honneur, de tel poste que m'offriraient le monde, la chair ou le démon, je dirai avec saint Philippe de Néri : Le paradis, le paradis! Quand même je devrais verser mon sang, et donner ma vie au milieu des tourments, afin de m'assurer le paradis, je devrais les sacrifier; Jésus-Christ ne l'a-t-il pas fait le premier pour moi? A plus forte raison, mille fois, dois-je travailler à mon salut, puisque Dieu ne le met pas à un si haut prix, mais qu'il se contente de si peu. *Sæpe cogita, o quam parum! o quam multum!*

IIᵉ MÉDITATION.

RÉPÉTITION DES MÉDITATIONS PRÉCÉDENTES. — COMBIEN DIEU A FAIT ET SOUFFERT POUR ME SAUVER.

L'empereur Caligula, ce monstre de cruauté, d'avarice et de luxure, eut un jour la fantaisie de conduire une armée très nombreuse sur le rivage de la mer d'Aquitaine. Il la fit ranger en ordre de bataille, la face tournée vers la mer; et comme si, au moment même, il eût dû en venir aux mains avec l'ennemi, ou donner l'assaut à une forteresse, il fait préparer les béliers d'un côté, plus loin dresser les échelles, ailleurs tendre les arcs, enfin mettre les lances aux poings. Ensuite, en qualité de général en chef, il se mit à parcourir les rangs, examinant avec soin les apprêts, visitant les lignes, animant les soldats. A quoi finalement devait aboutir un si grand mouvement d'hommes et d'armes? Quel était le but de tant de dépenses et de marches? Je rougis de le dire : à recueillir les coquillages et les petits poissons marins qui étaient restés sur la plage, et à les transporter en grande quantité à Rome, comme autant de trophées de la victoire qu'il avait remportée sur l'océan. Prince insensé et stupide! on le dirait cent fois, qu'on ne le dirait pas assez. Quoi! tant de déploiement, et tant de dépenses pour un gain si vil!

Oh! considère ici, ô mon âme, la multitude de moyens que Dieu a mis en jeu pour mon salut. A cette vue, il faut nécessairement tirer une de ces deux conclusions : Ou bien Dieu a agi avec la folie d'un Caligula, en employant les moyens les plus puissants pour arriver à une fin sans importance, ce qui serait un blasphème; ou bien il faut avouer que mon salut est le plus élevé, le plus noble, et le plus important de tous les desseins.

Premier point.

I. De toute éternité Dieu a pensé à me sauver, à la condition que j'obéirais à sa sainte loi.

II. A la pensée ont succédé les œuvres. Tout l'ordre de la nature a été organisé par le Seigneur, pour servir à mon salut. Les cieux, les éléments, les fleurs, les animaux, tout ce qui existe sur la terre, sont autant de moyens qui doivent m'aider à faire mon salut.

III. Les créatures supérieures mêmes, c'est-à-dire

les anges, ces esprits bien plus nobles que moi, si
élevés en sainteté, et chargés par le Seigneur de gouverner le ciel, regardent comme un emploi très
honorable pour eux d'assister l'âme du plus indigent
des hommes, afin qu'elle se sauve. De là vient que
Tertullien a dit de l'homme, qu'il était l'objet de la
sollicitude divine : *Curam divini ingenii.* Et Richard
de Saint-Victor ajoute que travailler au salut d'un
homme, est un emploi digne d'occuper toute la sainte
Trinité. *Divisit inter se summa Trinitas negotium salutis humanæ.*

La toute-puissance du Père s'occupe à écarter les
obstacles de mon salut ; la sagesse du Fils, à m'appliquer les moyens les plus propres à le faire réussir ;
la bonté du Saint-Esprit, à me fortifier, et à m'enrichir de ses dons précieux. *Divisit inter se summa
Trinitas negotium salutis humanæ.*

Si, pour guérir un de ses gentilshommes, un roi lui
envoyait son propre médecin ; s'il lui envoyait son
premier ministre ; s'il se rendait en personne auprès
du malade, quelle idée n'aurait-on pas de l'importance que le monarque attache à la conservation de
ce sujet ? quelle doit donc être l'importance de mon
salut, puisque Dieu s'y applique tout entier! Ah! lui
seul peut comprendre la grandeur et la sublimité de
son être ! quelle est donc la folie de cette multitude
de chrétiens qui vivent dans l'insouciance et l'oubli
du salut de leur âme ! quelle inconsidération de tant
penser, de tant s'agiter, de tant s'inquiéter pour des
biens temporels et qui ne font que passer !

De toute éternité, Dieu a pensé à me sauver, et
moi j'y pense si peu. Que de fois, que de jours, de
semaines, de mois et d'années, je me suis trouvé dans
un état de conscience tel que si la mort m'avait
frappé, je périssais sans ressource pour toute l'éternité. Est-ce que Dieu gagnera un seul degré de félicité, si je me sauve? En perdra-t-il un seul, si je me

damne? Non, certainement. Voyez pourtant ce qu'il fait! Et moi dont le salut, dont la personne est un jeu, j'en tiens si peu de compte que s'il ne s'agissait pas de ma propre cause, et que j'en fusse simplement spectateur ou témoin?

Le salut est une affaire importante, une affaire grandement importante, l'unique affaire importante. Si elle est importante, je dois donc y donner toute mon attention. Si elle est de si grande importance, il faut donc que j'y mette du soin et un grand soin. Si elle est mon unique affaire importante, il faut donc qu'elle soit l'unique objet de mes pensées. *Unam petii a Domino, hanc requiram, ut inhabitem in domo Domini omnibus diebus vitæ meæ.* Tout mon bonheur roule sur ce point; tout le cercle de l'éternité tourne autour de ce centre. Le temps ne m'est accordé que pour m'appliquer à cette affaire; je suis donc le dernier des insensés, si je néglige cette entreprise qui l'emporte sur toutes les autres. Le démon ne pense qu'à notre perte, et moi, je penserais à tout, excepté à mon salut? Dieu pense à me sauver, le démon pense à me perdre; et moi, à quoi est-ce que je pense? Au lieu de m'associer aux vues de Dieu, je m'associe à celles de mon ennemi. Dieu me veut avec lui, le démon me veut avec lui; et moi, auquel des deux est-ce que je tends la main?

Deuxième point.

On trouvera aisément un médecin qui consacre tous ses soins pour la guérison d'un malade; un ami qui se dépense tout entier pour l'avantage de son ami; mais qui en viendra jamais à souffrir l'emprisonnement, les accusations, l'infamie, les tourments et la mort même la plus cruelle pour sauver le prochain? Ce sont des cas si rares, qu'on les rencontre à peine.

Dieu ne s'est pas contenté de mettre tous ses soins à l'affaire de mon salut, il a voulu de plus y consacrer

ses souffrances, et témoigner par le fait, qu'il esti-
mait plus notre salut éternel que sa propre vie. O
mon Jésus, combien vous avez souffert pour m'avoir
avec vous en paradis! Vous avez souffert de la part
même de vos apôtres, qui vous ont abandonné, trahi
et renié. Vous avez souffert de la part des Juifs, conjurés tous ensemble contre votre vie. Vous avez souffert
de la part de la Synagogue, au tribunal de laquelle
vous fûtes chargé d'injures, de calomnies et de mauvais traitements. Vous avez souffert de la part des
soldats qui vous ont couronné d'épines comme un
insensé, après que vous avez été flagellé. Vous avez
souffert de la part même de votre très sainte Mère,
qui, se tenant debout en face de votre croix, faisait
rejaillir ses douleurs dans votre âme. Vous avez souffert enfin de la part de votre Père éternel qui vous a
abandonné dans une mer de tristesse profonde.

Vous avez souffert de toutes les façons imaginables,
en naissant, en vivant, et en mourant dans la pauvreté et l'indigence la plus extrême. Toute votre vie,
vous avez été submergé dans un océan de souffrances!

Mon salut a coûté si cher à votre personne divine;
et je voudrais le sacrifier pour un plaisir sordide,
pour une fumée de vanité, pour un vil intérêt, pour
un point d'honneur, pour un caprice!

Saint François Xavier étendait parfois les mains
sur les épaules de ses amis et de ses pénitents, et les
embrassant, il leur disait : Sauvez, sauvez cette âme
qui a tant coûté à Jésus Christ : *Salva animam tuam,
Christo adeo pretiosam.* Quand un enfant dissipe en
jeux et en festins une fortune péniblement amassée
par son père, le père ne peut s'empêcher de dire en
gémissant : Ah! si tu savais combien m'a coûté cet
argent que tu dépenses en jeu et en débauches! —
Ah! chrétien, si tu savais, si tu considérais combien
a coûté à Jésus Christ cette âme, cette grâce de salut
que tu perds avec tant de facilité! Quand Jésus-Christ

n'eût souffert que la peine la plus légère pour mon salut, cela seul m'obligerait à tout souffrir pour me sauver, et cela par reconnaissance, pour me conformer à son exemple, et afin d'assurer mon bonheur. A combien plus forte raison n'y suis-je pas obligé, après qu'il a enduré tant et de si cruels tourments ?

Troisième point.

De nouveau, je m'appliquerai à considérer ce que j'ai fait et ce que j'ai souffert, pour assurer mon salut, et pour gagner le paradis. Oh ! que je suis lâche et paresseux pour tout ce qui regarde mon âme ! Quelle légèreté et quelle inconstance dans mes résolutions ! Quelle froideur dans ma piété ! que je tombe facilement dans le péché, et même dans le péché mortel ! Que je suis lent à me relever ! Quel abattement de cœur ! que de passions honteuses me tiennent asservi sous leur joug ! Mes prières sont sans goût, mes communions sans fruit, ma vie sans règle, mes actions sans esprit intérieur. Je ne cherche qu'à satisfaire mes sens, mendiant partout le plaisir, libre dans mes paroles, immodeste dans mes regards, irrégulier dans ma conduite, tout dissipé dans mes exercices de piété. Quelle violence est-ce que je me fais pour réprimer ou la colère, ou la cupidité, ou l'ambition ? Et cependant je sais qu'on ne se sauve pas sans violence : *Violenti rapiunt illud.* Quel est le commandement que je n'aie pas souvent transgressé ! et cependant la foi me dit que pour entrer dans la vie, je dois garder les commandements ; *Si vis ad vitam ingredi, serva mandata.* Quelle est la difficulté que j'ai surmontée ? et cependant je sais que la voie qui conduit à la vie est étroite.

Veux-je donc me sauver, oui ou non ? Veux-je le paradis, ou bien est-ce que je ne m'en soucie pas ? Mais que fais-je pour aller en paradis ? est-ce que j'évite le

péché? Est-ce que je m'éloigne des mauvaises compagnies? est-ce que j'esquive les mauvaises occasions?
est-ce que j'obéis aux inspirations divines? est-ce que
je prends la voie la plus sûre, et celle que Dieu veut
de moi? Efforcez-vous, disait saint Pierre, d'assurer
votre élection par vos bonnes œuvres : *Magis satagite,
ut per bona opera vestra, certam electionem vestram
faciatis.* Il peut se faire que j'aie déjà plus souffert,
plus sacrifié, plus travaillé, non seulement pour les
biens d'ici-bas, mais pour l'enfer, que pour mon
salut. Et peut-être qu'à moitié moins de frais, j'aurais
pu acheter le paradis. Est-ce là correspondre aux
vues d'un Dieu qui a tant fait et souffert pour me
sauver? Est-ce là ce que je lui ai promis tant de fois?
est-ce là le changement de vie que Dieu attend de
moi? est-ce là le fruit de tant de grâces, de secours
et d'inspirations?

Voici qu'enfin le Seigneur m'a éclairé de nouveau
pendant ces jours, et qu'il a mis dans mon cœur le
désir de faire et de souffrir désormais quelque chose
pour son amour. Suis-je vraiment résolu d'en venir là?

O mon âme, pense un peu comment, à la mort,
lorsque tu auras le crucifix sous les yeux, il s'établira
un parallèle entre ce que Jésus a fait et souffert pour
toi, et ce que tu auras fait et souffert pour lui!
Enfin, au jugement dernier, lorsque de la vallée de
Josaphat tu verras le Calvaire et la croix, quelle ne
sera pas ta confusion, et quelle peine ne sera pas la
tienne? Et si tu te damnes, est-ce que la passion et
la mort de Jésus-Christ, rendues inutiles par ta faute,
ne redoubleront pas pour toi les douleurs de l'enfer?

RÉFLEXIONS.

I. Dieu avait destiné David au trône d'Israël, et il
l'avait fait sacrer roi par le prophète Samuël. Il
voulut néanmoins que son Elu méritât le royaume

par sa bravoure, qu'il se mesurât avec le géant Goliath, qu'il combattit les Philistins, et qu'il soutînt les embûches et les persécutions de Saül. De même, bien que nous soyons destinés de Dieu au grand royaume des cieux et que telle soit notre fin, il veut néanmoins que nous en fassions la conquête par nos travaux, par nos efforts et par notre patience. Il a fallu que le Christ lui-même souffrit, pour entrer dans sa gloire : *Oportuit Christum pati, et ita intrare in gloriam suam.* Et si Jésus-Christ lui-même à qui la gloire était due d'ailleurs, a dû l'acheter si chèrement, pour ainsi dire, nous, que devrons-nous faire?

II. Le royaume des cieux souffre violence, et ce sont les vaillants qui l'emportent. *Regnum cœlorum vim patitur, et violenti rapiunt illud.* Il faut se faire violence et combattre toujours comme de braves soldats, pour faire la conquête d'un si grand royaume. Le paradis. disait saint Philippe de Néri, n'est point fait pour les lâches. Pensez bien qu'on doit l'emporter d'assaut. Oui, le paradis est pour celui qui le vole, et qui le vole avec violence et de vive force, sous les yeux mêmes du maître. Oh! combien un voleur de grand chemin est attentif à saisir toutes les occasions d'attaquer les passants! Toujours il marche muni de ses armes et entouré de ses complices, afin de frapper à coup sûr; mais enfin que parvient-il à voler? quelques pièces de monnaie, quelquefois les galères ou les travaux forcés, et toujours l'enfer.

Ai-je mis autant de diligence, autant de soins, autant de vigilance, pour dérober le paradis?

De plus, le ravisseur se montre à découvert, et demande hardiment la bourse. Oh! combien voudraient aller au ciel, mais en secret et en cachette, parce qu'ils se laissent dominer par la crainte et par le respect humain, par des craintes indignes et un lâche respect humain.

III. Finalement, réfléchissez à cette parole : Ce sont

les vaillants qui l'emportent. Il faut faire violence à
Dieu et à soi-même. On fait violence à Dieu par la
prière ; il est inaccessible à toute autre. Mais la prière
le lie et l'enchaîne, pour ainsi dire, c'est pourquoi on
dit qu'elle est toute-puissante. Hélas ! pourquoi la
mienne est-elle si pauvre, si languissante, si énervée,
si peu cordiale ? Si un brigand ne faisait pas plus de
violence aux passants que je n'en fais à Dieu, en arra-
cherait-il un seul sou ?

Nous devons en outre nous faire violence à nous-
mêmes. Se faire violence, n'est autre chose que contrarier ses inclinations naturelles. Mais moi, quand
ai-je jamais contrarié mes penchants ? Quand ai-je
jamais dit un non bien résolu à tels et à tels compagnons ? Je me suis fait violence pour courir à ma
perte, au lieu de travailler à me sauver. Au contraire,
que de fois j'ai en quelque sorte contraint le Seigneur
par mes péchés à appesantir sur moi le bras de sa
Justice ! Et Dieu a pris patience, il ne m'a pas puni, il
m'a pardonné. Oh ! quelle longanimité ! quelle bonté !
quel amour !

IIIᵉ MÉDITATION.

DE L'AMOUR DE DIEU.

Si nos résolutions n'étaient basées que sur la
crainte des châtiments, ou de la mort, ou du jugement, ou de l'enfer, ou de l'éternité, il serait à
craindre qu'elles ne fussent pas durables, parce que
la crainte est un sentiment violent, et que ce qui est
violent ne dure pas.

Voilà pourquoi saint Ignace termine par la méditation de l'amour de Dieu, afin qu'un si noble et si
puissant motif nous anime à maintenir invariablement
tous nos bons propos de la retraite.

Une des méthodes les plus faciles pour méditer ce sujet avec fruit, c'est de porter successivement ses regards sur le passé, sur le présent et sur l'avenir. C'est la marche que nous allons suivre dans cette méditation.

Premier point.

Coup d'œil sur le passé.

Dieu vous a toujours aimé. Passez ici en revue les bienfaits et les grâces dont il n'a cessé de vous combler. Lui-même déclare qu'il vous a aimé d'un amour éternel : *In charitate perpetua dilexi te.* Je t'ai tiré du néant, et je t'ai donné l'être, que tu n'aurais pas eu sans moi. Je t'ai conservé l'existence, malgré tant d'injures que tu m'as faites. Je t'ai donné l'esprit, la noblesse, les richesses et tous les biens dont tu jouis maintenant. Tout cela est un effet de mon amour pour toi. Je t'ai tout donné par charité, sans nul mérite de ta part, sans nul besoin de la mienne, uniquement parce que je t'ai aimé, *dilexi*, et que toujours je t'ai aimé, et par le seul motif de la charité : *In charitate perpetua dilexi te.*

Songe en outre aux biens spirituels que tu as reçus de moi : le don de la foi, les sacrements, les bonnes inspirations, la rémission de tes péchés. Oh! que de fois je t'ai pardonné! Etais-je obligé, après tant d'infidélités, à te rétablir dans mes bonnes grâces? Ne pouvais-je pas te punir mille fois et t'abandonner, si je n'avais écouté que ma justice? Qui t'a sauvé et préservé du châtiment? Qui m'a empêché de te précipiter dans l'enfer avec tant d'autres, qui ont péché moins que toi? *Dilexi*, c'est l'amour que je t'ai porté et toujours conservé, oui, c'est lui seul qui a retenu mon bras. *In charitate perpetua dilexi te.* Oh! ingrat, si tu ne me remercies pas d'une si grande miséricorde!

Ici faites cette réflexion, qu'en vous pardonnant un

seul péché mortel, Dieu a fait quelque chose de plus grand et vous a témoigné plus de bonté, qu'en créant le ciel, le soleil, la lune, les étoiles, et le monde entier. Et quand même Dieu aurait créé des mondes innombrables, et uniquement pour vous, ce serait un néant en comparaison d'un seul péché qu'il vous a pardonné. Et si déjà vous lui avez tant d'obligations pour un seul, que sera-ce pour tant et tant de péchés dont il vous a délivré?

Il y a plus, autant de péchés vous ont été remis, autant de fois vous avez été racheté en quelque sorte. A la vue de cette miséricorde excessive de Dieu, saint Augustin s'excitait à l'aimer toujours davantage : Je vous aimerai, ô mon Dieu, s'écriait-il, parce que vous avez été excessif dans vos miséricordes à mon égard. *Diligam te, quia in excessu misericors fuisti erga me.* Il réfléchissait à la manière dont Dieu l'avait attiré à lui, pendant qu'il le fuyait : Vous m'avez poursuivi dans ma fuite, lui disait-il, et vous n'avez pas oublié celui qui vous oubliait : *Persecutus es fugientem me, et oblitum tui non es oblitus.*

Et vous, qui peut-être avez été dans le même cas, vous n'aimez pas ce Dieu qui vous a toujours tant aimé? *In charitate perpetua dilexi te.*

Deuxième point.

Un coup d'œil sur le présent.

Dieu ne cesse pas de m'aimer : *In charitate perpetua dilexi te.* Le Seigneur dit un jour à la bienheureuse Angèle de Foligno : Considérez, si vous apercevez en moi autre chose que l'amour. Mais, remarquons-le, un amant qui ne trouve pas de retour dans la personne aimée, ou cesse de l'aimer, ou change son amour en haine ; mais surtout quand, au lieu d'être payé de retour, il se voit indignement outragé et offensé. Il

n'en est pas ainsi de Dieu : il continue de vous aimer
malgré que vous l'offensiez; il vous supporte, vous
attend, vous rappelle, vous offre son secours dans tous
vos besoins, vous aide de sa grâce, ne diminue en rien
l'amour qu'il a pour vous, nonobstant vos ingratitudes
et vos infidélités. Que dis-je? il semble même rivaliser
de bonté et de miséricorde avec votre obstination à
l'offenser. Vous m'aimez tellement, ô mon Dieu, disait
saint Bonaventure, que vous paraissez vous haïr vous-
même : *Tantum me diligis, Deus meus, ut te odisse
videaris.*

Dites-moi : y a-t-il un jour, une heure, un moment, où vous n'éprouviez pas quelques-uns des effets
de son amour? Si vous en trouvez un seul, je vous
permets de saisir ce moment pour l'offenser. La
bonne sainte Thérèse s'épanchait à cette pensée en
actes de contrition et d'amour, pleins de tendresse :
Il m'était beaucoup plus pénible, écrit-elle dans sa
vie, (*chap. 7.*) lorsque j'étais tombée dans quelque
faute considérable, de recevoir des grâces que des
châtiments. Elle ajoute : Me voir chaque jour comblée
de grâces, et les reconnaître si mal, c'est pour moi
comme un horrible tourment.

Et toi, ô mon âme, que dis-tu? Comment ne
brûles-tu pas d'un amour continuel pour ce Dieu qui
proteste t'avoir aimée éternellement? *In charitate
perpetua dilexi te.* Tu aimes un animal qui te sert, un
cheval qui te porte, un chien qui te suit; et Dieu,
qui te fait de si grandes grâces, tu ne l'aimeras pas?
J'observe, disait Sénèque, que les bêtes mêmes mar-
quent de l'amour et de la reconnaissance pour leur
bienfaiteur; et moi seul je n'aurai point d'amour
pour celui qui me fait tant de bien et qui me sert
avec tant d'amour?

Tous les moralistes conviennent que l'amour est
l'âme d'un bienfait, et beaucoup plus, si cet amour
nous est témoigné, non point par un égal ou par un

inférieur, mais par une personne qui l'emporte sur nous à tous égards. Ainsi, par exemple, une fleur donnée gracieusement par un roi à l'un de ses vassaux, est plus estimée qu'un joyau précieux qui lui serait offert par un ami. Et pourquoi? parce que tout don et tout bienfait grandit et augmente de prix, en proportion de la dignité du cœur ou de la main qui nous le donne.

Celui-là donc est le plus abominable de tous les monstres, qui n'aime pas le Dieu de toute majesté, qui s'abaisse en quelque sorte, jusqu'à aimer une aussi vile créature que moi, et jusqu'à l'aimer toujours, et d'un amour si tendre : *In charitate perpetua dilexi te.*

Troisième point.

Coup d'œil sur l'avenir.

Dieu veut vous aimer à jamais. Tous ces bienfaits que nous venons d'énumérer sont les effets de l'amour que Dieu nous a porté dans le passé et qu'il nous porte dans le présent. Jetons un troisième regard sur l'avenir, c'est-à-dire sur les biens futurs qu'il a dessein de nous faire, et qui nous obligent aussi à le payer de retour.

Expliquons la chose par une similitude. Si quelqu'un avait laissé à un pauvre paysan, encore en bas âge, une riche succession, capable de le faire changer d'état et de condition, dites-moi, lors même que ce paysan devrait passer quelques années, avant d'entrer en possession et en jouissance de cet héritage, n'estimerait-il pas dès lors avoir reçu un très grand bienfait? Oh! quel bel héritage, quel riche patrimoine le Seigneur te réserve, à toi ver de terre, et misérable enfant d'Adam! Déjà il t'en a donné l'investiture dans le baptême. Considère comment il veut t'aimer à jamais : il te veut pour toujours en paradis. Oui, et il veut t'aimer et être aimé de toi, pendant toute l'éternité, avec les anges, avec les saints, avec la très sainte Vierge. Et de quelle manière? D'un amour pur, d'un amour sincère, d'un amour souverain. Et où veut-il ainsi t'aimer? En paradis. O charité sans égale, s'écrie saint Bernard : *O charitas superexcellens!* Et saint Augustin, de continuer en gémissant : O froideur insupportable de mon âme! *O frigus intolerabile animæ meæ!* Oui, froideur intolérable et monstrueuse!

Faites ici réflexion que Dieu trouve en lui-même toute sa félicité et son bonheur. Il a été heureux pendant toute l'éternité qui a précédé la création du monde; il le sera de même pendant toute l'éternité qui la suivra ; que lui importe donc, qu'il y ait un élu de plus en paradis, ou un réprouvé de plus en enfer ? Que lui importe ? Ah ! peu importe pour sa béatitude, mais cela importe infiniment pour son amour. Comme s'il ne pouvait être heureux sans moi, il veut, dit saint Thomas, que je devienne heureux avec lui, et heureux de la béatitude qu'il puise en lui-même : *O charitas superexcellens!* Et si moi, je ne l'aime pas à jamais, quelle insupportable froideur !

Demandez pardon au Seigneur, non seulement de ne l'avoir pas aimé jusqu'ici, mais de l'avoir si long-temps et si indignement offensé. Malheur à cette époque de ma vie, où je ne vous ai pas aimé, disait saint Augustin : *Væ tempori illi, quo te non amavi.* Malheur, s'écriait-il encore, à ce temps où je vous ai si cruellement offensé : *Væ tempori illi quo te graviter offendi!*

Saint Ignace conclut cette méditation par une très belle prière qu'il avait composée, et qu'il récitait plusieurs fois le jour, pour donner des marques réitérées de son amour à son Dieu. Cette prière contient une offrande, une protestation et une demande. La voici : Je vous exhorte à la réciter vous-même tous les jours.

Recevez, Seigneur, toute ma liberté ; recevez ma

mémoire, mon entendement et ma volonté sans réserve; tout ce que j'ai et tout ce que je possède, je le
tiens de votre libéralité; je vous le rends intégralement, et je le soumets pleinement aux dispositions
de votre sainte volonté. Accordez-moi seulement votre
amour et votre grâce, et je suis assez riche, et je ne
vous demande rien de plus. Ainsi soit-il.

Suscipe, Domine, universam libertatem meam; accipe
memoriam, intellectum, et voluntatem omnem. Quidquid
habeo, vel possideo, mihi largitus es; id totum tibi res-
tituo, ac tuæ prorsus voluntati trado gubernandum.
Amorem tui solum cum gratia tua mihi dones, et dives
sum satis, nec aliud quidquam ultra posco. Amen.

RÉFLEXIONS.

I. Nous sommes obligés d'aimer Dieu pour trois
motifs. Le premier est un motif de justice, parce
qu'il nous le commande. Le second est un motif de
reconnaissance, parce qu'il est notre bienfaiteur. Le
troisième est un motif d'amour, parce qu'il nous aime.
Comment avons-nous répondu jusqu'ici à une obligation si grande et si sacrée? Quand quelqu'un me rend
le moindre service, j'ai coutume de lui dire que je
lui suis bien obligé, et que je sens tout ce que je lui
dois; et je tâche à l'occasion de ne point me montrer
ingrat. Ce serait donc à l'égard de Dieu seul que
j'aurais le tort, de ne pas me montrer reconnaissant,
du moins en l'aimant?

II. Que vous en coûte-t-il pour aimer Dieu, dit saint
Jérôme? Si on vous disait que, pour l'aimer, vous
devez entreprendre de longs pèlerinages, faire de
grandes aumônes, de grandes pénitences ou des actes
héroïques des vertus les plus sublimes, vous pourriez
alléguer quelque excuse; mais comment vous excuser
de ne pas aimer Dieu? Ne savez-vous pas ce que vous
avez à faire pour l'aimer, ou ne pouvez-vous pas le

faire? Il n'y a point de sentiment plus naturel à l'homme que l'amour; tous, nous aimons quelque chose, nous aimons même les animaux. Si un petit chien vient vous caresser, vous le caressez à votre tour, en signe que vous l'aimez. Et on aimera Dieu, permettez que je le dise, on aimera Dieu moins qu'un animal? Oh! quelle indignité!

III. Une des raisons qui font quelquefois qu'on n'aime pas Dieu, c'est, dit saint Jean Chrysostome, parce que nous ne regardons pas les bienfaits généraux de Dieu comme des bienfaits personnels. Saint Paul envisageait la passion et la mort de Jésus-Christ, comme une grâce qui lui était spéciale. Pour s'exciter à l'aimer, il se disait que Jésus-Christ l'avait aimé et s'était livré pour lui : *Qui dilexit me, et tradidit semetipsum pro me.* Saint Basile ajoute que si nous voulons y prendre garde, nous verrons que Dieu nous a marqué, à chacun de nous en particulier, une bienveillance toute particulière : *In unoquoque nostrum est indicium specialissimum divinæ benevolentiæ.* Enfin, saint Bernard remarque trois qualités dans l'amour que Dieu a pour nous : C'est un amour sans mesure, c'est un amour sans terme, c'est un amour sans exemple : *O charitas sine modo, charitas sine termino, charitas sine exemplo.*

Pour fruit de cette méditation, prenons la résolution de faire souvent à l'avenir des actes d'amour de Dieu, d'autant plus que ce n'est pas un simple conseil, mais une obligation que Dieu nous impose expressément : Tu aimeras le Seigneur ton Dieu : *Diliges Dominum Deum tuum.* Jésus-Christ nous dit que c'est là le premier et le plus grand des commandements : *Hoc est primum et maximum mandatum.*

Jamais rien contre Dieu : voilà la maxime que saint François de Sales inculquait à tout le monde. Mais c'est là le moindre degré de l'amour de Dieu. Tâchez donc de vous élever jusqu'aux deux autres qui sont :

Jamais rien sans Dieu, — jamais rien sinon Dieu.
Deus meus et omnia. Mon Dieu et mon tout.

VIIIᵉ JOUR.

MÉDITATION.

DE L'AMOUR DE JÉSUS-CHRIST AU TRÈS SAINT SACREMENT.

On peut dire que le très saint Sacrement est l'abrégé
de tous les miracles et de toutes les merveilles de
Dieu. C'est là que le Seigneur, qui est plein de bonté
et de miséricorde, a véritablement concentré le souvenir de toutes ses merveilles : *Memoriam fecit mira-*
bilium suorum misericors et miserator Dominus. Mais
tous les miracles que nous y découvrons, ne présen-
tent pas tous les mêmes difficultés aux yeux de la foi.
En effet, nous remarquons chaque jour certains effets
semblables dans l'ordre de la nature; et nous en
voyons aussi d'autres de même genre dans l'ordre de
la grâce. Le miracle, à mon amis, le plus difficile
à croire, et le plus grand de tous, c'est de voir qu'un
Dieu d'une si haute majesté en soit venu à cet excès
d'amour, d'imaginer un moyen pour être continuellement au ciel, et pour résider perpétuellement ici-
bas au milieu de nous, misérables créatures.

Fasse le Seigneur, que nous nous perdions saintement, en contemplant un si grand miracle dans cette
méditation. Puissions-nous, à cette vue, nous écrier
tous avec le prophète : *Quid retribuam Domino pro*
omnibus quæ retribuit mihi? Que rendrai-je au Seigneur pour tous les biens qu'il m'a faits? A quoi saint

Bernard ajoutait : Mais que vous rendrai-je pour vous-même ? *Sed quid retribuam tibi pro teipso?*

Nous considèrerons les trois qualités de l'amour, et nous les appliquerons à Jésus-Christ dans le très saint Sacrement.

Figurez-vous que vous êtes dans le cénacle de Jérusalem et que vous voyez la table préparée pour la dernière cène. Les apôtres prennent place à l'entour. Jésus-Christ est au milieu d'eux.

Figurez-vous que vous lui entendez dire : J'ai désiré ardemment de manger cette pâque avec vous, avant d'aller à la mort : *Desiderio desideravi hoc pascha manducare vobiscum, antequam patiar.*

Priez-le de vous accorder sa lumière et son secours, afin que vous conceviez un ardent désir de répondre par la tendresse de votre amour à la tendresse de l'amour d'un Dieu.

Premier point.

La première qualité de l'amour, c'est de vouloir être toujours présent à l'objet aimé. Un amant n'a d'autre désir que de voir l'objet qu'il aime, de l'entretenir, de lui parler, de se montrer à lui ; il s'en occupe pendant des heures entières sans se lasser jamais.

Vois, mon âme, comment Jésus-Christ est exposé sur nos autels, conservé dans les tabernacles, immolé dans ce grand nombre de messes, distribué à une foule de fidèles dans la communion. Seigneur, que faites-vous ici sur la terre? qu'y faites-vous? Un corps glorifié doit avoir le ciel pour séjour, et celui qui n'est plus voyageur doit demeurer dans la patrie. Vous n'êtes pas ici pour racheter le monde, car le monde est déjà racheté, le ciel est ouvert, l'enfer a été confondu, et la voie du paradis nous est toute tracée. Que faites-vous donc, ô mon Jésus, ô mon Père, ô mon Maître, que faites-vous ici sur la terre ?

Pour conférer vos grâces aux fidèles, il n'est pas nécessaire que vous y soyez réellement présent. L'eau dans le baptême, l'huile sainte dans la Confirmation et dans l'Extrême-Onction, et enfin d'autres simples créatures confèrent la grâce dans les autres sacrements, sans que votre corps y soit. Vous pouviez donc faire en sorte que le pain, sans changer de substance, nous conférât aussi la grâce, de même que l'eau, sans cesser d'être eau, efface les péchés dans le baptême. Que faites-vous donc, je le répète, que faites-vous? Ah! me répondez-vous, je prends plaisir à demeurer parmi les hommes, et je fais mes délices de me trouver au milieu d'eux : *Deliciæ meæ esse cum filiis hominum.*

Ah! mon Dieu! et vous prenez plaisir à demeurer avec moi qui suis si peu respectueux et si dissipé en votre présence? Oui, si jusqu'à présent vous avez été notre ami, vous vous montrez maintenant notre véritable amant. Un ami peut s'éloigner de son ami; mais un amant ne saurait vivre en l'absence de l'objet aimé; voilà pourquoi vous protestez que vous voulez demeurer avec nous tous les jours jusqu'à la fin du monde : *Ecce ego vobiscum sum omnibus diebus, usque ad consummationem sæculi.*

Est-il possible que votre amour en soit venu à un tel excès? Jésus-Christ a traité en amis les anges créés dans sa grâce; il a honoré de son amitié les patriarches, les prophètes et les autres justes de l'Ancien Testament. *Cum dilexisset suos.* Maintenant il ne se contente plus d'être un ami, il veut être pour nous un amant, et il porte son amour jusqu'au dernier terme qu'il soit possible d'atteindre : *Amor vivit excessibus.* Il veut être l'amant de nos âmes : *In finem dilexit eos. In finem sine fine, sine modo, sine termino.* Oui, nous écrierons-nous avec saint Bernard, le doux Jésus nous a aimés sans fin, sans mesure et sans terme.

Deuxième point.

Un amant se prive de tout autre plaisir et de toute autre pensée, pour s'occuper exclusivement à plaire à l'objet aimé. Quel acte humain peut produire Jésus-Christ, pendant qu'il demeure dans le sacrement adorable de l'Eucharistie? Il ne voit pas, n'entend pas, ne parle pàs, est privé de toute activité, enfin il y semble mort, quoique vivant. Il n'y a pas même l'apparence d'un corps humain. En s'y donnant, pour être notre aliment, il s'y consume et s'anéantit en quelque sorte pour nous, à peu près comme les amants, entraînés par la passion, veulent mourir, comme ils disent, pour la personne aimée; ils le disent, mais ils ne le font pas; Jésus-Christ, lui, le dit et le fait réellement. L'Apôtre saint Paul, parlant de son incarnation, dit qu'il s'est anéanti pour prendre la forme d'esclave : *Exinanivit semetipsum, formam servi accipiens;* mais que devons-nous dire, en le voyant s'anéantir plus profondément encore pour prendre la figure du pain? il y a plus : Le pain présente un corps, une figure, une substance visible; Jésus-Christ s'anéantit jusqu'à se réduire à un atome, à un point. Que faites-vous, prêtres du Seigneur, lorsque vous examinez d'un œil si attentif, et que vous repassez la patène au grand jour, ou à la lumière qui brille sur l'autel? Vous cherchez un Dieu qui se rapetisse au point de devenir imperceptible à vos yeux. O amour! O amour! ô excès de charité! *O extasim exuberantis amoris! o ferventis charitatis excessum!* s'écriait saint Thomas de Villeneuve.

Si un homme qui se plaît à nourrir des oiseaux, des chiens, ou d'autres animaux, s'abaissait jusqu'à nourrir un vil vermisseau du pain de sa table! s'il en venait à un tel amour envers ce rebut dégoûtant de la nature, jusqu'à tirer du sang de ses veines pour le lui faire sucer, jusqu'à lui donner sa propre chair en nourriture, ne dirait-on pas qu'un homme aussi épris de ce vermisseau, a perdu l'esprit? Voilà à quelle sainte folie l'amour a poussé mon Créateur; voilà comment il a voulu me témoigner son excessive tendresse. Ne sois plus étonnée maintenant, ô mon âme, de voir comment le Seigneur a daigné s'exposer pour toi à toutes sortes d'humiliations, d'opprobres et d'outrages. Contemple-le résidant dans de pauvres églises, et dans des ciboires non moins pauvres. Vois comment il entre dans les chaumières les plus rustiques, dans les hôpitaux les plus infects, et jusque dans les étables. C'est un amant qui court en aveugle, pour ainsi dire, à la poursuite des hommes. Il fait ses délices d'être avec eux en tout temps et en tout lieu, sans nul égard pour sa dignité, ni pour sa personne: *Deliciæ meæ esse cum filiis hominum.* Mais sois surtout étonnée de ce que tu ne l'aimes pas, de ce que tu n'es pas toute remplie de son amour, pendant qu'il se montre si tendre et si passionné à ton égard. .

Lorsqu'un prince voyage incognito, sans serviteurs, et sans cour, à combien d'outrages il est exposé! Celui-ci ne le connaît pas; celui-là fait semblant de ne pas le connaître, un troisième le prend pour un homme vulgaire. On ne sait que trop, que de grands princes, qui couraient ainsi la nuit, travestis, ne respirant que leurs folles amours, ont essuyé les plus graves désagréments, jusqu'à être chargés d'injures, couverts de boue et poursuivis à coup de pierres. Hélas! que d'outrages, que d'insultes, que de vilenies, vous avez supportés, ô mon Jésus, dans l'Eucharistie, où vous êtes caché et inconnu, ne respirant qu'amour pour les hommes. On a vu des Juifs vous percer de leurs poignards, en disant : Si tu es le Dieu des chrétiens, prouve-le. Les Donatistes vous ont jeté aux chiens; les Vandales vous ont fait fouler aux pieds des chevaux; et les hérétiques, les mauvais prêtres,

les mauvais chrétiens, que d'injures, que d'irrévé-
rences, que d'affronts, que de sacrilèges ne commet-
tent-ils pas envers vous! Et moi-même, ô mon très
bon Jésus, que ne vous ai-je point donné à souffrir!
et cependant jamais vous ne vous êtes lassé d'aller, de
venir et de revenir à moi; et jusqu'à la fin des
siècles, jamais vous ne vous lasserez de descendre du
ciel sur la terre, tant est grand l'amour que vous
me portez! *Deliciæ meæ esse cum filiis hominum.*

Troisième point.

Un amant prodigue tout ce qu'il a, afin de complaire à l'objet de son amour. Combien, en effet, qui
dissipent les sueurs de leurs ancêtres, et des biens
accumulés pendant des siècles, en s'abandonnant misérablement à leurs passions brutales. On dépeint
l'amour nu, c'est parce qu'il se dépouille de tout.
Mais vit-on jamais un amant prodigue au point de se
donner lui-même en nourriture, pour s'unir plus
parfaitement à la personne aimée? Eh bien! c'est ce
qu'un Dieu a fait pour moi : *Dedit cœlum, dedit
terram, dedit regnum suum, dedit seipsum. Quid ultra
dare poterat charitas divina? O Deum, si fas est dicere,
prodigum sui!* Il nous a donné le ciel, il nous a donné
la terre, il nous a donné son royaume, il s'est donné
lui-même. Qu'est-ce que l'amour de Dieu pouvait
nous donner de plus? O mon Dieu! m'écrierai-je avec
saint Augustin, vous êtes, s'il est permis de le dire,
prodigue de vous-même.

Quelle surprise, et quel sentiment de reconnaissance, lorsqu'un grand personnage laisse à sa mort
quelque souvenir; par exemple, quand il laisse son
cœur à une église ou bien à une communauté reli-
gieuse. Mais enfin, qu'est-ce qu'un peu de chair
morte qu'on laisse plutôt encore qu'on ne donne?

Mon Dieu m'a fait un présent bien plus précieux; il m'a aimé jusqu'à se faire une même chose avec moi.

Si ce don, ou plutôt cette prodigalité n'avait lieu qu'une seule fois dans le cours de notre vie, ce serait déjà une faveur inappréciable; mais combien cette faveur augmente de prix, puisque nous pouvons y participer aussi souvent qu'il nous plaît! La manne était le symbole de l'Eucharistie. Chaque matin elle tombait en forme de rosée dans le camp des Israélites : *Pluit illis manna;* Dieu la faisait pleuvoir en leur faveur. Le savant Idiot remarque à ce sujet que l'Eucharistie coule pour nous avec l'abondance d'une source intarissable : *Panis Eucharisticus est similis aquæ, qua quivis licet pauper abundat.* Si pauvre qu'on soit, il est permis de s'en approcher.

S'il y avait une seule hostie consacrée dans le monde; à Rome, par exemple, combien entreprendraient ce pèlerinage? Quel bonheur ce serait de la voir et de la toucher! Viendrait-il à l'esprit de qui que ce soit de s'en nourrir et de la consommer? Et cependant cette grâce, ce don, me sont accordés si souvent, à moi qui suis si ingrat! Plus les hommes donnent de leurs biens aux autres, plus ils s'appauvrissent. Dieu, au contraire, ne peut jamais s'appauvrir, quelque chose qu'il donne; il ne peut s'appauvrir, dit saint Augustin, que lorsqu'il vient à se donner lui-même; car alors, tout puissant qu'il est, il ne saurait donner davantage; tout sage qu'il est, il ne saurait inventer rien de plus précieux; tout riche qu'il est, il ne saurait nous faire un don plus magnifique : *Deus, cum sit omnipotens, plus dare non potuit; cum sit sapientissimus, plus dare nescivit; cum sit ditissimus, plus dare non habuit.* Un barbare croira difficilement qu'un Dieu puisse en venir à cet excès; mais il croira plus difficilement encore que l'homme soit capable de rester insensible en présence d'un tel amour : *Homo tot congestis amoris carbonibus friget ad Deum.* Hélas! s'écrie Guillaume de

Paris, l'homme est entouré d'un brasier d'amour, et il n'a que de la froideur pour Dieu !

Saint Philippe de Néri, étant à toute extrémité, tenait les yeux à demi fermés, accablé qu'il était par la souffrance. On l'avertit que le cardinal Frédéric Borromée venait en personne lui apporter le saint viatique. Aussitôt ses yeux s'ouvrent et paraissent étincelants, il les fixe vers la porte de sa cellule et en voyant entrer le très saint Sacrement, il se mit à chanter avec transport : Voici mon amour, voici mon amour ! Voilà ton amour, voilà ton amant, ô mon âme : *Memoriam fecit mirabilium suorum misericors et miserator Dominus.* Ton Dieu, ton Seigneur a opéré par amour pour toi les plus grandes merveilles, les prodiges les plus surprenants. Mais, écoute, ô mon âme, écoute et confonds-toi : il y a un miracle plus grand que tous ceux-là, c'est que tu ne corresponds pas à ce prodigieux amour d'un Dieu. Oui, ô ingrate, ô insensible, tu fais ce miracle d'ingratitude.

Ah ! mon Dieu, vous avez voulu être tout à nous : notre Dieu, notre roi, notre guide, notre maître, notre frère, notre époux, notre trésor, notre nourriture, notre breuvage, notre sacrifice, pour nous persuader finalement que vous étiez notre amant ; que dis-je ? Le plus tendre, le plus parfait, le plus amoureux de tous les amants.

Pardonnez-nous, ô notre bon Dieu, si par intervalles notre foi vacille touchant le mystère de l'adorable Eucharistie. Nous croyons fermement le mystère de la sainte Trinité, parce que sa sublimité même nous donne une idée très haute de votre majesté infinie. Au contraire, dans le sacrement de nos autels, nous avons peur en quelque sorte d'ajouter foi à un tel excès d'amour, parce qu'il nous semble répugner à votre grandeur. Un Dieu, tout épris d'amour pour une misérable et chétive créature ! Un Dieu, ne pouvoir se détacher d'elle un seul instant ! Un Dieu, se résigner à vivre méconnu, outragé, pauvre, avili, anéanti, pour s'unir et même s'incorporer à sa créature! pour être sa nourriture et son breuvage! O merveille incompréhensible et ineffable de l'amour d'un Dieu!

RÉFLEXIONS.

I. Elisabeth, reine d'Angleterre, cette ennemie jurée et cette persécutrice de la sainte Eglise romaine, préluda à l'exil, à l'emprisonnement et au supplice des catholiques, en imposant une amende pécuniaire très considérable à tous ceux qui diraient ou feraient dire la messe dans son royaume, ainsi qu'à ceux qui se permettraient de communier ou de rendre un culte quelconque au très saint Sacrement. L'amende infligée à celui qui communiait était de quatre cents écus d'or. Aussitôt le décret promulgué, un seigneur catholique, très riche et très opulent, vendit deux des plus belles propriétés qu'il avait à Londres, et divisa l'argent en autant de sacs de quatre cents écus. Je ne veux pas, disait-il fort tranquillement, pour une poignée d'argent, me priver de la consolation de recevoir mon Dieu. Il communiait secrètement autant que possible; mais comme il ne manquait pas d'espions, plus d'une fois il fut accusé. A l'instant même, il portait sans la moindre difficulté un de ses sacs. Il payait en beaux ducats d'Espagne tout neufs, et très estimés en Angleterre, ajoutant qu'il ne pouvait pas mieux dépenser son argent, ni le faire avec plus de plaisir.

Déterminez avec le conseil de votre père spirituel, combien de fois vous devez raisonnablement vous approcher des Sacrements, quand même il vous en coûterait quelques difficultés. Oh! combien il importe de recourir à ce moyen pour vivre chrétiennement et saintement! Saint Charles, saint Philippe de Néri, et saint François de Sales conseillent aux personnes de

toute condition de communier une fois la semaine.
Ne soyez pas du nombre de ces infortunés, à qui
Jésus-Christ est à charge.

II. Mais il ne suffit pas de recevoir souvent Notre-
Seigneur, il faut le recevoir avec piété. C'est par
défaut de préparation et d'action de grâces qu'un
bon nombre, disait sainte Marie-Madeleine de Pazzi,
ne retirent que peu ou point de fruits de la sainte
communion.

Le calife Soliman s'étant emparé d'une ville chrétienne, fut curieux de connaître nos saintes cérémonies, et voulut voir l'évêque célébrer la sainte messe.
L'évêque la célébra donc, assisté de son chapitre et
entouré des chrétiens esclaves. Soliman qui observait
tout, fut saisi d'admiration. Au moment de l'élévation,
pendant que les assistants étaient inclinés profondément, Soliman s'approcha de l'autel, et ayant mis des
gants neufs de la plus grande blancheur, tout brodés
et ornés de pierreries, il voulut prendre la sainte
hostie entre ses mains. Il la considéra attentivement ;
puis sans aucun signe d'irrévérence, il la déposa sur
l'autel, et dit à l'évêque de poursuivre le sacrifice.
Ayant ensuite fait allumer un brasier, il y jeta la
paire de gants dont il s'était servi, disant à tous ceux
qui étaient présents, qu'après avoir touché le Dieu
des chrétiens, ils ne pouvaient plus servir à un
homme. Quelle confusion pour nous au tribunal du
souverain Juge, de voir tant de respect pour nos saints
mystères dans un infidèle, si nous-mêmes nous man-
quons de révérence pour l'auguste sacrifice et pour
l'adorable sacrement !

III. Ne nous contentons pas de communier fréquemment, et de le faire avec piété ; mais ayons soin de
ne point passer un jour sans visiter Jésus-Christ dans
nos églises, surtout quand il est exposé à la vénération
publique. Il y a des âmes fidèles, qui ne pouvant le
visiter en personne, l'adorent sept fois le jour dans

leur maison. La comtesse de Féria, étant restée veuve
à vingt-quatre ans, prit l'habit de Sainte-Claire. Elle
s'entretenait si souvent et si longtemps au pied de
l'autel, qu'on l'appela l'épouse du Saint-Sacrement.
Comme on lui demandait ce qu'elle faisait et ce qu'elle
pensait pendant ses longues heures d'adoration, elle
répondit : J'y demeurerais toute l'éternité. N'y trouve-
t-on pas l'essence même de Dieu qui sera l'aliment
éternel des bienheureux? Bon Dieu! ce qu'on fait
devant lui? Et qu'est-ce qu'on n'y fait pas? On l'aime,
on le loue, on le remercie, on le prie. Et que fait-on
devant un riche? Que fait un malade devant un médecin. Que fait un homme altéré devant une source
limpide? Que fait un affamé en présence d'une table
somptueuse? C'est ainsi qu'elle s'exprimait. Efforçons-
nous d'exciter les mêmes sentiments en nous à l'égard
du très saint Sacrement.

Et ici, je crois bien faire de vous proposer une
pratique pieuse en l'honneur du très saint Sacrement.
Elle consiste en une petite couronne de trois dizaines,
que l'on récite de la même manière que la couronne
en l'honneur des trente-trois années que Jésus-Christ
a passées sur la terre.

On commence par le verset : *Deus, in adjutorium
meum intende; Domine, ad adjuvandum me festina.* Seigneur, venez à mon aide ; Seigneur, hâtez-vous de
me secourir.

Au lieu du *Pater*, on récite la prière suivante :

> *Bone Pastor, panis vere,*
> *Jesu, nostri miserere.*
> *Tu nos pasce, nos tuere,*
> *Tu nos bona fac videre*
> *In terra viventium. Amen.*

O bon Pasteur, ô notre véritable pain, ô Jésus ayez
pitié de nous. Paissez-nous, défendez-nous et faites-

nous jouir de la félicité dans la terre des vivants.
Ainsi soit-il.

En place de l'*Ave Maria*, l'invocation suivante est
répétée dix fois.

> *Jesu, mei vita cordis,*
> *In te vivam, et propter te.*

O Jésus, la vie de mon cœur, faites que je vive en
vous et pour vous.

A la fin on dit le *Gloria Patri*, etc.

On termine cette petite couronne par la prière :
Anima Christi, que nous avons donnée ci-dessus.

Cet exercice peut se pratiquer pendant la messe,
après la sainte communion ou dans les visites au Saint-
Sacrement ; il est fort propre à exciter dans notre
cœur de vifs sentiments d'amour pour Jésus-Christ au
très saint Sacrement.

DERNIÈRE INSTRUCTION.

COMBIEN NOUS DEVONS ESTIMER LES PETITES CHOSES.

Nous ferons, sur cette importante vérité, deux
courtes réflexions qui nous sont suggérées par cette
sentence qu'on lit au chapitre septième de l'Ecclésiastique : Celui qui craint Dieu, ne néglige rien : *Qui
timet Deum, nihil negligit.*

Une âme qui a vraiment la crainte de Dieu et qui
prétend assurer son salut le mieux possible, ne se
hasardera jamais à négliger rien que ce soit qui
puisse l'aider dans son dessein, ni à faire rien que ce
soit qui puisse la détourner du but. Elle ne néglige
absolument rien, c'est-à-dire premièrement, qu'elle
n'omet rien, qu'elle ne laisse rien échapper, secondement qu'elle ne méprise rien, qu'elle ne fait rien

avec insouciance. Telles sont les deux significations de ce mot, négliger. Expliquons-les en peu de mots.

En premier lieu, une âme qui a efficacement résolu de conquérir le paradis, ne néglige aucun bien ; elle n'a garde de perdre les occasions favorables, ni les bonnes inspirations ; elle n'a garde d'omettre aucun de ses exercices accoutumés : *Nihil boni negligit.*

Secondement, une âme qui désire sincèrement se sauver, ne néglige aucun mal, c'est-à-dire qu'elle ne se permet pas les moindres fautes, sous prétexte que c'est un petit mal, que c'est un péché véniel sans conséquence. Elle ne perd point la moindre parcelle de la grâce de Dieu. Non, elle ne néglige aucun mal. Ah ! mon Dieu, si dans le cours des saints exercices, quelque poussière d'imperfection ou de négligence s'est attachée à moi, faites que je la secoue une bonne fois pour toutes.

Premier point.

Réfléchissez donc que le Saint-Esprit ne dit pas : Celui qui craint Dieu n'omet aucun bien. Il est certain que des âmes justes omettent une foule de bonnes œuvres ; ainsi elles laissent bien des messes qu'elles pourraient entendre ; elles laissent de même certaines aumônes et certaines pénitences qu'elles pourraient faire à la rigueur ; mais ce n'est ni par paresse ni par négligence ; c'est plutôt par faiblesse ou par pusillanimité qu'elles les omettent. Ce n'est pas non plus par mépris ou par insouciance, sous prétexte qu'elles peuvent se sauver sans cela. Mais quant aux bonnes œuvres qu'elles se sont prescrites, comme la prière du matin, l'examen du soir, la fréquentation des Sacrements, il faut qu'elles prennent bien garde de les omettre ou par caprice ou par dégoût. Si on les laisse, ce ne peut être que pour un motif honnête et raisonnable, mais jamais par motif de paresse. On doit même prendre garde de les remettre d'un temps à un autre, en disant : Je les ferai plus tard ; car il arrive souvent ainsi qu'on ne les fait pas du tout.

Quand donc il m'est arrivé d'omettre mes exercices de piété, malgré toutes mes résolutions contraires, avais-je toujours une raison légitime? Oh ! que de fois je les ai laissés par pure paresse, et peut-être par une insouciance coupable. A quel état de pauvreté et d'indigence, je me suis réduit par cette conduite? La lâcheté, dit l'Esprit-Saint, enfante l'indigence. *Egestatem operata est manus remissa.* C'est là un signe évident que je n'ai point d'amour pour Dieu, car l'amour triomphe de toutes les difficultés : *Omnia vincit amor.* C'est un signe que je n'ai même pas la crainte de Dieu, car je ne crains pas qu'il m'abandonne et qu'il me paie de la même monnaie, je ne crains pas qu'il me refuse ses grâces spéciales et qu'il me laisse tomber dans des fautes plus graves. Qui sait, hélas ! si je ne me suis pas déjà précipité dans cet abîme.

Elisabeth, cette reine d'Angleterre dont nous avons déjà parlé, avait coutume de dire avec humeur à ceux qui ne remplissaient pas ses moindres ordres et qui s'excusaient de les avoir oubliés : Celui qui oublie, montre qu'il fait peu de cas de celui qui commande; j'aurai soin de vous donner à l'avenir de la mémoire. Or, si un pur oubli dans le service d'une personne haut placée, paraît une si grande offense, que sera-ce de la négligence, et de la négligence volontaire dans le service de Dieu?

A celle dont vous vous êtes rendu coupable jusqu'à présent, opposez désormais une plus grande application à tous vos devoirs; reprenez tous vos exercices spirituels, et remplissez-les avec zèle, car il y a une malédiction pour ceux qui s'acquittent avec négligence de l'œuvre de Dieu : *Maledictus qui facit opus Dei negligenter.* Pesez bien ces deux termes, *œuvre de Dieu et négligence.* On lit dans un des ouvrages du père Nieremberg, qu'un homme juste et jaloux de mériter

le paradis est comparable à un négociant avare.
Est-ce qu'un avare néglige les plus petits gains? Quelle
envie ne porte-t-il pas à ceux qui font plus d'affaires
que lui? Je serai donc attentif pour acquérir du mérite
et faire du gain pour le ciel en tout temps et dans
chacune de mes actions.

Second point.

Réfléchissez en second lieu, qu'une âme qui craint
Dieu ne néglige aucun mal, *nihil mali negligit.* L'Esprit-Saint ne dit pas qu'elle ne commet aucun mal,
car les justes eux-mêmes tombent dans des fautes
légères, au moins par intervalles : *Septies cadit justus;
et in multis offendimus omnes;* mais le juste ne néglige
aucun mal, parce que s'il vient à tomber dans quelque faute vénielle surtout délibérée, il ne la méprise
pas, il ne la regarde pas comme un mal léger; il en
conçoit de la douleur et du regret, il s'en humilie
devant Dieu, et met tous ses soins à s'en corriger.
Le juste considère le péché véniel comme le plus
grand de tous les maux physiques, comme un mal
plus affreux que toutes les fièvres, toutes les plaies et
toutes les douleurs réunies d'un hôpital entier, et
même comme un mal plus affreux que tous les supplices de l'enfer. En effet, quand même, par un péché
véniel, il aurait converti tous les pécheurs, amené à
la foi tous les païens, Dieu ne laisserait pas pour cela
d'en être offensé, et il ne laisserait pas de punir ce
péché par la plus grande de toutes les peines temporelles, qui est la peine du purgatoire; enfin il ne
laisserait pas de bannir ce juste de sa présence, jusqu'à
l'entière expiation de sa faute.

En outre, quelque petite passion vient-elle à se
former dans son cœur? le juste la regarde comme un
serpent venimeux, ou comme une étincelle qui peut
causer un grand incendie. Jamais il ne dit avec un

sourire de mépris : Bah ! ce n'est qu'un petit mal, ce n'est qu'un petit mal. Si ensuite il a le malheur de tomber dans une faute plus grave, ou s'il doute seulement d'y être tombé, alors plus que jamais, il ne néglige rien ; il se garde bien de se dire à lui-même : Confesser un péché ou bien en confesser deux et trois, c'est la même chose. Il se garde bien de se livrer au repos et de vivre tranquille avec cette épine dans l'âme ; il s'excite aussitôt à la contrition, et attend avec impatience le moment d'aller se jeter aux pieds d'un confesseur, parce que ce péché lui est un poids horrible sur la conscience.

Non seulement il ne néglige pas le *péché*, mais il n'en néglige pas même l'*occasion* ; au contraire, il la fuit, il la déteste, et il s'en tient éloigné comme du diable. Sainte Thérèse, parlant de sa jeunesse, disait qu'elle était attentive à ne commettre aucun péché mortel, mais qu'elle tenait trop peu compte du véniel, et voilà, ajoute-t-elle, ce qui a causé ma ruine.

Celui qui est fidèle dans les plus petites choses, le sera aussi dans les grandes ; et celui qui est infidèle dans les petits détails, le sera également dans les choses de plus grande conséquence. Telle est la parole de Jésus-Christ lui-même dans saint Luc. *Qui fidelis est in minimo, et in majori fidelis est ; et qui in modico iniquus est, et in majori iniquus est.*

Souvenez-vous de la statue que Nabuchodonosor vit en songe. Elle avait la tête d'or, les épaules d'argent, la poitrine de bronze, les cuisses de fer, et enfin les pieds d'argile. Voilà l'image de celui qui déchoit peu à peu de la piété. La première chute le fait passer de l'or à l'argent ; la seconde de l'argent au bronze ; en cet état, il conserve encore quelque bonne renommée, comme le bronze a du retentissement ; il passe encore pour un homme qui craint Dieu et qui a de la piété. Et puis, que devient-il ? du fer et de l'argile ; et alors,

il suffit d'une petite pierre lancée de haut, et le colosse
est à terre.

L'historien Suétone raconte que Caïus Caligula
commença son règne sous les auspices les plus heureux. Il énumère quelques-uns de ses beaux faits, et
puis il conclut en ces termes : Jusqu'ici nous avons
parlé du prince, désormais nous allons parler du
monstre *Hactenus quasi de principe; reliqua ut de
monstro narranda sunt.* Jeune homme, si vous passez
en revue les premières années de votre vie, oh! quels
heureux commencements! quelle pureté dans vos
mœurs! quelle modestie dans votre conduite! Vos
confessions étaient fréquentes alors et votre piété
vraiment tendre : voilà pour le chrétien adolescent;
mais dans la suite des années, oh! quel monstre.
Reliqua, ut de monstro. Et quel fut le plus grand tort
de Caligula? Ce fut de se soustraire aux regards de sa
mère. Ah! celui qui perd le respect envers ses parents,
et qui délaisse sa bonne mère Marie, celui-là s'expose
au danger affreux de mener une vie de monstre.

Notre historien conclut que les vices de Caligula se
fortifiant toujours, il en vint enfin à un éclat scan-
daleux : *Paulatim invalescentibus vitiis, ad majora
erupit.* Tels vices énormes qui maintenant nous font
horreur, nous deviendront familiers avec le temps, si
nous nous familiarisons avec d'autres péchés moins
criants. Malheur à vous, qui traînez à votre suite la
chaîne trompeuse de l'iniquité! *Væ qui trahitis iniquitatem in funiculis vanitatis;* ou bien, comme porte une
autre leçon : *Væ qui incipiunt pusillum peccare, tra-
hentes peccata.* Comment se façonnent les cordes ou les
liens? au moyen de petits fils que l'on tord ensemble,
et c'est ainsi qu'on forme des traits pour les chariots,
et des câbles pour les navires. Un péché en appelle un
autre; c'est un abîme qui invoque un autre abîme. On
pèche de nouveau, parce qu'on a déjà péché, et ce
second péché est causé par le premier, pour ne pas

dire qu'il en est le châtiment. Ainsi parle saint Augustin, qui en avait fait la triste expérience : *De peccato ad peccatum, ad peccatum propter peccatum.*

Voulez-vous conserver le fruit des saints exercices, ayez pour maxime de faire grand cas des petites choses, soit en bien, soit en mal ; et commencez dès ce moment à la mettre en pratique. C'est le Rédempteur lui-même qui nous le dit de sa bouche divine : que sert à l'homme de gagner tout l'univers, et de souffrir quelque préjudice pour son âme ? *Quid prodest homini, si mundum universum lucretur, animæ vero suæ detrimentum patiatur ?* Remarquez-le bien, Notre-Seigneur ne parle pas de la perte totale de notre âme, mais de tout dommage, même léger, qu'elle pourrait encourir. *Animæ vero suæ detrimentum patiatur ?*

De même que se promener, voyager, courir, sont des exercices corporels ; de même préparer et disposer son âme, pour en bannir toutes les affections déréglées, et ces affections une fois écartées, pour chercher et trouver la volonté de Dieu, relativement à notre conduite et au salut de notre âme, voilà ce qui s'appelle exercices spirituels.

Sicut deambulare, iter facere, et currere, exercitia sunt corporalia; ita præparare et disponere animam, ad tollendas affectiones omnes male ordinatas, et his sublatis, ad quærendam et inveniendam voluntatem Dei circa vitæ suæ institutionem, et salutem animæ, exercitia vocantur spiritualia. (Saint Ignace.)

DEUXIÈME PARTIE

MAXIMES ÉTERNELLES

LECTURE PRÉPARATOIRE.

Iʳᵉ CONSIDÉRATION.

CONVENANCE ET NÉCESSITÉ DES EXERCICES SPIRITUELS.

Dedimus corpori annum; demus animæ dies. Vivamus paululum Deo, qui sæculum viximus totum. Seponamus domesticas curas. (S. Petrus Chrysologus, serm. XII.)

Nous avons donné une année au corps; donnons quelques jours à l'âme. Vivons un peu pour Dieu, après avoir vécu si longtemps pour le monde. Oublions pour un moment nos affaires domestiques.

Combien est juste et raisonnable cette demande que l'âme nous adresse, afin d'obtenir quelques jours, après que nous avons consacré des mois et des années au corps! L'âme est une partie essentielle de l'homme, aussi bien que le corps; il serait donc juste qu'elle fût mise sur un pied de parfaite égalité avec lui. Ce n'est pas assez; si je considère la dignité de mon âme et sa prééminence incontestable sur le corps, je dois en conclure qu'elle mérite que je lui consacre toutes mes années, et que j'accorde à peine quelques moments, en passant, au soin de mon corps.

Mais hélas ! les choses ne se passent pas ainsi ; et c'est l'âme qui est réduite à présenter une requête si modeste, si mesurée et si raisonnable : Vous avez donné toute une année au corps, accordez-moi du moins quelques jours : *Dedisti corpori annum; da animæ dies.*

Dans toutes les stipulations ou contrats, dans tous les testaments, dans tous les actes publics et même sur tous les monuments, quand on cite l'année, on a soin d'y joindre cette épithète : *L'an du Seigneur,* ou *l'an de grâce.* De même, dans tout récit historique, si on désigne l'époque, on ajoute : L'an *de notre salut.* Oh ! quel beau surnom que celui-là ! L'an du salut marque bien moins le temps que l'éternité ; il ne compte pas par jours, mais par siècles éternels.

Eh bien ! nos années passées ont-elles toutes été des années du Seigneur ? Hélas ! celles de notre enfance se sont écoulées en puérilités ; celles de notre jeunesse ont été marquées par la licence et le péché ; celles de l'âge mûr sont tout employées aux affaires ; enfin celles de la vieillesse ne valent presque plus rien ni pour Dieu ni pour le monde. Quand voulons-nous donner une année à Dieu ? Et si une année nous paraît trop, comment lui refuser quelques jours pendant lesquels nous soyons vraiment tout à lui ? *Dedimus corpori annos ; demus animæ dies.*

En considérant combien de temps vous avez donné au corps, et en le comparant à celui que vous avez donné à votre âme, vous avez vraiment sujet de vous confondre. Mais combien vous aurez encore plus sujet de rougir, si vous réfléchissez au mérite de l'un et de l'autre. Pesez un moment ce que vaut le corps, et ce que vaut l'âme. Votre corps est originairement de terre : *Formavit Deus hominem de limo terræ.* Terrestre et massif, il est forcé de ramper sur la terre, jusqu'à ce qu'il retourne dans la terre d'où il est sorti : *Pulvis es, et in pulverem reverteris.* Remarquez en outre com-

bien d'humeurs infectes s'engendrent dans ce corps!
Que d'immondices ne produisent point la pituite, la
sueur, la pourriture! Que d'infirmités pullulent dans
cette pauvre chair! Comme un peu d'air l'incommode!
Dans ce corps naissent des vers rebutants, des pierres,
des tumeurs venimeuses; il en sort des exhalaisons
pestilentielles. Oh! qu'il est donc vil! Aussi les païens
eux-mêmes l'appelaient une sentine d'infection et une
fourmilière de vers. Le Saint-Esprit l'a comparé à
une herbe qui se fane : *Omnis caro fœnum.* Oui, le
corps du jeune homme le plus élégant, et du prince
le plus magnanime, n'est que terre et limon.

Et cependant quand ce corps souffre, que ne fait-on
pas pour le guérir? Faut-il pour cela s'incorporer
toute une boîte de pilules pleines d'amertume? on
s'y résigne. Que dis-je? faut-il ouvrir la veine et en
tirer du sang en abondance? on se laisse saigner.
A-t-il soif? vite, un rafraîchissement ou un verre d'eau.
Mais non, le médecin défend de boire, et on ne boit
pas; et quelle que soit l'ardeur de la fièvre, quelque
insupportable que soit la soif, on la souffre et on obéit.
On n'a pas d'appétit, et pourtant il faut manger. On
éprouve la faim, ou désire manger; non, le médecin
prescrit la diète, et on jeûne, et on observe à la
lettre le carême imposé par le docteur. Ce n'est pas
tout encore. La gangrène se met dans une plaie; il
faut la brûler vive; on se laisse brûler. Le bras est
dévoré par une fistule; il faut couper l'os; on le laisse
couper. La pierre tourmente; il faut ou mourir ou
l'extraire avec des instruments horribles à voir : pré-
parez vos instruments, taillez, tourmentez, faites tout
ce que vous voulez, pourvu que vous me sauviez la vie.

Et moi, je vous demande si, avec toutes ces souffrances et si avec toutes ces dépenses on réussit toujours à sauver la vie du corps? Quelquefois oui, et
quelquefois non. Et quand, après tant de sacrifices et
de souffrances, vous aurez récupéré la santé, la con-

serverez-vous pendant quelques années ? Hélas ! pauvres années ! qui peut vous en donner l'assurance ?

Et pour la vie de cette âme spirituelle et immortelle, qui est la fille de Dieu, pour cette vie de notre âme qui est impérissable, ô mon Dieu, qu'est-ce que l'on fait? Saint Jean Chrysostome résume en ces termes tout ce que nous venons de dire : Est-on malade? aussitôt on appelle les médecins, on répand l'argent à pleines mains, et on se soumet scrupuleusement aux ordonnances. Chaque jour, notre âme est blessée ; à chaque instant, elle est déchirée, brûlée, jetée dans le précipice, enfin elle périt de toutes les manières ; et nous n'avons pas le moindre souci de ses besoins. *In infirmitate, statim medicos adhibemus, et pecuniam profundimus; et cum omni observantia, quod convenit, agimus. Anima vero, cum quotidie vulneretur, cum per singula lanietur, uratur, præcipitetur, et modis omnibus pereat, ne parva quidem pro ea nos cura sollicitat.*

Si les exercices de la retraite pouvaient contribuer à la santé du corps, il n'y a point de malades dans les hôpitaux qui ne voulussent ardemment s'y livrer. Si la fréquentation des sacrements, si la pureté de conscience, si la pratique de l'aumône pouvaient servir à embellir la figure, à fortifier la santé, oh ! combien s'empresseraient autour des saints autels ! Eglises, vous seriez en trop petit nombre ! prêtres, vous ne suffiriez pas à la multitude des pénitents ! Mais ces remèdes ne sont bons que pour cette âme qu'on méprise, qu'on dégrade et qu'on met bien au-dessous du corps. Et qu'importe, pauvre âme, que tu vives dans l'esclavage du péché et de Satan, et que tu sois tyrannisée par mille passions? Voilà comment on raisonne, du moins dans la pratique, quand on ne se soucie pas de purifier son âme du péché, qu'on la laisse gémir dans les chaînes de l'enfer, et qu'on ne veut se gêner en rien pour la sauver.

Saint Bernard nous fait cette question : Souffririez-

vous que, dans votre maison, vos enfants fussent les
serviteurs de vos domestiques? Que diriez-vous, si les
courtisans allaient à cheval, lorsque le roi va à pied,
et si la reine était la servante de ses dames d'honneur?
Et vous pouvez souffrir ce désordre dans votre propre
intérieur! *Vidi servos in equis, et principes ambulantes
super terram, quasi servos.* J'ai vu un esclave superbe-
ment monté sur un coursier, et le maître, le seigneur,
le comte, le marquis, le prince marcher à pied. Il y
a quelque chose de pis, dit le père d'Avila. Non seulement on voit l'esclave à cheval et le prince à pied,
mais j'ai vu le cheval brider le maître, le gouverner
et le conduire à sa fantaisie. Quelle extravagance!
Quelle monstruosité! Un homme distingué par ses
emplois, par ses connaissances, par sa bravoure, par
sa capacité, être gouverné par un animal sans raison!
L'âme être gouvernée par le corps! La reine obéir, je
ne dis pas à un esclave, mais à une bête! Est-il possible que l'on fasse si peu de cas de l'âme, en comparaison du corps! Ah! par pitié pour vous-même,
sauvez votre âme; ayez compassion de votre âme:
Salva animam tuam, miserere animæ tuæ.

Considérez ensuite en quoi le corps doit finalement
se résoudre : en une pourriture si vile, que vous ne
sauriez trouver de différence entre le cadavre du plus
grand des monarques et celui du plus abject animal
qu'on jette en terre pour le faire pourrir. Or, si vous
avez consumé la meilleure partie de vos années au
service d'un corps si vil à son origine, si fragile et si
corruptible, n'est-il pas juste et raisonnable que vous
employiez du moins quelques jours pour votre âme
qui infiniment plus noble, parce qu'elle est un esprit
immortel qui surpasse en prix tout le monde visible?
pour cette âme que Dieu a créée à l'image de la très
sainte Trinité, et qu'il a destinée à être la compagne
des anges du ciel pendant toute l'éternité?

Pour vêtir votre corps, que de dépenses ne faites-

vous pas en une année? Et pour orner votre âme du
vêtement des vertus, ce serait trop de dépenser quelques jours? Pour nourrir votre corps, que d'aliments,
non seulement nécessaires, mais même exquis et
recherchés, ne vous faites-vous pas préparer? Et votre
âme n'aurait pas son jour de festin, pour se nourrir
avec plus d'abondance de saintes réflexions, de lectures, de lumières célestes et de salutaires résolutions?
Pour amasser des richesses utiles au corps, pour appro-
prier votre demeure, pour vous faire une maison de
campagne, un théâtre, en un mot pour vous procurer
le bien-être matériel, que de soins et d'études? Et pour
enrichir votre âme de grâces, pour lui assurer autant
que possible une place dans le ciel, et cela pour toujours, vous ne feriez pas volontiers une retraite spirituelle de quelques jours? Oh! quelle injustice ou quel
aveuglement, s'écrie saint Augustin : Tout donner au
corps et rien à l'âme ! *Totum dare corpori, animæ nihil.*

Ce n'est pas tout encore. Remarquez que pour bien
traiter votre corps, vous n'avez pas fait difficulté de
blesser grièvement votre âme : chaque péché que
vous avez commis pour contenter votre corps, a été
une blessure mortelle pour votre âme. Savez-vous ce
que vous avez dit par le fait? que cette âme si belle,
si noble, que cet esprit immortel soit souillé, qu'il
souffre, qu'il périsse, pourvu que je contente ce corps
vil, immonde, corruptible, qui n'est que poussière et
pourriture !

Et ce traitement injuste, vous l'avez fait subir à
votre âme, non point un jour, ni même une année,
mais pendant toute une longue suite de jours et
d'années. N'est-il donc pas bien convenable, bien
nécessaire de changer de procédés, et de donner
quelques jours au soin de votre âme, lors même que
le corps devrait en pâtir?

Est-ce que par hasard votre âme ne vous appartien-
drait pas tout autant que votre corps? Voilà certes

une chose déplorable et étonnante, dit saint Jean
Chrysostome : Vous aimez tant vos richesses, vos possessions, votre maison, vos enfants, vos chevaux même
et vos chiens, parce qu'ils sont vôtres ; vous aimez
votre opinion, votre caprice, parce qu'ils sont vôtres ;
et il n'y a point au monde d'homme si obscur qui soit
disposé à céder du premier coup un pouce du terrain
qu'il estime lui appartenir ; l'âme seule, cette âme
qui vous touche de plus près que tous vos biens et
que votre corps même, puisqu'un jour vous les abandonnerez tous, cette âme, dis-je, est la seule propriété qu'on perde de vue, qu'on néglige et qu'on
abandonne. Si vous aviez au corps l'âme d'un Turc,
pourriez-vous la traiter plus mal ?

Ah ! ma pauvre âme, il n'en sera plus désormais
ainsi ! Je vais employer de tout mon cœur ce peu de
jours pour vous : *Custodiam animam meam sollicite,
anima mea in manibus meis semper.* Oui, je garderai
mon âme avec une pieuse sollicitude ; je la tiendrai
toujours entre ses mains, et si ce n'est pas toujours,
ajoute saint Bernard, ce sera du moins souvent, et
si ce n'est pas souvent, ce sera du moins une bonne
fois : *Si non semper, saltem sæpe, si non sæpe, saltem
semel.* Or, ma pauvre âme, toi que j'ai rejetée en
arrière, comme si tu ne m'appartenais pas, toi que
j'ai même foulée aux pieds comme une fange hideuse,
voici le moment, voici les jours, où je vais fixer mes
regards, mon attention et mes soins sur toi : *Anima
mea in manibus meis semper.*

Enfin, considérez le besoin non seulement grave,
mais peut-être extrême que votre âme a de ces jours
de retraite. Si elle vous apparaissait telle qu'elle est,
comme elle apparut autrefois à Don Sancia de Cari-
glio, sa misère vous inspirerait sans nul doute une
vive compassion. Représentez-vous-la, chargée peut-
être des chaînes d'une foule de mauvaises habitudes,
qui la captivent et la rendent esclave. Peut-être est-

elle dans un état de mort, à cause des péchés mortels
dont elle est souillée et qui l'ont privée de la vie précieuse de la grâce. Peut-être est-elle plongée dans la
fange honteuse des vices et ravalée au niveau des
brutes. Peut-être est-elle toute rongée de vers et
hideuse comme un cadavre en putréfaction. Peut-être
est-elle dominée par toutes sortes de passions. A cette
vue, comment ne pas vous écrier avec un sentiment
de pitié : O ma pauvre âme, à quel misérable état je
te vois réduite ! Je te vois semblable à Job étendu sur
un fumier infect et fourmillant de vers ; de la plante
des pieds jusqu'au sommet de la tête, il n'y a rien de
sain en toi. *A planta pedis usque ad verticem capitis non
est in eo sanitas.*

Quand le prochain se trouve dans une nécessité
extrême, nous sommes obligés de le secourir ; mais
quelle nécessité plus pressante que celle dans laquelle
je vois mon âme? Elle est affamée, et n'a point de
pain. Elle est nue, et dépouillée de vertu ; elle est
captive, enchaînée, couverte de plaies et semblable à
un cadavre.

Si mon corps était le théâtre d'autant de maladies
que mon âme, quel soin ne prendrais-je pas de sa
guérison ? Combien je souffrirais, et combien n'ai-je
pas déjà souffert pour le guérir de maux beaucoup
moindres?

Examinez un peu en détail l'état de votre âme, et
voyez combien elle est malade. Voyez cette mémoire
qui retient si vivement le souvenir des moindres
injures, et qui oublie si vite les bienfaits et le pardon
qu'elle reçoit de Dieu. Voyez comme elle est remplie
de fantômes impurs, de projets d'élévation, de fumée
de vanité. Voyez cette intelligence qui se repaît de
tant de pensées mauvaises, de tant de chimères et de
châteaux en Espagne, de tant de vains projets,
comme si ce monde devait toujours durer pour nous.
Cette intelligence est remplie de préjugés et de maxi-

mes fausses, contraires à l'Evangile, et d'après lesquelles pourtant elle gouverne toutes vos actions.
Voyez enfin cette volonté, si peu constante dans le
bien, si inclinée au mal. Voyez de plus combien vos
bonnes œuvres mêmes sont imparfaites, vos prières
sans application et sans profit, vos dévotions sans
mérite, et les sacrements sans fruit.

Et c'est bien là mon âme ? c'est là cette âme d'une
origine si noble, si précieuse devant Dieu, si belle à
cause de l'empreinte divine qu'elle porte ? Et comment est-elle si défigurée, si dégradée, si contrefaite?
O mon Jésus, reconnaissez-vous encore cette âme pour
l'œuvre de vos mains ? Ah ! c'est plutôt le démon qui
a droit de la revendiquer, tant elle lui ressemble! O
mon très aimable Rédempteur, je vous promets de
faire pendant ces jours de retraite, tout ce qui sera
en mon pouvoir pour l'embellir, et j'espère le secours
de votre grâce pour réussir dans ce bon dessein.

IIᵉ CONSIDÉRATION.

MOTIFS ET MOYÈNS POUR BIEN FAIRE LES EXERCICES.

Ils disposent à bien mourir — on doit les faire avec
tout le recueillement possible.

Le cardinal Bellarmin, cet homme de Dieu, dit
dans le précieux ouvrage qu'il a publié sur l'art de
bien mourir, qu'un excellent secret pour se ménager
une bonne mort, c'est de faire chaque année les exercices de saint Ignace. Ces exercices sont un travail
admirable et d'une vertu très efficace, à tel point que
certains hérétiques les ont appelés un enchantement,
une œuvre de magie qui bouleverse l'esprit de l'homme.
Qu'ils bouleversent l'esprit, c'est une calomnie, mais
qu'ils redressent les esprits bouleversés, voilà qui est

vrai. En effet, dès le premier pas, ils nous conduisent à la connaissance de l'unique fin pour laquelle nous sommes créés, fin qui n'est autre que Dieu lui-même ; ils nous apprennent la nécessité d'y atteindre, puisque c'est en cela que consiste notre félicité; ils nous découvrent les obstacles qui traversent notre route, c'est-à-dire le péché; ils nous montrent le guide assuré qui nous conduit à notre fin, et c'est la vie, la doctrine, la sainte loi de Jésus-Christ.

Afin que vous voyiez combien est fondée cette proposition, que les exercices bien faits sont une excellente préparation à la mort, écoutez ce qui va suivre.

Le moment de la mort n'est critique que pour deux motifs. Le premier, ce sont les péchés commis par le passé ; le second, ce sont les péchés qu'on peut commettre, aux approches même de la mort, par suite des tentations de l'ennemi. Le pas est difficile, le pied chancelle, le fardeau qui pèse sur les épaules est lourd, et le vent souffle avec furie ; comment donc, disait un certain homme, voulez-vous franchir ce passage ?

Or, la première partie des exercices a pour but de purifier l'âme de ses vices ; elle tend à lui faire déposer et jeter loin d'elle le fardeau accablant de ses iniquités, pour qu'elle puisse ensuite élever vers Dieu un regard de confiance. Cette première partie nous fait considérer la laideur du péché, à raison de l'opposition qu'il a avec Dieu, notre fin dernière ; elle nous en fait considérer la punition effroyable. Elle nous fait rechercher nos fautes dans les examens particuliers pour nous en corriger ; elle nous propose les motifs les plus pressants qui soient dans l'évangile, pour nous inspirer le regret du passé, avec un ferme propos d'éviter le péché à l'avenir. Ainsi, supposez qu'on fasse bien les exercices spirituels ; si on venait ensuite à mourir, il ne resterait plus un seul péché passé qui pût nous rendre la mort amère ; et d'autre part, le démon ne nous trouverait plus assez souples pour nous rendre à ses suggestions ; il trouverait au contraire en nous une trempe de diamant capable de résister à tous ses efforts.

Dans les prisons de Castille se trouvait un ecclésiastique, coupable de plusieurs grands crimes, deux fois apostat, et qui s'était rendu tristement célèbre par ses brigandages et ses scélératesses. Tant de crimes méritaient à juste titre une condamnation au feu. Le démon est extrêmement jaloux d'enrôler les ministres du Seigneur parmi ses suppôts, et lorsqu'il lui arrive de faire la conquête de l'un d'eux, il en fait son instrument par excellence et son plus fidèle organe. Or, ce pauvre malheureux causant avec un père de la Compagnie, le nom d'exercices spirituels tomba dans la conversation, et il sentit le désir de les essayer. Ayant donc trouvé une image du crucifix, il la suspendit au mur enfumé de sa prison, et plaça en face une lumière. Il recevait du père les points de méditations, les lisait à la lueur d'une lampe, et les méditait au pied de son crucifix. Les premières méditations qu'il fit lui inspirèrent une telle horreur de lui-même et de sa vie, que dans sa ferveur, il se livra aussitôt aux plus rudes pénitences. Il se couvrit tout le corps d'un âpre et affreux cilice, commença à se flageller toutes les nuits, et toujours jusqu'au sang, à jeûner tous les jours, se contentant de pain et d'eau trois jours par semaine ; et dans la confession générale qu'il fit en versant un torrent de larmes, il protesta qu'il ne chercherait aucun moyen pour éviter le supplice auquel il serait condamné, quelque douloureux et infâme qu'il pût être, et cela, parce qu'il reconnaissait en mériter davantage.

Et ce ne fut pas une ferveur passagère. Les exercices terminés, il continua, pendant tout le temps qu'il demeura encore en prison, à prendre la discipline, à jeûner et à méditer chaque jour. Non content de s'être converti lui-même, il se mit à prêcher aux compagnons de sa captivité, aux criminels, aux prisonniers ; et par la force de ses discours et de ses exemples, qu'il accompagna d'aumônes, car il avait quelque fortune, il obtint de très grands succès. La prison fut comme changée en un oratoire, où l'on entendait chanter à deux chœurs, tantôt le rosaire, tantôt les litanies ou d'autres prières. Il en bannit totalement les blasphèmes et les imprécations, qui sont l'assaisonnement ordinaire de ceux qui mangent le pain de douleur. Le bruit s'étant répandu dans la ville qu'un scélérat si fameux par ses crimes, était converti d'une façon si exemplaire, on vit accourir à la prison des personnages de tout état, ecclésiastiques et séculiers, pour entendre les sermons de cet illustre pénitent. Celui-ci leur adressait la parole de la grille de sa prison, semblable en quelque sorte à un saint Paul chargé de chaînes. Après l'avoir entendu, on se retirait les larmes aux yeux et le cœur pénétré de componction.

Enfin la conversion de cet homme fut si éclatante et si durable, que les juges eurent la pensée de lui faire grâce de la vie et de le laisser dans la prison pour servir d'exemple aux condamnés. A cette nouvelle, le converti adressa au tribunal les plus instantes requêtes, pour obtenir d'être publiquement et honteusement dégradé, et puni du dernier supplice. D'autres n'auraient point fait autant de démarches pour y échapper.

Enfin les juges, mêlant la clémence à la justice, le condamnèrent aux galères, afin qu'il pût s'y consacrer au salut des esclaves. La sentence prononcée, dans l'intervalle de son exécution, notre pénitent fut saisi d'une fièvre très violente qui le réduisit en peu de temps à l'extrémité. Un des plus grands scélérats que le monde eût portés, mourait donc comme un des plus grands saints qui ont vécu dans le cloître. Il

mourait, l'œil limpide, le regard serein, l'esprit en
repos, l'âme toute en Dieu, tenant des discours tout
célestes, et avec les transports d'un séraphin. Sentez-
vous encore le poids de vos énormes iniquités? lui
demanda-t-on. Non, répondit-il, je m'en suis déchargé
sur les épaules de mon Jésus. — Etes-vous combattu
pas les tentations? — Oui, mais vous êtes avec moi,
Seigneur, et je ne craindrai pas. — Vous repentez-
vous d'avoir offensé votre Dieu? — A cette demande,
il ne savait que dire : Que mon cœur parle, dit-il, ou
plutôt qu'il se brise de contrition. — Espérez-vous le
paradis? — Je l'espère, car le bon larron l'a aussi
obtenu ; après Jésus et Marie, c'est lui que je prends
pour mon principal avocat, parce que je ne l'ai que
trop bien imité dans ses crimes.

C'est au milieu de ces affections et d'autres plus
tendres encore, que mourut en saint un apostat, grâce
au travail ou plutôt au renouvellement que les saints
exercices avaient opéré en lui en peu de temps. On
peut dire qu'ils avaient été pour cette âme comme ce
moule où l'on jette le métal fondu et d'où sort bientôt
une statue parfaitement achevée.

J'aurais cent autres exemples semblables à citer; je
les omets pour n'être pas trop long. Mais qu'il me soit
permis d'en tirer la conséquence : si un homme
plongé dans la fange du crime, comme le fut celui-ci,
s'en est dégagé si bien, et est mort avec tant de sécurité, qu'en sera-t-il des âmes qui sont bien éloignées
d'avoir commis tant de crimes, et qui sont positivement meilleures? Un pécheur de si vieille date, un
malade si incurable, recouvre une santé parfaite et
s'élève à une haute sainteté, en passant par le creuset
des exercices ; comment des âmes beaucoup moins
coupables et dont les passions sont moins violentes
et moins impérieuses, n'arriveraient-elles pas à des
résultats tout aussi consolants?

Mais ne croyez pas que, pour bien faire les exer-

cices, il suffise d'entendre ou de lire la méditation, et
que vous puissiez après cela vous occuper d'autres
sujets et vous laisser aller à toutes sortes de distractions. Pour les bien faire, et pour en tirer le fruit
qu'ils renferment d'ordinaire, il est nécessaire de se
tenir dans un recueillement entier et continuel. C'est
ce que nous apprennent ces perles précieuses que l'on
porte au cou en forme de collier ou dont on fait
d'autres ornements. Les coquilles au sein desquelles
s'engendre cette petite merveille de la nature, remontent le soir à fleur d'eau, quand le ciel est serein ;
puis s'entr'ouvrant, elles reçoivent quelques gouttes
de la rosée qui tombe du ciel. Dès qu'elles en ont été
humectées, elles se referment, et ainsi fermées, elles
se plongent au fond de la mer pour façonner la perle.
Et pourquoi se fermer et s'emprisonner aussitôt ? En
voici la raison : c'est pour que l'eau de la mer ne se
mêle pas à la rosée du ciel, car ce mélange empêcherait la formation de la perle, ou du moins elle en
altèrerait la forme, l'éclat et la pureté.

Voilà le bel exemple qui nous est donné par la
perle, et qui nous apprend la méthode à suivre pour
faire les exercices avec fruit. Dans le temps de la méditation, de la lecture, ou d'autres saintes occupations,
quelques gouttes précieuses de rosée céleste tomberont
certainement sur votre âme ; mais si, après les avoir
reçues, vous ne vous tenez pas bien recueilli, le souffle
du monde et l'eau de la mer y entreront facilement ;
et alors, comment façonnerez-vous cette perle précieuse, à laquelle Jésus-Christ compare le royaume
des cieux ? Il est semblable, dit-il, à un traficant
qui cherche des perles précieuses. *Simile est regnum
cœlorum homini negotiatori, quærenti bonas margaritas.*

Dieu fit connaître en trois mots à saint Arsène les
moyens les plus efficaces pour parvenir à la perfection : *Fuge, tace, quiesce.* Fuis, garde le silence, et
tiens-toi en paix. Or, celui qui cherche les distractions

au lieu de les fuir ; qui se livre au babil au lieu de se
taire ; qui circule et perd son temps au lieu de se tenir
en repos dans sa cellule ou retiré à l'église ; comment
pourra-t-il goûter les fruits et la douceur des saints
exercices ? *Fuge, tace, quiesce.* Remarquez-le bien,
celui qui entre en retraite a déjà fait le premier pas :
il a fui Le second consiste à garder le silence : *Tace.*
Le troisième se fait dans l'oraison, qui est un repos
de l'âme en Dieu. Oh! combien on y apprend à s'entretenir avec Dieu. Que diriez-vous d'une personne
honnête, qui ne saurait pas la manière de se présenter? C'est une injure de dire à un gentilhomme, à un
habitant de la ville : Vous ne savez pas la manière de
vous présenter. Hélas! à combien on peut adresser ce
reproche, de ne pas savoir comment on doit traiter
avec Dieu ? Vous ne savez pas vous entretenir avec le
Seigneur, tantôt comme un enfant avec son Père bien-
aimé, tantôt comme un disciple avec son maître,
tantôt comme un malade avec un médecin charitable,
tantôt comme un coupable avec son avocat. Eh bien!
cette manière de traiter avec Dieu s'apprend et se
pratique dans les saints exercices; mais pour cela, il
faut les faire avec toute l'application possible, et
entr'autres fruits, vous en tirerez cet avantage si précieux, comme vous venez de le voir, qu'ils vous dispo-
seront à terminer une bonne et sainte vie par une
bonne et sainte mort.

IIIe CONSIDÉRATION.

IMPORTANCE DE LA SOLITUDE ET DE LA RETRAITE
PENDANT LES SAINTS EXERCICES.

On peut distinguer deux sortes de solitudes : l'une
extérieure, et l'autre intérieure.

La première consiste à s'éloigner de ces visites et

de ces conversations prolongées, oiseuses et superflues, dans lesquelles certaines personnes consument la meilleure partie des jours, des années et de la vie. Elle consiste à demeurer quelque temps en solitude dans sa chambre, ou recueilli dans une église ou un oratoire, pour s'entretenir avec le Seigneur. Cette solitude extérieure demande encore qu'on ne se charge pas de beaucoup d'entreprises ou d'affaires, qu'on ne s'occupe pas de la conduite des autres, ni des nouvelles du monde, parce que toutes ces choses extérieures remplissent l'esprit de soucis et d'imaginations temporelles, qui tirent l'âme hors d'elle-même et la détachent de Dieu.

La solitude intérieure marche ordinairement de pair avec l'extérieure. Elle consiste à s'entretenir familièrement avec le Seigneur, à s'appliquer à penser à lui paisiblement et avec réflexion, à faire quelque lecture pieuse, et à lui rapporter tout ce que l'on fait. Voilà ce cabinet intérieur de l'âme si recommandé par sainte Catherine de Sienne ; voilà cette cellule que Thomas a Kempis et sainte Thérèse ont tant louée. Voilà cette arche de Noé, où la colombe a soin de revenir s'abriter, à la fin du déluge. Cela veut dire que l'âme juste, après s'être appliquée aux choses extérieures qui sont d'obligation, se plaît à se retirer dans la solitude pour traiter de ses intérêts spirituels avec son Dieu.

Voilà aussi la solitude que nous devons nous efforcer de garder pendant le temps des saints exercices. Et pour la garder plus parfaitement, soyons tous bien persuadés de cette vérité, que pour fortifier notre âme et avancer dans la vertu, il est indispensable de vivre dans la solitude intérieure et extérieure, du moins pendant quelque temps. *Si non semper, saltem sæpe ; si non sæpe, saltem semel.*

O mon Dieu, c'est dans la solitude, que vous vous plaisez à vous communiquer intimement à vos serviteurs. C'est dans le désert du Jourdain, que vous avez donné votre esprit à Jean-Baptiste ; c'est dans le désert du Sinaï que vous avez signifié votre volonté à Moïse ; c'est dans la solitude du Thabor que vous avez fait éprouver un avant-goût du paradis à vos apôtres les plus chéris. Me voici en solitude pendant ces jours, désirant que toute la terre fasse silence autour de moi. Parlez, Seigneur, parce que votre serviteur écoute. *Loquere, Domine, quia audit servus tuus.*

Et où apprend-on mieux quelle est la vanité du monde, la malice du péché, la beauté de la vertu, l'obligation d'un chrétien, que dans la retraite et le silence de l'oraison ? Et quand est-ce que Dieu parle plus clairement au cœur, et lui ouvre davantage le trésor de ses grâces que dans la retraite ? *Sedebit solitarius, et tacebit, et levabit se super se.* Dans la retraite, l'âme s'élève au-dessus de toutes les choses de la terre. C'est là que Dieu lui découvre le paradis, afin qu'elle soit éprise de sa beauté ; là qu'il lui met l'enfer sous les yeux, afin qu'elle conçoive une vive horreur du péché ; là qu'il l'excite à la pénitence ; là qu'il brise les chaînes de ses mauvaises habitudes qui en font une esclave du péché ; là que Dieu instruit l'âme, qu'il la reprend, la réchauffe, la guérit de ses plaies, la purifie de ses mauvaises affections, et qu'il se communique lui-même à elle dans d'intimes épanchements.

Et n'ai-je pas personnellement éprouvé ces bons effets, quand je me suis appliqué à modérer l'envie de parler, que je me suis attaché au recueillement et que j'ai tâché de conserver pendant le jour le fruit de la méditation du matin ?

Au contraire, quand on se laisse aller à la dissipation, et qu'on livre son cœur à des pensées oiseuses, vaines et distrayantes, ou bien encore à des divertissements et des passe-temps inutiles, peu à peu on perd le goût de Dieu, et on abandonne, tantôt la communion, tantôt les exercices de piété ; puis on fait toutes choses

sans application, et on perd l'esprit intérieur ; en un
mot on devient semblable à une liqueur précieuse,
mais dont on a laissé le parfum s'évaporer.

Si vous laissez la bouteille décachetée, le vin perd
tout son esprit ; il commence par devenir insipide,
puis il se gâte, et se gâte au point de changer en
vinaigre et de n'être plus du vin. Il en est de même de
l'âme. Elle commence par perdre le goût de l'oraison,
de la communion, de la méditation ; puis, si elle se
permet de prendre l'air du monde, le feu divin que le
Saint-Esprit avait allumé en elle, s'éteint ou se résout
en fumée.

Saint François Xavier, écrivant au père Gaspar
Barzée, grand missionnaire et excellent ouvrier apostolique, lui recommande instamment, à lui et à ses
compagnons, que, malgré les grandes occupations que
leur donnait la conversion des Indes, ils n'omissent
jamais la pratique du recueillement, de l'oraison
quotidienne, des examens de conscience, ni les confé-
rences spirituelles de chaque semaine, ni la récollection semestrielle, ni les exercices spirituels une fois
l'an. Vous me direz, leur écrivait-il, que les âmes en
souffriront, parce que dans l'intervalle, on ne pourra
ni confesser les pénitents, ni instruire les néophytes,
ni prêcher la parole de Dieu, n'importe ; car il est de
toute nécessité de se dérober aux occupations extérieures, et de vaquer à Dieu d'où vient tout notre
secours. Ainsi conclut le saint. *Nimis necessarium est
ab externis occupationibus se subtrahere, et Deo vacare,
a quo omne auxilium est.*

Or, si les occupations extérieures, même spirituelles,
doivent être interrompues de temps en temps, pour
donner à l'âme le loisir de s'appliquer à elle-même
dans la solitude ; à plus forte raison faut-il interrompre celles qui sont indifférentes ou superflues. Les
pêcheurs de perles ou de marchandises submergées
descendent jusqu'au fond de la mer ; mais ils ont soin

de remonter de temps à autre à la surface, pour prendre l'air.

Lorsque Dieu appela Moïse au sommet du Sinaï et qu'il l'y entretint pendant quarante jours, à quoi pensez-vous que Moïse se soit occupé ? A purifier son âme, à méditer les perfections de Dieu et les devoirs de sa créature. C'est seulement après cette longue retraite que Dieu lui remit les tables de la loi ; signe évident que pour garder la loi, le recueillement est indispensable. Le prophète Elie demeura fort longtemps aussi dans le désert et fit sa retraite dans une caverne, pour recevoir l'esprit de Dieu. L'esprit du Seigneur descendit sur saint Jean-Baptiste, et le Verbe de Dieu lui délia la langue pour prêcher au peuple, pendant qu'il séjournait dans le désert. Est-ce que ce divin esprit ne pouvait pas investir saint Jean, au milieu des villes, ou dans la maison paternelle, ou dans le temple de Jérusalem dans lequel il aurait eu un plus grand concours d'auditeurs ? Non ; pour remplir une âme, cet Esprit de Dieu cherche la solitude et le désert : *Factum est verbum Domini in deserto.*

Jésus-Christ lui-même, qui est le type par excellence de la vie chrétienne, passa quarante jours au désert, dans le jeûne et la prière, seul, éloigné même de tout rapport avec sa très sainte mère, avant d'ouvrir le cours de ses prédications et d'annoncer son saint évangile. Puis, lorsqu'il eut réuni les apôtres, saint Marc nous raconte que de temps en temps il s'éloignait avec eux de la ville, et qu'il se retirait dans la solitude, pour leur proposer quelque point spécial de sa doctrine : *Venite seorsum in desertum locum, et requiescite pusillum.* Venez à l'écart, et reposez-vous quelques moments dans la solitude.

Imaginons-nous que notre très aimable Rédempteur nous fait la même invitation pendant ces jours : *Venite, et requiescite pusillum.* Retirez-vous pour un peu de temps, et laissez toute autre pensée que Dieu et votre âme, et vous trouverez toute votre consolation dans ce repos.

Une parole très remarquable de saint Bernard nous apprend quelles doivent être nos dispositions pendant les exercices. Ce saint homme étant un jour descendu à la porte de son monastère, afin de recevoir un personnage distingué qui désirait se faire religieux, lui fit cette question : Dans quelles dispositions venez-vous ici? Le candidat lui répondit qu'il venait pour faire pénitence de ses péchés, pour jouir de la paix, loin du tumulte du monde, et pour consacrer à Dieu tout ce qui lui restait de vie. Le saint abbé l'embrassa avec l'affection et la tendresse d'un père, et le serrant étroitement contre son sein, il lui dit : *Affer Deo cor vacuum, ut illud possit implere spiritus sanctus.* Efforcez-vous de vider votre cœur de toutes les maximes du monde, de ses pompes et de ses vanités, afin que dans cette retraite, vous puissiez être rempli de l'esprit de Dieu. *Affer Deo cor vacuum, ut illud possit implere spiritus sanctus.*

Celui qui entre en retraite, se fait en quelque sorte religieux pour huit jours. Ce qu'un si grand nombre d'hommes pratiquent toute leur vie, sous la règle la plus austère, vous qui entrez en retraite, vous le faites pendant quelques jours, mais avec bien moins de sévérité : *Afferte Deo cor vacuum.* Pendant ce peu de jours, vidons notre cœur et notre esprit de toutes les pensées domestiques, de toutes les affaires temporelles, enfin de toutes nos sollicitudes, et pourquoi? Pour que le Saint-Esprit puisse les remplir. *Ut illud possit implere spiritus sanctus.* Remarquez cette parole, *pour qu'il puisse.* Un vase qui est déjà rempli d'une liqueur quelconque, n'en peut recevoir une autre. Si vous essayez de verser du vin dans une bouteille remplie d'eau jusqu'à l'orifice, tout le vin coulera et se répandra à l'extérieur de la bouteille ; tout au plus donnera-t-il une teinte à la superficie de l'eau. En

effet, les corps ne pouvant se pénétrer, l'espace occupé
par l'eau ne saurait être occupé par le vin. Or, si le
cœur continue d'être rempli d'affaires, de nouvelles,
de sollicitudes, ou bien Dieu restera en dehors, ou
bien il nous communiquera tout au plus quelques
bons mouvements, mais superficiels et légers qui
s'évanouiront au sortir des exercices. Et celui qui
entre en retraite dans la vue de faire pénitence de ses
péchés, ou de réformer sa vie, ou de retrouver la
paix de l'âme, celui-là ne fera point de pénitence
fructueuse, ni ne réformera solidement sa conduite,
à moins qu'il n'offre à Dieu un cœur vide, afin que
le Saint-Esprit puisse le remplir. *Affer Deo cor vacuum, ut illud possit implere spiritus sanctus.*

Parmi les cérémonies mystérieuses que l'Église
emploie pour le Baptême, elle se sert d'une sorte
d'exorcisme, en faisant dire au prêtre qui baptise :
Esprit immonde, sors de cet enfant, et fais place à
l'Esprit-Saint. *Exi ab eo, immunde spiritus, et da locum
Spiritui Sancto.* Sors de cet enfant, esprit profane,
qui que tu sois ; car si tu ne pars point, il n'y aura
pas de place pour l'Esprit-Saint.

Pratiquons la même chose à notre égard, et enjoi-
gnons à l'esprit immonde de s'éloigner de nous.
Partez loin de moi, esprit du siècle, maximes du
siècle, faux préjugés du siècle ; partez loin de moi,
pensées étrangères à mon Dieu ! Ensuite appliquons-
nous avec toute l'attention possible au recueillement,
bannissant de notre esprit toute autre impression que
les choses du monde y auraient laissées.

Si vous voulez faire peindre une nouvelle image sur
un tableau ancien, vous devrez d'abord effacer l'ancienne peinture ; sans cela la nouvelle image, en se
mêlant à l'ancienne, produirait une confusion de couleurs. N'est-ce pas la vérité ? Or, dans la retraite,
nous avons à peindre de nouvelles images dans notre
intelligence, de nouvelles idées dans notre imagina-

tion ; il faut donc auparavant que nous effacions toutes celles que le monde y a laissées empreintes.

IVᵉ CONSIDÉRATION.

COMBIEN IL IMPORTE D'OBSERVER LE SILENCE PENDANT LES SAINTS EXERCICES.

Le livre d'or de l'*Imitation de Jésus-Christ*, de Thomas A Kempis, dont on recommande la lecture pendant les saints exercices, est une excellente école pour apprendre la manière de s'entretenir avec Dieu ; c'est un excellent répertoire de réflexions et de prières. Il recommande le silence dans un grand nombre de chapitres, et spécialement dans le vingtième du livre premier, où on lit ces paroles : L'âme pieuse profite dans le silence et le repos ; elle y apprend les secrets des divines Écritures ; elle y trouve des ruisseaux de larmes : *In silentio et quiete proficit anima devota, et discit abscondita scripturarum. Ibi invenit fluenta lacrymarum.*

Sainte Gertrude rapporte que pendant neuf ans, elle jouit toujours d'un sentiment très vif de la présence de Jésus-Christ, dans toutes ses prières et ses œuvres même extérieures ; à l'exception de onze jours, pendant lesquels elle reçut certaines visites et s'entretint quelque peu des choses du monde.

Sainte Thérèse, réformatrice du Carmel, renouvela dans cet ordre la pratique fréquente de la méditation. Elle exigeait le silence le plus rigoureux, alléguant pour raison que parler à Dieu et parler aux hommes sont des choses incompatibles. Le père Ribera rapporte dans sa vie qu'après sa mort, lorsqu'il arrivait que ses religieuses s'entretenaient ensemble dans leurs cellules, elles entendaient frapper à la porte, à trois reprises. Le fait eut lieu plusieurs fois, sans qu'on pût jamais découvrir quelle était la personne qui avait frappé. On en conclut que c'était un avis donné par la sainte mère qui, jalouse de faire observer le silence, veillait du haut du ciel au maintien de cette règle.

La voix s'entend mieux et porte plus loin pendant la nuit ; elle se propage aussi plus facilement, dit-on, sur l'eau ; parce que l'air pendant la nuit ou à la surface des eaux n'est pas aussi agité ni aussi troublé par le bruit des conversations et du tumulte du monde. La voix de Dieu se fait de même entendre sans bruit, et suppose le calme du silence. Quand un vase n'est pas bien bouché, l'esprit de vin, le baume, le vinaigre qu'il contient, s'évapore. La chaleur d'un foyer se dissipe, quand on ouvre les portes ; de même on dissipe l'esprit intérieur, quand on se répand en beaucoup de paroles. Aussi est-il très utile, dans le temps des exercices, de faire l'examen particulier sur le silence et sur l'observation des règles : *Bonum est præstolari cum silentio salutare Dei.* Le silence est nécessaire dans les trois voies spirituelles, purgative, illuminative et unitive.

Au sujet de ces paroles du Psalmiste : Seigneur, mettez une garde à ma langue et une porte de circonspection à mes lèvres. *Pone, Domine, custodiam ori meo, et ostium circumstantiæ labiis meis.* Saint Grégoire fait cette remarque, que le roi David ne demande pas un mur qui interdise toute issue à la parole, mais une porte qui s'ouvre et qui se ferme en temps convenable, à peu près comme l'harmonie d'une musique consiste à chanter et à faire des pauses dans le temps voulu. Remarquez en outre qu'il faut faire silence pour entendre la musique et en jouir. Le docte Mansi rapporte qu'un serviteur de Dieu disait de lui-même : Tout ce que je recueille de bien en me taisant, je le dissipe presque entièrement en causant : *Quidquid boni tacendo, colligo, hoc fere totum loquendo cum hominibus disperdo.*

Il n'y a peut-être pas de pratique plus utile et dont

on retire de plus grands fruits, que celle de la retraite et du silence, parce qu'alors on rentre en soi-même sérieusement et que l'on rumine les vérités les plus fondamentales de notre sainte foi.

Les confessions et les communions ne font pas toujours autant d'impression sur l'âme, bien que ce soit des sacrements. Trop souvent en effet, nous voyons passer presque immédiatement de la confession au péché, et du péché à la confession; c'est un cercle dans lequel on tourne sans cesse. Mais après une bonne retraite, ne durât-elle que trois jours, on éprouve généralement plus de retenue par rapport au péché, et beaucoup plus de ferveur pour la piété.

Un prêtre espagnol exorcisait une possédée. Il demanda au démon quelle était l'œuvre spirituelle qui lui ravissait le plus grand nombre d'âmes. Sont-ce les sermons? — Il se mit à rire aux éclats, en se moquant du genre de prédication alors en vogue. — Sont-ce les confessions? — Il fit un geste de mépris, en témoignant qu'un grand nombre ou ne se confessaient pas bien, ou retombaient facilement après s'être confessés. Forcé par l'exorcisme à dire quel était enfin l'exercice de piété qu'il haïssait surtout, il répondit : Ah! quand une âme tombe entre les mains de ce vieux édenté et à moitié étique, elle est perdue pour moi. Or, ce vieux édenté et poussif, était le père Louis Du Pont de la compagnie de Jésus, alors vivant, qui avait coutume d'affermir ses pénitents dans la crainte de Dieu et de la vertu, tantôt par des retraites, tantôt par un triduum, tantôt par un jour de récollection.

Tant il est vrai que le silence, la solitude et la retraite sont les moyens les plus utiles pour se sauver; c'est ce que le Seigneur manifesta en propres termes à saint Arsène : *Fuge, tace, quiesce.* Fuis, garde le silence, sois en repos; et il ajoute : *Hæc enim sunt radices non peccandi, et principia salutis.* Voilà le moyen de prévenir le péché; voilà les germes du salut.

Irᵉ LECTURE.

Irᵉ CONSIDÉRATION.

DIEU EST NOTRE SOUVERAIN MAITRE.

Voici le résumé des commandements de Dieu notre souverain Maître : *Diliges Dominum Deum tuum, et illi soli servies.* Tu aimeras le Seigneur ton Dieu et tu ne serviras que lui seul. Notre principale pensée doit être de servir Dieu ; notre principale affection, de l'aimer. Lui avez-vous obéi ? L'avez-vous aimé ? Hélas ! toutes vos pensées ont été concentrées sur l'intérêt et le plaisir ; vous n'avez songé qu'à idolâtrer la créature, et Dieu seul a eu moins de part à votre estime que tout le reste : *Deus solus in comparatione omnium tibi vilis fuit.* (Salvien.) Vous avez voulu servir la chair, servir le démon et tous ses suppôts, plutôt que de servir Dieu, votre souverain Maître.

Dieu vous commande d'être charitable envers les pauvres, indulgent envers vos serviteurs, obéissant, docile, compatissant : Tu aimeras ton prochain comme toi-même, nous dit-il : *Diliges proximum tuum, sicut te ipsum.* Lui avez-vous obéi ? Au contraire, vous avez outragé les pauvres avec hauteur, opprimé vos inférieurs par la violence, épuisé vos vassaux par vos exigences. Est-ce là la charité que Dieu vous commande ?

Si vous surpassez les autres en noblesse et en autorité, il veut que vous vous distinguiez d'eux par le bon exemple ; l'avez-vous fait ? N'avez-vous pas rougi de vous montrer chrétien ? Ne vous êtes-vous pas fait une gloire et un honneur d'être vicieux, libertin, hautain? Vos serviteurs et vos inférieurs osent-ils se tenir en votre présence, comme vous vous tenez en présence de Dieu?

Le Seigneur vous interdit la vengeance, et veut que vous incliniez au pardon : *Mihi vindicta, et ego retribuam.* Lui avez-vous obéi? Regardez vos mains, elles sont peut-être teintes de sang; examinez votre langue, elle est peut-être toute noire de bile à force d'injures, de détractions et d'imprécations; voyez votre cœur, il est peut-être tout enflammé de haine et de ressentiment. Si des contestations ont surgi dans votre maison, ou vous les avez fomentées, ou vous avez voulu en être l'arbitre sans nul égard pour la loi de Dieu. Vous avez exigé du respect pour votre famille, pour votre carrosse, pour vos serviteurs, pour vos fermiers, pour vos chevaux enfin et pour vos chiens; mais vous, avez-vous respecté le moins du monde votre souverain Maître, dans sa maison et dans la personne de ses ministres?

Pharaon ayant reçu de la part de Dieu l'ordre de laisser aller le peuple de Dieu en liberté, répondit : Qui est le Seigneur, pour que je lui obéisse? Je ne connais pas de maître : *Quis est Dominus, ut audiam vocem ejus? Nescio Dominum.* Pharaon ne reconnaissait pas le Dieu des Hébreux; voilà pourquoi il fit une réponse si pleine d'arrogance; mais il eût été cent fois plus arrogant, s'il avait dit : Je connais le Seigneur, mais je ne lui obéis pas. Or, vous en êtes venu, vous, à cette insolence inqualifiable. Vous savez que Dieu est votre maître, et qu'il veut absolument telle et telle chose de vous, et vous avez dit par le fait : Je ne l'écoute pas.

Ecoute, ô mon âme, les plaintes que Dieu exprime par la bouche du prophète Jérémie : *A sæculo confregisti jugum meum; rupisti vincula mea; Dixisti, non serviam.* Je t'ai donné une loi qui est un joug doux à porter : *Jugum meum suave est.* Et semblable à un taureau indompté, tu l'as secoué et foulé aux pieds. *Confregisti jugum meum.* Je t'ai donné mes préceptes, comme des liens d'or qui t'attacheraient à mon amour et te conduiraient à mon royaume, et tu as brisé mes liens, et tu as dit : Je ne servirai pas le Seigneur. Quand un ami réclamait de toi un service, tu lui as répondu poliment : Je suis à votre service. Tu as répondu à tes parents : Je suis à votre service; à tes inférieurs mêmes : Je suis à votre service. C'est à moi seul, à moi qui suis ton maître, que tu as osé dire : Je ne te servirai pas. Mais tu ne t'es pas contenté de me refuser obéissance, tu as suborné mes fidèles serviteurs, et tu les a engagés à en servir d'autres, et même le démon mon ennemi. Que dirais-tu, si quelqu'un subornait ton domestique et le détournait de son service, pour servir un autre maître, surtout si c'était ton plus grand ennemi ? Le démon est l'ennemi capital de Dieu, et tu l'as fait servir par des âmes engagées au service de Dieu. O iniquité qui ne saurait être assez sévèrement châtiée !

Et ici, je fais cette réflexion que Dieu a deux sortes de domaines particuliers sur moi, domaines basés sur sa qualité de créateur et de conservateur. Le premier est un domaine de juridiction. Il peut me faire tous les commandements qu'il veut. Il m'en a donné dix, il pouvait m'en donner cent. Il pouvait m'interdire tels et tels passe-temps, tels et tels aliments, tels et tels vêtements; mais il a usé d'indulgence envers moi. Que de délices il m'a permises! maison de campagne, palais, chasse, musique et mille autres agréments. Et le peu qu'il s'est réservé en signe de son haut domaine et comme tribut de mon obéissance, c'est là précisément ce qui a excité mes convoitises. En second lieu, Dieu a sur moi un domaine de propriété. Il peut disposer de moi à son gré ; m'élever ou m'abaisser ; m'enrichir comme Salomon, et m'appauvrir comme Job. Il peut me donner la santé, il peut me l'ôter. Il

peut me faire jouir des honneurs ou me livrer à
l'ignominie ; et il n'est tenu de rendre raison de sa
conduite à personne, de la même manière, et à plus
juste titre que le propriétaire d'un cheval peut le
vendre ou le donner, le revêtir de belles draperies ou
le charger de son bât, le faire travailler ou le laisser
en repos.

Saint Astère se moque de ceux qui usurpent le nom
de maître, et qui font usage de ces termes : *tien et
mien*. Lorsque j'entends dire : Ma maison, mon champ,
je ne puis assez m'étonner comment on revendique le
bien d'autrui, au moyen de trois lettres mensongères :
*Cum aliquos audio dicentes : Domus mea, prædium meum
satis non possum admirari, cum tribus fallacibus litterulis
aliena sibi vindicant.* Tous vos meubles et vos immeu-
bles passent de main en main ; et depuis six mille ans
et plus que le monde existe, ce fonds que vous appelez votre propriété a peut-être eu plus de maîtres
qu'on n'y compte de plants. Dieu est le seul maître
qui ne change pas : *Tu solus Dominus.* Il est le maître
absolu de toutes les créatures. Essayez un peu, vous,
Messieurs les propriétaires, de commander à votre
palais de quitter la campagne, pour venir en ville ; à
une colline, de s'éloigner d'un pas ; à un torrent, de
modérer son impétuosité. Dieu seul commande en
maître absolu : il enjoint au feu de ne pas brûler, à
la mer d'être semblable à une terre ferme, et à toutes
les créatures d'exécuter ses ordres. A ce propos, saint
Louis de Gonzague donna un jour une bien belle leçon
à un infant d'Espagne. Celui-ci, incommodé par le
vent, lui commanda de cesser. — Prince, lui dit Louis,
sachez que les vents n'obéissent qu'à Dieu.

Je dois donc me soumettre à Dieu, premièrement en
me contentant de l'état où il m'a placé. S'il m'a donné
des facultés médiocres, peu de biens, peu de santé, il
est le maître. Il pouvait m'en donner encore moins,
et même ne me rien donner du tout. Si un pauvre à

qui vous faites l'aumône d'un sou, murmurait du peu que vous lui donnez, que lui diriez-vous?

Secondement, je dois me soumettre à ceux qui tiennent à mon égard la place de Dieu : Père, mère, supérieurs spirituels et temporels.

Troisièmement, je dois me soumettre aux inspirations particulières qu'il m'envoie, et je dois aussi me résigner aux disgrâces communes. Est-ce que par hasard Dieu commence seulement à présent à gouverner le monde, de telle sorte que je puisse lui tracer des règles de gouvernement, et me plaindre de ses dispositions? Non, non, mon Dieu, je vous reconnais pour mon Seigneur, et pour mon unique souverain maître : *Dominus meus, et Deus meus.* Et en toutes choses, je me soumets à votre aimable providence. Que votre volonté soit faite à jamais !

IIe CONSIDÉRATION.

DIEU EST NOTRE UNIQUE FIN.

Dans certaines provinces de la Hongrie, de la Pologne, et d'autres pays, tout enfant qui naît, est naturellement sujet, et même esclave. Il est obligé de servir le seigneur du lieu, même sans salaire ; il est tenu de cultiver la terre sans récompense, d'aller à la guerre sans solde ; et il ne peut changer de pays ni de maître sans permission Le seul fait de sa naissance dans le territoire de telle seigneurie, l'oblige à servir le seigneur sans gages.

Valère-Maxime rapporte aussi que dans les villes les mieux réglées de la Grèce, les citoyens qui avaient des fils déjà grands, ne prenaient point de domestique à leur service : ils se faisaient servir à table et partout par leurs enfants. Dans nos contrées, quiconque prend quelqu'un à son service, lui donne un gage. Et bien que le maître ne soit pas le créateur de ses domestiques, ceux-ci lui sont soumis et le servent pour gagner le salaire convenu, salaire purement temporel, fort modique et parfois bien pénible.

Dieu qui est le Maître souverain, absolu, essentiel, pouvait nous obliger à observer ses commandements, sans y attacher de récompense, et pourquoi pas? Ne sommes-nous pas nés sous sa juridiction, bien plus que les vassaux des seigneurs hongrois et polonais? ou bien encore il pouvait nous assigner une récompense temporelle et limitée, comme par exemple, de jouir du bonheur du paradis pendant un siècle; et n'eussions-nous pas été richement récompensés de cette manière? Mais Dieu qui est riche en miséricorde, n'a pas seulement voulu être servi, à titre de maître; pour nous encourager à le servir, il nous a promis une récompense infinie, qui n'est autre que la possession de lui-même : *Ego ero merces tua magna nimis.*

Disons-nous donc à nous-mêmes : Je suis né pour servir Dieu comme mon maître, et pour le posséder comme mon rémunérateur. Je suis né pour servir Dieu; quel honneur! lors même que Dieu ne serait ni mon Créateur, ni mon Rédempteur, et qu'il m'invitât simplement à le servir, combien je devrais me tenir honoré de cette invitation? N'est-ce pas une grande fortune et un honneur d'être appelé à servir un grand roi? Combien n'est-il pas plus glorieux de servir le Roi des rois? Les anges ne sont-ils pas fiers de servir Dieu? Et Dieu ne pouvait-il pas me créer pour servir un ange, comme nous voyons ici-bas les créatures inférieures servir celles qui leur sont supérieures? Mais non, il a voulu me créer uniquement pour lui.

Je suis né pour posséder Dieu comme rémunérateur, de sorte que si je suis tout à Dieu, Dieu sera tout à moi. Quel bel échange! me donner à Dieu pendant les quelques pauvres jours de cette vie, et posséder

Dieu pendant toute l'éternité. O mon âme, as-tu la foi ? As-tu l'intelligence ? Raisonnes-tu ? Et tu veux plutôt servir le monde, servir la chair, servir le démon ; tu veux plutôt jouir d'un plaisir brutal que de Dieu ? *Porro unum est necessarium. Hoc unum quære, hoc unum desidera, per unum omnia, ex uno omnia.* (Thomas A Kempis).

O mon âme, que peux-tu désirer de plus, que de posséder Dieu éternellement ? Qu'est-ce que Dieu pouvait faire de plus, pour t'obliger à le servir, que de te créer et de te conserver pour cette unique fin, et de se proposer lui-même pour ta récompense ? où est le maître qui partage sa fortune avec son serviteur, pour le payer de ses services ?

Oui, Dieu est mon unique fin ; il est ma fin propre et véritable. Cette fin est mon bien suprême. Mon bien suprême serait-il d'être riche, bien portant et joyeux pendant cette courte vie et de perdre ensuite l'éternité bienheureuse ? Si Dieu me proposait de choisir ce qui me plaît le plus, ne lui demanderais-je pas avant tout de le posséder en paradis ? Voilà par conséquent ma félicité et ma fin dernière. Vous avez bien écrit à mon sujet, disait le Seigneur à saint Thomas d'Aquin ; quelle sera donc votre récompense ? — Je n'en veux d'autre que vous-même, repartit le Saint : *Bene scripsisti de me, Thoma, quam ergo mercedem habebis ? Non aliam quam te, Domine.* D'ailleurs, cette fin est la seule qui puisse me contenter, et hors de laquelle je ne puis être satisfait. Et pourtant, quelle est la somme de biens temporels capable de rassasier le cœur humain ? Nous sommes si passionnés pour trouver et goûter le bonheur ; mais où le trouver sur cette terre ? Le Docteur angélique dit, que pour qu'un bien soit de nature à nous contenter, il doit être sans mélange ; s'il s'y mêle quelque mal, il nous rendra aussi misérables qu'heureux. Mais où trouver sur la terre un bien qui soit pur et sans mélange

d'aucun mal? L'un est riche, mais il n'a pas de santé ;
l'autre a de la santé, mais point de fortune ; cet autre
est noble, mais ne jouit pas de la considération, Et
puis, quelle que soit l'affluence de nos biens, la mort
ne viendra-t-elle pas nous en dépouiller ?

Considère, en outre, ô mon âme, l'excellence de ta
fin. Premièrement, elle est très noble ; c'est la fin
même de tous les anges, de tous les saints, de la
Vierge Marie ; et Dieu lui-même n'a point d'autre
félicité que de jouir de lui-même. Quel noble dessein
que celui de la conquête d'un grand royaume ! Cléopâtre disait par adulation à Marc-Antoine : Vous êtes
né pour subjuguer les rois et les royaumes : *Natus es
reges et regna piscari.* Mais moi, je puis dire en vérité.
je suis né pour conquérir le ciel et le royaume éternel.

Quel noble dessein que celui de Godefroid de Bouil-
lon, quand il entreprit de délivrer la Terre sainte !
qui n'admire le plan gigantesque qu'Alexandre avait
formé de conquérir le monde entier ? Je suis né et
créé, non pour posséder un royaume temporel, non
une partie du monde, non le monde entier, mais
pour posséder le royaume des cieux, royaume immortel, royaume pacifique, qui n'est sujet ni aux révolutions, ni aux guerres, ni aux changements.

Secondement, cette fin est facile à obtenir par tout
le monde, par les pauvres, par les ignorants, par les
malades. Elle est donc bien différente des richesses,
des plaisirs et des honneurs du monde dont le désir,
dit saint Bernard, tourmente, dont la possession nous
souille, et dont la perte nous afflige : *Optata cruciant,
possessa inquinant, amissa laceant.*

Troisièmement, cette fin une fois obtenue, on ne
peut plus la perdre, à moins qu'on ne le veuille. Les
plaisirs, les dignités, les honneurs, les richesses, la
santé, peuvent m'être enlevées malgré moi. Mais qui
peut m'empêcher de servir Dieu? qui peut m'ôter la
grâce de Dieu, qui me donne le droit de le posséder ?

Vous m'enlèverez la terre, vous ne m'ôterez pas le ciel, disait un généreux martyr à son bourreau. *Auferes terram, non auferes cœlum.*

Quatrièmement, cette fin est indispensable. Si je ne l'obtiens pas, je perds tous les biens, et j'attire sur moi un malheur infini. Celui qui a un emploi en vue, et qui n'y parvient pas, peut prendre patience ; il ne perd pas pour cela les titres qu'il possédait auparavant. Un négociant se propose une belle spéculation ; elle ne réussit pas, le gain lui échappe ; mais il ne perd pas pour cela l'argent qu'il a chez lui. Quelqu'un réclame une faveur d'un prince ; ses démarches demeurent sans succès ; il ne perd pas pour cela les bonnes grâces de ses amis. Mais si je n'atteins pas ma fin, je serai le plus malheureux des êtres qui ont jamais été au monde. Perte de Dieu, perte de Marie, perte de tous les anges, avoir pour compagnie les démons, pour demeure l'enfer, pour fin la damnation.

Cinquièmement, point de milieu : ou jouir éternellement avec les saints, ou être tourmenté éternellement avec les méchants : *Unum de duobus : aut gaudere semper cum sanctis, aut semper torqueri cum impiis.* Oh ! quelle plus pressante nécessité que celle-là ! mon âme doit être inévitablement ou la citoyenne du ciel, ou un tison de l'enfer ; régner avec Dieu, ou être esclave sous les pieds de Lucifer : *Unum de duobus : aut gaudere semper cum sanctis, aut semper torqueri cum impiis.*

Enfin, cette fin est proprement la mienne, c'est-à-dire que moi seul je puis travailler à l'obtenir. Je puis confier mes autres intérêts à quelqu'un. Je puis charger un avocat de mes procès, un ingénieur de mes constructions, un homme d'affaires de mes recettes. Mais pour ce qui est de ma fin dernière, moi, moi seul, je dois m'en occuper. Que sera-ce donc, si, au lieu de m'y appliquer, je la dédaigne ? Quiconque commet le péché, rejette une fin si noble, si sublime et si nécessaire ; et il se propose au contraire une fin très vile, brutale, passagère, qui jamais ne pourra contenter les désirs d'une âme raisonnable ; ah ! pensons-y à temps, et ne différons pas jusqu'à la mort, car alors peut-être il ne sera plus temps.

Un certain Guillaume, l'un des plus vaillants soldats que le duc Charles de Bourgogne eut dans son armée, s'était appliqué dès sa jeunesse à l'exercice des armes. Ici, on le voyait au premier rang de l'armée, s'exposer aux coups de l'ennemi ; là, il montait le premier à l'assaut, au milieu du feu, de la fumée, des lances et des ruines ; ailleurs, il faisait sentinelle aux postes les plus avancés. Blessé mainte et mainte fois, il obtint au prix de ses sueurs et de son sang, les grades les plus honorables de l'armée. Devenu vieux, chargé d'années et de mérites, on lui donna un poste honorable à la cour ; il déploya autant de fidélité et de prudence dans le maniement des affaires qu'il avait montré de valeur sur les champs de bataille ; enfin il arriva au terme de sa carrière, et il allait mourir, comme on dit dans le monde, couvert de gloire, après avoir ennobli sa famille, enrichi ses enfants, rendu son nom célèbre dans les feuilles publiques et les fastes de l'histoire.

Quand on lui annonça sa mort prochaine, il ouvrit les yeux d'un air étonné et profondément pensif : Quoi ! dit-il, il faudra quitter mon poste, cette cour et monseigneur le duc ? Et dans quel lieu dois-je me rendre ? Est-ce dans une autre cour où je n'ai acquis aucun mérite ? Chez un autre prince, que je ne me suis pas mis en peine de servir ? Et que peut me faire maintenant le duc de Bourgogne ? Quel secours peut-il me donner ? Hélas ! je lui ai consacré tant de sueurs et de sang, pendant les soixante-dix ans que je l'ai servi, tandis qu'au Seigneur des seigneurs, devant qui je vais paraître, je n'ai donné ni un mois, ni même un jour, ni même une pensée ? Rendez-moi mes années, pour que je les emploie mieux et avec plus de bonheur.

Il mourut, en exhalant ces plaintes douloureuses et inutiles. ordonnant dans son testament qu'on écrirait sur son tombeau ces mémorables paroles . Ci-gît Guillaume qui a servi la cour tant qu'il vécut, et qui est sorti de ce monde, sans savoir à quelle fin il y était venu : *Antæ oblatus, sui oblitus, abiit e mundo, ignarus cur venerit in mundum.*

O mes bien-aimés, je ne veux pas que vous viviez et que vous mouriez dans une ignorance si triste et si palpable. C'est un article de foi, c'est une vérité évidente aux yeux même de la raison, que mon unique fin est de servir Dieu en cette vie, et par le moyen d'une bonne vie et sainte mort, d'aller en jouir éternellement dans l'autre.

Prenons donc une résolution. Dieu dit : *Ego sum principium et finis.* Je suis le principe et la fin. Par conséquent je ne suis pas né pour aucune chose qui soit au monde. Je suis né pour servir Dieu, pour aimer Dieu, pour posséder Dieu ; je veux donc le servir, je veux l'aimer, afin de parvenir à l'aimer et à le posséder pendant toute une éternité en paradis. Jamais rien contre Dieu, jamais rien sans Dieu, jamais rien sinon Dieu ! *Deus meus et omnia.* Mon Dieu et mon tout.

IIIᵉ CONSIDÉRATION.

CONSÉQUENCES, RÉFLEXIONS ET AFFECTIONS SUR LE MÊME SUJET.

1. Dieu m'a créé de rien ; par conséquent, il est mon véritable et unique maître ; il peut me commander ce qu'il veut, et me défendre ce qu'il veut. Il peut m'élever et m'abaisser, m'enrichir et me dépouiller, m'accorder la santé ou me l'ôter, me conserver en vie ou m'envoyer la mort, comme il lui plaît, sans devoir

rendre compte de sa conduite à personne. Si de toute
éternité, j'avais été une pierre, et que de cette pierre,
Dieu eût tiré mon être, ma figure, ma vie, comme un
sculpteur tire une statue d'un bloc de marbre, n'aurais-je pas une éternelle obligation à Dieu, pour avoir
amélioré ma condition? Dieu ne m'a point tiré d'une
pierre, mais du néant qui est infiniment au-dessous.
Combien donc ne suis-je pas obligé envers Dieu?
C'est lui qui a fait vos mains; usez-en pour lui et non
pour le démon. C'est lui qui a fait vos oreilles;
prêtez-les à son service, et non pas à des concerts
lassifs et à des conversations obscènes : *Oculum tibi
fecit; oculum illi utendum exhibe, non diabolo. Fecit tibi
manus; illas ipsi possideto, non diabolo. Fecit tibi aures;
illas ipsi exhibeto, non lassivis concentibus et obscœnis
fabulis.*

II. Dieu me conserve à chaque instant; par conséquent, à chaque instant je reçois de lui comme en
aumône, la vie, la santé et les forces; précisément
comme la lumière est alimentée incessamment par le
soleil. O mon Dieu, j'adore avec une entière soumission votre haut domaine, et je reconnais votre
juridiction indispensable et essentielle sur moi; je
m'abandonne à votre divine providence; faites de moi
ce qu'il vous plaît : *In manibus tuis sortes meæ.* Mon
sort est entre vos mains.

Et qu'est-ce que Dieu exige de moi en témoignage
de ma dépendance? Il veut que je sois humble; et
moi, je ne cherche qu'à m'élever. Il veut que je sois
doux et pacifique; et moi, je veux me venger des
moindres offenses. Il veut que je sois modeste dans
mes regards et mes discours; et moi, je veux voir et
parler à ma fantaisie. Il me commande de rompre
avec telle occasion; et moi, je veux l'entretenir. Suis-
je donc mon maître, ô mon Dieu? M'appartient-il de
commander ou d'obéir? Est-ce là reconnaître le domaine souverain, essentiel et universel du Très-Haut.

Et cependant, qu'ai-je fait, depuis que je suis au monde, sinon d'agir avec indépendance, cherchant en toute chose ma gloire, mon plaisir, et mes satisfactions? O mon Dieu, comment avez-vous pu souffrir avec tant de patience cette âme insolente, qui a voulu usurper votre trône et agir en tout selon son caprice et au gré de ses passions?

Je touche de la main et je vois de mes yeux que j'ai été réellement un insolent. Raisonnons donc un peu avec nous-mêmes : Combien y a-t-il de temps que je suis au monde? J'ai déjà passé la meilleure et peut-être la plus grande partie de ma vie, et qu'ai-je fait jusqu'à présent pour le service de Dieu? Pour qui ai-je travaillé? De qui est-ce que j'attends ma récompense? De qui puis-je réclamer un témoignage de dévouement? J'ai servi avec tant de fidélité mes amis; j'ai servi mes parents; j'ai servi les étrangers; j'ai servi le démon même, il n'y a que le souverain Maître à qui j'ai dit: Je ne vous servirai pas. Non seulement je ne l'ai pas servi; mais je l'ai fait servir lui-même à mes péchés : *Servire me fecisti in peccatis vestris.* O mon Dieu, pardonnez à cette volonté rebelle. Je vous promets de vous servir plus fidèlement à l'avenir. Désormais je n'aurai plus d'autre loi que la vôtre, ni d'autre volonté que la vôtre; et pendant tout le reste de ma vie, ce sera là ma principale maxime : faire votre volonté. *In capite libri scriptum est de me, ut faciat voluntatem tuam; Deus meus, volui, et legem tuam in medio cordis mei.*

Je ne dirai plus : Je veux ceci et je ne veux pas cela; il ne m'appartient pas à moi, pauvre serviteur, de tenir ce langage. Mais je serai attentif à vous dire : Seigneur, que voulez-vous que je fasse? *Domine, quid me vis facere?* Dans quelque état que vous me vouliez, je serai toujours content et soumis. *Fiat voluntas tua in omnibus, et per omnia, nunc et in æternum. Amen.*

III. Dieu m'a créé, et il me conserve dans l'unique

vue que je parvienne à ne posséder éternellement son paradis, après que je l'aurai servi ici-bas pendant quelques jours. Ainsi, Dieu n'est pas seulement mon premier principe, il est encore ma dernière fin et ma suprême béatitude : *In gloriam meam creavi eum, formavi eum, et feci eum;* dit-il par la bouche d'Isaïe. Je suis l'Alpha et l'Omega, le principe et la fin, dit-il dans l'Apocalypse. L'homme, dit aussi saint Augustin, a été créé afin de connaître le souverain bien, et le connaissant, de l'aimer, et l'aimant, de le posséder, et le possédant, d'en jouir : *Creatus est homo, ut summum bonum intelligeret, intelligendo amaret, amando possideret, possidendo frueretur.*

Si je suis créé pour être immortel, pourquoi donc tant de sollicitude pour les seuls biens passagers de ce monde, plaisirs, honneurs, richesses, qui me mettent dans un danger continuel de perdre ceux de l'éternité? Je suis créé à l'image de Dieu et pour posséder Dieu ; pourquoi donc m'assimiler aux animaux et au démon même? Que fais-je au monde, si je ne sers pas celui qui m'as mis au monde? Le soleil, la terre et les autres créatures ne sont pas l'œuvre de mes mains, mais l'ouvrage de Dieu, destinées à me servir. Si le feu ne me donnait pas de chaleur, ni le soleil de lumière, n'aurais-je pas un juste sujet de m'en plaindre? Ah! mon Dieu, dirai-je avec saint Augustin, vous nous avez faits pour vous, et notre cœur est dans l'agitation, jusqu'à ce qu'il se repose en vous : *Fecisti nos ad te, Domine, et irrequietum est cor nostrum, donec requiescat in te.* Aussi longtemps que je suis mal avec Dieu, je suis mal avec moi-même. Veux-je donc toujours vivre misérable, troublé et inquiet? Et qu'est-ce que je cherche en ce monde, sinon la paix du cœur? Le monde, le plaisir, le péché ne peut me donner la paix ; Dieu seul peut me la donner ; et pourquoi ne la chercherais-je pas en Dieu qui en est la source unique?

IV. Si Dieu seul est ma fin, s'il peut seul me con-

tenter; il s'ensuit que toutes les créatures ne sont que
des moyens qui m'ont été donnés pour parvenir à ma
fin. Bien user des créatures, telle est la voie qui doit
me conduire à la patrie, l'échelle qui doit m'élever
au ciel. Au contraire, en abuser, c'est creuser le précipice par où on tombe en enfer. Et ici, je dois remarquer qu'un moyen n'a de prix que pour autant
qu'il conduit au but. A quoi bon une bêche entre les
mains d'un peintre, ou un pinceau entre celles du
cultivateur? Ainsi, les richesses, les honneurs, la santé,
les titres et tous les biens temporels, n'ont de mérite
qu'autant qu'ils peuvent nous servir à parvenir au ciel.
Et si au lieu de me conduire à Dieu, ils me détachent
de Dieu, non seulement ils perdent tout leur prix,
mais ils me deviennent préjudiciables.

Il est donc infiniment préférable de vivre pauvre,
inconnu, infirme, méprisé, et de se sauver, que de
vivre bien portant, riche, estimé, et puis de se
damner. Telle est donc la conséquence évidente qui
dérive de tout ce qui précède. Rien au monde n'est
digne de mes désirs, sinon pour autant que cela peut
me conduire à ma fin dernière. Par conséquent, je
dois être toujours indifférent par rapport aux vicissitudes humaines, et recevoir avec une grande
tranquillité de cœur, la santé ou la maladie, les
délassements ou les fatigues, l'honneur ou le blâme,
les richesses ou la pauvreté, les fonctions élevées ou
les emplois plus modestes. En effet, chacun de ces
états peut servir à ma fin, et quand Dieu me met dans
l'un ou l'autre, je dois croire que c'est le chemin le
plus direct pour arriver à lui, et me sauver.

Dieu de mon âme, que je suis éloigné de cette perfection! Vous m'avez donné les créatures comme
moyen, et je les ai aimées comme ma fin dernière,
et je vous ai perdu de vue pour en jouir. Quelle injure
je vous ai faite, ô Dieu de majesté, quand je vous ai
mis sur la balance, vous, mon souverain bien, avec

une satisfaction vile et passagère, et que je vous ai abandonné, vous la source d'eau vive, pour me creuser des citernes lézardées qui perdent leurs eaux ! *Dereliqui le fontem aquæ vivæ, et fodi mihi cisternas dissipatas.* Toute comparaison est odieuse, mais surtout quand il y a une grande disproportion entre les deux termes ; et quelle comparaison établir entre Dieu et la créature, entre une fumée d'honneur humain et la gloire de Dieu, entre un plaisir passager et brutal et la volonté de Dieu ? Et si c'est déjà un crime de faire cette comparaison, quelle indignité sera-ce donc de préférer, comme j'ai fait, un bien sordide au souverain bien ? *Quidquid homo Deo anteponit, Deum sibi facit.* Pardonnez-moi, ô Dieu de miséricorde, et agréez la protestation sincère que je vous fais de ne plus jamais vous offenser, de ne plus jamais vous abandonner pour aucune créature que ce soit.

V. Si je me dois tout entier à celui qui m'a fait, que dois-je à celui qui m'a racheté, et racheté si chèrement ? C'est la réflexion de saint Bernard. *Si totum debeo pro me facto, quid addam jam pro refecto, et rejecto hoc modo ?* Certaines nations malheureuses et barbares ont coutume, soit par nécessité, soit par tradition, de vendre leurs enfants comme esclaves, en sorte que ceux qui ont une nombreuse famille, y trouvent une ressource pour se procurer de l'argent. Adam, notre père à tous, a eu ce pouvoir, et qu'a-t-il fait ? Il a vendu toute sa postérité, et en a fait l'esclave du péché, du démon et de la mort éternelle. Or, c'est de cet esclavage que mon Dieu m'a racheté.

L'homme, par suite du péché d'Adam, était soumis à trois grandes et inévitables servitudes. Premièrement, il était esclave du péché. Nous l'avons tous contracté dès notre naissance, parce que nous avons participé dès lors au péché de notre père.

Secondement, il était esclave du démon, parce que, étant coupable d'une faute humainement irréparable, déjà il était condamné par la divine Justice et livré aux mains de Satan.

Troisièment, il était esclave de la mort éternelle. En effet, le péché originel l'avait exclu pour toujours du ciel, et de plus, en commettant personnellement le moindre péché mortel, il était passible de l'éternelle damnation, et nulle bonne œuvre, nul sacrement n'était capable d'effacer sa faute. Voilà les trois tyrans que nous aurions dû servir éternellement malgré nous ; voilà la triple chaîne qui nous attachait à notre esclavage.

Jésus-Christ nous a délivrés de cette triple servitude, de sorte que si Dieu n'eût pas été mon maître comme créateur, comme père, comme conservateur, comme fin dernière, il le fût devenu en qualité de rédempteur. Mais à quel prix m'a-t-il racheté? D'abord ce n'est pas la coutume d'acheter quelque chose aux dépens de sa propre personne. Ainsi personne ne donne son sang pour acheter une vigne; personne ne s'arrache un œil pour acheter un joyau. Jésus nous a rachetés, non à prix d'or ou d'argent, mais au prix de son sang divin : *Non corruptibilibus auro et argento redempti estis, sed pretioso sanguine agni immaculati Christi.* Ainsi, le rédempteur a voulu être en personne la rançon de notre salut, comme dit Eusèbe Emissène : *Transiisse ipsum video in pretium meum.* En outre, personne n'achète aux dépens de ce qui lui est le plus nécessaire. Ah! Jésus en a agi tout autrement. Vous n'êtes pas à vous, dit l'apôtre, car vous avez été achetés à grand prix. *Non estis vestri, empti enim estis pretio magno.* Oh! quel grand prix! quand on paie un objet le double de ce qu'il vaut, on l'achète deux fois, dit-on. Jésus-Christ a payé infiniment plus que je ne vaux ; il m'a donc acheté une infinité de fois. Enfin, certains acheteurs paient très cher leurs emplettes; mais en définitive, qui supporte la dépense? c'est le public. Jésus m'a racheté au prix de son sang très précieux qu'il a versé jusqu'à la dernière goutte ; et avec quel amour il a fait une si grande dépense pour m'acheter ! Il a préféré la croix à la joie. *Proposito sibi gaudio, sustinuit crucem*, comme dit l'apôtre.

Il pouvait me racheter à moins de frais, il pouvait répandre son sang avec moins d'ignominie; qui en doute? Mais il a voulu le verser au milieu des tourments et des opprobres les plus incompréhensibles.

Racheté d'une servitude si dure, racheté à si grands frais et avec tant d'amour, à ce seul titre, quand il n'en existerait point d'autre, comment prétendrais-je être mon maître, vivre à ma fantaisie, user de mes yeux, de ma langue, de mon cœur, selon mes caprices, pour commettre le péché? Si vous voulez arrêter vos regards sur des objets défendus, cherchez auparavant des yeux qui soient à vous et non pas à Dieu. Si vous voulez aimer quelque chose au préjudice de Dieu, cherchez d'abord un cœur qui vous appartienne et non pas à Dieu. Quoi! s'écrie saint Augustin, toutes les lois, toutes les nations, les plus misérables même des hommes regardent comme leur bien, et disposent à leur gré de ce qu'ils ont acheté avec leur argent; et Dieu ne serait pas le maître de ce qu'il a acheté au prix de son sang? *Non perdit homo quod emit auro suo, et perdit Deus quod emit sanguine suo?*

Enfin, supposons que Jésus eût versé son sang très précieux pour la rédemption de dix hommes seulement, et qu'il eût laissé le reste plongé dans l'esclavage primitif, comme il a laissé les anges prévaricateurs dans leur malheureux état; si nous voyions l'un de ces dix hommes, si chèrement rachetés, vivre ensuite dans le péché, comme nous faisons nous-mêmes, que lui dirions-nous? Avons-nous moins d'obligation au Sauveur, parce qu'il a racheté tous les autres avec nous? Un acheteur qui se donne lui-même en paiement, qui paie beaucoup plus cher que l'objet ne vaut, et qui fait cette dépense avec tant de générosité, où le trouverez-vous, sinon en Jésus-Christ?

L'empereur Tibère fit incarcérer Agrippa, grand seigneur romain. Pour augmenter la peine du prisonnier, il le fit charger d'une lourde chaîne de fer. Le malheureux attendait chaque jour la mort dans cette triste situation. Quelques mois se passent et Tibère meurt. Caïus lui succède dans l'empire. Il rend la liberté à Agrippa, et au bienfait, il joignit la marque de bienveillance que voici : il fit faire une chaîne d'or du même poids que la chaîne de fer dont le prisonnier avait été chargé, et la lui envoya en présent. Quelle pouvait être la signification de ce don? Sans doute, il a voulu lui dire qu'il prétendait l'enchaîner à sa personne par un si grand bienfait, d'une manière aussi étroite qu'il l'avait été par sa chaîne de fer. L'empereur ne faisait donc que changer les chaînes d'Agrippa; il voulut le lier par l'amour, autant qu'il l'avait été par la force.

Faisons l'application de ce trait. Jésus ne nous a pas seulement rachetés de l'esclavage du démon, mais il nous a faits esclaves de son amour, pour que nous employions notre liberté à le suivre : ses grâces sont des chaînes d'or. Que ferez-vous donc? Sainte Françoise de Rome vit dans une mystérieuse extase une image du Sauveur. Il lui semblait que de toutes les parties de son corps adorable sortaient des chaînes d'or et de feu tout à la fois, tant elles jetaient d'éclat. Il en sortait de ses yeux, de ses mains, de son cœur. A cette vue, la bonne sainte présenta ses pieds, ses mains et son cou, pour devenir à jamais l'esclave de l'amour de Jésus. Ah! pourquoi ne me donnerais-je pas, moi aussi, tout entier à Jésus? Pourquoi ne me ferais-je pas l'esclave perpétuel et volontaire de son amour?

AUTRES RÉFLEXIONS.

I. La liberté humaine est maîtresse de ses actes ;
toutefois elle est plus ou moins dépendante de la
volonté d'autrui, selon les rapports que nous avons
avec le prochain. Ainsi, la volonté du sujet est soumise à celle du prince dans une foule de choses ; la
volonté de l'enfant à celle de son père ; la volonté du
serviteur à celle de son maître. Celui qui m'est de
beaucoup supérieur, peut me faire agir à son gré. Il
y a plus ; celui qui m'a fait beaucoup de bien, peut
enchaîner ma volonté ; celui à qui j'ai promis ou fait
l'abandon de mon travail, peut m'obliger et me
commander.

Or, si un seul homme réunissait tous ces titres
divers, et qu'il fût mon roi, mon père, mon maître,
mon bienfaiteur, mon souverain, et si je m'étais
engagé à son service, quelle injustice ne serait-ce pas
de ne point me conformer à ses sages prescriptions ?

II. Un serviteur, un homme de peine qu'on prend
à son service, est tenu d'obéir, et d'obéir promptement. Que diriez-vous, si vous ordonniez à votre
cocher d'atteler, et qu'il vous répondit : Je suis au
jeu, laissez-moi finir la partie ? Il doit interrompre
le jeu, se lever au milieu d'un repas, au milieu même
de la nuit, et suspendre son sommeil pour obéir
promptement. Ne faut-il pas, disait le Sauveur, que
je sois occupé du service de mon Père ? *In his quæ
Patris mei sunt, oportet me esse.* Ne faut-il pas que je
m'abstienne de telle conversation, de telle société, de
tel jeu que Dieu m'interdit ? Oui, je dois obéir à Dieu
et lui obéir promptement en toutes choses ; et voilà
ce qu'il faut que je fasse.

III. Dans le psaume XXIIIe, le saint prophète David
fait cette demande : Qui est-ce qui montera à la
montagne du Seigneur, et qui entrera dans son sanc-

tuaire ? *Quis ascendit in montem Domini, aut quis stabit in loco sancto ejus?* Et il répond : Celui dont les mains sont innocentes et le cœur pur ; celui qui n'a pas reçu son âme en vain. *Innocens manibus et mundo corde, qui non accepit in vano animam suam.* Remarquez ceci : un vêtement qui ne sert pas à l'usage qu'on avait en vue, est inutile ; un palais qui ne peut être habité, est inutile ; une lampe qui n'éclaire pas, est inutile. Pauvre pécheur, que fait ton esprit, quand il se livre à ces pensées d'impureté, de vanité, de vengeance ? Que fait ta volonté, quand elle se laisse dominer par mille passions de haine ou d'ambition ? Que fait ta liberté, captive de tant de mauvaises habitudes ? Avoue-le donc, si tu vis mal, c'est en vain que tu as reçu l'intelligence, la volonté, la liberté, en un mot toutes les puissances de ton âme. C'est saint Bernard qui nous le dit : celui-là a reçu inutilement son âme, c'est-à-dire qu'il vit inutilement, qui ne vit pas pour la fin pour laquelle il a reçu son âme. *In vano accepit animam suam. id est frustra vivit, dum non vivit in vita, per quam ut viveret, accepit animam suam.*

IV. Un grand seigneur, ayant médité la fin de l'homme, et s'étant pénétré de cette vérité, leva les yeux et les mains au ciel, en disant : Je vous remercie, ô mon Dieu, de m'avoir aujourd'hui ouvert les yeux. Plusieurs fois, dans ma famille, on m'a répété que j'étais né pour en être le soutien et pour servir ma patrie ; et lorsque je témoignai de l'inclination pour l'état ecclésiastique, on me disait que j'étais destiné à être cardinal ; et parce que je changeai d'idée, et manifestai du goût pour les armes, on me dit que je deviendrais général ; la chair et les sens, aussi bien que ma fortune ajoutaient que j'étais fait pour jouir. Cette méditation m'a éclairé, et m'a fait voir que je ne suis né pour rien de tout cela, mais pour servir Dieu. Le pape n'est pas né pour être pape, ni le roi pour être roi. Tous sont nés pour servir et pour aimer

MAXIMES ÉTERNELLES.   275

Dieu, pour le servir comme maître, pour l'aimer comme père.

V. Une des recommandations les plus pressantes que de sages parents font à leurs enfants, c'est de les exhorter à mûrir le choix d'un état de vie. Mon père, j'ai du goût pour les armes. — Aussitôt on donne des livres et des leçons sur l'art de la guerre. — Mon père, je veux embrasser l'état ecclésiastique. — Et l'enfant, encore tout jeune, s'amuse à dresser des autels, à servir la messe, à apprendre les rubriques et les canons, et le plain-chant. — Un troisième témoigne du penchant pour le commerce. Aussitôt on l'envoie dans les foires et dans les marchés. Il en est de même des autres vocations. On détermine le but, puis on emploie les moyens les plus efficaces. Un voyageur fixe le terme de sa course, puis il choisit le chemin. Et quand un enfant ne veut pas déterminer l'état auquel il veut s'appliquer, le père l'engage à délibérer sérieusement.

Eh bien, cette prudence dont vous usez dans tous les actes de la vie civile, usez-en de même à l'égard de votre âme. Combien d'hommes au monde ont vécu cinquante, soixante ans et plus, et qui en sortent, sans savoir ce qu'ils sont venus faire au monde! combien qui le savent, et qui vivent comme s'ils ne le savaient pas! Ces hommes ressemblent à un soldat qui aurait exercé longtemps le métier des armes, sans savoir à quoi sert l'art militaire.

VI. Je n'ai pas su servir Dieu; mais j'ai bien su offenser Dieu, et je l'ai offensé avec autant de facilité qu'on boit un verre d'eau : *Bibi iniquitatem sicut aquam.* J'aurais été plus attentif à ne pas offenser un paysan obscur; mais je ne me suis pas soucié d'outrager Dieu. Peuple insensé et sans jugement, est-ce là ce que tu rends au Seigneur? N'est-ce pas lui qui est ton père, qui t'a fait, qui t'a créé? *Popule stulte et insipiens, hæccine reddis Domino? Nonne ipse est pater*

tuus, qui fecit te, et creavit te? C'est ainsi que Dieu se
plaint de nous et qu'il accuse notre ingratitude.
Hélas! après avoir outragé tant de fois le Seigneur,
qu'ai-je fait de tant soit peu notable pour son service?
Ah! que je serais heureux maintenant, si je l'avais
toujours servi et aimé! Au contraire, quelle douleur
resserre mon âme, lorsque je me rappelle toutes mes
ingratitudes envers lui!

RÉFLEXIONS.

On ne trouve de véritable repos qu'en Dieu.

Remarquez qu'il n'y a aucune créature au monde
qui soit en repos ; aucune, à plus forte raison, qui soit
heureuse, quand elle est hors de son centre naturel.
Un os disloqué, une pierre lancée en l'air, peuvent-
elles être en repos dans cette situation violente?

Sénèque le moraliste nous met sous les yeux une
preuve palpable de cette vérité : *Animalia quædam
tergi durioris inversa tam diu se torquent, ac pedes
exerunt, et obliquant, donec ad locum reponantur.* Une
tortue renversée sur le dos, vous fait pitié à voir les
efforts qu'elle fait pour se redresser, et le mal qu'elle
éprouve dans cet état. Elle étend ses petites pattes au
dehors, les agrafe au sol, enfonce la tête, plie tout
son corps, cherchant un point d'appui pour se retourner. Si elle ne réussit pas d'une manière, elle
essaie d'une seconde et d'une troisième, afin de
retrouver sa position naturelle, la seule qui ne la
fasse point souffrir, comme le remarque le même
auteur : *Nullum tormentum patitur supinata testudo.* Et
pourquoi tant de contorsions, jusqu'à ce qu'elle l'ait
retrouvée? N'y a-t-il plus rien alors qui offense, qui
pique, qui moleste cette tortue? Non, toutes ses
agitations proviennent de ce qu'elle était hors de son
état normal : *Inquieta est desiderio naturalis situs.*

Or, mes frères, quel est l'état naturel, la situation normale de l'homme en tant qu'homme? Abstraction faite pour le moment des principes de la foi, tenons-nous-en seulement aux lumières de la saine raison : L'ordre naturel et harmonique de l'homme, en tant qu'homme, c'est que les sens soient soumis à la raison, que la partie inférieure et animale obéisse à la partie supérieure et spirituelle ; et que l'aveugle, c'est-à-dire le caprice ou la passion, se laisse conduire par celui qui voit, c'est-à-dire, par l'intelligence.

Or, chaque fois que l'on commet un péché mortel, ce sont les sens qui commandent, et la raison qui est esclave. La partie animale prévaut, et la partie spirituelle cède. Et quand tout l'intérieur est ainsi bouleversé par le péché, comment voulez-vous que l'homme soit tranquille, content et joyeux?

Supposons un pareil bouleversement dans le corps humain. Figurons-nous un homme qui a la tête en bas et posée sur la terre, avec les pieds en l'air. Sera-t-il longtemps tranquille dans une pareille situation? Non, certainement. Eh bien donc, raisonnons : une tortue renversée, une dent ébranlée, une pierre lancée en l'air, le corps d'un homme placé au rebours de sa direction naturelle, n'a ni repos, ni paix, ni contentement ; et nous voudrions que le repos, la félicité et la joie fussent le partage d'une âme dont la droiture naturelle est totalement renversée? Que dit la raison, la foi, la justice? *Cœlum sursum, et terra deorsum ;* le ciel est en haut, et la terre en bas. Tel est le bel ordre que Dieu a établi, comme Salomon l'observe dans les proverbes. Les planètes, les étoiles et tous les corps célestes se tiennent en haut ; la terre qui est pesante et matérielle est étendue plus bas, et au-dessous de nos pieds. Or, celui qui s'écarte de la voie du salut, met le ciel sous ses pieds et la terre par-dessus sa tête. Il peut dire : La terre en haut, le ciel en bas ; et il pourra s'accommoder d'un tel système ? Non, non, mes frères, hors de la voie qui conduit à Dieu, il n'y a point de contentement, point de joie. Les pécheurs s'étudient pour paraître joyeux ; ne les en croyez pas ; les impies ont dit : Paix, paix, et il n'y avait point de paix. *Dixerunt impii, pax, pax, et non erat pax*. Cette paix, celui-là seul en jouit qui est bien avec Dieu, et pour lui la paix est abondante, véritable, et constante : *Pax multa diligentibus legem tuam*.

CONSÉQUENCES.

Du vrai bien et du vrai mal.

I. Voici une bien belle parole de Guillaume de Paris : Les vrais biens et les vrais maux, dit-il, sont ceux de la vie future. *Vera bona et vera mala sunt vitæ futuræ*. Le vrai bien consiste sans aucun doute à voir Dieu en paradis. Le vrai mal, c'est sans nul doute la damnation éternelle en enfer. Or, ce bien et ce mal ne sont pas de la vie présente, mais de la vie future. Cette vie n'est que le chemin qui aboutit à l'un de ces deux extrêmes. D'où il suit que le vrai bien de cette vie est celui qui nous approche du paradis, et que le vrai mal est celui qui nous conduit à l'enfer. Ainsi, être bien ou mal portant, riche, pauvre, noble, plébéien, ne sont ni des biens ni des maux. Je dis plus, être apôtre ou prophète, ce n'est pas un véritable bien dans le sens strict du mot, car un apôtre et un prophète peuvent se damner.

L'homme peut se priver du vrai bien de deux manières différentes. La première, en ne faisant point de progrès dans la vertu, par exemple, en négligeant d'en pratiquer les actes ; car, de la sorte, il se prive d'un accroissement de mérites.

Secondement, par le péché. Le péché véniel le prive d'un accroissement de gloire, et le soumet à la peine temporelle ; de plus, il lui ôte certains secours spéciaux qui l'eussent aidé à obtenir sa fin. Le mortel lui enlève totalement sa fin dernière et bienheureuse, et le rend passible de la damnation éternelle.

Il résulte évidemment de ces réflexions, que le vrai mal consiste d'abord dans les imperfections volontaires et le péché véniel, et qu'ensuite le mal des maux, c'est le péché mortel. Prenons pour exemple un voyageur obligé de retourner dans sa patrie, pour y prendre possession du trône; il peut faillir à sa haute destinée de trois manières : premièrement, en s'arrêtant ; secondement, en s'affaiblissant, et en se rendant insensiblement incapable de voyager; troisièmement, en s'écartant de la bonne route. Celui qui abandonne la prière pour une affaire ou un intérêt quelconque, se cause à lui-même un vrai préjudice, parce qu'il néglige de faire un pas vers sa fin. Celui qui commet aisément le péché véniel, s'affaiblit toujours davantage. Enfin celui qui commet le péché mortel, n'en commît-il qu'un seul, se jette entièrement hors de la voie.

II. Il s'ensuit de plus, que les maladies et la pauvreté ne sont pas de vrais maux, et que les richesses, la santé, la noblesse et la beauté ne sont pas de vrais biens, mais des choses indifférentes. Elles ne sont des biens qu'autant que nous en usons bien pour atteindre notre fin ; si nous en usons mal, ce sont des maux.

III. Le plus grand mal, c'est celui qui nous éloigne le plus, d'une manière soit actuelle, soit habituelle, de notre fin dernière. Il y a des péchés plus graves, qui en nous attachant plus sensiblement aux créatures, nous détachent aussi plus profondément de Dieu ; voilà donc les plus grands maux.

Imprimons bien avant ces vérités dans notre cœur, et elles dissiperont ces faux préjugés qui nous font estimer les faux biens et craindre les maux imaginaires.

IV. Enfin, allons à l'école du vice, pour apprendre à pratiquer la vertu. Un avare regarde les richesses

comme de vrais biens. Celui qui ambitionne les honneurs, ne respire qu'élévation et fortune. Tout ce qui
ne peut pas l'enrichir et l'agrandir, il n'en fait pas
plus de cas que d'une mouche qui vole. Eh bien!
supposé cette vérité que le seul vrai bien soit d'éviter
l'enfer et de mériter le paradis, tout ce qui n'a point
rapport à cette fin, oui, tout cela est digne de mépris
et ne mérite aucune considération. Si Dieu vous faisait
la promesse qu'Hérode fit à Hérodiade et Assuérus à
Esther : Demande-moi ce que tu veux, et je t'accor-
derai tout : *Postula quod vis, et omnia tibi dabo*; que
demanderiez-vous à Dieu ? Vous lui demanderiez certainement le paradis. Donc le paradis, voilà ce qu'il
faut estimer au-dessus de tous les biens de ce monde.
Quel état choisiriez-vous? Serait-ce celui d'Alexandre
sur la terre, ou bien celui du dernier des bienheureux
dans le ciel ?

IVᵉ CONSIDÉRATION.

LE PÉCHEUR EST L'ENNEMI DE DIEU.

Après avoir considéré que Dieu est notre souverain
Maître et notre unique fin, après avoir développé les
réflexions et les enseignements qui découlent de cette
vérité, voyons maintenant comment, par le péché, on
se fait l'ennemi de ce grand Dieu.

I. Supposons donc un personnage tellement puissant, que personne ne soit en état de lui résister, et
qu'il soit impossible d'échapper à ses mains ; un personnage qui ait à sa disposition tous les moyens de
nous faire ou le plus grand bien ou le plus grand
mal. Il n'y a certainement aucun homme au monde,
à moins que ce ne fût un insensé, qui voulût pour
quoi que ce soit, s'attaquer à un tel potentat, et lui
déclarer la guerre.

Or, ce grand personnage, c'est Dieu, dont le prophète Isaïe a dit qu'il est le maître de toutes choses, et que personne ne peut résister à sa Majesté, qu'il est le Roi tout-puissant, au pouvoir duquel tout est soumis, et à la volonté de qui nul mortel ne peut opposer de résistance. *Deus omnium est, nec est qui resistat. majestati suæ, Dominus Rex omnipotens, in ditione tua cuncta sunt posita, et non est qui tuæ possit resistere voluntati.*

On a vu des peuples se mutiner et se révolter contre des princes très puissants. Forts de leur nombre, ils ont tenu tête et résisté à leur souverain. Il y eut aussi dans le ciel une grande émeute. Des anges, pleins de force et plus nombreux que les grains de sable de la mer, osèrent se soulever contre Dieu. En un clin d'œil, tous furent précipités dans l'enfer : *Videbam satanam sicut fulgur de cœlo cadentem.* Le monde devenu prévaricateur, tourna le dos à son Créateur : *Omnis caro corruperat viam suam.* Voyons un peu s'il a pu tenir tête à Dieu. Le voilà submergé totalement dans les eaux du déluge, et plusieurs millions d'hommes tombent dans les enfers Grand Dieu! Dieu terrible! Seigneur, Dieu tout-puissant, non, il n'est personne en état de vous résister, et comment donc, dit saint Bernard, un grain de vile poussière ose-t-il irriter une majesté si terrible, lui, que le moindre coup de vent emporte? *Quomodo tam terribilem majestatem audet levis pulvisculus irritare uno levi flatu mox dispergendus?*

II. Quand un personnage est tellement puissant, qu'on ne peut lui résister, l'unique parti qui reste est de prendre la fuite et de sortir de ses états, ou de se cacher dans les forêts les plus épaisses ou bien au sein des montagnes les plus inaccessibles. Mais, qu'un ennemi de Dieu me réponde ici : Peut-il sortir des états et du domaine de Dieu? Dieu, dit saint Grégoire, gouverne le haut, et contient le bas, il l'environne au dehors, il le pénètre au dedans. *Deus sursum regens, deorsum continens, extra circumdans, interius penetrans.* Et le Psalmiste ajoute : Si je monte au ciel, vous y êtes ; si je descends dans l'enfer, je vous y rencontre. *Si ascendero in cœlum, tu illic es ; si descendero in infernum, ades.* Quand je sortirais de ce monde, et que j'irais dans cet autre monde où personne ne peut étendre la main, je suis toujours entre les mains de Dieu. Que faire pour me dérober à ses regards? Toujours nous sommes environnés de Dieu, comme le poisson dans l'eau et l'oiseau dans l'air. Si je respire, Dieu se trouve dans cet air que je respire, moi son ennemi. Si je m'appuie sur la terre, je m'appuie sur Dieu qui la soutient, moi l'ennemi de Dieu. Si je me mets à table, Dieu qui est mon ennemi, se trouve dans chacun de mes aliments. Si je m'approche du feu, Dieu qui est mon ennemi, s'y trouve. Dieu se trouve dans cet appartement, derrière cette porte, dans cette retraite; partout, je le rencontre.

Et c'est un personnage à qui je ne puis ni résister, ni échapper, que j'ose outrager, que j'ose provoquer pour des choses de néant? Je suis toujours sous les yeux de Dieu, toujours entre les mains de Dieu, et j'ai l'audace de l'offenser? quand on ne peut se dérober par la fuite aux mains d'hommes puissants, dont l'autorité s'étend au loin, on tâche de les éviter par la ruse. C'est ainsi qu'un certain Nicolas Piccinino, échappa aux mains de ses ennemis, en faisant semblant d'être mort, et en faisant emporter son corps au loin par un soldat. Mais peut-on tromper Dieu par des artifices semblables ?

Quand on ne peut éviter un ennemi puissant, on peut du moins s'humilier devant lui, lui faire des excuses et lui demander grâce. C'est ainsi qu'un brigand fameux qui avait commis bien des crimes, se présenta devant son prince avec la plus profonde humilité et lui dit : Seigneur, vous avez promis une

grande récompense, à celui qui vous apporterait ma
tête. La voici ; je viens vous l'apporter moi-même.
— Mais moi, puis-je m'humilier, puis-je même demander pardon à Dieu, sans le secours de sa grâce ?
De même que la terre ne peut produire un brin
d'herbe, à moins qu'on n'y ait jeté la semence ; de
même je suis hors d'état de faire un acte d'humilité,
et de m'exciter à une vraie contrition de mes péchés,
si Dieu lui-même ne me donne l'impulsion, et ne
touche mon cœur de sa grâce. Il est bien au pouvoir
de l'homme de seconder ou de rejeter ce mouvement
salutaire ; mais la première pensée même est un acte
de la pure libéralité de Dieu. Où sont donc ceux qui
disent : Je me repentirai au dernier moment ; je
pleurerai mes péchés quand il en sera temps, je
pècherai, et je me confesserai ensuite. Eh quoi ! est-
ce que le repentir et la confession sont absolument
entre vos mains ?

III. Ce Dieu que je provoque par mes péchés, peut
très aisément me faire le plus grand de tous les maux.
Je vous le demande : lui en a-t-il coûté beaucoup
pour perdre éternellement ces millions et millions
d'anges, qui étaient les fils aînés de la création ? A-t-il
dû délibérer longtemps pour prendre ce parti ? Que
lui en coûta-t-il pour exterminer tous les premiers
nés de l'Egypte, et toute l'armée de Sennachérib,
composée de cent quatre-vingt mille hommes ? Que
lui en a-t-il coûté pour ravager par la guerre et la
peste l'Allemagne, la France, l'Angleterre, l'Italie, et
changer des cités florissantes en cimetières ? Lui en
a-t-il coûté pour ouvrir les cratères sulfureux du
Vésuve, et lancer sur les contrées voisines des torrents
de feu ? Lui en a-t-il coûté pour ébranler la terre par
d'épouvantables secousses, pour engloutir des villes
entières, et pour renverser les montagnes sur des
bourgs bien peuplés, et ensevelir leurs habitants
sous des rochers ? Combien il lui sera plus facile de

me châtier, moi misérable, qui ne suis qu'une poignée de cendre et un ver de terre! Dieu aurait-il
besoin de déchaîner contre moi les ministres de sa
justice, pour m'anéantir? Hélas! il suffit d'une goutte
de sang, qui tombe dans mon cerveau, d'un catharre
qui me suffoque, d'une veine qui se brise dans ma
poitrine, d'un souffle empoissonné qui me frappe au
cœur, d'une tuile qui me tombe sur la tête, enfin
d'une chute qui me brise un membre. Est-ce qu'un
accident imprévu ne peut me frapper, comme tant
d'autres? et sans recourir à ces morts violentes, ne
suffit-il pas qu'il ne me donne point le temps de me
confesser, pour que je périsse éternellement? Enfin
Dieu ne peut-il pas me refuser son secours pour me
bien confesser? Ne peut-il pas, après que je me
serai bien confessé, me laisser tomber dans de nouveaux péchés à la fin de ma vie, et me punir ainsi de
mes crimes anciens?

O mon âme, réponds, Dieu ne peut-il pas en agir
ainsi? Il l'a fait, et il le fait encore souvent pour
d'autres. Tant d'hommes déjà damnés, et qui se
damnent encore, ne se sont-ils pas perdus de la sorte,
ou parce qu'ils ne se sont pas bien confessés, ou parce
que s'étant bien confessés, ils sont retombés au moment de la mort? Réponds encore : est-ce que toi, ô
mon âme, tu ne mérites pas que Dieu tienne la même
conduite à ton égard? Et comment donc as-tu
l'audace d'offenser ce Dieu à qui on ne peut résister,
à qui on ne peut se dérober, et qui peut si aisément
t'accabler du dernier des malheurs? Tu crains un
chien qui peut te mordre; tu crains un crapaud qui
peut t'empoisonner; tu crains un homme qui peut te
nuire; et tu ne crains pas Dieu qui d'un seul acte de
sa volonté, peut en un clin d'œil te plonger dans
l'enfer? Cet acte de volonté est entre les mains de
Dieu un glaive capable de te percer, un poison capable
de te tuer, et sans faire un pas, sans lever la main,

il peut te perdre pour jamais ; et tu ne le crains pas ?
*Nolite timere eos qui occidunt corpus, animam autem non
possunt occidere; sed potius timete eum qui potest animam et corpus perdere in gehennam; ita dico vobis,
hunc timete.* Voilà l'avertissement que Jésus-Christ
nous donne.

Et une fois précipité dans l'enfer, te resterait-il
encore quelque espoir ? Laissez ici toute espérance,
est-il écrit sur le seuil de cette horrible prison. O mon
Dieu, écoutez : ce pauvre jeune homme s'est damné,
parce qu'il a eu honte de confesser ses péchés ; si vous
le tirez de l'enfer, il publiera au besoin ses iniquités,
à son de trompe, et en pleine place publique. Pas de
rémission ; *non datur redemptio.* Cet autre s'est damné
pour un acte de vengeance. S'il sort de l'enfer, il se
laissera mettre le pied sur la bouche, et fouler aux
pieds par tout le monde. — Plus d'amendement possible ; *non est correctio erroris.* Ce troisième est en
enfer pour un plaisir de quelques moments. Si vous
l'en délivrez, toute sa vie il portera le cilice, il jeû-
nera, il prendra la discipline jusqu'au sang, il s'en-
fermera dans un cloître, pour faire pénitence. — Il
n'est plus temps ; il pouvait ne pas tomber dans
l'enfer, il est impossible qu'il en sorte. Ni les anges
et les saints réunis ensemble, ni la Vierge Marie elle-
même, ne peuvent l'en délivrer. Les mérites de Jésus-
Christ sont d'une valeur infinie ; ils ne peuvent plus
lui être appliqués. Il y a renoncé en péchant. S'il est
damné, c'est sa faute.

Qui me donnera maintenant une toile, des pin-
ceaux et des couleurs pour tracer au naturel le portrait d'un ennemi de notre grand Dieu ? Le voici :
convaincu du crime de lèse-majesté, un scélérat fut
condamné par sentence des juges à être conduit au
haut d'une tour, en présence de tous les grands du
royaume et d'un peuple innombrable accouru pour
assister à son supplice. Là, pour sa plus grande con-

fusion, on le dépouilla entièrement, on lui lia les
pieds et les mains, et il fut suspendu par les cheveux,
du haut d'une loge élevée qui faisait saillie au dehors.
Cependant on remplit une grande fosse qui était au
pied de la tour, d'animaux féroces, de lions, d'ours
et de tigres, qu'on avait eu soin de laisser à jeun pour
les affamer. Au-dessus de ce précipice, au-dessus des
gueules béantes et haletantes de tous ces monstres,
était suspendu en l'air le criminel ; il entendait les
cris du peuple : Mort au malfaiteur ! mort au scélérat ! il entendait le rugissement des lions, impatients
de le broyer sous leurs dents ; il voyait la main du
bourreau armé de ciseaux, prêt à lui couper les
mèches de cheveux qui le soutenaient encore en l'air.
Pour lui couper la dernière, on n'attend plus que
l'extinction d'une petite bougie qui se consume au
voisinage. Déjà elle est sur le point de s'éteindre,
déjà la flamme se meurt, se plie ; enfin elle s'éteint.
En un moment, les ciseaux sont dressés, les cheveux
tranchés, le corps du traître tombe d'aplomb dans la
gueule des monstres affamés, qui se le disputent les
uns aux autres, qu'ils déchirent de leurs ongles, qui
le broient sous leurs dents, on entend le craquement
des os ; on voit les entrailles se répandre, la cervelle
et le sang s'épanchent sur le pavement.

Quel spectacle d'horreur ! gravez bien ce portrait
dans votre esprit, et dites-vous à vous-même : Quand
je suis tenté de commettre un péché mortel, je suis
tenté de me mettre dans l'état de cet homme, et
lorsque je me rends coupable d'un péché mortel, je
suis déjà dans cette effroyable situation : nu et dépouillé de la grâce divine, les pieds et les mains liés,
sans pouvoir m'assister aucunement moi-même, suspendu par un fil plus faible et plus délicat qu'un
cheveu de ma tête, tandis que le glaive de la divine
justice est prêt à trancher ce fil, et dans cet état, je
suis en face de Dieu mon souverain maître qui me

regarde d'un œil courroucé ; autour de moi toutes les créatures s'écrient : Mort au perfide ! mort au traître ! sous mes pieds sont les monstres infernaux, la gueule ouverte pour me dévorer ; la divine miséricorde m'éclaire encore d'un faible rayon de lumière qui est sur le point de s'éteindre ; et s'il s'éteint, s'il meurt, si cette miséricorde, dont j'ai tant de fois abusé, fait place enfin à la divine justice, ah ! mon Dieu, qu'en sera-t-il de moi ? Qu'en sera-t-il de moi ? *Ne tradas bestiis animas confidentes tibi, et animas pauperum tuorum ne obliviscaris in finem.*

IIᵉ LECTURE.

Iʳᵒ CONSIDÉRATION.

LE PÉCHÉ MORTEL. — LE PÉCHÉ MORTEL EST UN MÉPRIS
FORMEL DE DIEU.

Les châtiments si rigoureux du péché mortel dans les anges et dans notre premier père Adam, voilà ce que nous avons médité précédemment. Ces considérations sont extrinsèques au péché, et comme Dieu châtie toujours en dessous de ce que l'on mérite, il s'ensuit que le péché est un mal beaucoup plus grand que le châtiment même dont Dieu le punit.

Tâchons donc, dans ces lectures, de pénétrer la malice du péché mortel, pour ainsi dire jusqu'à la moelle. *Delecta quis intelligit?* Qui peut comprendre la malice du péché ? s'écrie le prophète tout épouvanté ! Vous, ô mon Dieu, éclairez mon esprit, afin que je la comprenne du moins en partie.

I. Considérez que le péché mortel outrage Dieu et avilit cette haute majesté qui fait trembler la terre et le ciel, en portant atteinte à son honneur. Les Ecritures le qualifient de mille manières dans le prophète Ezéchiel : Ils ont méprisé mes ordonnances, dit le Seigneur, en parlant des pécheurs ; *contempserunt judicia mea*. Il ne dit pas : Ils ont transgressé mes préceptes, mais : Ils les ont foulés aux pieds. Dans l'Ecclésiastique : Ils ont méprisé la crainte du Seigneur ; *contempserunt timorem Domini*. Je voulais leur inspirer une sainte crainte, dit le Seigneur, et par le fait, ils se sont moqués de ma crainte. Dans Isaïe : J'ai nourri et j'ai élevé des enfants, dit encore le Seigneur, et ils m'ont méprisé. *Filios enutrivi et exaltavi; ipsi vero spreverunt me*. Ils ont méprisé ma personne et ma souveraine majesté, dont ils ont besoin à chaque instant.

Et ne croyez pas que ce soit ici une figure de langage, non, c'est un mépris formel, et tous les théologiens le qualifient ainsi, en s'exprimant avec toute la rigueur du langage de l'Ecole.

Supposé ce principe de foi, raisonnez et dites-vous : Qui suis-je, moi, pour élever mes mépris et mon orgueil jusqu'au ciel, jusqu'à Dieu ? Qui es-tu, qui es-tu, toi qui oses outrager le Très Haut ?

On conçoit par là que le péché tend à la destruction de Dieu. Voici comment s'exprime à ce propos le célèbre théologien Médina, dans son traité de la pénitence : Telle est la nature du péché mortel, qu'il détruirait Dieu, si la chose était possible. *Peccatum mortale talis est naturæ, ut si possibile esset, destrueret ipsum Deum*. En effet, lorsque Dieu se fut fait mortel et passible, en prenant la nature humaine, est-ce que le péché ne l'a pas réellement fait mourir ? Dieu peut bien remercier, dirons-nous, son immortalité essentielle ; car autrement, il eût été anéanti par les péchés de ses créatures. Comment cela ? Voici le comment.

Le péché est un mépris de Dieu ; donc, si Dieu était capable de tristesse, le péché aurait plongé son âme dans l'affliction ; cette affliction eût été infinie, et par conséquent elle eût amené la destruction même de Dieu. *Esset causa tristitiæ in Deo; tristitia autem esset infinita, ideoque destrueret ipsum Deum.*

Chacun sent par lui-même, quelle profonde blessure on lui fait au cœur, quand on porte atteinte à son honneur et qu'il est méprisé même par un égal ; à plus forte raison, quand c'est par un inférieur. Si Dieu était donc sujet à la peine, quel chagrin ne lui causerait pas un seul péché? Dieu se tient dans toute sa majesté, environné de millions d'anges ; en sa qualité de maître suprême de l'homme et de toutes les créatures, et dans toute la plénitude de sa puissance divine et royale, il dit à l'homme : Tu ne tueras pas, tu ne commettras point d'adultère, tu ne déroberas point. *Non occides, non mœ haberis, non furtum facies.* Prends-y garde, je ne veux ni vols, ni homicides, ni impudicités. Et si tu les commets, je te vois, et ma main est armée pour te châtier. — Et que fait le pécheur, c'est-à-dire un homme qui n'était que néant il y a peu d'années, et qui maintenant dépend de Dieu, plus que la lumière ne dépend du soleil ; un homme qui dans peu ne sera qu'une pincée de poussière ; que fait-il ? Il dresse la tête contre Dieu et proteste par le fait contre ses ordonnances. Et moi, dit-il, je veux dérober, je veux donner un libre cours à mes passions, je veux satisfaire mes ignobles appétits. Je veux haïr ce que Dieu me défend de haïr ; je veux aimer ce qu'il me défend d'aimer. Y eut-il jamais une audace comparable à celle-là ? D'un côté la volonté divine et le bon plaisir de la majesté suprême ; de l'autre, notre caprice et la satisfaction d'une passion brutale ; et dans ce concours, notre cœur se prononce, et juge qu'il vaut mieux contenter

la chair que se soumettre à l'ordre de Dieu; de sorte
que c'est Dieu qu'on met au-dessous et que l'on
méprise. Quel mépris, si lorsque tous les sages d'une
ville sont d'accord, on donnait la préférence à l'avis
d'un fou et d'un criminel, plutôt que de déférer à
celui de l'expérience et de la maturité. Mais la volonté
de Dieu n'est-elle pas infiniment plus éclairée que
l'opinion de tous les sages du monde?

On conçoit encore par là, dit le père Lessius, dans
son ouvrage *Des perfections divines,* qu'un seul péché
mortel cause un plus grand déshonneur et fait un plus
grand déplaisir à Dieu, que toutes les bonnes œuvres
des anges et des saints du ciel et de la terre ne lui
procurent de gloire; oui, lors même qu'on multi-
plierait tous leurs mérites autant de fois qu'il y a de
grains de sable dans la mer et de feuilles sur les
arbres. *Peccatum pluris a Deo estimatur in ratione mali,
quam omnia opera bona in ratione boni.* Si Dieu était
soumis à la tristesse, il serait plus affecté d'un acte de
vengeance que consolé par tous les actes de généreux
pardon qui ont été pratiqués par les héros de l'Evangile; il serait plus tourmenté par un seul acte déshonnête, qu'il n'est honoré par la pureté de tant de
vierges qui lui sont consacrées, et par la pureté même
de sa très sainte mère Marie; il serait plus troublé
par le babil, les badinages, les immodesties que tel
jeune homme se permet dans l'église, qu'il n'est consolé par la piété et la dévotion de mille autres. Voilà
ce que dit en propres termes le Père Lessius : *Peccatum magis Deum affligeret, si capax esset doloris, quam
omnia bona opera exhilararent.* Déployez-vous, millions
et millions de martyrs; paraissez, innombrable multitude de confesseurs et de vierges avec toutes vos
vertus, et présentez-vous tous ensemble devant Dieu;
un seul péché mortel contristerait plus sensiblement
son cœur, que toutes vos œuvres si saintes ne peuvent
le consoler. C'est ainsi qu'un roi ou un maître est

plus affecté de la rébellion d'un seul sujet qu'il n'est consolé de l'obéissance de tous les autres. Aman était en honneur dans toute la cour d'Assuérus; tous le révéraient comme le premier ministre du roi; mais quoi! cet homme ne tenait aucun compte de tant d'honneurs et de prévenances, parce qu'un seul homme, juif de nation, le méprisait. Mais sans recourir à ce fait historique si célèbre, nous-mêmes pauvres et misérables créatures, ne ressentons-nous pas la même chose? Un seul affront qu'on nous a fait, nous rend amers tous les morceaux que nous portons à la bouche, empoisonne toutes les douceurs des entretiens de famille, trouble le sommeil et le repos des nuits : quand même nous serions honorés de tout le monde, cet honneur s'efface à nos yeux devant un affront grave qui nous aurait été fait en public par un égal. Cette considération a été présentée d'une manière frappante par Lessius : *Omnia opera bona sunt adinstar nihil, respectu Dei, cujus majestati sunt debita omnia ista : at contemni a sua creatura, quæ infinitum honorem, et amorem, si posset, præstare deberet, hoc maxime æstimatur.* Toutes les bonnes œuvres sont comme un rien à l'égard de Dieu, parce que tout est dû à sa majesté; mais qu'il soit méprisé par sa créature, qui lui devrait un honneur et un amour infini, s'il était possible, voilà ce qui est au-dessus de toute appréciation. Oh! si nous pouvions comprendre ces deux mots : Créature, et Dieu? Une créature avoir l'orgueil de mépriser Dieu ! un ver de terre lever la tête contre l'auteur de toutes choses ! un néant élever la voix contre le Tout-Puissant !

Analysez avec soin ces trois termes : *Un Dieu — être méprisé — par sa créature.* Mépriser la sagesse de Dieu, en prétendant en savoir plus que lui. Mépriser l'immensité de Dieu, en profanant un lieu où il se trouve. Mépriser la libéralité de Dieu, en foulant aux pieds les dons précieux de la grâce et de la gloire.

Mépriser la justice de Dieu, en ne se souciant pas des châtiments éternels dont il menace. Mépriser sa bonté, parce qu'il est bon et qu'il pardonne. Oui, disons-nous à nous-mêmes chacun en particulier : Moi qui ne suis qu'un peu de boue, j'exige qu'on ait du respect pour moi, et non seulement pour moi, mais pour mes serviteurs, pour ma maison, pour mes chevaux, pour mes armes, pour mes chiens, pour ma livrée, pour ma voiture. Quelle comparaison ! Et n'allez pas dire que quand vous péchez vous n'avez pas dessein de mépriser Dieu. Faible excuse ! Ce serait en effet pécher comme les damnés. Mais dites-moi : Si un domestique n'exécutait pas vos ordres, et qu'il dît : Je ne le fais pas par mépris de mon maître; recevriez-vous une telle excuse ?

Pesez en outre cette seconde parole : Etre méprisé par ses créatures, et considérez que tout homme, bien qu'il soit libre, a cependant mille obligations de se conformer à la volonté d'autrui. Le serviteur fait la volonté de son maître, parce qu'il est payé et entretenu pour cela. L'esclave fait, à plus forte raison, la volonté de son seigneur, parce qu'il a été pris à la guerre ou acheté à prix d'argent. Un sujet, bien qu'il occupe une haute position, fait la volonté de son roi légitime, et lui obéit très exactement. L'enfant fait la volonté de son père; la nature même l'y oblige. Il y a plus : selon le philosophe, il y a des créatures qui ont une certaine supériorité naturelle sur d'autres, à raison de l'excellence de leur être, qui leur donne le droit de s'en faire obéir. Ainsi l'ange a naturellement le droit de se faire obéir des hommes ; l'homme, des animaux ; le savant, de l'ignorant. Mais outre ces raisons de dépendance, il y a dans le bienfait, je ne sais quelle force qui lie l'obligé au bienfaiteur. C'est ce que nous expérimentons très bien en nous-mêmes. Ainsi, nous disons : Je n'ai pas le courage d'entreprendre telle chose ; mais puisque c'est un ami et un bienfaiteur qui me le demande, je ne puis le lui refuser.

Ces principes posés, pesons maintenant la signification de ce terme : Créature de Dieu. Dieu se présente à moi, sa sainte loi à la main, et il me dit : Toi, ma créature, que j'ai créé par pure bonté, que j'ai nourrie chaque jour et traitée plus splendidement que beaucoup d'autres, que j'ai achetée et rachetée au prix de ma vie; tu sais que je suis ton maître, ton roi légitime et que j'ai toute sorte de titres à ton obéissance ; tu sais en outre que je suis ton père, que je t'ai adopté pour mon enfant, que je suis ton époux, ayant choisi ton âme pour mon épouse ; que je suis ton bienfaiteur qui te fait du bien à tout moment. Eh bien, à tous ces titres si augustes et plus touchants encore, je veux que tu ne tues pas, que tu ne commettes pas d'adultère, que tu ne dérobes pas. Voilà ce que je te demande en qualité de maître, de supérieur et de père, car tu es mon fils ; en qualité d'époux, car tu es mon épouse. Voilà ce que je te demande à titre de nécessité, de justice, et d'amour. Or, quelle réponse la créature de Dieu, cette créature qui est la sujette, l'inférieure, l'esclave de Dieu, donne-t-elle, non pas en paroles, mais en fait, à son législateur suprême ? Un non tout court. Et ce non, n'est-ce pas le plus odieux de tous les mépris ? *Deum a sua creatura contemni, hoc maxime æstimatur.*

Le père Silveira, dominicain, cet écrivain très célèbre, fait cette réflexion : En supposant, dit-il, que par un seul et même acte, on commît une grave injure envers toutes les dames du monde, princesses et reines, et qu'on outrageât en même temps tous les rois et les empereurs, enfin qu'on offensât à la fois tous les hommes et tous les Anges; une injure faite à Dieu l'emporterait infiniment sur cet attentat, quelque étendu qu'on le suppose. *Longe major est injuria Dei, quam omnis injuria in omnes reges perpetrata.* En voici la raison fondamentale : c'est qu'il y a une injure beaucoup plus grande à mépriser Dieu que tous les rois ensemble, puisque tous les rois ne sont qu'un néant devant Dieu.

II. Considérez en second lieu que ce mépris de Dieu n'est pas seulement un mépris absolu, mais encore un mépris comparatif. Que l'on manque de politesse à mon égard, je sens vivement la gravité de ce manquement; mais si on se montre incivil envers moi, pour relever d'autant plus mon inférieur, cette comparaison ne sera-t-elle pas pour moi le dernier des affronts? Si, lorsqu'un prince passe dans la rue, quelqu'un lui tournait le dos pour saluer un paysan, est-ce que ce mépris ne serait pas plus sensible au prince? Sans doute, puisque c'est dire équivalemment que vous faites plus de cas du paysan que de lui. Une ville qui se révolte contre son roi, lui fait injure sans doute, mais l'injure n'est-elle pas plus criante si c'est pour se livrer aux Turcs? Aussi le prophète Jérémie ne peut-il contenir son étonnement; il est stupéfié et comme hors de lui-même, à la vue de l'injure que le péché fait à Dieu : Cieux, s'écrie-t-il, soyez saisis d'étonnement, et vous, portes du ciel, livrez-vous aux gémissements! Mon peuple a commis deux maux : ils m'ont abandonné, moi qui suis la source d'eau vive; voilà le mépris absolu que le pécheur fait de Dieu; et ils se sont creusé des citernes pleines de lézardes, qui ne savent retenir leurs eaux; voilà le mépris comparatif : *Obstupescite, cœli, super hoc, et portæ ejus desolamini vehementer! duo mala fecit populus meus : Dereliquerunt me fontem aquæ vivæ, et foderunt sibi cisternas veteres et dissipatas quæ continere non valent aquas.* Oui, dit le Seigneur, non seulement ils m'ont abandonné, mais ils sont allés boire à des citernes en ruine, dont les eaux sont troubles, fangeuses et corrompues.

Si je m'étais révolté contre Dieu, pour me donner

à un autre Dieu, cela serait supportable ; mais savoir
que tel plaisir est quelque chose d'ignoble et de
fugitif, et chasser Dieu loin de moi pour jouir de ce
plaisir, voilà qui est inconcevable. Savoir que telle
pensée est une chimère, que tel gain est une bagatelle,
et le mettre en parallèle avec Dieu mon unique bien
et ma seule félicité, et puis dire par le fait : C'est à
Dieu à céder, c'est le plaisir qui doit l'emporter, c'est
la vengeance, c'est la vanité! ah! quel déshonneur
pour Dieu! ah! quelle folie! O mon âme, n'entreprends pas de mesurer toute la grandeur de cette
injure ; tu en es incapable. Ni un ange, ni un ar-
change, ni tous les anges ensemble, ni même la très
sainte Vierge Marie, ne sont capables d'en comprendre
toute l'étendue. Jésus-Christ seul l'a comprise, parce
qu'il était Dieu, et à la vue de l'excès d'insolence
auquel une créature peut s'élever, il a sué du sang.

Mais si tu ne peux comprendre l'énormité de tes
péchés, tu peux du moins, ô mon âme, les pleurer, et
les avoir continuellement devant les yeux ; tu peux
trembler au seul nom de péché, et rougir devant
Dieu, t'humilier et te confondre de les avoir commis :
Commissa mea pavesco, et ante te erubesco.

Mais qui est donc ce Dieu que la créature méprise
ainsi d'une manière absolue et comparative tout à la
fois? Qui est-il? qui est-il? Dieu seul peut dire ce
qu'il est, et il ne peut le dire à d'autre qu'à lui-même,
parce que lui seul se comprend lui-même, et nous, nous
sommes essentiellement incapables de le comprendre.
On demanda un jour à Epictète ce que c'était que
Dieu. Il répondit : Si je pouvais vous le dire, de deux
choses l'une : ou bien Dieu ne serait pas ce qu'il est,
ou moi-même je serais Dieu. Dire que Dieu surpasse
en perfection toutes les créatures, et tout ce qu'on
peut imaginer, c'est lui faire injure, parce que cette
comparaison est indigne de sa majesté, comme il
serait indigne de comparer un ver de terre à l'homme,

en ajoutant que l'homme est plus noble que tous les vers de terre ensemble. Ainsi parle saint Ambroise : *Domine, si te omnibus majorem dixerim, injuriose te tuis operibus comparavi.* Le philosophe Simonide fit donc tort à Dieu, lorsque, interrogé sur les perfections divines, il demanda pour répondre un délai de trois jours, puis un second de trois jours aussi ; comme si tous les délais du monde auraient pu lui donner la clef de cet abîme. En effet, quand tous les séraphins et les chérubins emploieraient toute l'éternité à y penser, ils ne parviendraient pas à définir Dieu. Et un ver de terre osera outrager cette ineffable, inaccessible et incompréhensible majesté ?

Considérez seulement la puissance de Dieu dans les œuvres qu'elle a produites. Voyez-vous cette multitude et cette diversité de créatures? Les cieux avec leurs étoiles, la terre avec ses plantes, les plantes avec leurs fruits, les fruits avec leurs goûts si différents? Dieu a fait tout cela de rien. Viennent toutes les puissances et toutes les industries du monde, et qu'elles tirent, si elles le peuvent, un seul grain de sable du néant. Mais jamais elles n'y parviendront; car c'est un axiome admis par les païens eux-mêmes, que rien ne se fait de rien : *Ex nihilo nihil fit* Si le soleil n'eût été qu'un grain de sable, et que Dieu l'eût grossi jusqu'à le rendre mille fois plus grand que la terre, quelle merveille ce serait déjà ! Écoutez : c'est quelque chose de plus de tirer un grain de millet du néant, que de former le soleil au moyen d'un grain de sable, parce que entre ce grain et le soleil, il y a le rapport d'un être à un autre être, tandis qu'entre ce même grain et le néant, il n'existe absolument aucun rapport. Sur quoi repose cette vaste étendue de la terre, des cieux et des étoiles? tout cela repose sur le vide : *Appendit terram super nihilum.* Une parole que Dieu a dite, il y a des milliers d'années, un *fiat* qu'il a prononcé, a tiré des mines du néant le monde

admirable que nous voyons, et le conserve jusqu'ici :
*Verbo Domini cœli firmati sunt, et spiritu oris ejus omnis
virtus eorum* Que tous les génies du monde se mettent
à l'œuvre, et qu'ils trouvent moyen de soutenir seulement une pompe en l'air.

Dieu seul a tout tiré du néant ; lui seul peut tout
anéantir. Aucune puissance humaine n'est capable
d'anéantir quoi que ce soit ; mais Dieu, d'un seul signe,
peut replonger l'univers dans le néant : *Potest universum mundum uno nutu delere.* Si un homme avait assez
de force pour pulvériser une barre de fer, en la prenant
dans sa main, qui oserait s'exposer à un bras si redoutable ? Et cependant ce ne serait pas encore anéantir.

Voulez-vous vous former une idée de la puissance
de Dieu, remarquez cette circonstance, que Dieu opère
tout sans instrument. C'est un fait mémorable, que le
placement de l'Obélisque qui eut lieu sur la place de
Saint-Pierre à Rome sous le pontificat de Sixte-Quint.
On mit en œuvre pour le dresser quarante grues,
soixante-cinq chevaux, quatre grands échafaudages en
bois, des poutres, des poutrelles, des contre-forts,
des leviers sans nombre. Toutes les machines devaient
fonctionner en même temps, à un signal donné par la
trompette ; et tout cet appareil fut déployé pour
élever à quelques brassées de terre une pyramide d'un
poids qui n'était pas extraordinaire. Dieu, lui, a fait
des choses infiniment plus grandes, sans intermé-
diaires, sans collaborateurs, sans auxiliaires, sans
instruments, par une seule parole. Combien le soleil
ne l'emporte-t-il pas sur un obélisque, sur une montagne, et sur toutes les chaînes de montagnes, puisqu'il est mille fois plus considérable que le globe de la
terre ? Dieu lui a dit un seul mot, et il le fait mouvoir
avec une rapidité prodigieuse, depuis six mille ans.
Les cieux sont bien plus vastes encore, et, ils parcou-
rent à chaque heure des millions de lieues. Réunissons
maintenant tous les hommes qui sont sur la terre ;

pourront-ils d'une parole remuer un seul brin de paille?

Lorsqu'on dit de César, d'Alexandre, et d'autres grands guerriers, qu'ils ont défait des armées nombreuses, soumis des cités puissantes, emporté de redoutables forteresses, à proprement parler, ce ne sont pas eux qui sont les auteurs de ces exploits; ce sont leurs soldats et leurs machines, sans l'aide desquels leur pouvoir n'eût pas excédé celui d'un homme. Dieu seul peut tout et fait tout sans avoir besoin d'auxiliaire. Vous me direz peut-être que pour faire tant et de si grandes choses, il a dû au moins y consacrer beaucoup de temps. Beaucoup de temps? Vous vous trompez. Les artisans d'ici-bas ont besoin de temps pour vaincre les difficultés et les résistances que la matière oppose à leur travail. Combien n'en faut-il pas pour achever une statue, pour élever un édifice? Dieu a dit et tout a été fait : *Dixit et facta sunt.* Il pourrait aussi facilement créer en un instant un nouveau monde et mille nouveaux mondes, s'il le voulait.

Si Dieu avait créé le soleil obscur, et qu'il eût laissé aux hommes le soin d'en dorer la superficie, pensez-vous qu'ils en fussent venus à bout après plusieurs milliers d'années? Souvenez-vous que nous avons dit du soleil qu'il était mille fois plus gros que le globe de la terre. Que d'hommes il eût fallu pour extraire l'or de ses mines? Que d'hommes, pour le purifier, pour le battre, pour l'étendre en feuilles? Et combien de siècles se seraient écoulés avant qu'ils en eussent doré une étendue semblable à celle de cette ville, de ce royaume, ou de l'océan? Dieu s'est contenté de dire : *Fiat lux,* que la lumière soit, et à l'instant, soleil, étoiles, planètes, tout fut revêtu d'or, et non seulement revêtu d'or, mais tout cela devint une source intarissable d'éclatante lumière.

On juge de la puissance d'un prince par l'éclat de sa cour, et par le nombre de ses soldats, comme par l'étendue de ses domaines. Quelle est donc la cour, et quelle est la milice de Dieu? Xerxès, roi de Perse, avait une armée si nombreuse à sa suite, qu'elle mettait les fleuves à sec pour se désaltérer et donner à boire à ses chevaux et à ses chameaux. Elle absorbait tous les vivres des provinces qu'elle traversait ; elle comptait plus d'un million de combattants. Eh bien ! toute cette armée pouvait être détruite et exterminée en une heure, rien que par un seul Ange, de même qu'il suffit d'un seul homme pour tuer un million de fourmis. Or, quel est le nombre d'Anges que Dieu a sous ses ordres? C'est l'opinion de saint Ambroise, de saint Cyrille, de saint Grégoire et d'autres, que pour un homme qui vient au monde, il y a au moins cent Anges dans le ciel. Le ciel empyrée est plusieurs millions de fois plus vaste que la terre. Voulons-nous que Dieu ait créé une si vaste étendue pour la laisser presque déserte? Fondé sur cette considération, saint Denis dit que le nombre des Anges est incalculable pour l'esprit humain. Quelle puissance ne faut-il pas pour avoir à sa solde tant de millions d'armées dont chacune contient des millions de soldats, et dont chaque soldat détruirait en une heure tous les millions d'hommes existant !

Outre ces armées, toutes les créatures, même celles qui sont privées de raison, sont soumises au pouvoir absolu de Dieu : le feu, la grêle, la neige, la glace, les vents et les tempêtes exécutent ses volontés : *Ignis, grando, nix, glacies, spiritus procellarum faciunt verbum ejus.* A genoux devant le trône de Dieu, pour nous exprimer de la sorte, les guerres, les pestes, les famines, les foudres, le feu, attendent un signe, pour s'élancer soudain partout où il les appelle. C'est ce qui a fait dire à saint Thomas que toutes les créatures ont un instinct naturel qui les porte à venger les injures du Créateur : *Naturaliter est insitus cuilibet creaturæ appetitus vindicandi injuriam Creatoris.*

Ainsi vous qui avez offensé Dieu dans cette église,

soit par pensées, soit par regards, sachez-le bien, ces murailles, ces colonnes, ces cintres ont le désir et l'inclination de vous écraser de leurs ruines et de vous ensevelir sous leurs débris. Vos chiens voudraient vous mordre, vos chevaux vous fouler aux pieds, en un mot toutes les créatures voudraient s'élever contre vous, parce que vous avez offensé leur Créateur. Mais Dieu n'a besoin d'aucune d'elles pour vous punir; il peut lui seul plus que toutes les créatures ensemble : *Tu Dominus universorum es, quia nullius indiges.*

III. Considérez enfin, que telle est la puissance de Dieu, telle est aussi sa sagesse, sa sainteté, sa libéralité, son immensité, sa providence, sa justice, et tous ses autres attributs. Qui donc ne serait saisi d'admiration et d'étonnement à la seule pensée d'une majesté si haute ? malgré tout ce qui a été dit, rien n'a encore été dit, en comparaison de la réalité. Et c'est un Dieu si grand que les pécheurs méprisent, comme s'il était la chose la plus vile du monde ! Il semble qu'il ne soit pas possible d'en venir là ; et pourtant, hélas ! nous en sommes témoins tous les jours ! *Fecisti mala, et potuisti ?* Et que diront les pécheurs, quand ils connaîtront leur indigne procédé, et qu'ils verront au jour du jugement, environné de puissance et de majesté, ce Dieu dont ils ont fait si peu de cas ? Reccarede, roi d'Espagne, s'étant perdu à la chasse, chercha un abri le soir dans la maison d'un pauvre artisan. Il y fut accueilli, mais si malhonnêtement, que son hôte grossier en vint jusqu'à lui donner un soufflet. Le roi garda le silence. De retour dans son palais, il se revêtit de ses insignes royaux, fit appeler l'artisan, et se borna à lui dire : Me reconnais-tu maintenant ? Me reconnais-tu ? Ce peu de paroles suffirent pour le faire mourir de crainte.

Eh bien ! que les pécheurs s'attendent à la même question. Me reconnaissez-vous maintenant, dira Jésus-Christ avec tout l'appareil de sa justice, me reconnaissez-vous? *Cognoscitur esse Dominus judicia faciens.* Cette connaissance, cette apostrophe seront si humiliantes pour les réprouvés, qu'ils souhaiteraient d'être plongés aussitôt dans l'enfer, plutôt que d'être soumis à cette horrible confusion.

O mon âme, considère bien ces vérités, et n'attends pas pour connaître et pour craindre Dieu, que cette crainte ne te serve plus à rien, sinon à te couvrir d'un opprobre plus affreux. *Si Dominus ego sum, ubi est timor meus, dicit Dominus exercituum?* Si je suis le Seigneur, où est le respect que vous me portez, dit le Seigneur des armées.

Si parfois il nous semble trop rigoureux de punir éternellement un plaisir passager, souvenons-nous que la personne offensée est tellement élevée, que sa dignité rend l'injure en quelque sorte infinie. Et comme le pécheur, qui n'est qu'une créature bornée, ne saurait s'humilier infiniment, ce qui serait nécessaire pour expier son péché, il s'ensuit qu'il doit être châtié par des tourments qui seront infinis à cause de leur durée interminable.

IIᵉ CONSIDÉRATION.

DU PÉCHÉ MORTEL. — C'EST UN MÉPRIS DE DIEU, CONSIDÉRÉ COMME NOTRE SOUVERAIN MAITRE.

Toutes les lois naturelles, humaines et divines nous obligent à obéir à nos maîtres. C'est une justice et une nécessité Or, pour nous en tenir rigoureusement à la raison humaine et à la doctrine des théologiens, considérons que Dieu est notre maître à tous les titres possibles et imaginables.

Il est d'abord notre maître de droit naturel. Remarquez, dit le philosophe, que l'homme, à raison de sa prééminence, exerce l'empire sur tous les animaux, et que l'ange, à raison de sa nature spirituelle, possède l'empire sur tous les corps. Dieu étant infini en tous genres de perfections, lors même qu'il ne serait ni mon créateur, ni mon rédempteur, ni ma providence, ni mon conservateur, serait déjà mon maître et mon Seigneur, à cause de cette supériorité sublime qu'il a sur moi. Il a autant de titres de souveraineté à mon égard, qu'il possède de degrés de perfection qui l'élèvent au-dessus de moi, et cette souveraineté de Dieu par rapport à moi, n'est point une souveraineté élective, telle que l'autorité du chef d'un état, ou du souverain pontife dans l'Eglise ; elle est beaucoup moins encore un pouvoir tyrannique, tel que celui de César sur la ville de Rome ; ce n'est pas non plus une souveraineté limitée à un certain pays, comme celle des princes qui ne peuvent commander hors de leurs Etats, et qu'on nomme pour ce motif, roi d'Espagne, roi de France, termes qui indiquent les bornes de leur puissance.

La souveraineté de Dieu est directe, légitime, universelle, essentielle, indépendante de toute élection, de tout accident de guerre, de tout jeu de fortune. C'est une souveraineté sans bornes qui commande à ce qui est et à ce qui n'est pas, qui pénètre dans les sombres abîmes du néant, qui appelle le néant et le fait venir à lui, qui entre même dans le domaine de la mort, où l'homme ne saurait avoir accès. *Dominus universorum tu es, et in ditione tua cuncta sunt posita, Rex regum, et Dominus dominantium.* O maître très grand, très sublime, très élevé, vous possédez une souveraineté infiniment supérieure à toutes les souverainetés de la terre! En effet, le roi et le vassal sont de même nature et tout à fait égaux ; le noble et le roturier ne sont pas d'une essence différente. Au contraire, l'essence de Dieu surpasse infiniment tout ce qui est créé. O le grand maître ! ô le grand maître !

Ajoutons ici une réflexion fort spirituelle et fort belle de saint Augustin, et tâchez de la bien saisir. Ce grand docteur, expliquant ces paroles du psaume : *Dixi Domino, Deus meus es tu;* j'ai dit au Seigneur, vous êtes mon Dieu; voyez, dit-il, comment toute souveraineté et toute servitude en ce monde s'appuient sur le besoin. Le serviteur, l'homme de peine, le sujet a besoin de votre pain, et c'est pour cela qu'il consent à vous servir ; mais vous aussi, mes seigneurs, vous avez besoin des services, des travaux et de l'assistance de vos serviteurs. Le soldat dépend du roi pour vivre ; mais le roi aussi dépend du soldat pour se défendre. Aussi, ajoute le saint docteur, il n'y a sur la terre aucun maître qui le soit dans toute la force du terme ; les plus grands dépendent des plus petits ; Dieu seul est le souverain maître et le maître par excellence. J'ai dit au Seigneur, vous êtes mon Dieu. Et pourquoi ? parce qu'il n'a nul besoin de mes services, *quia bonorum meorum non eges.* Non, Dieu ne dépend aucunement de nous ; c'est nous qui dépendons de lui, et voilà pourquoi il est véritablement notre maître. *Ille non eget nostri, et nos egemus ipsius; ideo verus Dominus.* Le maître et le serviteur, continue le saint, sont également hommes et indigents, *ambo homines, ambo egentes;* aussi nul homme n'est absolument maître, et nul n'est absolument serviteur. *Itaque nullus vestrum vere Dominus, et nullus vestrum vere servus.* Le maître a besoin de services, et le serviteur est nécessaire au maître.

Avez-vous jamais remarqué cette dépendance nécessaire et incessante dans laquelle se trouve un enfant de deux mois à l'égard de sa mère ? il ne peut rien faire par lui-même ; il ne peut faire un pas, si sa mère ne le porte ; il ne peut se protéger contre le froid, ni s'approcher du feu ; il ne peut apaiser sa faim, il ne peut se relever s'il tombe, il ne peut se défendre s'il est attaqué, se couvrir s'il est nu, se déshabiller s'il est habillé ; en un mot sans sa mère, il est incapable de tout. Eh bien, telle et plus grande encore est notre dépendance à l'égard de Dieu notre Souverain Maître.

Considérez en outre toutes les opérations qui ont lieu dans l'intérieur de votre corps : Le sang circule, l'artère bat, les poumons respirent, les aliments digèrent, le cœur est dans un mouvement perpétuel. C'est Dieu qui concourt à toutes ces opérations, c'est lui qui conserve toute cette organisation

Ces réflexions nous fournissent un motif très efficace pour concevoir une vive douleur de nos péchés. J'entre par la pensée dans mon intérieur, et je reconnais que je suis un pauvre serviteur qui ne peut absolument rien faire par lui-même, indépendamment du secours de son souverain Maître. Je suis dans l'impuissance de jeter un regard, de faire un pas, de lever la main, d'exhaler un soupir, de prendre une bouchée de pain, de boire une gorgée d'eau, sans une assistance positive de Dieu. Je suis entré dans la grande famille de ce monde, uniquement pour servir Dieu, et Dieu me nourrit, me donne des vêtements, me maintient, pour que je le serve.

Vois, ô mon âme, comment tu l'as servi. Il était du service de Dieu de t'abstenir de tels et tels discours, et tu as servi le démon, en te permettant des paroles coupables. Il était du service de Dieu de chasser telles et telles pensées, et tu as servi ta passion, en y prenant plaisir. Il était du service de Dieu de pardonner cette injure, et tu as servi ta colère, en en tirant vengeance. Il était du service de Dieu de faire silence à l'église, de renoncer à cette vaine parure, de te vêtir plus modestement, de refuser telle invitation, et tu as servi le monde et le respect humain, en suivant la mode. Va maintenant demander ton salaire à ces maîtres, est-ce d'eux que tu peux attendre du secours dans tes besoins ? viendront-ils t'assister au moment de la mort ? Est-ce à eux que tu demanderas le paradis ? Oui, ils te donneront le paradis que tu mérites.

Mon adorable Maître, mon Seigneur et mon Dieu, je vous demande pardon, pitié, miséricorde. Je vous en supplie, ne m'expulsez pas de votre maison. Je vous ai mal servi, il est vrai, je le confesse; j'ai mangé votre pain, en vous trahissant, et tous les reproches que je fais à mes serviteurs retombent sur moi-même avec bien plus de justice. Oui, je confesse que si j'eusse été servi par mes domestiques de la manière dont je vous ai servi, vous, mon souverain Maître, je les aurais chassés impitoyablement de ma maison; mais vous, ô le souverain Maître, ne me chassez pas, j'en conjure votre grande miséricorde Où irai-je, ô mon Dieu, si vous me bannissez? Qui me recevra, si vous me rejetez? qu'un serviteur ait négligé le service de son véritable et légitime maître, c'est une indignité; mais qu'il lui ait positivement désobéi, qu'il l'ait outragé, offensé, injurié; quel nom donner à une telle conduite?

O mon âme, regarde tes péchés en face. Est-ce ainsi que tu devais traiter ton souverain Maître? est-ce ainsi? On trouve des serviteurs qui maudissent tout bas ou dans leur cœur et leur maître et sa maison; mais on n'en trouve pas qui les maudissent en face. Toi, tu as outragé et méprisé ton Dieu en face, et sous ses yeux ! *et malum coram te feci.*

Jamais je ne lis dans l'office divin les leçons extraites du troisième Livre des Rois, sans être profondément remué par l'évènement que je vais rapporter. Une guerre s'était déclarée entre le parti de David, que Dieu destinait à régner sur Israël, et le parti de Saül, qu'il avait rejeté comme indigne du trône. David attendait avec anxiété des nouvelles de l'issue du combat. Tout à coup un jeune homme arrive tout couvert de sueur, avec un extérieur négligé et ayant des cendres sur la tête; il se présente à David et s'incline jusqu'à terre en sa présence. Qui es-tu, lui dit David. D'où viens-tu? — Je viens du camp. — Du camp? quelles nouvelles m'apportes-tu? *Indica mihi quod factum est.* — En deux mots, vos ennemis sont tous en fuite, et Saül lui-même est mort. — *Unde scis quia mortuus est Saül?* Comment sais-tu que Saül est mort? — Seigneur, ce n'est pas une nouvelle que j'ai ramassée sur les places publiques ou dans les maisons particulières; moi-même, en passant par la montagne de Gelboé, j'ai rencontré votre ennemi Saül abandonné de tous, fugitif et désespéré. Il mit contre terre le pommeau de son épée, et appuya son corps sur la pointe, dans l'intention de se faire mourir. Déjà il s'était fait une blessure profonde, d'où le sang coulait à flots; mais il était encore en vie et souffrait les douleurs de l'agonie. Or, en me voyant passer, il me dit : Lève la main sur moi et achève-moi, parce que je suis accablé d'angoisses. *Sta super me, et interfice me, quoniam tenent me undique angustiæ.* Le voyant à demi mort, et comprenant qu'il ne pouvait pas échapper, je l'ai aidé à mourir, et je lui ai ôté le diadème de la tête, et voici que je vous l'apporte à vous, mon roi, car vous avez été choisi de Dieu pour règner. Vous vous dites sans doute que ce jeune homme aura été gratifié d'une magnifique récompense. C'est justement le contraire. Ah! téméraire! s'écria David, comment n'as-tu pas craint de lever la main sur l'oint du Seigneur? *Quare non timuisti mittere manum tuam in Christum Domini?* Quoi! tu as eu l'audace de frapper ton roi? Qu'on fasse périr cet impie! Qu'on le fassse périr! — Ah! sire, j'ai agi ainsi dans une bonne intention et par pitié, parce qu'il ne pouvait survivre, et que lui-même m'en a conjuré. — Dans une bonne intention? par compassion? et tu oses alléguer de si frivoles excuses? Il était à demi-mort, oui; mais il ne devait pas être achevé de tes mains. On ne peut toucher à la personne des souverains, et il n'appartient pas à un homme vulgaire d'étendre la main si loin. Qu'on tue cet homme ! Qu'on le fasse périr ! — Et l'ordre de David fut exécuté sur-le-champ.

Maintenant, ô mon âme, jette de nouveau un regard sur tes péchés, et tâche d'en concevoir un vif regret. Tu savais par la foi que tout péché mortel est le meurtre de ton roi, de ton souverain maître ; et cependant tu n'as pas craint de mettre la main sur le Christ du Seigneur ; tu as eu l'audace de frapper ton maître ! Tu n'as pas craint de laisser toute liberté à tes regards ! Tu n'as pas craint d'ouvrir la bouche contre le ciel et de blasphémer le saint nom de Dieu !

Est-ce que Dieu était donc un maître indigne de tes services ? Un maître qui méritât des injures ? Parmi les hommes, on rencontre souvent des maîtres chagrins, capricieux, incontentables, qui exigent souvent l'impossible, qui ont une manière de commander hautaine, impérieuse, despotique, qui se fâchent, si on ne saisit pas leurs ordres, pour ainsi dire, au bond, et si on ne devine pas leur pensée ; des maîtres impatients d'être servis, dès qu'ils ont ouvert la bouche, querelleurs et qui ne sont jamais contents du service. Il est certain qu'il existe des maîtres de ce caractère. Mais le tien, ô mon âme, mérite-t-il de leur être assimilé ? Ah ! non, car, dit saint Ambroise, nous avons un bon Maître : *Bonum Dominum habemus !* ce qu'il répète bien des fois dans son bel ouvrage sur les *avantages de la mort*. Oui, nous avons un Maître Tout-Puissant et souverainement indépendant, mais aussi infiniment bon. Nous l'appelons le *bon Dieu*, ajoute saint Augustin. Il faudrait dire qu'il est la bonté même. Le saint roi David dit qu'il est miséricordieux et plein de compassion, qu'il est patient et toujours prêt à pardonner : *Misericors et miserator Dominus, Longanimis et multum misericors.* Mon maître porte la patience, pour ainsi dire, jusqu'à l'excès. Que n'a-t-il pas souffert de ma part dans ma vie passée : Tant de blasphèmes, tant de sacrilèges, tant d'impuretés, tant de haines, tant d'injustices, oh! quelle bonté! il m'a vu de ses yeux me livrer à ma perversité, et il a pris patience, comme s'il n'avait rien vu et que je ne l'eusse point offensé; il a dissimulé, comme s'il n'était point jaloux de sa gloire; il a usé de douceur, comme s'il avait été hors d'état de se venger!

Et non seulement il m'a supporté, mais ce qui est bien plus, il m'a prêté secours dans tous mes besoins; il m'a conservé et il me conserve encore la vie, les biens, la réputation, la santé. Désireux de mon salut, ce bon père a réprimé l'indignation des créatures prête à éclater contre moi, serviteur infidèle; il leur a défendu de me nuire, et il a interdit au démon tout acte d'hostilité contre moi!

De quelle excuse me couvrir pour me justifier de ne l'avoir point servi, de lui avoir même si grossièrement désobéi? Me commandait-il des choses difficiles? Non, car tout m'était rendu facile par sa grâce, tout était aplani par son exemple, il m'a encouragé par la promesse d'une magnifique récompense; il m'a excité par la menace d'un grand châtiment. Que pouvait-il faire de plus pour m'engager à le servir fidèlement?

O mon bon Maître, que j'ai si mal servi, à qui même j'ai positivement désobéi, et ce qui est encore pis, que j'ai outragé sous vos yeux et en votre présence, et que j'ai outragé peut-être, parce que vous avez été trop bon envers moi? J'implore cette bonté dont j'ai abusé, afin que vous ayez pitié de moi. J'implore cette miséricorde qui m'a supporté, afin que vous me pardonniez. Je ne vous demande pas de récompense; je n'en ai certainement pas mérité; mais je vous demande pardon de vous avoir si mal servi jusqu'ici, et je vous le demande au nom de vos plaies, de votre croix et de votre mort qui l'ont mérité pour moi, au nom de votre tendre mère Marie qui l'a aussi mérité pour moi. Ah ! mon doux Sauveur, c'est dans cette tendre mère que je place ma confiance ; c'est par son intercession que j'espère ma grâce.

IIIᵉ CONSIDÉRATION.

DU PÉCHÉ MORTEL. — MÉPRIS DE DIEU CONSIDÉRÉ COMME
NOTRE PÈRE.

La plus étroite et la plus forte obligation qu'il y ait au monde, est celle d'un enfant envers son père. Elle est telle, qu'il est impossible d'y satisfaire par tous les témoignages imaginables de gratitude. En effet, lors même qu'un enfant en viendrait à sauver la vie de son père, il ne balancerait pas encore le bienfait qu'il a reçu de lui, puisque c'est de son père même qu'il tient originairement le moyen de lui sauver la vie. Cette obligation est tellement innée et inhérente à la nature que si un homme venait à la nier, il faudrait, dit Aristote, la lui apprendre non en raisonnant, mais à coups de bâton, parce qu'il serait plutôt un insensé qu'un homme. De là vient que dans toutes les législations anciennes, on a décrété des peines contre toutes sortes de délits, contre le vol, contre le meurtre, contre l'adultère. Mais quel châtiment doit être infligé à celui qui a mis la main sur son père ? Les lois anciennes gardent le silence sur ce point. Et pourquoi ? Parce qu'il est impossible, disait-on, qu'un enfant en vienne à cette monstruosité. Or, la loi ne prévoit pas les cas impossibles. Dans des lois plus récentes, les Romains, voulant déterminer une peine contre ce genre d'attentat, décrétèrent que le fils ingrat et rebelle, serait cousu dans un sac, où l'on renfermerait un singe, une vipère et un coq, et qu'ensuite il serait précipité dans la mer comme

indigne de voir la terre et le ciel. On lui donnait pour
compagnon un singe, parce que le singe a l'apparence
d'un homme, bien qu'il ne soit qu'une brute; on
marquait ainsi que le mauvais fils n'avait plus de
l'humanité que l'apparence. La vipère, en naissant,
déchire le sein de sa mère; c'est le symbole de la
plus noire ingratitude. Le coq est le symbole de la
témérité et de l'imprudence. Que le fils ingrat et
téméraire meure donc en compagnie de ces animaux,
auxquels il s'est fait semblable. Toutes les autres
législations du monde ont établi des châtiments non-
seulement très rigoureux, mais tout aussi mystérieux,
contre les enfants qui outragent leur père.

Quant au suprème Législateur, il a décrété dans
l'Exode la peine de mort contre celui qui ouvrirait
seulement la bouche pour maudire son père : *Qui
maledixerit patri suo, morte moriatur ; maledictus, qui
non honorat patrem suum :* Que celui qui refuse à son
père l'honneur qui lui est dû, soit accablé de mille
malédictions, et tout le peuple devait répondre : Qu'il
soit maudit, qu'il en soit ainsi, parce qu'il le mérite :
Et dicat omnis populus. Amen.

Cette obligation si sacrée d'honorer son père, ces
menaces si effroyables, ces malédictions affreuses
contre ceux qui n'honorent pas leurs parents, sur quoi
sont-elles fondées? Est-ce que les parents transmettent
à leurs enfants un bien de grande conséquence?
Voyons. Pour ce qui est de la création de l'âme, le
père ni la mère de l'enfant n'y ont absolument aucune
part. Ce ne sont pas eux qui produisent l'âme; elle
dépend uniquement de Dieu. La régénération spirituelle à la vie éternelle ne dépend pas non plus d'eux,
mais du Baptême. Qu'est-ce donc que l'enfant reçoit
de son père, et pourquoi lui a-t-il tant d'obligations?
Ecoutons l'Ange de l'école. Le fils ne reçoit de son
père que les éléments matériels du corps, la source de
la concupiscence, et le péché originel : *Solum modo*

materiam corporis, causam libidinis, originem reatus. Et
pour si peu de chose, nous avons de si grandes obligations à nos parents? Oui pour si peu, celui qui
offense son père ou sa mère, se rend abominable, exécrable, digne de malédiction aux yeux du monde entier.

Tournons maintenant les regards d'un autre côté,
et voyons de quelle manière Dieu concourt à notre
génération. Dieu seul, sans le secours d'aucune autre
cause, nous donne notre âme en qui consiste princi-
palement l'essence et la vie de l'homme. C'est de ses
mains divines qu'est sortie cette créature, créée sur le
modèle des Anges. C'est de sa bouche très sainte qu'est
sorti cet esprit qui conçoit, qui pénètre, qui réfléchit,
qui se transporte partout par ses pensées, qui vole
partout par ses affections, et qui met en mouvement
ce monde abrégé qu'on appelle le corps humain. La
génération terrestre n'a aucune part dans la produc-
tion de l'âme ; et de plus, tout ce que nous ont donné
nos parents, vient encore de Dieu ; car si Dieu peut
créer sans le secours des créatures, celles-ci ne peuvent agir sans l'assistance et le concours immédiat de
Dieu ; de telle sorte que si un homme et une femme
sont mon père et ma mère pour cette faible portion
de mon être à laquelle ils ont contribué, Dieu est mon
père et ma mère pour tout ce que j'ai, y compris le
plus petit des cheveux de ma tête. Voilà pourquoi
Jésus-Christ a dit : Ne dites pas que vous avez un
père sur la terre, car vous n'avez qu'un seul Père qui
est aux cieux : *Patrem nolite vocare vobis super terram ;*
unus est enim Pater vester cœlestis. Vous pouvez bien,
semble-t-il nous dire, désigner entre les hommes
celui qui est votre père et celui qui ne l'est pas,
comme vous pouvez dire qu'entre les femmes, celle-ci
est votre mère, et celle-là pas ; mais si vous comparez
l'homme à Dieu, celui que vous appelez votre père ne
l'est pas en comparaison de Dieu : *Nolite vocare*
patrem ; et celle que vous appelez votre mère, ne l'est

pas non plus en comparaison de Dieu ; car ils ne vous ont donné presque rien, et c'est Dieu qui vous a fait tout ce que vous êtes : *Solum modo materiam corporis, causam libidinis, originem reatus.*

Cette doctrine supposée, éclaircissons maintenant et présentons dans toute sa force le motif de contrition qui en résulte, et qui doit nous engager à détester vivement nos iniquités. Après les avoir recherchées par un examen soigné de votre conscience, dites-vous à vous-même : O mon âme, qu'avons-nous fait, en nous permettant tant de choses défendues, en nous laissant aller à ces paroles, à ces pensées, à ces haines, à ces ressentiments ? Qu'avons-nous fait ? Hélas ! nous avons porté autant de coups mortels à la vie de notre père ! rien de plus doux que le nom de père, rien de plus aimable que le nom de mère ; tu as outragé mille fois ces noms secrés. Si tu avais fait la centième partie de ces injures à ton père selon la chair, qui n'a donné qu'un peu de limon pour former ton corps, toutes les lois élèveraient un cri d'horreur : ah ! fils ingrat ! ah ! fils dénaturé et cruel ! toutes les lois te condamneraient, à être lapidé ou brûlé vif ou précipité dans la mer. Tu serais maudit de Dieu et des hommes : *Maledictus, qui non honorat patrem suum, et dicat omnis populus. Amen!* Et voilà ce que tu as fait à l'égard de Dieu, ton bon père, qui t'a donné la vie du corps et de l'âme, la vie temporelle et éternelle ; qui t'a engendré non pour le malheur, mais pour la gloire ; qui t'a donné, non le foyer, mais le frein de la concupiscence, qui, loin de t'assujettir aux misères de cette vie, t'en a procuré la délivrance ; qui à chaque instant te conserve, te nourrit, te soutient ; qui a compté jusqu'aux cheveux de ta tête, pour les conserver : *Capilli capitis omnes numerati sunt;* qui t'a préparé un domaine où tu jouiras à jamais du bonheur, et qu'il a payé au prix de son sang ! Et ce père, le meilleur de tous les pères, tu l'as offensé ?

O mon Dieu ! voici cet enfant rebelle : *Pater, peccavi in cœlum et coram te ; jam non sum dignus vocari filius tuus;* j'ai péché contre le ciel et contre vous : je ne suis plus digne d'être appelé votre fils, car j'ai renié un si bon père, et j'ai mis le démon en sa place : *Vos ex patre diabolo estis!* O mon âme, quel affreux échange tu as fait! O mon Dieu! voilà celui qui a transgressé vos préceptes, celui qui a fait une si grande injure à son sang, celui qui a effacé de son âme le noble caractère d'enfant que vous y aviez empreint.

On connaît le miracle fameux opéré par saint Antoine de Padoue, en faveur d'un jeune homme, qui était fort tourmenté de corps et d'âme. Ce malheureux, dans un accès de fureur, s'était laissé emporter, jusqu'à donner un coup de pied à sa mère. Tout confus de son emportement, il alla se confesser à saint Antoine, qui lui fit de graves remontrances, et lui dit avec cet accent de zèle qui anime les saints : Quoi! un fils frapper sa mère du pied? Que feriez-vous de pis à un chien? Un fils, donner un coup de pied à sa mère! Aux entrailles qui l'ont porté? Vous mériteriez d'avoir ce pied coupé, afin que désormais vous ne puissiez plus vous en servir! A ce discours, le jeune homme conçut une douleur et une horreur si grande de son péché, que, de retour à la maison, il étendit son pied sur un escabeau, et saisissant une hache, il le trancha net et le sépara de la jambe. Il tomba à demi mort de douleur, tout baigné dans son sang. On appela en toute hâte saint Antoine, qui, ému de pitié à la vue d'un tel repentir, guérit soudain l'infortuné jeune homme.

Grand saint, communiquez-moi, en ce moment, l'énergie de votre parole et de votre zèle. O mon âme, lorsque tu as péché, tu as lancé un outrage, un coup de pied à ton bon père, un coup de pied à ses lois, un coup de pied à ses inspirations, un coup de pied à sa personne adorable. Ecoute et grave dans ta mémoire ces plaintes douloureuses de saint Augustin : *Talem patrem offendere, contra ejus voluntatem aliquid committere, quam est crudele!* Oh! quelle a été ta cruauté, ô mon âme, d'offenser ton Père et un tel Père! *Talem Patrem!* De quel front pourras-tu lui dire : Notre Père qui êtes aux cieux? Avec quelle foi pourras-tu réciter cette parole du Symbole : Je crois en Dieu le Père? Dans quels sentiments pourras-tu lui dire : Mon Père, j'ai péché?

Saint Bernard s'excitait, lui aussi, par ce motif à déplorer amèrement ses péchés : De quel front, dit-il, oserais-je lever les yeux vers un si bon Père, moi qui suis un si méchant fils? O mes yeux, laissez couler un fleuve de larmes; que la confusion couvre mon visage, que ma vie s'épuise dans la douleur, et mes années dans les gémissements! *Quanam fronte attollo oculos ad vultum patris tam boni, tam malus filius? Exitus aquarum deducite, oculi mei; operiat confusio faciem meam; deficiat in dolore vita mea, et anni mei in gemitibus.*

C'est déjà une grande témérité d'offenser des parents vicieux, insupportables, qui bouleversent leur maison, qui négligent leurs enfants et le soin de leurs affaires, qui n'ont engendré ces pauvres enfants que pour les livrer à la misère ici-bas et peut-être à la damnation éternelle; qui, pour tout bien, laissent des dettes, et pour patrimoine, des procès, des larmes et des misères; qui battent leurs enfants sans pitié et avec la fureur des bourreaux. Et malgré tout cela le nom de père et de mère tout seul, suffit pour qu'on qualifie d'énormité, toute injure que leur feraient leurs enfants. Mais quelle a donc été ma témérité d'offenser un Père tel que Dieu? Un jeune homme pauvre fut adopté par un homme riche. Celui-ci étant mort, son fils adoptif passait des heures entières devant son portrait, regardant successivement tous les meubles de la maison, et revenant toujours à ce portrait chéri. Il ne parlait pas, mais ses larmes parlaient pour lui.

Ah ! si Dieu n'avait pas eu soin de moi, s'il m'avait fait naître au milieu des Turcs, s'il m'avait fait naître perclus, aveugle, insensé, dénué de toute fortune, je n'en devrais pas moins l'aimer, le servir, travailler à sa gloire. Mais ce bon Père, après m'avoir donné une âme, l'a régénérée dans le saint baptême, et m'a traité avec une prédilection spéciale, comme si j'avais été le Benjamin de sa famille. Oh ! quelle douleur et quel regret ne dois-je pas concevoir d'avoir outragé un si bon Père ! Nous réprimandons parfois des enfants indociles en leur disant : Oh ! quel bon père, quelle bonne mère vous avez ! Ils s'épuisent et se consument pour vous faire du bien. Ah ! mon âme, et toi aussi tu es la fille d'un père qui t'aime du fond de ses entrailles et qui s'est sacrifié pour toi, quelle cruauté donc d'avoir offensé un tel Père !

Il y a des enfants qui, après avoir offensé même par inadvertance leur tendre mère, et lors même que cette offense aurait été très légère, ne trouvent plus de repos, avant de l'avoir apaisée et obtenu un pardon complet, soit par leurs propres prières, soit par l'intermédiaire d'autrui. O mon âme, toi la fille d'un si bon père, comment as-tu pu vivre sans inquiétude, après avoir causé de la peine à un père si digne de ton amour.

Phocas II, comte d'Aniu, trouvait dans cette considération le motif le plus touchant et le plus efficace de repentir. Il ne pouvait tenir à cette pensée, qu'il avait si mal agi envers le meilleur des pères, qu'il avait même osé lever la main sur lui. Entre autres exercices de dévotion, il entreprit un pèlerinage au Saint-Sépulcre de Jérusalem. Il se fit accompagner de deux serviteurs seulement, les plus sûrs et les plus pieux de sa maison, où ils résidaient depuis un grand nombre d'années. Au moment de les emmener, il

leur fit promettre qu'ils lui obéiraient en tout Ils s'y
engagèrent. Parvenu au Saint-Sépulcre, il ordonna à
l'un d'eux de lui jeter une corde au cou, et de le
traîner jusqu'au tombeau du Sauveur. Ensuite il
ordonna à l'autre de s'armer d'un faisceau de verges,
et de le battre jusqu'à ce qu'il tombât évanoui. Pendant ces exercices d'humilité et de pénitence, il ne
cessait de répéter : Mon Père, j'ai péché, *Pater, pec-*
cavi! Voilà que mon Père, que j'ai fait mourir de mes
mains, est couché dans ce tombeau. Ce rocher me
redit le parricide que j'ai commis : *Pater, peccavi!*
Après quelques coups de verges, il tombe sur le sol,
évanoui, non pas par suite des coups qu'il avait reçus,
car son serviteur l'épargnait le plus possible et ne le
frappait qu'en pleurant. Mais il était atterré par cette
pensée : Je suis le meurtrier de mon Dieu et de mon
Père, et c'est moi qui l'ai plongé dans ce tombeau.
Pater, peccavi, Pater, peccavi, et en répétant ces mots
il fondait en larmes, et faisait les actes les plus touchants de contrition.

Oh! si cette pensée pénétrait bien votre esprit,
quelle vive douleur et quel profond repentir vous
ressentiriez de vos péchés! Cette considération que
Dieu est notre père est la plus tendre et la plus efficace
que vous puissiez faire pour détester vos péchés, et
vous résoudre pour l'avenir à un changement total de
vie. Je vous en prie, faites donc à ce sujet, et méditez
les réflexions que voici.

I. Si un fils avait poignardé son père au cœur et
qu'il l'eût fait périr par un parricide impie et barbare,
et qu'ensuite le père, grâce à l'intervention de quelque
saint, vint à ressusciter miraculeusement, est-ce que
son fils cesserait pour cela d'être un parricide? une
semblable résurrection ne diminuerait pas d'un point
la grièveté de son crime.

Appliquez-vous maintenant la similitude. Il est
vrai que Jésus-Christ est ressuscité et qu'il est mainte-

nant au ciel, environné de gloire; mais vous ne
laissez pas pour cela d'avoir été son meurtrier par vos
péchés, de la même manière que les Juifs restent toujours coupables de déicide, pour l'avoir crucifié. Je
vais plus loin, et je dis que celui qui l'offense maintenant, se rend plus coupable que les bourreaux qui
l'ont crucifié, et c'est ce qu'affirme saint Augustin en
propres termes : Les Juifs, dit-il, qui l'ont crucifié
pendant qu'il était sur la terre, ont commis un attentat beaucoup moindre que ceux qui l'outragent à
présent qu'il règne dans les cieux : *Judœi qui eum
crucifixerunt ambulantem in terris, minus peccaverunt,
quam qui offendunt sedentem in cœlis.*

II. Un enfant coupable n'ose lever les yeux sur le
visage irrité de son père; il tient la tête inclinée et
les yeux baissés. Mon père, se dit-il, est justement
indigné contre moi; je n'ai pas la force de le regarder
en face.

Est-ce que Dieu, notre bon père, n'a pas tous les
sujets du monde d'être irrité contre nous? Ne devrait-
il pas déjà avoir cessé d'être père, pour se faire notre
juge? Et pourtant, oh! quelle bonté! non seulement
il nous supporte et nous tolère; mais il nous attend,
nous appelle et nous presse de lever les yeux vers lui.
Il veut que nous continuions à l'invoquer de ce doux
nom de père : *Pater noster qui es in cœlis.* Il a constamment les bras ouverts pour nous accueillir dans
son sein, comme si nous avions toujours été, à son
égard, les plus aimants et les plus respectueux des
enfants.

III. Voulez-vous être à l'avenir les vrais enfants
d'un si bon père? Efforcez-vous de remplir les trois
obligations principales d'un fils envers son père. Ce
sont l'amour, le respect et l'obéissance. Aimons donc
notre Dieu d'un amour filial; ayons pour son nom
sacré, et particulièrement pour ses temples, tout le
respect et toute la révérence possible. Obéissons

promptement à ses commandements, à ses inspirations, à tout ce que nous savons être son bon plaisir ;
et parce qu'il n'est point d'enfant qui ne soit soumis
aux corrections et aux châtiments de son père ; car,
dit l'Apôtre, quel est l'enfant que son père ne re-
prenne jamais ? *Quis enim filius quem non corripit
pater ?* Recevons de ses mains avec patience et résignation, tout ce qui nous arrive de contraire à notre
volonté. Peut-être sa verge nous paraîtra parfois trop
pesante ; mais c'est son cœur qui dirigera sa main ;
acceptons donc les coups dont il nous frappe. Dieu
corrige et châtie ceux qu'il aime : *Quos amat, corripit
et castigat;* et comme nous l'assure le Saint-Esprit au
livre de l'Ecclésiastique : Celui qui aime son enfant,
ne lui épargne pas la verge : *Qui diligit filium suum,
assiduat illi flagella.* Mais dans quel but ? *Ut lœtetur in
novissimo suo;* c'est afin de n'avoir plus que de la
consolation à son sujet aux derniers de ses jours.

IVᵉ CONSIDÉRATION.

DU PÉCHÉ MORTEL. — LE PÉCHÉ MORTEL EST LA MORT DE L'AME.

I. La foudre produit des effets vraiment bizarres et
pour ainsi dire ridicules. Parfois elle consume une
épée et laisse le fourreau intact. Elle épuise le liquide
enfermé dans une bouteille, sans qu'on aperçoive la
moindre trace de son passage. Elle dévore l'or et
l'argent contenus dans une bourse, sans toucher à
la bourse même. Plus merveilleux encore est le fait
raconté par plusieurs auteurs dignes de foi : trois
laboureurs s'étant retirés sous un arbre, vers le midi,
s'y reposèrent de leurs fatigues et se mirent à prendre leur repas. Cependant, comme il arrive en été,

il survint un orage, et la foudre les frappa tous trois,
mais d'une manière si extraordinaire, qu'en leur
ôtant la vie, elle les laissa dans la posture et avec le
même teint, que s'ils étaient encore vivants. L'un
portait un morceau de pain à la bouche, l'autre
buvait, le troisième semblait rire de son voisin. Ces
accidents excitent la surprise, et d'autant plus qu'ils
sont rares. Mais ces prodiges sont bien plus fréquents
dans l'ordre spirituel. L'enfer a aussi sa foudre, aussi
bien que le ciel, et cette foudre, c'est le péché. Oh!
qu'il arrive fréquemment que cette foudre tue les
âmes si précieuses des chrétiens, tout en les laissant
en apparence pleines de vie, et sans altérer au dehors
ni la figure, ni les traits, ni le coloris ; et pourtant
il en a fait des cadavres plus hideux que ceux qui
pourrissent dans les cimetières.

Nous remarquons différents degrés de vie dans
les choses animées. Les plantes sont au plus bas éche-
lon ; leur vie consiste à se nourrir des sucs de la terre,
à croître, et à produire des feuilles et des fruits. Les
bêtes vivent d'abord de la vie des plantes, parce
qu'elles se nourrissent et croissent comme elles ; mais
elles ont un degré de vie supérieur aux plantes, en ce
qu'elles se meuvent et qu'elles sont sensibles. L'homme
l'emporte à une grande distance sur les bêtes, parce
que, indépendamment de la vie animale et de la vie
intellectuelle laquelle consiste à jouir de la raison, il
possède de plus la vie spirituelle qui consiste dans la
grâce dé Dieu. La vie du corps, dit saint Augustin,
c'est l'âme, et la vie de l'âme, c'est Dieu : *Vita corporis
anima est; vita animæ Deus*. De même qu'au sortir de
l'âme du corps, celui-ci n'est plus en réalité qu'un
cadavre et qu'il perd la vie animale ; ainsi quand
Dieu s'éloigne de l'âme, celle-ci devient un cadavre et
la vie spirituelle s'éteint en elle. Entendez bien cette
vérité si claire, ô vous qui êtes en état de péché : vous
êtes morts, vous êtes morts à cette vie que donne la

grâce, à cette vie la plus noble et la plus précieuse
de toutes les vies : *anima quæ peccarerit, ipsa morietur.*

Mais de quelle mort l'âme est-elle frappée? Pré-
sentez-moi le cadavre d'un roi, et l'âme d'un homme
en état de péché mortel, et je vous ferai voir que la
misère de cette âme est plus profonde que celle de ce
cadavre. Tu t'es trompé, ô Aristote, lorsque tu as dit
que la mort naturelle est le plus terrible de tous les
maux : *Ultimum terribilium.* Si tu avais été éclairé
des lumières de la foi, tu aurais plutôt appelé mal
par excellence, cette mort que le péché donne à
l'âme, mort bien autrement affreuse que celle qui
sépare l'âme d'avec le corps! Dans cette séparation,
le corps perd toute sa beauté et son coloris, chose
d'une excessive fragilité ; par le péché au contraire,
l'âme perd ses droits à la possession du ciel, qui est
le plus précieux des biens. Par la mort naturelle, le
corps perd la société de ses semblables, mais quoi de
moins regrettable? Par le péché, l'âme perd l'adoption divine et l'amitié de Dieu ; quoi de plus esti-
mable? On pleure les morts avec des larmes qui ne
tardent pas à être séchées, et souvent encore ces
larmes sont hypocrites. Les Anges de paix et tous les
Saints du ciel pleurent sur les pécheurs. La mort nous
ravit une vie courte, fragile, sujette à mille misères,
à toutes sortes d'accidents et de maladies. Le péché
mortel nous prive d'une vie divine et inappréciable,
qui renferme en elle-même la racine et la semence
de l'éternité bienheureuse. Un seul grain, un seul
degré de grâce l'emporte sans comparaison sur la vie
naturelle de tous les hommes et même de tous les Anges.

II. Quelle ne serait pas l'épouvante d'un homme
qui aurait communiqué la peste à toute une ville et
qui verrait tomber victimes du fléau, tous les hommes,
toutes les femmes, tous les citoyens de cette ville?
C'est un plus grand mal de faire périr une âme par le
péché, que de faire mourir tous les habitants d'une

ville, d'une province, d'un royaume et du monde
entier. Si donc je me trouvais dans l'alternative de
devoir commettre un péché mortel, ou de provoquer
un nouveau déluge universel avec la prévision qu'il
entraînerait la mort de millions d'hommes; je devrais
plutôt consentir à la réapparition du déluge, que de
commettre ce seul péché, et de donner ainsi la mort
à mon âme. Et après cela, nous commettrons le péché
comme en riant? *Quasi per risum operabimur scelus.*
Poursuivons.

Une fois le corps privé de vie, il ne lui reste plus la
moindre force pour agir. Une fois l'âme morte par le
péché, on perd tous les mérites qu'on avait amassés.
Le péché est semblable à ces ouragans du mois de
mai qui ravagent les campagnes nouvellement ense-
mencées et qui détruisent les vignes, au moment où
elles commencent à bourgeonner. Quel désastre ! C'est
ainsi que tous les mérites antérieurs sont perdus par
un seul péché mortel; et non seulement les mérites
antérieurs mais tous ceux qu'on pourrait acquérir
actuellement, et cela aussi longtemps que dure l'état
de péché. Ainsi flagellez-vous jusqu'au sang, jeûnez
tous les jours, toutes ces bonnes œuvres sont mortes
et ne sont point inscrites au livre de l'éternité; et il
n'est pas nécessaire que je vous prouve qu'elles sont
réellement mortes, parce qu'elles sont privées de la
racine de la charité, ou que je vous allègue d'autres
raisons, car saint Paul est très formel sur ce point :
Quand je livrerais mon corps aux flammes, dit-il, si
je n'ai pas la charité, cela ne me sert de rien. *Si tra-
didero corpus meum, ita ut ardeam, charitatem autem
non habuero, nihil mihi prodest.* Et ici, faites une
réflexion : plusieurs passent des mois et des mois en
état de péché mortel ; les messes qu'ils entendent, les
sermons auxquels ils assistent, les prières, les cha-
pelets, les aumônes qu'ils font, voilà toutes choses
perdues pour le ciel. Je dis *des mois*, hélas ! il en est

qui passent ainsi toute une année, et qui, à peine confessés, retombent dans le péché, passent de même une seconde et puis une troisième année, quelques-uns même toute leur vie, dans ce malheureux état du péché mortel. Et tant de bonnes œuvres qu'ils font, parce qu'elles sont d'obligation, et tant d'autres qu'ils ajoutent par dévotion, tout est jeté dans un sac percé : *Posuerunt eas in sacculum pertusum.* Et lorsque viendra le moment de rendre compte à Dieu, ils se trouveront les mains vides : *Nihil invenerant in manibus suis.* De tant de rosaires, il ne restera rien ; rien de tant de prières, de tant de messes, rien, absolument rien.

Vous me direz : Oh ! que de jeunes gens et d'hommes mûrs ne sentent nullement cette mort si terrible dont vous me parlez, et ne laissent pas de faire une belle figure dans le monde ! Voici ma réponse : Avez-vous jamais vu ou entendu décrire les pyramides d'Egypte, et les magnifiques mausolées de Cléopâtre et du roi Ptolémée? Voyez quels monuments superbes, et quels marbres splendides ! Vous diriez des arcs de triomphe ; ils vous frappent d'admiration, mais, ouvrez-les : Ciel ! quelle puanteur, quelle odeur fétide! Tout est pompeux au dehors, tout est pourriture au dedans, infection et dégoût : Ce sont des sépulcres blanchis remplis d'ossements de morts. *Sepulchra dealbatta plena ossibus mortuorum.* Il est écrit sur le front de celui qui est en état de péché : Vous paraissez vivant, et vous êtes mort : *Nomen habes quod vivas, et mortuus es.* Oui, jeune homme, qui paraissez tout esprit et toute vivacité, voilà ce qu'on lit sur votre front : *Nomen habes quod vivas, at mortuus es.*

III. S'il y a un spectacle hideux et repoussant, c'est celui d'un cadavre qui commence à tomber en putré-faction. Saint François de Borgia, duc de Candie, ayant assisté à l'ouverture de la bière dans laquelle était renfermé le corps de l'impératrice défunte, fut si épouvanté qu'il ferma les yeux pour ne point la voir.

Les sœurs de Lazare ne voulaient pas non plus que le Sauveur fît ouvrir la tombe, où leur frère était enseveli depuis quatre jours seulement, parce que, disaient elles, il exhale déjà une mauvaise odeur. Mais si quelqu'un désire s'assurer par lui-même de la chose, qu'il jette un regard dans ce sépulcre qu'on vient d'ouvrir, et qu'il me dise quelle puanteur sort de ce cadavre et combien cette vue fait mal à ceux qui en sont témoins. Oh ! si nous pouvions contempler des yeux de l'esprit et du corps l'état d'une âme qui est dans la disgrâce de Dieu, ne fût-ce que pour un seul péché ; si, dis-je, nous pouvions le contempler aussi bien que les ravages que la mort opère sur le corps, de quelle horreur nous serions saisis à un spectacle si affreux ! Le démon est tellement hideux, que pour l'avoir entrevu une seule fois, sainte Catherine de Sienne était prête à souffrir les plus cruels tourments, plutôt que de le revoir ; et le démon pourtant n'est souillé que d'un seul péché. Un ange accompagnait un ermite ; chemin faisant, ils rencontrent le corps d'un animal à demi pourri ; l'ermite de se boucher aussitôt les narines, tandis que l'ange ne donna aucun signe de dégoût. Mais plus loin, ils rencontrent un jeune homme qui paraissait rayonnant de joie ; l'ange détourna la tête, et se boucha les narines, parce que cette âme pécheresse sentait mauvais. C'est ainsi que saint Philippe de Néri reconnaissait à leur puanteur les âmes plongées dans le vice infâme, vice qui répand plus d'infection que tous les autres. Et toi, jeune homme, qui n'es pas seulement souillé d'un péché comme le démon, qui n'es pas seulement un cadavre de quatre jours comme Lazare, mais qui, depuis des années et des années, es mort devant Dieu, et qui peut-être n'as jamais vécu un jour dans sa grâce depuis que tu as l'usage de raison, oh ! quel affreux spectacle présente ton âme fétide et toute semblable à un cadavre tombé en dissolution.

Le corps d'un chien mort répand moins d'infection devant les hommes, dit saint Augustin, qu'une âme pécheresse devant Dieu. *Tolerabilius fœtet canis putribus hominibus, quam anima peccatrix Deo.* Ah! ayez donc pitié de vous-même, et de votre pauvre âme!

Mais quelle est donc cette mort dans laquelle votre âme est plongée? Quel est ce tombeau d'où elle exhale une odeur cadavéreuse? Cette mort est d'autant plus funeste, qu'elle vous prive d'une vie plus précieuse. Ame tombée dans le péché mortel, quelle est la vie que tu as perdue? Une vie qui a quelque chose de divin, une vie qui te rend semblable à Dieu et qui te rendait la fille adoptive de Dieu. Saint Louis, roi de France, avait coutume de signer Louis de Poissy, parce qu'il avait été baptisé à Poissy, et qu'à ses yeux, la vie de la grâce qu'il avait reçue au baptême était bien plus précieuse que le sang royal qui coulait dans ses veines. Cette vie de la grâce est supérieure en dignité à toutes les vies naturelles, même des plus grands personnages qui soient au monde. Ce serait un moindre mal de voir le monde entier détruit de nouveau, comme il arriva au temps de Noé, que de perdre la vie spirituelle par un seul péché. Concluons.

Parmi ceux qui sont ici réunis, y en aurait-il un dont on puisse dire qu'il a l'air vivant et qu'il est mort? Y aurait-il une âme morte et ensevelie dans le tombeau du péché? S'il y en avait une, je lui dirais avec le prophète Ezéchiel : Ossements arides, écoutez la parole du Seigneur. Voici ce que vous dit le Seigneur : J'enverrai sur vous l'esprit de vie et vous ressusciterez. *Ossa arida, audite verbum Domini, hæc dicit Dominus ossibus his : Ecce ego intromittam in vos spiritum, et vivetis.* Courage, vivez, ressuscitez; morts, levez-vous, *surgite mortui*, pour le jugement que vous-même allez faire de votre misérable état. Quand un homme est surpris par son ennemi en armes, il se jette à terre, et se frappant la poitrine, ou donnant du front contre le sol, il lui demande grâce de la vie pour l'amour de Dieu. Vois, ô pécheur, ton âme à genoux devant toi, te suppliant de lui faire grâce de la vie pour l'amour de Dieu. Oh ! dit-elle, que de fois tu m'as donné des coups mortels ! Chacune des infamies que tu commets, est un glaive qui me perce les flancs. Je te demande la vie pour l'amour de Dieu. Je ne suis pas ton ennemie, je suis ton âme ; aie pitié, aie pitié de ton âme ; non seulement je suis ton âme, mais je suis unique et immortelle.

Voici que dans cette lecture et dans les précédentes, nous avons présenté à votre méditation tous les motifs les plus capables de vous inspirer le regret, l'horreur et la détestation la plus sincère de vos péchés. Pesez bien ceci, que tout péché grave est un mépris de Dieu, comme Dieu, un mépris de Dieu, comme maître, un mépris de Dieu, comme père, et qu'il est la mort de votre âme. Peut-être, ô frère bien-aimé, êtes-vous à l'heure qu'il est, coupable de péché mortel ; peut-être ne vous en êtes-vous pas encore corrigé jusqu'ici, et cela parce que votre douleur et votre propos ont été trop faibles et qu'ils n'ont pas suffi à vous rétablir dans la grâce, et à vous en obtenir le pardon, bien que vous vous soyez confessé. Voulez-vous être certain, autant que possible, de faire une bonne confession ? disposez-vous pendant ces jours à faire une confession générale de toute votre vie, si vous n'en avez pas encore fait. Mais cela ne suffit pas. La confession, même générale, ne sert de rien, si elle est dépourvue de la contrition et du propos requis. Et qu'elle que soit votre contrition, parfaite ou imparfaite, elle sera incapable d'effacer vos péchés, à moins qu'elle ne soit efficace, surnaturelle et souveraine. Or, elle ne peut avoir ces qualités, qu'en vous y excitant par les motifs que nous avons développés jusqu'ici. Oh ! si nous pouvions vivre sans tache, disait saint Zénon. Oh ! si après avoir lavé une bonne fois toutes les souillures

326   DEUXIÈME PARTIE.

de notre âme dans le sang du Sauveur, nous pouvions ensuite la maintenir toute belle et toute pure! Il en sera ainsi, si vous ranimez bien votre foi, et si vous considérez que le péché est un mépris de Dieu, que par le péché l'âme meurt à la grâce et encourt de terribles châtiments; car le péché implique deux sortes de maux, celui de la faute et celui de la peine. Et il est nécessaire de bien considérer ces deux sortes de maux, si nous voulons remédier au passé par une contrition sincère, et pourvoir à l'avenir par un propos vrai et efficace. Chose extraordinaire, s'écrie saint Augustin, pour tout mal, autre que le péché, qui vous touche au vif, vous avez des larmes et des regrets, et vos yeux restent secs sur tous les maux de votre âme. *Luges corpus, a quo recessit anima; non luges animam, a qua recessit Deus!* Vous pleurez un mort, parce que vous avez perdu en lui un ami, un parent; et votre âme qui a perdu Dieu, ne pleure pas cette perte! Mais que dis-je, un parent, un ami? Ne vous attristez-vous pas à la mort d'un chien ou d'un cheval? Et quand votre âme meurt, vous n'avez pour elle aucun sentiment de douleur et de compassion! Si vous compatissez à un pauvre animal parce qu'il a perdu la vie, si vous compatissez à un pauvre insensé parce qu'il a perdu la raison, combien plus vous devez avoir compassion de vous-même, si, par le péché, vous avez perdu la grâce qui est la vie spirituelle de votre âme, et une vie infiniment plus précieuse que toutes les autres vies! Pauvre pécheur, ayez donc pitié de votre âme, pour l'amour de Dieu. *Miserere animæ tuæ, placens Deo.*

IIIᵉ LECTURE.

Iʳᵉ CONSIDÉRATION.

LA MORT CONSIDÉRÉE AU MOYEN DES CINQ SENS.

Dans la méditation de la mort, nous avons proposé les considérations qui nous ont paru les plus fortes et les plus frappantes : certitude de la mort, incertitude du moment de la mort, unité de la mort. Dans cette considération, au lieu de suivre la même marche, nous allons faire l'application des cinq sens à ce sujet, c'est-à-dire que nous allons voir, entendre et toucher ce qui se passe dans l'homme qui est sur le point d'expirer. Nous méditerons la mort au moyen de nos yeux et de nos oreilles. Commençons, sans autre préambule, à voir ce qui se passera à notre mort. Mettons de côté le cas de mort imprévue ou violente, dont tant de millions d'hommes ont été victimes. Pour le moment, nous ne nous arrêterons pas à ce genre de mort, quoiqu'il soit pourtant si commun de nos jours. Contentons-nous d'une mort qui laisse du temps, et qui s'annonce, pour ainsi dire, de loin.

Premièrement donc, nous éprouverons une indisposition légère. Pendant les premiers jours, nous aurons la visite de nos amis, de nos parents qui nous donneront bon espoir et qui nous promettront même un prompt rétablissement. Chacun nous dit : Ceci n'est qu'une fièvre d'un jour, dormez bien cette nuit ; demain, vous serez tout autre. Les médecins tiennent le même langage : Dans peu de jours, vous serez sur pied.

Cependant le mal s'aggrave, la fièvre brûle les entrailles, le mal de tête offusque l'entendement, les souffrances de cœur affaiblissent les forces, les médecins parlent à demi-voix et commencent à branler la tête ; on commence à redouter une mauvaise issue ; et le danger paraît plus sérieux. Il faut avertir le malade et l'engager à se confesser. Mais cet avis, le donne-t-on ? le donne-t-on à temps ? Le donne-t-on claire·ment, surtout aux personnes de qualité, qu'on a si peur d'effrayer ? Faites-vous ainsi, lorsque vous voyez un brigand qui suit un de vos amis et qui est prêt à le frapper ? Ne l'avertissez-vous pas, et le laissez-vous surprendre par le traître, dans la crainte de l'effrayer? Oh ! quelle pitié cruelle serait celle-là ! Et cependant que de fois on use de cette cruauté envers ses plus proches parents et ses meilleurs amis ! A la fin on donne l'avis, même à cet homme noble, même à ce négociant, qui a mille affaires en train. Oui, l'avis se donne ; mais le malade y croit-il ? Ah ! l'attache à la vie ne lui permet pas d'y croire si facilement.

A la nouvelle de la mort, une âme pécheresse et tiède au service de Dieu se tourne vers le passé et voit son contentement s'évanouir en un clin d'œil, s'évanouir la liberté dont il a abusé, s'évanouir ses plaisirs, ainsi que la possibilité d'en jouir encore, s'évanouir sa fortune, son honneur, sa considération, ses dignités, son pouvoir : *Aperiet oculos suos, et nihil inveniet.* De tout ce passé enchanteur, il ne lui reste que le déplaisir d'en avoir joui.

Au contraire, quand une âme juste est informée de sa mort prochaine, elle ne trouve dans son passé que des sujets de consolation, parce qu'elle ne perd que ce qu'elle a déjà méprisé en vue du ciel. Elle n'a jamais fait grand cas des richesses, des honneurs, des commodités et des délices ; il lui importe bien peu de s'en priver. Elle a fait son objet capital du soin de servir Dieu, de dompter sa chair, de réprimer ses passions, de répandre des aumônes ; et toutes ses bonnes œuvres vont la suivre : *Opera illorum sequuntur illos.*

Dans lequel de ces deux états serai-je à la mort ? Serai-je du nombre des serviteurs fidèles et des justes, ou du nombre des tièdes et des pécheurs ? Ah ! réfléchissez bien à cette alternative.

L'avis de la mort est donné et bien reçu, je le suppose ; eh bien ! ô mon âme, voici les pensées que vous aurez alors : Il faut que je meure, que je m'en aille, mais d'où dois-je partir ? de ce monde. Le monde n'est plus pour moi ; je dois tout laisser ; pour moi tout est perdu. Quelle douleur, quand on perd un joyau ! quelle douleur pour une mère de perdre son enfant ! oh ! combien on déplore la perte d'un parent chéri, d'une possession, d'un palais, d'un emploi ! quelle compassion n'éprouvez-vous pas pour Job, en voyant qu'après avoir perdu toute sa fortune, son corps même tombe en lambeaux ! quelle misère de perdre la vue, l'ouïe, le mouvement, la beauté ! l'annonce de la mort est l'annonce que vous allez tout perdre. Ah ! quel coup de poignard pour une âme qui n'a d'affection que pour les biens de ce monde, et qui en est comme submergée : il faut quitter ce monde, pour aller où ? où je n'ai jamais pensé, où je n'ai envoyé à l'avance aucune provision, où on me fera un accueil que j'ignore.

On appelle un confesseur, et lequel ? Le plus large possible, un confesseur qui n'a jamais adressé un reproche charitable, qui n'a jamais averti du devoir, un confesseur qui ne vous connaît pas.

Mais supposons que le confesseur appelé soit un homme soigneux, accrédité et docte ; les confessions qu'on a faites çà et là à des médecins choisis tout exprès pour leur peu d'intelligence, vous laisseront-elles tranquilles ? je ferai alors une confession générale. — Une confession générale alors ? dans un moment où vous n'êtes capable ni de dicter une lettre.

ni de réciter un *Pater?* une confession générale de
trente, de quarante ans?

Cependant voici le confesseur. Il se place près du
lit, vous arrose d'eau bénite, vous encourage et vous
bénit : Que le Seigneur soit dans ton cœur et sur tes
lèvres, dit-il, afin que tu confesses dignement tes
péchés. *Dominus sit in corde tuo et in labiis tuis, ut
digne confitearis peccata tua.* Je me figure entendre
confesser alors certaines choses, au sujet desquelles on
n'avait eu aucune inquiétude jusqu'à ce moment, parce
qu'on tranchait rondement sur tous les points : Omission des devoirs, négligence dans l'éducation des
enfants, manque de soin à l'égard de la famille, des
domestiques, paroles, regards, badinages, contrats,
confessions de la jeunesse, abus des sacrements, créanciers ajournés, argent dépensé au jeu ou en parures,
aversions et ressentiments prolongés... Pardonnez-
moi, si j'interromps la confession. Ne disiez-vous pas
autrefois que tout cela était scrupule et bagatelle? Ah!
ces choses paraissent un rien, quand on les commet,
un rien, quand on est en santé ; mais à la mort, elles
paraissent telles qu'elles sont. Avez-vous jamais fait
une confession générale dans le cours de votre vie? —
Non. — Ni même avant d'embrasser l'état de vie que
vous avez choisi? — Non. — J'entends que vous dites
un péché avec doute; une circonstance, d'une voix
tremblante; l'avez-vous jamais confessée? — Jamais.
— Et pourquoi? — Par honte. — Et vous avez vécu
tant d'années dans cette mauvaise honte? — Oui.

Après tous ces aveux et mille autres semblables, je
vois le confesseur rêveur et embarrassé. Entre, ô mon
âme, dans le cœur et la pensée de ce père spirituel.
J'entends qu'il dit en lui-même : Oh! quelle conscience embrouillée que celle-là! ici ce sont des
contrats injustes qu'il faut rompre; là, ce sont des
gains illicites à restituer; ailleurs, c'est une foule
d'articles à éclaircir, sans quoi bien des personnes en

éprouveraient du dommage ; plus loin, il s'agit de réparer la réputation, de faire cesser un scandale, d'écarter une occasion dangereuse ; il faut que le malade parle à tel parent, se réconcilie avec tel ennemi. Il voit en lui peu de dispositions, peu de regrets, peu de connaissance, et dans son état, il n'est pas capable d'être plus longuement instruit. Oh ! quelle est la peine d'un confesseur qui a du zèle ! mais combien est plus misérable l'état d'un pénitent qui aurait besoin de temps et à qui le temps manque ! Le pauvre confesseur tâche de lui suggérer les motifs les plus propres à l'exciter à la contrition ; mais le malade peut à peine s'y appliquer, et les bonnes habitudes lui font défaut. Pleurez vos péchés, lui dit-il. — Mais de quel œil les pleurera-t-il ? ses yeux ont toujours été à la piste du péché. — Détestez ces occasions. — Mais de quel cœur ? avec ce cœur qui n'a jamais su s'en éloigner, qui les a chéries, qui en a fait sa félicité et son paradis ? — Invoquez les saints. — Quels saints ? ceux dont le malade a si peu révéré les églises et les fêtes ? — Et de quelle langue ? — Avec cette langue qui a proféré tant de blasphèmes, d'obscénités et de murmures ?

Mais pourquoi parler de confesser les anciens péchés, tandis que la maladie elle-même est pour un pécheur une source de péchés incessants ? Une personne très délicate, accoutumée à traiter son corps avec une extrême mollesse, que de fois ne se laissera-t-elle pas aller au chagrin, à la colère, aux impatiences et aux lamentations, à cause des souffrances que le corps, que le cœur et la tête lui font éprouver ! Hélas ! combien n'y en a-t-il pas, qui, étant malades, se laissent aller aux emportements de la rage, parce qu'ils voient emporter des objets auxquels ils sont très attachés, ou enlever des clefs qu'ils ont toujours si bien gardées ? Le malade demande à boire, et on le lui refuse ; il a de l'aversion pour la nourriture, et on lui présente à

manger ; il est mécontent des médecins, des chirurgiens, des domestiques ; il menace celui-ci, il chasse
celui-là, il blasphème, il jure, il maudit, et il en
souffre davantage. J'ai vu moi-même un de ces malades interrompre sa confession pour accabler d'injures
un domestique qui lui apportait un message, et chercher à lui lancer à la tête ce qu'il avait en main.

Au contraire, un homme de bien, accoutumé à tout
souffrir pour l'amour de Dieu, regarde le crucifix et
se console dans ses douleurs, il souffre avec patience
la soif, la diète, le trouble et les négligences des
domestiques ; et s'il lui échappe quelques mouvements
d'impatience, il s'en repent aussitôt, se remet, prend
courage et profite de tout pour acquitter ses dettes.

Or, jusqu'à quel point ai-je contracté l'habitude de
la patience, afin de supporter un jour les plus cruelles
étreintes de la douleur? Est-ce que je m'exerce à la
résignation, afin de franchir heureusement les épreuves si terribles de la dernière maladie? Hélas! quand
je viens à perdre un procès, une poignée d'argent, un
enfant, un emploi, quels murmures contre Dieu et les
saints! que de colères et d'imprécations! Comment
donc me résignerai-je à la mort, quand il faudra
perdre toute ma fortune, tous mes enfants, tous mes
parents? Quelles seront alors mes dispositions et mes
sentiments?

Après que le malade a été confessé, le mal va en
augmentant ; il faut lui donner le saint viatique. On
sonne les cloches ; le voisinage les entend. Qui est
malade? — C'est un tel. L'un fait une réflexion,
l'autre une autre. Le prêtre entre, asperge la maison
d'eau bénite : Que la paix, dit-il, soit dans cette maison
et parmi tous ceux qui l'habitent. *Pax huic domui, et
omnibus habitantibus in ea.* Paix à cette maison? oui,
quand cette langue médisante sera glacée par la mort.
La paix ne régnera dans cette famille qu'après la dispa-
rition de celui qui y entretient le feu de la discorde.

Après les prières accoutumées, le prêtre, levant la sainte hostie vers le malade, lui dit : Voici l'agneau de Dieu. *Ecce agnus Dei.* C'est la dernière fois que Dieu vient à vous, et sous peu vous irez à lui. *Accipe, frater, viaticum.* Mon frère, recevez le viatique. Entendez-vous cette parole, *le viatique?* Vous vous êtes persuadé que ce monde était votre fin. Ce monde est une terre de passage : Voici le viatique pour l'autre monde, où vous allez vous fixer pour toujours.

Mais vous, pauvre malade, vous êtes accablé de tristesse, tourmenté par le mal de tête et par les douleurs du corps, plus tourmenté par les remèdes, épouvanté de l'avenir, attristé du présent et du passé. Vous cherchez du soulagement. Voyez que de richesses vous avez amassées ! quels beaux meubles, quels beaux appartements ! Vous avez acquis tant de crédit par votre savoir; tel emploi est entré dans votre famille; tel héritage vous a coûté beaucoup de procès, mais enfin il est tombé entre vos mains ; les titres et les honneurs ne vous ont pas fait défaut. Mais quoi! rien de tout cela ne vous console. Qu'est-ce que cela veut dire ? c'était pourtant l'innocent objet de vos complaisances; vous aimiez à vous en vanter ! les plaisirs et les honneurs du monde ne consolent pas un moribond, parce que tout est fini. Les bonnes œuvres ne le consolent pas; il en est dépourvu. Qu'est-ce qui le consolera? me consolerai-je alors d'avoir humilié mes rivaux et d'avoir fait trembler le monde, en venant à bout de mes projets? Ah! on repousse de pareils souvenirs. Qu'est-ce donc enfin qui pourra consoler ici-bas cet infortuné? Rien, absolument rien. Il est en ce moment comme un homme qui n'a jamais ressenti la moindre satisfaction; que dis-je? il éprouve alors le plus vif regret d'avoir goûté tous ces plaisirs; son plus grand plaisir d'autrefois fait aujourd'hui sa plus grande peine.

On ne peut pas tarder davantage à lui donner

l'Extrême-Onction. On récite les psaumes de la pénitence. Le prêtre commence par faire l'onction des
yeux : Que par cette sainte onction et par sa très
grande miséricorde, le Seigneur vous pardonne tout
le mal que vous avez fait par la vue. *Per istam sanctam
unctionem et suam piissimam misericordiam, indulgeat
tibi Dominus quidquid per visum deliquisti.* Huile sainte,
combien de fautes d'immodestie vous avez à effacer
dans ces yeux ! le ferez-vous ? mais comment le ferez-
vous, tandis que ceux qui ont le plus besoin du sacrement ne le reçoivent pour l'ordinaire, que quand ils
sont hors d'état d'y joindre des actes de repentir ? Des
yeux on passe aux oreilles, aux narines, aux lèvres,
aux mains. Oh ! que de taches et de souillures à
effacer !

Cependant le démon survient, armé d'une extrême
colère, *habens iram magnam* : il tente fortement le
pécheur et le juste. Celui-ci aguerri au combat, lui
résiste et tient bon. Celui-là qui a été vaincu tant de
fois et qui est habitué à se complaire dans le mal,
comment pourra-t-il résister, privé de ces grâces
spéciales de Dieu, dont il s'est rendu indigne ?

Voici que le malade entre en agonie. Figurez-vous
le voir. Il est sur le point de rendre le dernier soupir.
Le prêtre récite les litanies des Saints ; il lui souhaite
au nom de la sainte Eglise un heureux départ : Sors,
âme chrétienne, de ce monde : *Proficiscere, anima
christiana, de hoc mundo.* Au nom du Père tout-puissant qui t'a créée, au nom de Jésus-Christ Fils du Dieu
vivant, qui a souffert pour toi ; au nom du Saint-Esprit
qui a été répandu en toi : *In nomine Dei Patris omnipotentis, qui te creavit, in nomine Jesu Christi Filii Dei
vivi, qui pro te passus est; in nomine Spiritus Sancti,
qui in te effusus est.*

Dans l'intervalle, le moribond exhale ses derniers
soupirs, le pouls manque, la respiration cesse ; on
approche une bougie de ses lèvres, et sa flamme ne

vacille pas ; on reconnaît qu'il a cessé de vivre. Et
voilà la fin de tout homme : *Et hic finis universæ carnis.* Il est mort, il est mort ! Le plus beau visage du
monde s'altère aussitôt. La tête, siège de la majesté
et centre de toutes les pensées, tombe affaissée. Les
yeux sont caves, les cheveux en désordre et tout humides des sueurs de la mort, le nez est effilé, les lèvres
retirées et contractées, les dents noires, la langue
sèche, tout le corps froid et immobile comme du
marbre. Ouvrez les fenêtres, brûlez des parfums ! Les
parents, les amis, les domestiques veulent qu'on emporte ce corps au plus tôt, et on paie des gens pour
l'emporter, loin de la maison et des yeux. On verse
quelques larmes, et au bout de quelques jours, on
mange, on boit, on rit. Celui qui est mort est mort ;
tels et tels héritiers ont peine à dissimuler la joie
qu'ils ressentent de la succession. Pendant quelque
temps, on tient fermé, veuf et solitaire, cet appartement où sont l'alcôve et le lit superbe, et les glaces,
et les vêtements à la mode, et les joyaux, et l'argent,
et enfin le mobilier le plus précieux.

Cependant survient la nouvelle ou d'un mariage,
ou d'une victoire, ou d'une fête publique, et ces pensées joyeuses emportent bien loin tout souvenir du
mort, qui est à pourrir dans un tombeau, à engendrer des vers et à les repaître. Et si son âme est perdue ? Qu'elle revienne maintenant voir pour qui et
pourquoi elle s'est perdue ! C'est pour l'argent ; et le
voilà déjà tout dissipé, gaspillé par des gens qui ne se
souviennent pas de vous, ou qui même se rient de
vous. L'âme s'est perdue pour ce corps, pour ce cadavre, pour cette fange, pour cette pourriture qui tombe
en dissolution et qui ne sera plus sous peu qu'une
poignée de poussière. Vanité des vanités, et tout est
vanité, excepté d'aimer Dieu et de le servir lui seul !
*Vanitas vanitatum et omnia vanitas, præter amare Deum,
et illi soli servire.* Oh ! quelle grande illusion que

notre vie! et quel grand désillusionnement que la
mort !

IIe CONSIDÉRATION.

RÉFLEXIONS SUR LA MORT.

§ 1. Brièveté de la vie.

Lorsque les hommes vivaient sept et huit cents ans,
la vie était regardée comme un point, comme un instant, en comparaison de l'éternité. Combien faut-il
l'estimer moins maintenant, où si peu parviennent à
l'âge de soixante ans, et un plus petit nombre encore
à celui de quatre-vingts. Le cardinal Hugon dit, dans
son commentaire sur les psaumes, qu'un énergumène,
possédé par le démon, ayant été interrogé pour savoir
combien il y avait de temps qu'il était tombé du ciel,
répondit : Depuis hier. Hier ! menteur ! n'y a-t-il pas
des centaines et des milliers d'années que tu en as été
banni? — Si vous saviez, répliqua le démon, ce que
c'est que l'éternité, vous diriez que toutes les années
du monde ne sont pas même une heure. *Si scires
æternitatem, totum tempus a constitutione mundi, ne
horam quidem putares.* Des années de la vie, retranchez la troisième partie qu'on donne au sommeil,
cette image de la mort ; retranchez les années de
l'enfance où l'on n'a pas l'usage de la raison, et où
l'on vit d'une vie animale plutôt qu'humaine ; retranchez les trente ou quarante ans que vous avez déjà
vécu ; et faites maintenant le compte du peu qui vous
reste à vivre. Mais que dis-je? on ne fait de compte
que d'après des nombres déterminés ; or, quel nombre déterminé d'années, de mois, de jours, ou même
d'heures puis-je me promettre avec assurance, tandis
que Jésus-Christ m'a déclaré, et que l'expérience me

démontre, que nous ne savons ni l'heure ni le moment. *Nescitis neque diem, neque horam.*

Il est donc évident qu'il me reste très peu de temps à vivre, et encore ce peu est-il incertain. Mais comment appeler *vie*, le temps qui me reste à vivre? Le temps qui me reste à vivre, n'est-il pas plutôt une mort continuelle? *quotidie morimur*, nous mourrons tous les jours. Et qu'est-ce que cette vie, dit saint Grégoire, sinon une mort prolongée? *Quid est aliud, quam quœdam prolixitas mortis?* Le corps est continuellement exposé à tant d'infirmités et de douleurs, sans parler de la faim, de la soif, du chaud, du froid, de la fatigue, qui sont des incommodités communes. Un air humide, un soleil ardent, un repas trop copieux, un fruit qui n'est pas mûr, le dérangent; et indépendamment de ces causes extérieures, que de maux n'engendre-t-il pas au dedans? La pierre, la goutte, les fluxions, les fièvres et mille autres maladies. Et puis, l'esprit de l'homme est sujet de son côté à des affections plus graves encore. De là vient qu'on trouve peu et très peu d'hommes qui jouissent d'une parfaite santé, qui soient contents et satisfaits. Les peines se succèdent au point que l'une n'attend pas l'autre; les passions, les dégoûts, les jalousies, l'ambition soufflent continuellement et entretiennent une tempête perpétuelle. Et voilà, dit saint Augustin, ce qu'il faudrait appeler la vie?

Joignez à cela la menace que Dieu a faite aux pécheurs d'abréger leur vie : *Anni impiorum breviabuntur;* d'où il résulte souvent que tels et tels meurent avant le temps, parce qu'ils ont comblé leur mesure. On lit au chapitre xxxviii⁰ de la Genèse, que le Seigneur fit périr Her, fils aîné de Juda, et cela parce qu'il avait commis une abomination devant le Seigneur : *Fuit Her nequam in conspectu Domini, et idcirco percussit eum Dominus.* C'est ainsi encore, comme le rapporte Baronius, qu'un personnage terrible apparut à

l'empereur Anastase, et lui dit : Voici que je retranche quatorze années de ta vie, à cause que tu as
perverti ta foi. *En tibi, ob perversitatem fidei tuæ, qua-
tuordecim annos vitæ tibi deleo.* Pour tous, la mort vient
pas à pas ; mais celui qui pèche, la fait courir ; car le
péché est l'aiguillon de la mort, dit l'apôtre. *Stimulus
mortis peccatum est.*

Or, la vie étant si courte, réduite comme elle l'est,
et se réduisant encore peut-être en proportion des
péchés qu'on commet ; le temps qui me reste à vivre
étant si incertain, et ce reste de vie étant soumis à
tant de maux corporels et spirituels, qu'on devrait
plutôt l'appeler une mort qu'une vie ; quelle folie ne
serait-ce pas de vouloir en exprimer une goutte de
contentement passager, incertain, empoisonné, et de
m'exposer ainsi à perdre la vie éternelle, la seule
désirable, et à encourir la mort éternelle, la seule qui
soit à craindre ? Ce serait, dit saint Grégoire, ressembler aux araignées qui travaillent sans relâche et
s'épuisent les entrailles pour ourdir leur toile fragile,
qui ne leur sert qu'à prendre des mouches.

De ce que la vie est si courte, si incertaine et si
peu de chose, il s'ensuit évidemment que tous les
biens de la terre sont petits, fragiles, incertains, et
méprisables. Vous dites que vous possédez beaucoup
d'argent, de grands titres, de hautes dignités, et vous
appelez cela un riche capital ; mais tout cela se mesure
sur la vie. Votre vie est courte, passagère, incertaine ;
donc, tout ce que vous avez au monde est faible, sans
consistance et sans durée.

Tout peintre désire que son œuvre soit mise et exa-
minée sous son vrai jour, parce que le même tableau,
vu de deux points différents, présente des aspects différents. A quel point de vue faut-il se placer pour
examiner et apprécier au juste les biens du corps et
les biens de l'âme ? Au point de vue de la mort. A
présent, les œuvres de piété, la pratique de la mor-

tification ont pour nous un aspect rebutant, et nous en faisons peu de cas. Au contraire, les richesses, les honneurs et les plaisirs ont des dehors enchanteurs. Mais plaçons les uns et les autres en face du flambeau de la mort, et nous dirons : Ô mort, que ton jugement est sage! *O mors, bonum est judicium tuum!* C'est la réflexion très judicieuse que fait saint Grégoire, à propos de ce riche de l'Evangile, qui était si fier de son abondance et de ses trésors : *Anima mea, multa bona habeo, reposita in annos plurimos;* Mon âme, voici que tu as assez de biens pour te reposer et jouir pendant bien des années. — Tu as de quoi jouir pendant des années? reprend le saint Docteur; mais où sont ces années pendant lesquelles tu comptes jouir? Ah! insensé, cette nuit même, on va te redemander ton âme; et ces biens que tu as amassés, entre quelles mains passeront-ils? *Ah! stulte, hac nocte repetent a te animam tuam; et hæc quæ parasti, cujus erunt?* Tu comptes tes biens; compte d'abord tes années. Mais qui peut en supputer le nombre précis?

§ 2. Nous mourons à chaque instant.

Quand mourrons-nous? Nous mourons à chaque instant. Depuis l'instant de notre naissance, nous avons commencé à mourir, parce que chaque jour, nous perdons un jour de vie. De même qu'une horloge au sable n'indique pas quand l'heure est écoulée, mais bien qu'elle s'écoule à chaque grain qui tombe, et que l'heure est réellement passée, quand le dernier est tombé; ainsi s'écoule notre vie; et voilà pourquoi l'apôtre a dit qu'il mourait chaque jour : *Quotidie morior.*

Le monde se laisse quelquefois aller à des rêves d'immortalité. On entend dire : La ville de Rome existe depuis deux mille ans et plus; la ville de Milan est presque aussi ancienne; telle famille est noble depuis sept à huit cents ans. Or, écoutez : vous est-il jamais arrivé de vous regarder dans une eau claire ou courante? S'il en est ainsi, vous aurez vu votre image s'imprimer dans un miroir mobile. Cependant l'eau coule et change à chaque instant, il reste seulement à la surface une image apparente de perpétuité. C'est ainsi qu'il en est de ce monde : nous nous écoulons tous comme l'eau, *omnes sicut aqua dilabimur.* Les habitants d'une ville changent; les habitants d'une maison, les membres d'une famille, tout change, *generatio prœterit, et generatio advenit;* mais au milieu de cette succession continuelle d'individus, le nom de ville et de famille demeure. Ainsi, le sénat de telle ville continue de subsister, tandis que chacun des membres passe. Une administration se perpétue, et les magistrats qui la composent, passent. C'est ainsi encore que le nom des rivières, comme le Pô, le Tesin, l'Adda, le Tibre, etc. etc., demeure, tandis que les eaux passent et vont s'ensevelir dans la mer. Le fils dit à son père : Allez en avant, passez. Celui qui vient après nous nous presse d'avancer, comme nous pressons ceux qui nous précèdent. L'un chasse l'autre, jusqu'à ce qu'on mette le pied dans la fosse.

§ 3. Ce qui précède la mort.

Laissons de côté pour le moment le cas de mort imprévue et subite, qui est pourtant si fréquent de nos jours, ce qui fait que les mieux portants et les plus robustes peuvent et doivent la craindre. Il y a tant de maladies qui causent des douleurs excessives, qu'il est comme impossible de se recueillir un moment pour se confesser. Ces douleurs, un homme habitué à flatter son corps et à goûter tous les genres de délices, y sera infiniment plus sensible, et il ne les supportera qu'avec impatience.

Ensuite, l'annonce d'une mort prochaine, quel

trouble n'excitera-t-elle pas dans une âme qui n'a eu
de pensées et d'affections que pour le monde? Nous
l'avons déjà remarqué, c'est lui annoncer qu'elle va
perdre pour jamais, les honneurs, les plaisirs, la fortune dont elle jouissait. Quel trouble ne ressentent
pas les mondains, quand ils viennent à perdre un
procès, ou qu'une tempête a ruiné leur récolte? La
nouvelle de la perte prochaine de leurs enfants, de
leur épouse, de leurs maisons, de leurs villas, de leurs
propriétés, de leur position, de leurs meubles précieux, enfin de leur corps, leur causera une affliction
incomparablement plus grande. Or, dans ces moments
de grand trouble, l'esprit se bouleverse, l'intelligence
s'obscurcit, la mémoire se perd ; c'est ce que l'expérience démontre. Comment donc un pécheur, dont
la conscience est embrouillée, pourra-t-il se recueillir
alors, de manière à faire une bonne confession, et à
s'exciter à un vrai repentir ?

Jésus-Christ lui-même, aux approches de sa mort,
se mit à trembler et à ressentir l'angoisse et la tristesse : *Cœpit pavere, contristari, et mœstus esse.* Lorsqu'on annonce à un condamné qu'il va mourir ;
quelque robuste et bien portant qu'il soit, il est incapable, pendant des heures entières, de s'arrêter à
une pensée salutaire. Qu'en sera-t-il d'un malade, et
d'un malade accablé par le mal et par la crainte de
la mort ? Ah ! si les prêtres qui reçoivent la confession
de ces mourants, pouvaient parler, que diraient-ils?
Ils ne trouvent dans ces pénitents qu'une intelligence
offusquée, une mémoire évanouie, une douleur très
faible de leurs péchés. Un homme peu zélé pour son
salut se confesse rarement, et dans ses confessions il
ne rentre guère au fond de sa conscience, soit pour
ne pas se donner la peine de s'examiner, soit dans le
désir d'expédier son affaire au plus tôt. La confession
faite tellement quellement, jamais plus il ne pense à
ses péchés, ou bien parce qu'il est distrait par d'autres

objets, ou pour ne pas sentir le remords, ou parce qu'il lui en coûte de s'examiner de nouveau. En outre, les confesseurs que ces sortes de gens recherchent, sont des muets qui n'ouvrent jamais la bouche pour interroger ou pour faire des remontrances salutaires. En se confessant de la sorte, ils omettent d'ordinaire par une négligence coupable, une foule de péchés qu'ils ont perdus de vue et qu'ils ne se sont pas donné la peine de chercher, ou bien encore qu'ils ont entre-nus, mais traités de scrupules. Au moment de la mort, leur conscience se trouve dans ce chaos, sans qu'ils aient le temps de le débrouiller, ni la présence d'esprit nécessaire pour s'y appliquer ; ils voient alors d'une manière confuse tous ces péchés, tout ce dédale d'iniquités ; ils en sont environnés et harcelés comme par une meute de chiens occupés à les déchirer.

Les hommes de bien, quand ils songent à faire une confession selon toutes les règles, s'éloignent des affaires pendant un certain temps, et ils sont sains d'esprit et de corps. Comment un pécheur accablé par la maladie, trouvera-t-il une heure de sérénité et de tranquillité pour y songer ? Il lui faudrait du temps, et il n'en a pas. Il aurait besoin de repos, et le repos lui manque. Il souffre dans tout son corps, la fièvre le brûle, la soif le tourmente, les maux de tête lui fendent le crâne. Médecins, chirurgiens, infirmiers, tous lui donnent constamment des soins ; il faut qu'il se préoccupe de testament, de codicile, de cadeaux à faire à ses enfants et à ses parents. Dans ce tourbillon de pensées et d'affaires, voici par surcroît que les démons le tentent de murmure et d'impatience ; il ne sait pas ce que c'est de souffrir, et il faut qu'il souf-fre. La tristesse et le désespoir prennent en lui la place de la présomption. Surviennent alors certains souvenirs des vérités les plus effrayantes de l'Evan-gile. J'ai entendu parler des jugements de Dieu, et voici que j'y touche. J'ai entendu prêcher sur l'enfer, et déjà je vois ses gouffres s'entr'ouvrir. La méditation de l'éternité m'a épouvanté, et me voici au moment d'y entrer. Tant de fois je me suis moqué de ces craintes ; j'ai parodié dans des chansons ces terribles vérités ; j'ai cru faire preuve d'esprit en les traitant de vains épouvantails. Où est maintenant ce bel esprit ? Où sont ces sarcasmes ? Hélas ! voici ce qui est plus terrible encore : celui qui habite dans les cieux, se rira à son tour des railleurs. *Qui habitat in cœlis, irridebit eos.* Je vous ai appelés, et vous avez fait la sourde oreille ; et moi aussi je me moquerai de vous à la mort, et je vous couvrirai de confusion. *Vocavi vos et renuistis ; et ego in interitu vestro ridebo, et subsannabo vos.* Oh ! quelles affreuses dispositions pour attendre la mort.

§ 4. Combien il importe de se préparer à bien mourir.

Considérez qu'il n'est rien qui soit d'une plus grande conséquence que la mort. Nous avons coutume de dire que la mort est la fin de toute chose, la fin des douleurs pour un pauvre malade, la fin des plaisirs, la fin des travaux, la fin des sollicitudes. Nous devrions plutôt dire que tout commence à la mort. En effet, elle est le commencement des douleurs ou des joies éternelles, le commencement des travaux ou du repos éternel. La mort étant cette épreuve critique qui décide de la plus grande de toutes les victoires, et de la plus précieuse des conquêtes, puisque c'est elle qui décide de notre bonheur éternel dans le ciel ou de notre malheur éternel dans l'enfer ; il est donc indispensable de se préparer de longue main et sérieusement à bien mourir.

Quand un conclave est réuni pour l'élection d'un pape, le monde entier est en suspens. Un sénat, un tribunal qui délibère des heures et des jours entiers, à propos d'une succession considérable, tient toute une

ville en haleine, parce que de sa sentence dépend la
ruine ou le maintien d'une famille. Et cependant
quelle sera la durée ou la portée d'une telle sentence?
Elle influera sur un petit nombre d'années au plus;
car après tout, cet héritage sera enlevé par la mort à
ceux auxquels il aura été adjugé, et ceux qui l'auront
perdu leur seront égalés par la mort. En effet, il en
sera de même, à la mort, de ceux qui auront gagné
et de ceux qui auront perdu le procès. Mais de notre
mort dépend un bien ou un mal éternel qui n'aura
jamais de compensation.

Lorsque le sénat romain délibérait sur la question
de savoir si on laisserait subsister, ou si on détruirait
Carthage, cette ville qui était la reine de l'Afrique,
la rivale et même l'épouvante de Rome, le débat
d'une question de si grande conséquence causa une
anxiété générale dans toute la république. De plus
graves conséquences dérivent de la mort. Carthage
devait enfin être détruite, comme Rome le fut aussi,
et à la fin du monde du moins, toutes ces villes seront
réduites en cendres. De la mort dépend l'éternité du
bonheur ou du malheur : *Momentum, a quo pendet
æternitas.* Celui qui pèse bien cette parole, *éternité,*
voit clairement qu'il n'y a rien dont les conséquences
soient aussi graves que la mort.

Il est plus important et il est d'une plus grande
conséquence de bien mourir que de bien vivre; car
bien que, pour l'ordinaire, la bonne mort soit le fruit
de la bonne vie, il ne s'ensuit pas toujours nécessai-
ment. On connaît la triste destinée de ce jeune homme
qui, après avoir vécu dans l'innocence jusqu'à quinze
ou seize ans, fut frappé de mort au premier péché
mortel qu'il commit, sans avoir le temps de se repentir et de se confesser. Il avait bien vécu jusque-là, et
cependant dans quel état est-il mort? Il est donc évident qu'il importe plus de bien mourir que de bien
vivre. On a l'espoir de bien mourir quand on a bien

vécu. La bonne mort est le couronnement de la bonne vie et le gage assuré de l'éternité bienheureuse. Dieu, dans la profondeur de ses jugements, nous laissera toujours dans l'incertitude, si nous sommes en état de grâce, oui ou non ; et de même il nous laisse d'ordinaire dans l'incertitude, si nous ferons une bonne flu. Au jugement des théologiens, la persévérance finale n'est assurée ni à aucun degré de vertu, ni à aucune supériorité de mérite. Dieu, dit l'Apôtre, veut que nous opérions toujours notre salut avec crainte et tremblement. Il s'ensuit que la bonne mort étant toujours une grâce incertaine, nous devons sans cesse nous préoccuper d'un objet si sérieux ; c'est un motif de l'assurer le plus que possible, et nous devons continuellement prier pour l'obtenir. C'est ce que faisait David, bien qu'il fût certainement du nombre des justes : Je demande une grâce au Seigneur, dit-il, et je la lui demanderai tous les jours de ma vie, c'est d'habiter dans la maison du Seigneur. *Unam petii a Domino, hanc requiram, ut inhabitem in domo Domini, omnibus diebus vitæ meæ.*

Considérez en outre qu'il n'est pas si facile de bien mourir. Une chose qu'on n'a jamais faite, fût-elle aisée, ne réussit pas sans peine du premier coup : la première lecture, la première page d'écriture, le premier calcul, la première escrime, la première danse, la première peinture sont mal aisées ; et si des choses si faciles nous offrent tant de difficultés au commencement, qu'en sera-t-il de celle qui, de sa nature, est entourée de tant d'obstacles ? Je n'ai pas l'expérience de la mort, et je ne puis m'y exercer. Pourquoi donc négliger les moyens qu'on m'assure être nécessaires pour faire une bonne mort ? Pourquoi n'ai-je point une horreur effective du péché ? pourquoi ne pas m'habituer à la souffrance, à l'exercice des actes qui seront si utiles à la mort, comme sont les actes de foi, d'espérance, d'amour de Dieu, de contrition et de

résignation? Veux-je attendre le moment de la mort
pour m'y préparer? Quel est donc le soldat qui attende
la guerre pour se préparer à la guerre, ou l'attaque
pour se tenir prêt à la défense? Est-ce que les saints
qui se sont préparés si longtemps à l'avance, n'auraient
pas été sages? Est-ce que Jésus-Christ aurait été trop
importun, en nous inculquant si fréquemment la
nécessité de veiller et d'être prêt?

Si, pour bien mourir, il suffisait de recevoir les
sacrements et de baiser le crucifix, cela ne coûterait
pas beaucoup de peine; mais pour bien mourir, il faut
être en état de grâce, et par conséquent, détester le
péché de telle sorte, qu'il n'y ait rien pour quoi nous
ayons plus d'aversion. Or, celui qui pendant une
grande partie de sa vie, a aimé le péché, comment
pourra-t-il faire tout d'un coup ce qu'il n'a jamais
fait, et cela, accablé par le mal, avec une tête qui
n'est plus à lui, au milieu des embarras de la conscience, et des distractions causées par les médecins,
par les remèdes, par les choses temporelles dont il
doit disposer, et par la famille qu'il doit régler?

Mon père, me dira quelqu'un, nous serons alors
assistés par un bon 'confesseur, plein de charité et de
zèle, qui nous suggèrera les pensées les plus pieuses,
qui nous inspirera les plus tendres sentiments, et qui
éclaicira toutes les ténèbres de nos consciences. Ah!
mes frères, que de fois on meurt sans avoir un confesseur à ses côtés! Une chute, un coup de foudre, un
naufrage, un coup d'apoplexie vous laisse-t-il le temps
d'avoir un confesseur à vos côtés? Je ne sais, se disait
à lui-même un Père du désert, en quel lieu la mort
m'attend. C'est ce que je me dois dire à moi-même,
c'est ce que chacun doit penser, *incertum est quo loco
mors te expectat.* La mort est semblable à un voleur
de grand chemin qui tient son chien muselé, quand
il est pour frapper son coup.

Mais soit : je veux bien que vous mouriez dans

votre lit. Combien n'y a-t-il pas de maladies qui attaquent aussitôt la tête, transportent le cerveau, et vous privent de l'ouïe et de la parole ! Que fera le confesseur dans ce cas ? Et puis, combien de fois le mal vous trompera, vous et vos parents, et les médecins eux-mêmes, ce qui fera qu'on n'appellera pas le confesseur ? Que de fois encore le confesseur appelé est absent, ou empêché, ou endormi pendant la nuit, et par conséquent ne pourra arriver assez tôt pour vous assister, ni même pour vous absoudre. Nous voyons mille cas de ce genre dans les livres, et nous en sommes témoins à tout moment. Et qui donc sera assez hardi pour ajourner sa préparation, en se fondant sur l'espérance si incertaine d'être assisté par son confesseur ? C'est une illusion d'attendre d'un autre ce que nous pouvons et devons faire par nous-mêmes. *Vana illusio sperare ab alio, quod tu facere potes et debes.* Et puis, mes chers frères, permettez-moi de vous le dire, d'après l'expérience que j'ai acquise en assistant les mourants, que peut faire le confesseur auprès des âmes ainsi disposées ? Je vais vous l'exprimer par une similitude.

Figurez-vous qu'un de vos parents a été provoqué en duel ; mais comme c'est un homme paisible, il a complètement oublié la manière de tirer l'épée. Le défi est précis, le temps et le lieu sont déterminés, il faut qu'il se rende sur le terrain. Que ferez-vous ? que ferai-je, moi ? J'appellerai le plus habile maître d'escrime qui soit dans la ville. J'irai avec lui sur le terrain, et au moment du duel, il me suggérera la manière de porter des coups, de me défendre, en un mot, il m'indiquera toutes les bottes et toutes les passes. Que vous semble de ce parti ? — Eh ! quand on a son adversaire en face, et que la pointe de son épée est tournée vers vous, et qu'il pique en avant, qu'il s'approche de plus en plus, qu'il cherche la meilleure position, qu'il vous vise à la poitrine, au visage, aux

yeux, si vous n'avez pas appris d'avance à vous tenir
sur vos gardes, bien serré et bien solide sur la défense ;
le maître d'escrime, au lieu de vous aider, ne fera
que vous embrouiller ; et pendant qu'il vous indiquera
la manière de vous défendre, vous aurez reçu le coup
et vous serez à terre. N'est-ce pas ainsi ?

Un bon confesseur aux côtés de certaines âmes mon-
daines, sensuelles, orgueilleuses, intéressées, leur suggèrera bien tantôt un motif, tantôt un autre de détestation du péché et de contrition ; mais comment ces
âmes pourront-elles haïr le péché, le haïr sincèrement, le haïr plus que la mort, et plus que tous les
maux du monde, tandis qu'elles l'ont toujours aimé,
qu'elles en ont fait leurs délices et que maintenant
elles l'abandonnent par force, parce qu'elles sont
malades, toutes disposées à pécher encore, si elles
étaient en santé ? Un bon confesseur au lit d'un mourant est semblable à ce maître d'escrime ; il assistera
au terrible duel, et pendant que le démon portera ses
coups, tantôt sur l'esprit du moribond pour le faire
hésiter dans la foi, tantôt sur sa volonté pour l'entraîner au désespoir, tantôt sur sa mémoire en lui
retraçant ses plaisirs passés, il lui dira, il lui suggèrera
ces paroles : Je crois, j'espère, j'aime, je me repens !
Mère de Dieu, souvenez-vous de moi. Mais quoi ? une
âme accoutumée à craindre Dieu, à penser à Dieu, à
recourir à Marie, saisira au vol ces exhortations, et
formera des actes fervents d'amour, de foi, de confiance, de contrition ; mais une âme qui a vieilli dans
les voluptés coupables, qui n'a respiré que vengeance,
que voulez-vous qu'elle fasse ? Frappez avec l'acier sur
une pierre à fusil, aussitôt il en jaillira des étincelles.
Mais frappez autant qu'il vous plaira sur un monceau
de terre cuite, vous ne parviendrez pas à en tirer du
feu. La première est une pierre vive. Le second n'est
qu'un amas de craie ou de sable.

Un riche avare, se trouvant à la mort, était assisté

de trois religieux, appartenant à des ordres très distingués ; l'un était un grand prédicateur, l'autre maître des novices, le troisième, religieux fort exemplaire, était le propre fils du moribond. Que ne lui dirent pas ces trois bons serviteurs de Dieu ? Monsieur, dites de bouche, et plus encore de cœur : O mon Dieu, je crois en vous. — Le malade de répondre : Je crois que cette année, j'aurai une belle récolte de froment ; mes greniers sont pleins, et déjà le blé se vend cinq écus le sac ; pour le coup, je vide mes magasins, et je remplis ma cassette. — Ah! pour l'amour de Dieu, élevez votre cœur au ciel, et regardez le crucifix. Le voici. — Ce crucifix est d'argent, répond le malade, et j'ai dans ma maison une foule d'Egyptiens qui se permettent de mettre la main sur tout. Le Christ lui-même n'est pas en sûreté entre les mains de ces Judas. Mon fils, prenez-le et mettez-le sous clef. Mais où sont les clefs ? On me les a enlevées de dessous mon oreiller. Ah ! malheureux que je suis ! on m'assassine. — Ah! mon cher père, lui dit son fils religieux, les clefs sont ici, personne ne vous les a enlevées, ne vous affligez pas. — C'est bon à dire pour vous, qui êtes religieux ; mais l'argent, je sais, moi, ce qu'il me coûte. — Un autre lui suggéra un acte de contrition. Dites de tout votre cœur : Seigneur, je me repens de mes péchés. — Et le malade : Oh! que je suis triste d'avoir confié mon argent à des gens insolvables. Voyez, ils ne m'ont pas encore remboursé! que j'ai été insensé de m'y fier! Il continua jusqu'au dernier moment à produire tous ces beaux actes de douleur, de repentir et de foi, et il mourut. Cette fin vous paraît étrange, ò mes frères bien-aimés ; que voulez-vous? La vase rend la liqueur qu'il contient.

Un malheureux jeune homme eut une mort du même genre. Il avait à côté de son lit, sa mère, femme d'une grande vertu, ainsi que ses frères, tous religieux et confesseurs. L'infortuné ne fit que se plaindre et se désespérer jusqu'au dernier soupir, répétant sans cesse : Moi, mourir si jeune ! moi, laisser mes compagnons ! ne plus aller au spectacle ! ne plus prendre part au jeu ni aux conversations ? moi, descendre dans la tombe !

Voilà ce que peuvent espérer d'un confesseur présent à leur mort ceux qui ont mal vécu. Ou bien ils ne l'auront pas, ou bien ils ne l'auront pas à temps, ou bien ils l'auront comme s'ils ne l'avaient pas. Préparez-vous donc dès maintenant, où vous en avez le temps, et ne vous reposez pas sur le confesseur, car le mauvais larron eut pour témoins de ses derniers instants, Jésus crucifié, Notre-Dame des douleurs, saint Jean le disciple bien-aimé, trois personnages de la plus haute sainteté, et pourtant il mourut en réprouvé, et il s'est damné.

§ 5. Examen qui se fera au jugement particulier, d'après le livre de la conscience.

On a dit avec beaucoup de vérité, que la conscience est un témoin qui en vaut mille. Aussi, après que les démons et les anges auront énoncé leurs griefs : Oh ! laissez-moi remplir mon rôle, dira la conscience: Un cristal vu sous un demi-jour, paraît très pur et très net ; mais placez-le en regard du soleil, et combien de taches vous y découvrirez. L'air d'un appartement paraît aussi net et pur, et dégagé de tout corps étranger ; mais laissez-y pénétrer par la fente d'une fenêtre un vif rayon de soleil, et vous la verrez toute remplie de millions et millions d'atomes d'une poussière très fine. Nous ne les voyons pas maintenant, il est vrai, mais le soleil nous les découvre.

Que de défauts et d'imperfections échappent maintenant à notre vue ! Mais que ne verrons-nous pas, lorsque Dieu fera tomber sur notre conscience un rayon de sa divine lumière ? Comme la vie de l'homme

est divisée en quatre époques : l'enfance, l'adolescence, la virilité et la vieillesse, ainsi peut-on partager
le livre de la conscience en quatre parties. Voilà le
livre ouvert, commencez à lire.

A commencer de telle année, vous avez eu l'usage
de la raison ; dès ce premier instant, vous avez commencé à vous mettre en dette à l'égard de Dieu. Voyez
combien de petits entêtements, de petits mépris, de
petites fourberies, tromperies, mensonges, juremeuts,
vous avez commencé à commettre chaque jour, et
plusieurs fois chaque jour ! Combien d'actes de gour- -
mandises à l'égard des choses qui flattaient votre
goût ! Combien de petits larcins à votre père, à votre
mère et à vos frères ! Que de dommages vous avez
causés ! Et quelle a été votre conduite sous le rapport
de la pureté et de la modestie ? — Oh ! je ne savais
pas que ce fussent des péchés. — Mais pourquoi donc
cherchiez-vous les lieux les plus écartés pour les commettre ? Et qui sait si jamais vous avez osé vous en
confesser, bien que la raison vous dît assez que c'étaient
des choses tout à fait indécentes. J'étais encore si petit,
dit saint Augustin en pleurant, et déjà j'étais si grand
pécheur ! *Eram tantillus puer, et tantus peccator !* Ainsi
l'enfance et la première jeunesse, qu'on regarde comme
l'âge de l'innocence, et comme un cristal très pur,
paraîtront couvertes de taches, à la lumière du grand
jour.

Mais quelles taches nous montre ensuite la jeunesse ?
Ah ! Seigneur, ne vous souvenez pas des péchés et des
ignorances de ma jeunesse. *Delicta juventutis mea et
ignorantias meas ne memineris, Domine.* Regarde ici,
jeune homme, toutes ces indignités abominables. Vois
combien de pensées, de tentatives, de désirs, d'actions
obscènes ! Vois quels ont été tes discours ? Reconnais-
tu ces correspondances ? Te rappelles-tu les images
qui couvraient les murs de ta chambre ? Ah ! quelles
images, quelles lettres, quels discours ! et ces por-

traits, et ces messages, et ces rapports? Y a-t-il un
excès que tu n'aies désiré? N'as-tu pas péché de toute
manière, et avec les circonstances les plus hideuses,
les plus dégradantes, les plus brutales?

Le monde paraît avoir de l'indulgence et même des
excuses pour certains vices. On lui entend dire : Ce
sont des jeunes gens, il faut que la jeunesse se passe.
Mais croyez-vous qu'au dernier jour, le souverain Juge
les excusera? Parcours, te dira-t-il, toutes les sortes
de péchés; lequel n'as-tu pas commis? Vois les deux
tables de ma loi; quel est le commandement que tu
n'as pas violé? Rends-moi compte de tant d'argent
perdu au jeu, et quel argent? Un argent fraudé à de
pauvres créanciers, refusé à des domestiques à qui il
était dû, et pris sur la journée d'ouvriers affamés.
Rends-moi compte de tout ce temps dépensé en conversations, et quelles conversations? Conversations
libres et dissolues, et tout au moins périlleuses.
Rends-moi compte de tant d'heures données à l'oisiveté ou à la lecture de livres obscènes et pestilentiels
pour la foi, propres à te rendre, en peu de temps,
matérialiste ou athée, ou l'un et l'autre.

Ah! mon Dieu, ne vous souvenez pas, ne vous souvenez pas des iniquités de ma jeunesse. Je me rappelle
tout, dit le Seigneur : toutes les pensées, toutes les
paroles, toutes les actions, toutes les omissions, enfin
toutes les fautes graves ou légères que tu as commises
ou fait commettre à d'autres, j'ai tout vu, et maintenant je les étale devant tes yeux.

Après l'enfance et la jeunesse, voyons rapidement
les autres âges. Vous avez été enfants, puis adoles-
cents, puis hommes, puis vieillards, disait Clément
d'Alexandrie; mais jamais vous n'avez été bons. Et
non seulement vous n'avez été vertueux à aucune
époque de votre vie, mais peut-être l'avez-vous passée
tout entière dans le vice. Saint Augustin se faisait
également cette pénible question : Où, et quand ai-je

été innocent? *Ubi, aut quando innocens fui?* Et ici, ô mon âme, considère que de pensées traversent ton esprit, que de paroles tu dis, en une heure, en un jour, en une année, et enfin dans le cours de cinquante ou soixante années. Or, tout cela doit être examiné. Tant d'inspirations, tant de sages avis, tant de bons exemples, tant de motifs de servir Dieu que tu as rejetés; encore une fois, tout cela doit être examiné. Le vivre, le couvert, le sommeil, la maison de ville, la maison de campagne, l'équipage, le nombre de vos serviteurs, si tout cela excédait votre état, si tout cela était accompagné de hauteur, de vanité, de faste, voilà autant d'objets qui seront soumis à l'examen. Un verre de vin, un simple rafraîchissement pris par gourmandise, une plume mise au chapeau par vanité, un anneau, un ruban, tous ces petits détails auront à subir l'examen. Un religieux fut examiné à propos d'une pièce de drap grossier qui pouvait valoir quelques sous, parce qu'il en avait usé sans permission. Saint Jérôme dit qu'il craignait que sa pauvre cellule ne comparût avec lui au jugement. Saint Benoît vit le démon occupé à noter les syllabes que les religieux ne prononçaient pas bien par négligence en chantant l'office. A plus forte raison seront soumises à l'examen les causeries qui ont lieu dans les églises, les peintures immodestes qu'on garde chez soi, les legs pieux qui n'auront pas été remplis, et tous les torts faits au prochain en matière de justice.

Le saint abbé Elie, cet austère pénitent, disait, en considérant le jugement particulier qu'il attendait à la mort: Il y a trois choses que je crains: la séparation de l'âme d'avec le corps, la rigueur de l'examen et la sentence du juge: *Tria timeo, egressionem animæ a corpore, severitatem examinis, sententiam judicis.* O mon Dieu! quoi! on craint après tant d'années de pénitence, et on craint si peu après tant d'années de licence? O pécheur, de quelle horreur, de quelle sur-

prise tu seras saisi, en voyant fourmiller dans tous
les replis de ta conscience tant et tant de péchés, et
sortir du fond de ton âme cette multitude de fautes,
semblables à une armée, ces milliers de péchés oubliés
par défaut d'examen, et ces millions d'autres péchés
regardés comme des bagatelles et que tu n'as pas pris
la peine de confesser ! quelle confusion, en voyant
démasquées tant d'actions que nous supposions vertueuses et qui nous apparaîtront pleines de vices ! J'ai
repris mon prochain ; il me paraissait que c'était par
zèle, et ce fut par colère ; j'ai rapporté une faute à
celui qui pouvait y remédier ; j'ai cru que c'était
charité, et c'était pure vengeance, j'ai baissé les yeux
en telle occasion ; je croyais faire un acte de modestie,
et c'était de l'hypocrisie. Et tous ces péchés ne se
verront pas successivement, comme dans un livre
qu'on parcourt, mais instantanément, comme dans
un tableau, comme dit saint Basile : *Sicut in pictura
videbuntur*. Ah ! Seigneur, n'entrez pas en jugement
avec votre serviteur, parce que nul homme mortel
n'est juste devant vous. *Non intres in judicium cum
servo tuo, Domine, quia non justificabitur in conspectu
tuo omnis vivens.*

O âme qui m'as tant d'obligations, dira le Seigneur,
voilà donc comment tu as répondu à mon attente !
voilà de quelle monnaie tu as payé mes bienfaits !
Hæccine reddis Domino?

Mais l'examen n'est point encore arrivé à son terme.
Rends-moi compte des péchés d'autrui. Tel s'estimera
et sera même un très honnête homme, et, au tribunal
de Dieu, il se verra chargé des inculpations les plus
graves. — Mais, Seigneur, je n'ai pas fait telle chose.
— Tu n'as pas fait telle chose ? Tu l'as certainement
fait faire à d'autres par ta vanité, en cherchant tous
les moyens, en étudiant toutes les manières de plaire
aux hommes, et en te rendant expressément dans les
sociétés, pour élever ton autel contre l'autel de Dieu

et de la Vierge. — Un chef de famille aura été juste dans ses contrats, assidu et respectueux à l'église, modéré à parler ; et il se verra accusé de blasphème, de parjure, d'ivrognerie et d'infamie. — Mais je n'ai pas même connu ces péchés de nom. — Ta famille, tes enfants, tes serviteurs les ont commis, et c'est ta faute, parce que tu as négligé de les surveiller et de les bien élever. — Un ministre, quoique très juste, un juge, quoique incorruptible, se verront responsables de mille et mille péchés graves, qui leur diront d'une voix lamentable : Nous sommes vos œuvres ; nous vous suivrons au tribunal de Jésus-Christ, comme dit saint Bernard. *Opera tua sumus, sequemur te ad Dei tribunale.* — Comment ! mes œuvres ? et quand, et où, et de quelle manière ? — Vos officiers et vos subordonnés vendaient les audiences, écartaient les pauvres, prolongeaient les procès sans raison, afin de lasser ceux qui étaient en instance ; les scélérats ont acheté l'impunité à peu de frais et l'assurance pour continuer leurs désordres ; ils ont imposé silence à qui pouvait parler ; ils ont fait parler qui ne le pouvait pas, ils ont fait écrire dans les procès tout ce qu'ils voulaient. Que d'excès, que d'injustices ils ont commis ! Vous en êtes responsables, parce que vous avez manqué de vigilance.

Tu as fait une médisance dans telle société, et cette médisance, de combien d'autres elle a été la source ? Tu as laissé échapper une parole immodeste ; mais cette parole de combien d'autres discours, de combien de pensées et de désirs elle a été l'occasion ? Tu as fait tel rapport ; mais cette indiscrétion, que de haines et de vengeances elle a éveillées ? Tu as dérobé une bagatelle, qui a été la cause de cent soupçons, de cent jugements, de cent enquêtes et d'une foule de troubles. Tu n'as fait qu'indiquer telle maison à ce jeune homme, que lui donner un mauvais conseil, que lui prêter un mauvais livre. Mais la ruine totale de cette âme et peut-être d'une famille entière, et tant de centaines de péchés qui ont suivi, tout cela tire son origine de toi, et tu es la source de tous ces ruisseaux.

Pour bien comprendre ce point, imaginez-vous qu'un misérable laisse tomber par négligence une étincelle de feu, au milieu d'un tas de paille. L'élément avide, ayant trouvé de quoi rassasier sa faim dévorante, se répand au point de ravager toute une contrée, comme il arrive quelquefois. Quelle consternation pour celui qui voit tant d'habitations brûlées, tant de meubles consumés, tant de marchandises réduites en cendres, tant d'hommes, de femmes et d'enfants, asphyxiés par la fumée ou engloutis par les flammes, ou ensevelis sous les ruines, et tout cela par sa faute. Et s'il devait payer tout ce dommage, comme il y serait obligé, parce que le feu a été allumé par sa faute, que deviendrait l'infortuné? Il prendrait la fuite ou il s'abandonnerait au désespoir.

Or, il me vient ici une pensée que je veux vous communiquer. Ouvrez l'enfer, et voyez tant d'âmes plongées dans ces brasiers; elles n'y brûleraient pas, si tu n'avais donné tant de scandales. Vois quel feu tu as allumé dans telle maison entre deux rivaux, quelle jalousie, quelle indignation! ces passions sont le prélude de la damnation éternelle. Ton exemple, tes conseils, tes discours ont été l'étincelle qui a mis le feu à la paille. Paie maintenant tout ce que tu dois à la justice divine, dira le Seigneur, pour tout le mal que tu as causé.

Mais, Seigneur, direz-vous : Si mes péchés sont grands, si les péchés d'autrui dont j'ai été la cause, sont nombreux, j'ai fait aussi beaucoup de bonnes œuvres et beaucoup de pénitences pour les racheter. — En est-il vraiment ainsi? Eh bien, fais-moi voir ces bonnes œuvres, je veux aussi les examiner : *Ego justitias judicabo*. — Comment! si peu de bien, et encore si mal fait, en compensation de tant et de tant

de péchés? A ces péchés commis avec tant de malice
et de réflexion, opposez ces prières faites sans attention, ces confessions sans amendement, ces communions sans dévotion et sans fruit! tant d'empressement
à m'offenser, et tant de froideur pour me donner
satisfaction! Vos dévotions ont été de parade et de
pure cérémonie; vos aumônes ont été faites par ostentation ou par un motif de compassion tout humaine.
Si vous avez corrigé vos inférieurs, vous l'avez fait par
colère; si vous avez témoigné du zèle, il s'y mêlait de
la jalousie; si vous avez conservé la pureté, c'est par
un sentiment d'honneur; si vous avez pardonné une
injure, c'est parce que la passion était calmée, et que
l'intérêt ou le respect humain vous ont détourné de
la vengeance. Trouvez-moi dans tout un mois une
seule action parfaitement bonne. Cherchez dans toute
une année, et même dans toute votre vie un seul acte
de vertu accompli uniquement et purement pour
l'amour de moi? Voilà donc ce que vous rendrez au
Seigneur, en satisfaction de tant de péchés, en retour
de tant de grâces, en reconnaissance de tant d'amour?

Que chacun de nous se dise à lui-même ce que le
saint homme Job se disait tout épouvanté à la vue
d'un jugement si rigoureux: Que ferai-je, lorsque le
Seigneur se lèvera pour me juger, et que lui répondrai-je, lorsqu'il m'interrogera? *Quid faciam, cum
surrexerit ad judicandum Dominus, et cum quæsierit,
quid respondebo?*

Un certain Lucius Cinna, chevalier romain, fut
accusé auprès de l'empereur Auguste, comme complice d'une conjuration formée contre lui. A cette
nouvelle, l'empereur frémit, et songeait à exterminer
Lucius et toute sa famille. Livie, personne sage et
épouse d'Auguste, s'interposa doucement et dit à son
mari: Il y a déjà plusieurs années que la ville de
Rome est pleine de conjurations et de conjurés. Voilà
qu'on a répandu le sang d'une foule de citoyens, et

il n'a pas suffi pour éteindre cette fièvre. Faites mieux, changez de système, et puisque la rigueur irrite la plaie sans la guérir, usez de clémence, afin de l'adoucir. *Fac quod medici solent, qui ubi usitata remedia non prosunt, tenent contraria.* C'est ainsi que Sénèque la fait parler dans son ouvrage *de la Clémence.* Cet avis plut à l'empereur. Il mande donc le coupable qui croyait son dessein tout à fait secret, le conduit dans le cabinet le plus écarté de son palais, et se trouvant seul avec lui, il lui dit sur le ton de la confidence : Lucius, j'ai à vous entretenir d'une chose du plus haut intérêt. Mais ma première condition, c'est que vous ne m'interromprez point ; laissez-moi tout dire, et puis vous aurez pleine liberté de me répondre. Écoutez donc : Lorsque, à la tête de mes armées, je conquis l'empire, on me déclara que vous et votre famille, vous m'étiez hostiles, et bien que j'en fusse certain, je ne vous ai cependant privé ni de mes bonnes grâces, ni de vos biens. N'est-il pas vrai ? — Oui, cela est très vrai. — Même vous m'avez demandé un poste important dans la république, et moi, de préférence à d'autres qui avaient exposé leur vie pour ma cause, je vous ai accordé ce poste. N'est-il pas vrai ? — Oui, cela est très vrai. — Et après toutes ces marques de bonté, vous êtes entré dans une conspiration qui a pour but de m'ôter la vie ? — Cela est faux, cela est faux, répliqua le chevalier, ce sont des calomnies. — Lucius, souvenez-vous de la convention que nous avons faite ; ne m'interrompez pas ; vous parlerez à votre tour, et je vous écouterai bien volontiers ; mais pour le moment laissez-moi dire. Oui, vous faites partie d'une conspiration qui a pour but de m'assassiner. Tel jour, doivent se réunir avec vous un certain nombre de mécontents, dans tel lieu, à telle heure de la nuit. Les complices de la conjuration sont tels et tels, et encore tels autres. La trame de cette conjuration a été ourdie de telle et telle façon.

Les poignards destinés à me percer ont été préparés et cachés de telle manière et dans tel endroit. Niez, si vous le pouvez.

L'empereur parla pendant deux heures, montrant qu'il était exactement informé de tout, comme c'était réel. Il répétait souvent : J'ai tout fait pour vous, et voilà ce que vous me rendez. Mais afin que vous voyiez l'affection que je vous porte à vous et à toute votre famille, je veux ensevelir ici les injures atroces que vous m'avez faites. Vous mériteriez la mort à plus d'un titre, et comme ancien ennemi et actuellement comme traître. Néanmoins je vous donne une seconde fois la vie, je vous laisse vos biens, je vous laisse le poste honorable dont vous vouliez abuser pour commettre un attentat énorme, et de plus, je vous fais consul, dignité que vous n'avez jamais songé à me demander. Parlez maintenant, et répondez, vous en avez la permission.

Croyez-vous que Lucius ait trouvé une parole pour répondre, et qu'il pût encore respirer ? Il se voit découvert, convaincu de trahison, comblé de faveurs imméritées et inespérées. La rougeur couvre son front, il est pénétré de confusion, et ses larmes témoignent son repentir.

Oh ! si moi aussi, je pouvais ressentir une impression semblable ! Oui, ô mon Dieu, je le confesse, je vous ai trahi, parce que j'ai péché. *Confiteor Deo omnipotenti, quia peccavi.* Et ce qui est pire, j'ai multiplié mes péchés au delà de toute mesure : *Peccavi nimis.* Je m'humilie donc à vos pieds, et vous en demande pardon du fond de mon cœur : *Mea culpa. mea maxima culpa.*

Juste juge, juge inexorable, accordez-moi le pardon avant le jour redoutable de votre jugement.

> *Juste judex ultionis*
> *Donum fac remissionis,*
> *Ante diem rationis.*

IVe LECTURE.

Ire CONSIDÉRATION.

SUR LE JUGEMENT UNIVERSEL.

Rien ne nous donne une idée plus sensible du compte que nous aurons à rendre, au jour du jugement, que cette parabole de l'agent ou de l'économe, que son maître oblige à lui rendre compte de son administration. *Redde rationem villicationis tuæ.* Rends-moi compte de la manière dont tu as géré mes revenus depuis tant d'années. Sous la figure de cet économe, Jésus-Christ nous marque l'obligation qui nous incombe à chacun de nous de lui rendre compte de notre vie.

Remarquez deux choses qui obligent les économes d'ici-bas à être attentifs et soigneux. La première, c'est la certitude qu'ils ont de devoir rendre compte. En effet, quand le maître est négligent, et qu'il laisse passer plusieurs années de suite, sans exiger qu'on lui mette sous les yeux le budget des dépenses et des revenus, son agent néglige pour l'ordinaire de les inscrire exactement dans son registre. L'autre motif qui tient en éveil un économe, c'est la perspicacité et l'intelligence du maître; car alors celui-ci se rend raison de tout, il ne peut se tromper, ni être aisément trompé.

Or, ceci supposé que nous sommes les économes du Seigneur, et les dépositaires responsables de tout ce que nous possédons au monde, j'ai à vous dire que nous avons affaire à un maître qui sait tout, qui nous demandera certainement compte, et qui nous demandera compte non pas une, mais deux fois. La première fois, ce sera, pour ainsi dire, entre quatre yeux, seul à seul, au moment de notre mort, dans le jugement particulier. La seconde fois, en présence du monde entier, au jugement général ; alors nos comptes passeront sous des millions d'yeux très perçants, et seront contrôlés par des millions d'esprits très subtils.

Rosweid racoute dans les vies des Pères du désert, qu'un célèbre anachorète avait toujours devant les yeux le compte qu'il avait à rendre. Un jour, il vit un jeune religieux rire aux éclats dans une conversation innocente. Là-dessus il ouvre de grands yeux, plein d'effroi, et lui dit avec emphase : Nous rendrons compte en présence du Seigneur du ciel et de la terre, et vous riez de la sorte. *Coram cœli et terræ Domino rationem sumus reddituri, et tu rides?* Comment avec tant de comptes ouverts, qu'il faudra apurer, pouvez-vous encore rire et badiner avec excès ?

Ce récit n'a certainement pas pour but de nous engager à nous plonger dans une perpétuelle et profonde mélancolie ; mais seulement de nous faire souvenir de temps en temps du compte que nous avons à rendre devant le Dominateur du ciel et de la terre, devant ce Seigneur dont nous osons quelquefois outrager le nom, et en présence duquel nous osons entretenir des pensées et des imaginations coupables. Peut-on pécher, lorsqu'on songe à ce jugement rigoureux qu'il nous fera subir un jour ?

Et ne croyez pas que c'est seulement un religieux mélancolique qui ait eu constamment ce souvenir devant les yeux. Saint Jérôme avoue dans ses lettres, que du sein de son désert, il croyait à chaque sifflement du vent, entendre la fatale trompette qui doit nous appeler au jugement : *Toties insonat auribus meis tuba illa fatalis : Surgite, mortui, venite ad judicium.* On lit que trois pieux chrétiens, étant allés en pèlerinage dans la terre sainte, passèrent par la vallée de Josaphat, qui est une vallée plutôt agréable que triste et qui est environnée d'une ceinture de montagnes. Là un de ces pèlerins, ayant rencontré une belle roche, se mit à dire d'un ton moitié sérieux, moitié léger : Puisque c'est ici le théâtre du jugement général, je veux choisir ma place par anticipation, et me réserver ce rocher. Il s'y assit donc et levant les yeux vers le ciel, tout à coup il aperçut le Fils de Dieu, se présentant à lui comme pour le juger. A cette vue, il fut saisi d'une telle frayeur, qu'il tomba à terre évanoui. Il revint au bout de quelque temps de son évanouissement, mais pendant tout le reste de sa vie, jamais plus on ne le vit rire ; et lorsqu'il entendait, soit dans les sermons, soit dans les entretiens particuliers, prononcer seulement le nom de jugement, il éclatait aussitôt en sanglots, et son visage pâlissait et changeait comme celui d'un cadavre. Toutes ces visions sont une disposition providentielle en faveur des fidèles qui croient au jugement. Elles montrent quelle horreur et quelle crainte il doit nous inspirer ; non pas une crainte stérile, mais sainte et salutaire, qui nous détermine à tenir toujours nos comptes bien réglés avec Dieu.

L'histoire grecque nous apprend que le fameux capitaine Agésilas, quoique d'une stature moins que médiocre, était terrible, quand il avait les armes à la main et qu'il était à la tête de son armée. Le roi Agide fut curieux de le voir ; mais dès qu'Agésilas parut en sa présence, il fit un geste de mépris, et se mit à rire en disant : Je croyais voir un lion, je vois une fourmi. *Video formicam, cum putarem me visurum leonem.* Agésilas lui répondit : Il vous semble voir une fourmi, un jour vous me verrez lion. *Videor tibi formica, sed ero aliquando leo.* Comme cette réplique convient bien à ceux qui maintenant ne craignent pas notre grand Dieu, qui outragent son saint nom, et qui vivent dans son inimitié, en ne cessant pas de pécher! Ils ne voient Dieu que sous des traits pleins de douceurs, tantôt dans la brèche, tantôt sur la croix, tantôt dans l'hostie, et toujours environné de miséricordes. De là vient qu'ils en ont une si faible idée; mais celui qui leur paraît maintenant un agneau, deviendra un jour lion, et il paraîtra un lion au jour du jugement. Alors, comme dit Tertullien, sa patience aura un terme : *Abjiciens patientiam* : Alors, il ne connaîtra plus la miséricorde, ajoute saint Pierre Damien : *Et ignorans misericordiam.* Et s'il se souvient de sa miséricorde, ce sera pour condamner impitoyablement les pécheurs qui en auront abusé. On peut entendre ainsi la parole du prophète : Vous vous souviendrez de votre miséricorde, lorsque vous serez en courroux : *Cum iratus fueris, misericordiæ recordaberis.*

Plutarque écrit que Scipion l'Africain, qui était très sévère sur l'article de la discipline militaire, ayant rencontré un jour quelques-uns de ses soldats en défaut, les fit charger de chaînes honteuses, et qu'après les avoir fait habiller, à la façon des esclaves, il les fit passer devant le front de son armée rangée en bataille, afin, dit l'historien, d'inspirer de la crainte aux innocents et aux coupables. *Ut noxiis pariter et innoxiis inculeret timorem.*

Cet article de notre foi qui nous apprend que nous devons rendre un compte rigoureux à Dieu, doit nous inspirer de la crainte à tous. Sommes-nous pécheurs? craignons ce compte inévitable et minutieux de nos iniquités. Sommes-nous des hommes de bien? craignons aussi de commettre quelque faute qui nous donne de la confusion en ce grand jour. Remarquez toutefois l'excellent secret qui nous est indiqué par l'apôtre saint Paul, pour nous rendre ce jugement favorable : Si nous avions soin de nous juger, dit-il, le Seigneur ne devrait pas nous juger. *Si nosmetipsos dijudicaremus, non utique judicaremur a Domino.* Oui,

si nous sommes exacts à nous juger nous-mêmes,
d'abord chaque soir, par l'examen journalier, puis
toutes les semaines, pour nous préparer à la confession, puis chaque mois, pour nous préparer à la mort,
et enfin, s'il est possible, chaque année, par une
retraite spirituelle ; il ne sera pas nécessaire que le
Seigneur nous juge. *Si nosmetipsos dijudicaremus, non
utique judicaremur a Domino.* Mais si nous permettons
que nos comptes s'embrouillent par notre négligence,
si nous laissons se multiplier nos obligations, sans y
mettre ordre, comment soutiendrons-nous cet examen ?

Le Saint-Esprit dit dans les proverbes : J'ai passé
par le champ du paresseux et par la vigne de l'insensé,
et voilà que tout était rempli d'orties, que les épines
en couvraient la surface, et que l'enceinte de pierre
était détruite. *Transivi per agrum hominis pigri, et per
vineam stulti, et ecce totum repleverunt urticæ, et operuerunt superficiem ejus spinæ, et maceria lapidum
destructa erat.* Les orties, c'est-à-dire les péchés véniels ; les épines, c'est-à-dire les péchés mortels, et
puis l'enceinte est détruite. Or, quand la haie est
renversée, la vigne devient comme la voie publique,
et les brebis, les bœufs et toutes les sortes d'animaux
y entrent. Et si le propriétaire vient demander compte
au vigneron, tandis que sa vigne est dans cet état, à
quoi le négligent doit-il s'attendre, et quel sera le sort
de la vigne elle-même ?

Que chacun de nous se fasse donc fréquemment
cette demande : Rendez compte de votre administration. O mon esprit, rendez compte de tant de paroles,
ô mon cœur, rendez compte de tant d'affection, rendez
compte de l'éducation que vous donnez à votre famille,
de l'usage que vous faites de votre argent, de l'emploi
de votre temps. Rendez compte des sacrements, des
inspirations, et de tant de moyens de salut que Dieu
vous donne.

Sainte Pélagie, comme tout le monde sait, fut une

misérable pécheresse. Elle se convertit avec une générosité parfaite, après avoir entendu un sermon du
saint évêque Nonnus, qui avait pris pour sujet de prédication, la certitude et la rigueur du jugement général. Pour rompre une bonne fois avec toutes les
occasions du péché, que fit-elle? Elle prit des vêtements d'homme, et s'enfuit au désert, pour y faire
pénitence de ses péchés; mais se défiant de son
inconstance naturelle, elle vint se fixer sur la partie
de la montagne des Oliviers qui regarde la vallée de
Josaphat : *In monte Oliveti, tugurium erexit, unde in
vallem Josaphat despectus est, ut jugem sibi Christi Judicis
imaginem ob oculos poneret.* Là, la sainte ermite faisait chaque jour son examen de conscience, en face de
la vallée de Josaphat, se disant à elle-même : Pélagie,
réfléchis bien que c'est ici le lieu où tu seras jugée.
Etait-elle tentée? Elle courait aussitôt vers la vallée,
et se figurait voir Jésus-Christ descendant des nuées
pour juger. l'univers. Ici, se disait-elle, seront les
anges, et là les saints, et toi, ici. Voilà, Pélagie, le
théâtre de la grande tragédie. Et quelle vie voudras-
tu alors avoir menée? penses-y bien, et prends ta
résolution.

Et nous aussi, transportons-nous quelquefois par la
pensée dans cette vallée fameuse; méditons fréquemment l'examen, le compte, le juge, la sentence. Quels
fruits précieux nous retirerons de ces réflexions!

IIᵉ CONSIDÉRATION.

DES PEINES QUE L'ON SOUFFRE EN ENFER.

§ 1. La peine du sens.

Oh! il faut convenir que le péché est un horrible
mal, puisque, pour le punir, l'enfer même n'est pas

un châtiment suffisant. Oh ! il faut en convenir, l'enfer est un châtiment épouvantable, puisqu'il est destiné à châtier l'audacieux qui a osé s'attaquer au souverain maître. Celui qui pèche, tourne le dos à Dieu avec une malice intolérable, et voilà pourquoi Dieu est forcé de le bannir de sa présence. Il s'attache bassement à la créature, et veut y trouver sa félicité suprême, et voilà pourquoi toutes les créatures deviendront ses bourreaux. Le corps sert d'instrument au péché, le corps doit être châtié.

Ah ! chrétiens, vous avez reçu le baptême ; et la foi, et les saints évangiles, et les divines écritures sur lesquelles vous avez fait serment, vous déclarent qu'il y a un enfer. Vous, athées spéculatifs ou pratiques, qui parfois avez conçu dans votre cœur, et osé proférer de bouche ce blasphème : qui sait ce qui se passe dans l'autre monde. Je vous déclare que dans ce monde-là, il y a un enfer. Toutes les sectes religieuses qui existent au monde, chrétiens, hérétiques, juifs et Turcs, tous admettent qu'il y a une vie future et des récompenses pour les bons, des châtiments pour les méchants. Toutes les sectes de l'antiquité et les poètes eux-mêmes, ont cru à l'enfer. Et s'il existe une Providence, comment n'y aurait-il pas un enfer dans l'autre vie pour ces impies qui se font un paradis de la terre ?

La première chose que nous savons de l'enfer, c'est que l'enfer est incompréhensible. Toutes les douleurs de cette vie, et vous savez qu'il y en a de très aiguës, ne sauraient nous en donner une idée ; car, ainsi que l'enseigne le philosophe d'accord avec l'expérience, toute douleur parvenue à son comble, ou bien cesse, ou bien détermine la mort. En effet, nous ne sommes pas capables de résister longtemps, quand le mal a beaucoup de véhémence. Incapable d'expérimenter une douleur souveraine, nous le sommes également de la concevoir à ce degré. Dans l'enfer, la douleur ne sera pas seulement très intense en elle-même, elle le sera encore par sa durée. Tout élément qui est dans son centre, est doué d'une énergie plus grande, parce qu'il est plus dégagé de la matière. L'enfer est le centre de la douleur; on l'appelle proprement un lieu de tourments, parce que tous les tourments y sont concentrés, et dans toute la rigueur possible. Messieurs les médecins, vous m'épouvantez lorsque vous me dites que dans cette enveloppe fragile de notre corps, il peut s'engendrer plus de quatre cents espèces de maladies, les unes plus étranges que les autres. Quelle affreuse maladie que celle de Lucius Scylla et d'Hérode l'Ascalonite dont le corps fourmillait de vers et d'insectes immondes, dont la vue était fétide et intolérable. La chair en putréfaction tombait par lambeaux; elle exhalait une puanteur si pestilentielle, qu'on ne pouvait trouver personne d'assez robuste pour rendre les services indispensables à ces hommes si puissants. Les veilles agitées, les pauvres malades travaillés par la fièvre, les sueurs glacées de l'agonie, les tourments atroces causés par la goutte et par la pierre, la faim, la soif, les angoisses, les évanouissements, enfin tous ces maux que vous avez vus partagés entre un grand nombre de victimes dans les hôpitaux, réunissez-les par la pensée sur la tête d'un seul infortuné; et puis dites avec saint Augustin, que tous ces maux sont une ombre légère, en comparaison des tourments de l'enfer : *Hæc mortalitas umbra mortis est; vera mors est damnatio cum Diabolo.*

Mais ces maladies spontanées, quelque insupportables qu'elles soient, sont moins cruelles encore que les souffrances qui nous viennent de l'extérieur. Etre battu, tourmenté, déchiré au gré des caprices d'un homme, voilà ce qu'ont souffert les martyrs, voilà ce qu'ont souffert des criminels; il y a là un raffinement de douleurs tout à fait à part. Figurez-vous ces roseaux aigus dont on enfonçait les pointes entre les ongles et la chair, ces chevalets qui disloquaient les os et brisaient les jointures, ce supplice atroce, autrefois en usage dans la Gascogne, qui consistait à tirer peu à peu les entrailles hors du corps, et à les rouler autour d'un piquet ; cette autre atrocité qui consistait à scier le cou avec des scies dentelées ; enfin ce barbare supplice d'attacher une victime vivante à un cadavre, et que sais-je ? Tout cela, encore une fois, n'est rien, comparé aux inventions cruelles des démons, dont le saint homme Job a dit qu'il n'y a point de puissance ici-bas qui puisse leur être comparée : *Non est super terram potestas, quæ ei comparetur.* Tout ce qu'un homme peut souffrir en cette vie, dit aussi saint Jean Chrysostome, est peu de chose et même n'est rien du tout en comparaison du feu éternel. *Quæ quisque in hac vita patitur, in comparatione æterni ignis, non parva, sed nulla sunt.* En voici la raison : C'est que tous les maux qui s'engendrent en nous ou qui nous viennent du dehors, ne surpassent pas l'activité propre aux agents matériels ; mais en enfer, tout ce qui produit la souffrance est d'un ordre supérieur ; instruments et actions, tout est d'une nature et d'une énergie beaucoup plus puissante, d'autant plus que c'est Dieu lui-même qui agit par leur moyen. Voilà pourquoi saint Bernard a dit que Dieu lui-même est le châtiment des impies : *Est et turpium pœna ipse Deus.* Cette peine surpassant toute l'activité des agents naturels, étant par conséquent d'un ordre supérieur à celui de la nature, il s'ensuit que nous ne pouvons pas la comprendre. Mais que dis-je ? Les anges eux-mêmes ne la comprennent pas. Et si cette peine est incompréhensible, comment voulez-vous que je vous en parle ?

Une pluie de feu consuma les villes de Sodome et de Gomorrhe. Et vous, ô monde infâme, vous avez été enseveli tout entier dans les eaux vengeresses du déluge. Ce sont là des ombres et des images de l'enfer ; que sera donc l'enfer lui-même. Ce furent là des châ-

timents du temps, des châtiments qui étaient mêlés
de miséricorde ; il n'y en a point d'autres en cette vie.
Que sera-ce de ceux que Dieu enverra dans sa seule
justice et pour châtier en toute rigueur les pécheurs
réprouvés ?

Mais jusqu'ici, semblables à des peintres qui ébau-
chent une figure sur la toile, nous n'avons fait qu'es-
quisser le tableau de l'enfer, et nous avons fait ce
qu'on est obligé de faire pour expliquer toutes les
grandes choses ; on se contente de dire ce qu'elles ne
sont pas. De l'idée générale, passons à quelques-uns
des détails de l'enfer.

Les Ecritures nomment en premier lieu le feu et le
soufre, comme les principaux tourments de l'enfer :
*Ignis et sulphur et spiritus procellarum, pars calicis
eorum. Cadent super eos carbones, et in ignem dejicies
eos. Si quis adoraverit bestiam, cruciabitur igne et sul-
phure.* Le feu et le soufre et l'esprit des tempêtes,
seront leur partage à jamais. Il tombera sur eux des
charbons ardents, et vous les précipiterez dans le feu.
Cela qui aura adoré la bête, sera tourmenté par le
feu et le soufre.

Comparez maintenant notre feu avec celui-là. Notre
feu, en comparaison de celui de l'enfer, est un feu en
peinture, et cependant notre feu, vous savez combien
déjà il est terrible. S'il brille dans la foudre, quelle
terreur ! s'il frappe, que de ruines ! Voyez ces fournaises où le feu ruisselle comme les vagues, ou ser-
pente tout en flammes ! Voyez comme il mugit dans
ces fourneaux où l'on fond le fer, comme il se propage dans les incendies, comment il dévore les forêts
et les habitations, comme il liquéfie le bronze, l'argent,
comme il réduit les rochers en cendres aussi bien que
les cèdres ! Est-ce là le feu de l'enfer ? Hélas ! il n'en
approche pas, car, dit Lactance, le tourment de
l'enfer est inénarrable : *Modus castigationis ejus est ine-
narrabilis.* Saint Dorothée l'appelle un feu inexpli-

cable, et saint. Augustin un feu misérable et ineffable.
Voilà pourquoi les Ecritures nous le dépeignent sous
les couleurs les plus effroyables.' Tantôt c'est une pluie
qui tombe d'en haut sur les damnés et qui les inonde :
Cadent super eos carbones; tantôt c'est un torrent impétueux qui les étouffe dans ses gouffres : *Flatus Domini
tanquam torrens sulphuris,* tantôt c'est un dragon qui
les dévore : *Devorabit eos ignis.*

Ainsi donc, ô homme sensuel, ton corps sera un
tison dans ce feu infernal. Oui, ce corps que tu livres
à l'infamie, sera tout pénétré, comme un fer rougi
au feu, de ces flammes infernales. Ta chair et tes
membres en seront enveloppés, au point de faire
bouillir la moëlle de tes os et ta cervelle même dans
l'intérieur du crâne. Le bœuf de bronze du tyran
Phalaris ne contenait que du feu, sa gueule, ses narines, ses oreilles ne laissaient échapper que du feu,
il ne respirait que le feu, les étincelles de ses yeux
n'étaient que feu. Tel sera le corps d'un damné : les
flammes serpenteront autour de lui ; au-dessus, au-
dessous, à droite et à gauche, tu seras environné de
feu, et comme identifié avec le feu. Les corps glorieux
des élus recevront de Dieu comme récompense quatre
qualités merveilleuses : la clarté, l'agilité, la subtilité et l'impassibilité ; leurs corps seront brillants
comme des étoiles, agiles comme les anges, plus lumineux que le soleil, et incapables d'aucune douleur.
Par contre, Dieu affligera les corps des damnés des
quatre qualités opposées. La première sera une laideur
épouvantable, tellement qu'il n'y a point dans la nature de monstre aussi hideux ni aussi difforme. Que
celui qui abuse de la beauté pour offenser Dieu, considère ce qui lui est réservé. A l'agilité et à la subtilité
des bienheureux répondra, dans le corps du réprouvé,
une pesanteur plus grande que celle du plomb. Dans
leur immobilité, les damnés pèseront l'un sur l'autre,
et d'un poids si lourd qu'ils seront entassés et com-

primés, comme les grappes de raisin sous le pressoir.
Aussi l'enfer est-il appelé dans l'Apocalypse le pressoir,
où se foule le vin de la colère du Dieu tout-puissant :
Torcular vini iræ Dei omnipotentis. Libertins, suivez la
voie large en cette vie ; voilà les étreintes qui vous
attendent après la mort. Enfin, à l'impassibilité des
Bienheureux répondra, chez les damnés, une sensibilité extrêmement vive et délicate. Ames molles, qui
maintenant ne pouvez souffrir un léger mal de tête
ou de dents, et qu'une piqûre ou une boisson trop
chaude fait tomber quelquefois en faiblesse ; comment
pourrez-vous tenir sur un lit de feu, environnés et
pénétrés intimement par le feu ? Et remarquez-le
bien, l'enfer s'appelle tantôt un puits, tantôt un lac,
tantôt un étang : *Puteus abyssi, lacus iræ Dei magnus,
stagnum ardens,* pour vous faire bien comprendre que
là, vous serez plongés et submergés dans le feu,
comme les poissons sont plongés dans les eaux d'un
lac ou d'un étang.

O chrétiens ! quand on parle de feu, que veut-on
dire ? est-ce qu'on parle d'un tourment inconnu ?
Mais si le feu que nous connaissons n'est qu'une ombre
et une figure de l'enfer, que faut-il penser de ce lieu
d'horreur ? Qui peut presser dans sa main un fer
rougi au feu ? Qui peut tremper le doigt dans une
eau bouillante ou dans le plomb fondu ? Et si nous
n'en avons pas la force, qui donc parmi nous pourra
habiter au milieu des flammes dévorantes ? *Quis ex
vobis habitare poterit cum igne devorante?* Que celui qui
s'en sente le courage, fasse un signe et se lève. Qui
pourrait se résigner à se laisser hacher en pièces,
briser les os, tordre les nerfs, griller et bouillir sur
des grilles rougies au feu ou dans des chaudières ? Y
en a-t-il un parmi vous ? Avez-vous une chair de
bronze ou un tempérament de diamant ? O mon Dieu !
ô mon Dieu ! comment est-il possible ? Je dirai, je
me lamenterai, je m'écrierai avec saint Augustin :

Comment se fait-il qu'un chrétien qui a foi dans la vie future, ne craigne pas les maux de la vie future? *Quid ergo causæ est, ut christianus, si futura credit, futura non metuat?* A quoi bon croire à la réalité de ces peines, si je ne les évite pas? A quoi bon les vouloir éviter, si je n'en retranche point la cause, qui n'est autre que le péché?

O vous qui vivez mal, quels hommes valeureux vous êtes! Quelle est votre bravoure si ces horribles peines, si ce gouffre de feu et de flammes ne vous fait pas frissonner! Cœur de lion que vous êtes, une fièvre lente vous abat, une légère douleur vous énerve; et pour l'éviter, vous vous condamnez à la diète et vous avalez les potions les plus amères! et les flammes infernales ne vous causent pas la moindre appréhension? Vous vous persuadez sans motif que vous n'y tomberez pas, et vous marchez tranquillement dans la voie du précipice? Déjà vous avez un pied dans l'enfer, l'autre est sur le point d'y glisser, et vous vous imaginez en être plus éloignés que l'Orient de l'Occident. Eh! de grâce, un peu moins d'habileté et de soin pour les choses transitoires et passagères, et un peu plus de réflexions sur les choses à venir, mais de réflexions solides et durables! *Utinam saperent et intelligerent, hæc novissima providerent!*

Le feu dont nous avons parlé jusqu'ici, n'est pas tout l'enfer; il n'en est qu'une partie. *Ignis et sulphur et spiritus procellarum pars calicis eorum.* J'amasserai sur eux tous les maux; j'accablerai de maux les impies, dit le Seigneur. *Congregabo super eos mala, malos male perdam.*

Et ici descendons au détail de quelques peines spéciales que les damnés auront à souffrir dans leurs sens. Dévoré par le feu au dehors, consumés au dedans, leur pauvre langue sera tourmentée d'une soif capable de les jeter dans la rage. Ah! de grâce, fontaines, ruisseaux, étangs, marais, vous dont les eaux se répendent et se perdent sur la terre, donnez-moi seulement une goutte de ces eaux. — Oui, diront les démons, nous allons vous donner un rafraîchissement. — Ce sera du plomb et des métaux fondus, et pour changer de breuvage, ils leur verseront dans la bouche le fiel des serpents et l'écume des dragons : *Fel draconum vinum eorum, et venenum aspidum insanabile.* Ils y ajouteront les balayures les plus dégoûtantes, les plus capables d'inspirer l'horreur. Bouches délicates, palais si difficiles, je vous attends à cette table. On lit dans la vie de plusieurs grands serviteurs de Dieu, qu'ils en sont venus quelquefois jusqu'à appliquer la bouche sur les plaies les plus fétides et les plus repoussantes. Mais ils ne l'ont pas fait souvent, et c'était l'amour de Dieu qui leur inspirait cet héroïsme et leur adoucissait la peine d'un tel sacrifice. Cependant voilà des actes qu'on ne cesse d'exalter dans la chaire chrétienne, que tout le monde admire, mais que bien peu de personnes ont la force d'imiter. La délicatesse de nos estomacs nous ferait vomir le sang et la vie. Ah! estomacs délicats, ce ne sera pas pour l'amour de Dieu ni une seule fois, mais mille et mille fois que vous serez repus de ces mets horribles. *Quæ prius notebat tangere anima mea, nunc præ angustia cibi mei sunt.*

Cette soif extrême sera accompagnée d'une faim canine : *Famem patientur ut canes.* Rappelez en votre mémoire cette diète longue et sans mesure à laquelle on soumet certains malades, malgré qu'ils souffrent la faim, mais une faim dangereuse, qu'il faut de toute nécessité régler pour un régime sévère. Pensez à l'état des navigateurs surpris en pleine mer par un calme prolongé, et obligés à ménager les provisions et le biscuit, à se réduire au plus strict nécessaire pour ne pas mourir de faim. Pensez à ces temps de famine, où l'on a quelquefois vu non seulement les gens du peuple, mais même les riches, forcés d'aller chercher des herbes et des racines dans les champs pour s'en nourrir. Dites-vous ensuite : au milieu d'une si grande disette, on parvenait encore à trouver moyen de vivre ; mais en enfer, rien, absolument rien pour calmer la faim. Le pain qu'on jette aux chiens serait un festin royal pour moi en enfer, mais ce morceau de pain, je ne l'aurai pas. On permet aux malades désespérés et aux criminels condamnés à mort, de prendre tous les aliments qu'ils désirent ; mais pour toi, malheureux, condamné à l'enfer, rien, absolument rien de ce que tu désires.

Les autres sens ne seront pas moins tourmentés que la bouche. C'est une excellence précaution que celle de garder les morts un certain temps, avant de les enterrer ; car plus d'une fois il est arrivé qu'on a regardé pour morts des gens qui ne l'étaient pas ; et qu'on les a ensevelis tout vivants. Or, figurons-nous que nous soyons nous-mêmes dans le cas dont parle Engelgrave. Il rapporte qu'une dame de la famille de Rhodes, ayant été prise d'un accident, fut regardée comme morte, et mise au tombeau dans cet état. Revenue de sa syncope, imaginez-vous quelle fut son épouvante et sa peine, en se trouvant en compagnie de cadavres qui étaient en putréfaction. *De cadaveribus eorum ascendet fœtor.* Les écritures déclarent que ce sera encore là un des châtiments des damnés.

Mais ce qui mettra le comble à toute ces peines, et à tant d'autres que nous passons sous silence, c'est que leurs souffrances seront inutiles. Un malade a peine à prendre certains remèdes amers, mais il est encouragé par l'espoir de guérir. Il a peine à se laisser saigner, à se laisser percer par le fer, brûler avec des boutons de feu ; mais cette souffrance est utile, parce que c'est un moyen de guérison. Le soldat souffre sur les champs de bataille ; le laboureur pour cultiver la terre ; mais l'un et l'autre sont soutenus par l'espérance. Un homme condamné au supplice, souffre horriblement dans sa personne et dans son honneur ;

mais il satisfait à la justice humaine, et même s'il le veut, à la justice de Dieu. Les âmes du purgatoire souffrent, et d'une manière horrible; mais leurs souffrances leur sont utiles. Souffrir pour souffrir, être tourmenté pour être tourmenté, sans utilité, sans espoir, telle sera la peine, tel sera le tourment d'un damné. Il pouvait, se dira-t-il à lui-même, éteindre toutes ces flammes au moyen d'une seule larme; et maintenant, après en avoir répandu assez pour former une mer, je n'en éteindrai pas la plus petite étincelle. Je pouvais échapper à cette prison par un repentir sincère; et maintenant, ma pénitence ne sera pas moins infructueuse qu'éternelle. En un mot, ces souffrances seront excessives, parce qu'elles seront universelles, parce qu'elles seront inutiles, parce qu'elles seront éternelles.

§ 2. La peine du Dam en enfer.

I. Qu'est-ce que la peine du Dam? C'est cette douleur profonde, c'est ce désespoir irrémédiable que le damné éprouve d'avoir perdu son Dieu. Je ne suis plus à Dieu et Dieu n'est plus à moi. Dieu n'est plus mon Dieu. Il est infiniment bon, miséricordieux, patient, libéral, mais plus pour moi : *Non ero vester, vos non populus meus*. Je n'aurai plus Dieu pour père, pour époux, pour bienfaiteur, pour proviseur, pour ami. Il n'y a plus pour moi ni bonté, ni miséricorde, ni patience, ni bien quelconque; il ne me donnerait pas même une goutte d'eau.

Chaque fois que Dieu me reviendra à la pensée, je verrai toujours en lui un ennemi, un vengeur, un bourreau. Jamais plus je ne 'linvoquerai, et toujours je lui adresserai les imprécations les plus horribles. Je le haïrai, je le maudirai, et je ne pourrai plus le voir pendant toute l'éternité. Dieu en me perdant n'a rien perdu; mais moi en perdant Dieu, j'ai tout perdu.

Aidons-nous au moyen d'exemples. Un fils qui perd un père qui possédait un emploi public, honorable et lucratif, et qui le perd à la fleur de l'âge, quelle douleur profonde ne ressent-il pas, en considérant que sa famille va déchoir, perdre toute sa considération, et se trouver dans la misère et l'abandon ? Voici la funeste inscription qu'on lit sur la porte de l'enfer : Vous n'êtes plus mon peuple ; je ne vous connais pas. *Vos non populus meus, nescio vos.* Ils étaient à moi, ils ne le sont plus ; ils pouvaient être heureux en me possédant : jamais, ils n'auront ce bonheur.

Un joueur ayant perdu dans une soirée trois ou quatre mille écus, se vit contraint à vendre ses meubles, à mettre ses possessions à l'encan, à déchoir de son rang, et à s'exiler de son pays. Voilà la triste et malheureuse image d'une âme qui a perdu Dieu pour toujours. Toutefois les biens que possédait le joueur, étaient bornés et de peu de valeur ; il ne perdait pas tout espoir de les récupérer ou d'en compenser la perte. Il en est de même de celui qui perd un procès ou qui perd un vaisseau dans la tempête. Mais quand une âme a perdu son Dieu, comment pourra-t-elle le recouvrer ? Comment pourra-t-elle compenser cette perte ? *Quam commutationem dabit homo pro anima sua?*

II. J'ai perdu Dieu, dira le damné en rugissant, et avec lui, j'ai perdu le paradis où il règne. O douce patrie ! J'étais né pour le paradis, j'ai été investi par tant de sacrements du droit de le posséder, on m'a invité, appelé, importuné pour me faire aller en paradis ; on m'a mis entre les mains le juge du paradis, c'est-à-dire la sainte Eucharistie, *pignus futuræ gloriæ;* misérable que je suis, jamais je n'y parviendrai. J'ai perdu Marie, ô la douce Mère ! j'ai perdu Dieu, j'ai perdu ma fin, j'ai perdu mon père et mon bonheur. C'est une perte universelle. Toutes les pertes qu'on essuie en ce monde sont des pertes particulières. Ainsi la perte d'un enfant, d'un œil, de la santé, n'empêchent pas qu'il ne vous reste quelque autre bien. Mais si je perds Dieu, tout est perdu. O abime de misère! On souffre de la perte du bien le plus léger, lorsqu'on y a droit. Un pupille qui n'a pas encore le libre usage de ses revenus, n'en souffre pas, parce qu'il n'y a pas droit pendant sa minorité; mais supposez-le parvenu à l'âge légal, si on vient à lui contester la libre disposition de son patrimoine, quelle ne sera pas sa fureur? Aussi longtemps que l'âme reste unie au corps, elle est semblable à un pupille, et elle n'a point droit à la possession de Dieu; mais une fois dégagée du corps, elle se sent en état de le posséder. Et quelle peine de se voir contrariée dans son inclination, et de sentir l'impossibilité d'arriver jamais jusqu'à Dieu!

De plus, l'âme est distraite en cette vie par la jouissance d'autres biens qui, bien que légers et incapables de la contenter, ne laissent pas de l'occuper. Mais séparée du corps, elle n'a plus de goût que pour les biens spirituels. Elle ne saurait plus trouver de plaisir ni dans la musique, ni dans d'harmonieux concerts, ni dans aucune délectation sensible; et l'unique bien dont elle soit avide, lui est impitoyablement refusé pour toujours.

Ajoutez à cela que la capacité de l'âme est infinie et inexplicable, de sorte que la faim et la soif qu'elle a de la félicité, n'ont jamais pu être rassasiés par les honneurs, les richesses et les plaisirs de ce monde. Or, quand elle a rompu les liens du corps, elle est en état d'être satisfaite. Quelle douleur et quel désespoir de se voir vide de tout bien et comblée, chargée de tous les maux! Si du moins cette âme infortunée pouvait anéantir l'inclination qui la porte vers Dieu, comme vers sa fin et son centre! mais elle ne le peut. De même qu'une pierre tend, en vertu de la pesanteur naturelle à regagner son centre, et qu'elle ne cesse pas d'y tendre, quand même elle serait suspendue à une chaîne depuis des milliers d'années ; aussi, pendant toute l'éternité, l'âme ne cessera pas de s'élancer vers Dieu, et pendant toute l'éternité, Dieu la repoussera loin de lui. Et comment la repoussera-t-il ? Par un abandon total.

III. Absalon, ce fils ingrat et rebelle, ayant été chassé de la cour par son père, obtint d'y rentrer par l'intercession de Joab, à la condition toutefois de ne pas se présenter devant son père. *Non videbit faciem meam*. Cette condition lui parut trop dure. Il voyait admettre à l'audience du roi les officiers de la cour et des provinces, les citoyens et les étrangers, et les derniers même de la nation, tandis que la porte restait fermée pour lui. Ne pouvant souffrir cet éloignement, il fit dire à son père, que s'il se souvenait encore de sa faute, et qu'il voulût le maintenir ainsi éloigné de sa personne, il préférait la mort. *Si memor iniquitatis meæ, interficiat me.*

On déclarera à l'âme damnée de la part de Dieu, qu'il la méprise, et qu'il lui tourne le dos, qu'elle ne verra jamais sa face, et cela non par une punition paternelle comme celle d'Absalon, ni pour un temps, comme les âmes du purgatoire, mais pour toujours. De là naîtront dans l'âme du réprouvé deux sortes de déplaisirs, ou plutôt de désespoirs. Désespoir à son sujet ; elle désirera d'être anéantie : *Interficiat me.* Désespoir à l'égard de Dieu ; elle voudrait que Dieu lui-même fût anéanti. Et ces deux désirs poussés jusqu'à la fureur, désirs dont la réalisation est impossible, seront à jamais son tourment. Saint Bernard dit qu'il est impossible de comprendre la douleur qui provient d'un désir incessant qui ne peut jamais être satisfait. Tout désir prolongé va en s'affaiblissant ; il semble même qu'on cesse de désirer une chose que l'on sait être impossible. Mais le damné aura toujours ces désirs déchirants et inutiles ; toujours il voudra la destruction de Dieu ou la sienne.

Oh! quelles tempêtes exciteront dans cette âme des mouvements si opposés! Tendre vers Dieu, et être repoussé de Dieu! Haïr Dieu, et se haïr soi-même avec Dieu! Il me semble voir une frêle embarcation au milieu de la mer, poussée par le vent vers l'est, et refoulée vers l'ouest par les vagues contraires; le courant l'entraîne vers un point, la violence du vent la repousse vers un point tout opposé. Figurez-vous un criminel qui a les mains et les pieds liés, et dont les membres sont attachés à quatre chevaux, pour être écartelé. Dans cette situation, le corps est tiré dans tous les sens et éprouve des douleurs excessives. L'état d'une âme damnée sera plus cruel mille fois!

Enfin, mes frères bien-aimés, donnez un coup d'œil sur l'enfer et voyez quelles sont les âmes qui s'y trouvent. Ne sont-ce pas les impudiques? — Impudiques, dites-vous, mon père; eh bien, moi aussi, je le suis. — Ne sont-ce pas les vindicatifs? — Je suis aussi du nombre des vindicatifs. — Ne sont-ce pas les récidifs? — Récidif, je le suis encore. Et si je suis coupable à l'égal des réprouvés, comment est-ce que je ne crains pas d'être abandonné de Dieu comme eux; et pourquoi est-ce que je veux que Dieu me pardonne à moi, tandis qu'il les punit pour les mêmes fautes, et peut-être pour de moindres fautes que celles dont je suis coupable? *Et tu non times Deum, qui in eadem damnatione es?* Voilà le reproche que le bon larron fit, du haut de sa croix, à son complice. Ce reproche, adressez-le à vous-même, en voyant que vos compagnons, qui peut-être ont été les complices de vos péchés, sont actuellement au fond des enfers.

IIIᵉ CONSIDÉRATION.

LES PEINES DE L'ENFER SONT DÉPOURVUES DE TOUT SOULAGEMENT.

Quand l'été avance et que ses feux commencent à nous pénétrer, vous avez remarqué et sans doute reconnu par votre expérience, que l'air extérieur est comme embrasé, et que l'air intérieur devient suffocant. Il y a plus : aux heures qu'on appelle les heures brûlées, on ne respire pas un souffle d'air rafraîchissant, et, si légèrement vêtu qu'on soit, on meurt de chaleur. Toutefois, pendant cette période de chaleur extrême, nous avons trois moyens de nous rafraîchir. Le premier consiste dans la liberté que nous avons d'aller, de venir, de nous mouvoir, de nous promener, pour trouver une situation plus tempérée. Le second, c'est l'eau qui, étant froide de sa nature, peut encore se refroidir artificiellement. Par son moyen, nous obtenons quelque rafraîchissement, quelque soulagement ; il semble même que parfois elle nous fasse revivre. Le troisième moyen, c'est l'espoir de voir bientôt la fin. Cette grande chaleur peut s'amortir sous l'action d'une pluie douce, cet air embrasé sera bientôt tempéré par un frais zéphir. Le soleil qui plane au-dessus de nos têtes, et tombe d'aplomb sur nous, baisse d'un degré chaque jour, et laisse plus de loisir à la nuit pour nous rafraîchir de sa rosée.

Rien de tout cela, aucune espèce de rafraîchissement ou de soulagement ne sera accordé au malheureux damné qui est plongé dans les brasiers ardents de l'enfer. Il n'aura point la liberté de faire un pas hors de sa prison de feu. Un ancien proverbe dit bien vrai, que jamais il n'y eut de belle prison ; mais entre tous les cachots, y en eut-il jamais un plus affreux que

celui de l'enfer? Dégagée des liens du corps, l'âme y
est chargée de chaînes bien plus lourdes, condamnée
au secret le plus douloureux et ensevelie plus profondément au fond d'une tour, d'où elle n'a aucune espérance de sortir. Ecoutez ce qu'ajoute le prophète
Isaïe : *Congregabuntur in congregatione unius fascis, et
claudentur ibi in carcere.* Les réprouvés seront réunis
en faisceaux, selon les diverses sortes de péchés dont
ils se seront le plus souillés ; et ainsi liés, ils seront
tenus dans une prison étroite. Jésus-Christ lui-même,
parlant de la zizanie qui est le symbole des pécheurs,
a dit, que de même qu'on presse les raisins sous le
pressoir, ainsi on lie l'ivraie en bottes pour la jeter
au feu. De même qu'on lie et que l'on comprime le
bois pour en former des machines, ainsi seront accumulés et pressés les uns contre les autres les différents
faisceaux formés des méchants. Le feu vengeur ser-
pentera autour d'eux et à l'intérieur, et les piquera
de ses pointes aiguës ; ils seront là sans pouvoir se
relâcher, ni prendre haleine, ni étendre un pied, ni
allonger un bras, ni se tourner sur le côté, éternellement en proie à ces flammes dévorantes. *Immobiles
quasi lapis.*

C'est l'enseignement des saints Pères, que nous
devons nous élever, au moyen des choses matérielles et
sensibles, à la connaissance des choses spirituelles et
éternelles. Ceux qui ont coutume de sortir tous les
soirs pour prendre l'air, comment résisteraient-ils
s'ils devaient rester enfermés dans une maison pendant
un mois ; non pas dans une maison, mais dans une
pièce, dans un réduit de quelques pas dont les portes
et les fenêtres seraient exactement closes, et cela
malgré la chaleur, la fumée et l'air suffocant qu'ils
devraient y respirer? Et la chaleur si insupportable de
l'enfer, comment donc la souffrira-t-on? Et pourtant,
que d'hommes ont péché assez gravement pour mériter
d'y être condamnés! Combien l'ont mérité cent fois!

Dans ce feu, et au milieu de ces étreintes, quelle sueur découlera de ces fronts infortunés ! quelle sueur de feu ! Vincent de Beauvais raconte qu'il y avait deux amis, dont l'un mourut et fut damné. Il apparut, après sa mort, à son ami survivant, et pour lui donner quelque idée des tourments de l'enfer, il recueillit une goutte de sueur de son front et la fit tomber sur la main de son camarade. A l'instant même la main fut percée d'outre en outre et il y resta un creux de la grosseur d'une noix.

Quel feu ! quel feu brûle donc en enfer ! Et pas le moindre rafraîchissement pour en tempérer l'ardeur, et pas la moindre liberté de s'y remuer. Un chien attaché se promène dans toute la longueur de sa chaîne ; un prisonnier, entre les murs de son cachot ; un malade qui a la fièvre, se retourne et s'agite selon la largeur de son lit, et trouve quelque trève à sa douleur dans ses mouvements même. Caïn, toi le premier-né des réprouvés, depuis tant de milliers d'années, as-tu pu faire un mouvement ? Jamais. Judas, après dix-huit cents ans passés en enfer, as-tu changé de position ? Non, ils restent immobiles comme des rochers. D'horribles étreintes les tiennent assujettis et resserrés en faisceaux. Immobiles, car le corps d'un damné sera tellement faible, que s'il était lié à un simple fil, il ne pourrait le rompre, et quand l'enceinte de sa prison serait de carton, il ne pourrait la renverser. Enfin immobile, parce que Dieu attachera le damné, par un décret immuable, à tel supplice, à telle position, à tel endroit ; et il y restera pendant toute l'éternité. De quelque côté que l'arbre tombe, au midi ou au nord, il y demeurera. *Si ceciderit lignum ad austrum aut ad aquilonem, ibi erit.* Les saisons se succèderont et ramèneront alternativement le froid et le chaud ; mais l'arbre coupé par la mort restera du côté où il est tombé. Les parents du damné passeront de la ville à la campagne et de la campagne à la ville ; quant à lui, point de changement. Les monarques se succèderont sur le trône, et les pontifes au Vatican ; l'arbre infortuné sera toujours dans la même situation. O toujours cruel ! ô toujours épouvantable !

Le second soulagement dans les grandes chaleurs, c'est l'eau qui tombe du ciel, ou qu'on tire du puits ou des fontaines, et que la Providence divine maintient dans un état de bienfaisante fraîcheur. Et parce que cette fraîcheur naturelle est encore insuffisante, on a trouvé le moyen de la glacer et de l'adoucir, d'en corriger la crudité et de la rendre plus rafraîchissante. Mais pas une ombre de ce soulagement au milieu des fournaises de l'enfer. Tant de grandes dames, de princesses et de reines, tant de grands seigneurs, qui après avoir fait une mauvaise mort sont tombés dans ces cachots de feu, qui n'ont aujourd'hui d'autre aliment, d'autre vêtement, d'autre lit, d'autre appartement, d'autre mets, d'autre respiration que le feu, ne verront jamais un page de leur cour venir leur offrir un verre d'eau douce, au milieu des flammes qui les étreignent de toutes parts. Et que dis-je ? un verre d'eau douce, un verre d'eau pure ? Pas même un verre d'eau corrompue, que le besoin ferait trouver délicieuse. Pensez-y bien.

Entendez cette voix qui s'élève du sein des enfers : *Pater Abraham !* Abraham, ah ! mon père ! Qui est-ce qui fait entendre ce cri ? C'est un personnage qui, au rapport de l'évangile, faisait tous les jours un festin splendide, *epulabatur quotidie splendide.* Sa table était couverte des mets les plus exquis et des vins les plus délicats. — Que prétends-tu d'Abraham ? — Commandez au pauvre Lazare, qu'il plonge l'extrémité de son doigt dans l'eau, et qu'il en laisse tomber une seule goutte sur l'extrémité de ma langue. — Quoi ! un peu d'eau présentée par la main grossière d'un pauvre ? N'en auras-tu pas la nausée ? — Non, non, car je souffre horriblement dans cette flamme : *Crucior in hac flamma.* Oh! quel feu! ah! quelle soif! Une goutte d'eau, par pitié! *Mitte Lazarum, ut refrigeret linguam meam.* — A une demande de si petite conséquence, faite par un si grand personnage, on répond par un non absolu. O ardeurs de l'enfer dépourvues de tout rafraîchissement! O soif, ô soif dévorante, dépourvue même d'une goutte d'eau! Plusieurs fois sans doute, vous avez vu et entendu de pauvres fiévreux, implorant tous les saints du ciel pour obtenir une gorgée d'eau, et puis souffrir de la soif comme auparavant, et s'écrier de nouveau : Que j'ai soif! que j'ai soif! Voient-ils quelqu'un leur apporter de l'eau, ils la dévorent des yeux. Si vous croyez que cette soif soit la soif par excellence, vous êtes dans l'erreur. Celle que souffrent les pauvres marins sous la zone torride, eux que le soleil consume en tombant verticalement sur leur tête, et que la réverbération des eaux n'altère pas moins, et qui dévorés par une soif ardente, sont réduits à boire une eau corrompue et qui fourmille de vers; voilà une soif bien plus pénible que la première. Celle des habitants de Béthulie, pendant le siège qu'en fit Holopherne, fut telle, au témoignage de l'Écriture, que beaucoup de monde y périt de soif. On sait que ce général barbare avait coupé tous les aqueducs et détourné tous les ruisseaux qui alimentaient cette ville.

Ce fut encore une soif bien extraordinaire que celle de ce négociant dont parle Jean Léon dans sa description de l'Afrique. Cet homme s'étant avancé dans les sables brûlants du désert, en vint jusqu'à payer dix mille écus pour une tasse d'eau corrompue, imitant en quelque sorte le fameux Lysimaque qui vendit son trône pour un verre d'eau, et il ne crut pas en cela commettre une imprudence; la soif en effet le menaçait d'une mort prochaine.

Or, réunissez les ardeurs et la soif de tous les pautres fiévreux, des habitants de Béthulie, des Hébreux dans le désert, des navigateurs au milieu de l'océan, et des voyageurs qui traversent l'Afrique ; et tout cela ne peut être mis en parallèle avec les ardeurs suffocantes et la soif d'un seul damné. Un océan entier ne suffirait pas pour le désaltérer. Ce ne serait même pas assez des eaux du déluge ; et on lui refuse même une goutte d'eau. Père Abraham, envoyez-moi Lazare. Non, une goutte d'eau sollicitée avec tant d'instances, le mauvais riche ne l'aura jamais.

Et maintenant, ira qui voudra, s'enivrer à la coupe de Babylone, en se livrant à tout instant au péché mortel. Ira qui voudra, enivrer ses yeux, ses oreilles, tous ses sens d'une volupté infâme ; et puis être condamné à cette soif inextinguible et inconcevable qui tourmente les damnés, sans le moindre adoucissement.

Le troisième soulagement dans les grandes chaleurs consiste dans l'espoir d'en voir bientôt la fin. L'atmosphère est en feu ; mais le soir fera baisser la température ; puis demain matin le souffle d'un zéphir rafraîchissant fera entendre son murmure dans les feuilles du jardin. Telle est l'espérance d'ici-bas ; mais en enfer, ce midi si brûlant de la colère divine, n'a point de matin ni de soir. Toutes les heures y sont de feu, tous les vents y sont de flammes ; on n'y respire que vapeurs étouffantes et fumées qui ne vous laissent pas le moindre espoir, ni la moindre relâche.

Tout mal peut avoir deux sortes de durée ; une durée véritable ou réelle ou une durée d'appréhension. Laissons pour le moment la première de ces durées. Je l'abandonne à vos réflexions. Pensez à ces trois paroles : Feu éternel, soif éternelle, suffocation éternelle. Quant à la durée qui est de pure appréhension, remarquez qu'une heure de souffrance paraît deux fois plus longue qu'une heure de plaisir. De là vient qu'un poète ingénieux a représenté le plaisir avec des ailes aux pieds, sous une forme très légère, tou-

jours prêt à s'envoler; au contraire, il a dépeint la
souffrance sous les traits d'un estropié et d'un gout-
teux qui a des entraves aux pieds, et qui ne se meut
qu'avec un effort extrême. Toutes ces images servent
à nous faire entendre que le feu et la soif insupportable de l'enfer, paraîtront aux damnés d'une durée
plus longue même que celle de l'éternité.

On lit dans les annales de Boveri le trait suivant
arrivé à un capucin, nommé frère Constantin du Sauveur. Il apparut, trois jours seulement après sa mort,
et il dit à la personne à laquelle il se montra, qu'il
croyait et qu'il aurait bien juré qu'il était déjà depuis
trois ans dans le purgatoire. Thomas de Cantimpré
raconte qu'un malade qui souffrait des douleurs atroces, demanda à Dieu ou de guérir ou de mourir. Un
ange lui apparut et lui donna l'option ou de passer
trois jours en purgatoire, ou de souffrir encore ses
douleurs pendant une année. Trois jours de purgatoire, se dit le malade, ce sera bientôt passé; mais
une année, cela ne finit pas. — Ah! ah! trois jours
sont bientôt passés! vous allez le voir. Il meurt et son
âme descend en purgatoire. Il y était à peine d'une
heure, que les trois jours lui semblaient déjà écoulés
et plus encore : attends, attends, souffre et gémis. —
Mais il y aura bientôt un mois que je suis ici, et je
n'en sors pas encore? Certainement celui qui m'a
donné l'option, n'était pas un ange, mais le mauvais
esprit et un trompeur. — Pendant qu'il roulait ces
pensées, son ange vint le consoler; voilà, lui dit-il,
que tu as fait le tiers de ta peine. — Comment, un
tiers! seulement un tiers? — Oui, seulement un jour,
et ton corps est encore sur la terre, on ne l'a pas
encore mis au tombeau. — Ah! de grâce, mon bon
ange, faites-moi retourner sur mon lit de douleur;
plutôt souffrir pendant dix ans sur la terre, que pendant deux jours en purgatoire.

Or, si le purgatoire qui doit avoir une fin, paraît

si long, combien paraîtront plus longues cette soif
éternelle, ces flammes éternelles qui ne finissent
jamais? Encore une fois, qui de vous pourra habiter
au milieu de ce feu dévorant et parmi ces ardeurs
éternelles? *Quis ex vobis poterit habitare cum igne devo-*
rante, et cum ardoribus sempiternis? Eternelles dans
leur durée réelle, et plus qu'éternelles dans leur
durée imaginaire; car si un jour semble être une
année, trente jours paraîtront trente ans, et trente
siècles paraîtront une éternité; mais l'éternité elle-
même, que paraîtra-t-elle? Aussi remarquez l'expression dont Jésus-Christ se sert pour désigner ces éternelles ardeurs : On le jettera au feu, dit-il, et il
brûle. *In ignem mittens, et ardet.* D'après les règles
de la grammaire, il faudrait dire : On le jettera au
feu, et il brûlera; on le plongera dans cette fournaise, et il y sera dévoré par le feu. Mais non, Notre-
Seigneur s'exprime au présent, *et il brûle;* parce que
tout le passé est comme non avenu. Le damné a
brûlé pendant cent ans; nul et non avenu. Il a brûlé
pendant deux cents ans; nul et non avenu. Tout ce
qui est à venir est comme présent à son imagination,
l'éternité lui est toujours présente. Jamais ce feu ne
s'éteindra; jamais il ne respirera un peu d'air, jamais
il n'aura une goutte d'eau pour se désaltérer; Dieu
sera toujours en courroux, et moi, dit le damné, toujours dans ce feu. Job fut dévoré tout vif par les vers;
David fut persécuté par Saül et par Absalon; Joseph
fut jeté dans une citerne et puis en prison ; Saint Laurent fut étendu sur un gril embrasé. Mais ces peines,
ces souffrances, ces tourments ont eu leur fin ; et les
miens n'en auront jamais.

Or, Messieurs et mes frères, par pitié pour vos
âmes, pensez un peu en vous-mêmes à ces trois choses :
feu éternel, sans relâche, soif éternelle, sans rafraîchissement, peines éternelles de tout genre sans le
le moindre adoucissement. Eternels en soi et plus

qu'éternels par l'appréhension, sans aucune espérance
d'en voir la fin. Un homme, avant de charger ses
épaules d'un lourd fardeau, commence par le soulever des deux mains et par le balancer en l'air, pour
voir s'il aura la force nécessaire pour le porter. Vous
aussi, jugez par la manière dont vous souffrez les
petits maux de cette vie, comment il vous sera possible d'habiter pour jamais au sein d'un feu dévorant.
Vous avez peine peine à souffrir pendant l'été un vête-
léger, et comment pourrez-vous souffrir les ardeurs
d'un feu éternel ?

Un jeune homme un peu léger avait été averti pa-
ternellement par son confesseur, d'être plus modeste
dans ses regards, plus grave dans sa conduite, plus
pieux à l'église. Le confesseur, s'apercevant que ses
avertissements charitables ne produisaient point d'effet,
prit un ton un peu plus sérieux, et rappela à ce jeune
homme que s'il continuait à suivre cette voie, il about-
tirait à l'enfer. A cette menace, le jeune étourdi
répondit : Si je vais en enfer, patience. — Comment,
patience ? si vous allez en enfer. Vous n'avez pas la
patience de souffrir une parole qui frappe l'air, une
mouche qui vous pique, une étincelle qui vous mord,
et vous prétendrez pouvoir souffrir l'assemblage de
tous les maux ? *Congregabo super eos mala.* Votre patience sera de la rage et une rage écumante, des
remords poignants, un désespoir furieux, qui vous
fera déchirer des dents et tenailler votre propre chair.
Oh ! que vous ferez mieux de dire : Pour éviter l'enfer,
je veux faire pénitence et changer de vie. Je m'éloigne
des dangers et je commence dès maintenant une vie
toute nouvelle, parce qu'à tout prix, je veux absolument éviter l'enfer : *Salvare volo animam meam.*

IVᵉ CONSIDÉRATION.

A mon avis, il n'y a aucun passage de l'Evangile, où Jésus-Christ ait pressé plus fortement les pharisiens, et leur ait plus fait toucher du doigt la vérité, que lorsqu'il leur a dit : Si je vous annonce la vérité, pourquoi ne me croyez-vous pas? *Si veritatem dico vobis, quare non creditis mihi?* Pharisiens, vous m'entendez prêcher, chaque jour de fête, sur la place publique, dans le temple, dans la ville, au désert, en public et en particulier. Or, de deux choses l'une : je vous prêche la vérité ou le mensonge. Si je vous prêche le mensonge, prouvez-moi que je me trompe ; mais si je vous prêche la vérité, pourquoi ne croyez-vous pas à mes paroles et ne suivez-vous pas ma doctrine? Puis, si je me bornais à vous prêcher en paroles, peut-être votre endurcissement serait-il excusable. Mais je vous prêche avec des miracles plus éclatants que la lumière du jour ; que voulez-vous de plus? Si vous ne voulez pas me croire, croyez-en du moins à mes œuvres. *Si mihi non vultis credere, operibus credite.* Pressés par une argumentation si péremptoire, que firent les pharisiens? Ils prirent des pierres pour lapider Jésus. Répondre, ils ne le pouvaient pas ; se convertir, ils ne le voulaient pas ; ils prirent un parti désespéré, ce fut de riposter à de bonnes paroles à coup de pierres, et le Seigneur se déroba à leurs regards. *Jesu autem abscondit se.*

J'emprunte ces mêmes paroles de notre divin maître Jésus, et je vous les adresse à vous, dont le cœur est si droit, dont les sentiments sont si équitables, dont la piété est si édifiante ; et je vous fais une courte récapitulation des maximes et des vérités que nous venons de considérer, je fais de tout cela un seul fais-

ceau, et je vous fais cette question : Si je vous dis la
vérité, pourquoi ne me croyez-vous pas?

Qu'avons-nous dit précédemment? Nous avons dit
que notre âme est unique, éternelle, noble, spirituelle,
semblable aux anges par sa nature, sœur de Jésus-
Christ par la grâce, enfant de Dieu par adoption, héri-
tière du paradis à condition de le mériter; et que
par conséquent il est juste et nécessaire que nous en
fassions plus de cas que de notre corps. Et n'est-il pas
vrai, je vous prie de me répondre chacun dans votre
conscience; n'est-il pas vrai que je ne suis précisément
au monde qu'afin de sauver cette âme? N'est-il pas
vrai qu'en venant au monde, le Fils de Dieu n'a eu
d'autre fin que de racheter, que d'instruire, que de
conduire cette âme au salut éternel? N'est-il pas
vrai, n'est-il pas évident même que le temps est court,
que la vie est fugitive, que la mort vient, et que je
ne sais ni où, ni comment, ni quand elle arrivera?
Que je dois mourir, et que je ne dois mourir qu'une
seule fois, et que bien mourir, n'est pas chose aussi
aisée que je pense? N'est-ce pas un article indubitable de notre foi, qu'il y a au ciel un œil qui voit
tout ce que je fais et qui pénètre jusqu'aux replis les
plus intimes de mon cœur? Qu'il y a une oreille qui
entend tout ce que je dis, et qui entend même la voix
muette de mes pensées les plus cachées? Qu'il y a une
main qui écrit tout jusqu'aux plus petits détails de mes
moindres actions?

Où est-ce que je me cacherai, quand je serai cité à
son tribunal? Que répondrai-je, quand il m'interrogera? Comment me défendrai-je, quand il m'accusera? Nous avons l'esprit tout plein de ces vérités et
d'autres semblables, depuis quelques jours que nous
les méditons. Certitude de la mort, incertitude de
l'heure de la mort, brièveté de la vie, éternité sans
fin; nécessité de comparaître devant Dieu, examen
rigoureux de toutes nos œuvres, balance et anatomie

de toutes nos pensées, jugement sans appel, condamnation sans rémission, et par-dessus tout l'interminable éternité.

O Jésus, le maître de la sagesse éternelle, venez
maintenant avec votre logique, donnez à ces considérations tout le poids qu'elles méritent. Ou bien ces
maximes et ces propositions sont des fables et des
rêves, ou bien elles sont des vérités incontestables. Si
ce sont des songes, ô mes frères, vous leur avez fait
trop d'honneur de les lire et de les méditer avec tant
d'attention, de recueillement et de componction. Si
ce sont des songes, vous faites injure à votre caractère,
d'en concevoir de la crainte. Comment, des hommes
d'esprit, par crainte d'un rêve, aller se confesser, pardonner, faire l'aumône, faire pénitence, et changer
de vie ! mais s'il en est ainsi, mangeons, buvons, jouissons, donnons-nous du repos, et ne pensons pas plus
loin. Mais si ce sont des vérités, en partie évidentes,
en partie plus certaines que l'évidence même, et c'est
ce qui existe en effet ; vous semble-t-il qu'il suffise de
les croire à demi, de prendre des demi-mesures, de
travailler avec une demi-bonne volonté, comme on
le fait d'ordinaire, et comme peut-être vous l'avez
fait jusqu'ici ? Vous semble-t-il qu'il suffise, en présence de cette grande pensée de l'éternité, de consacrer à Dieu un petit nombre de jours dans l'année,
et peut-être les derniers restes d'une vie qui s'en va,
et après cela continuer à mener une conduite peu
réglée à vivre de la vie des sens et à satisfaire tous ses
appétits ? Vous semble-t-il enfin qu'une telle conduite
soit en harmonie avec notre foi ? Qu'importe d'avoir
de l'esprit, si je n'en use pas dans un sujet si important ? Suis-je donc aveugle et insensé, au point de ne
pas me préoccuper d'un intérêt si majeur ? Non, je
ne suis pas un insensé, car je montre du jugement en
toute autre rencontre. Mais qu'importe d'être prudent
et intelligent pour tout le reste, si je n'entends rien

à ce qu'il y a de plus important au monde, qui est l'affaire de mon salut ? et si j'y entends quelque chose, comment se fait-il que mes œuvres soient en opposition avec mes convictions ?

Un fameux prédicateur d'Espagne, exposant un jour la vérité du jugement universel, exprima d'une manière si saisissante la scène de cette grande journée, qu'il semblait aux auditeurs n'être pas seulement auditeurs, mais spectateurs du jugement. Voyez là-bas, disait-il, sur cet autel, dans un demi-jour produit par les éclairs et les nuages, ce juge redoutable, jadis Dieu d'amour et de miséricorde, maintenant Dieu de colère et de vengeance, environné de flammes, et la foudre à la main. Voyez dans les airs ces escadrons d'esprits ailés, prêts à faire la guerre aux pécheurs. Voici les pécheurs, jadis si passionnés pour l'honneur et le plaisir; ils sont couverts de leurs crimes, connus maintenant de tous les hommes, de tous les anges, comme de Dieu lui-même, et devenus à jamais infâmes, sans qu'il leur soit possible de se justifier et de se défendre. Voyez comme ils frappent la terre, comme ils mordent leurs chaînes, comme ils dévorent leur propre chair, comme ils se déchirent les uns les autres, semblables à des chiens enragés !

A cette description pathétique, un froid glacial fit frissonner tout l'auditoire. On entendit régner le silence de la componction, et des larmes coulaient des yeux des auditeurs; peu à peu l'émotion croissant toujours, un cri universel se fait entendre : Grâce ! miséricorde ! Le prédicateur voyant le peuple si ému, étendit la main vers lui et cria : Silence, silence, il me reste encore à vous annoncer un malheur bien plus lamentable que tout ce que je vous ai dit. Tout l'auditoire demeura comme en suspens pour entendre le prédicateur achever sa description; celui-ci ajoute les traits en feu, et d'une voix terrible : Ce malheur plus lamentable que tous les autres, c'est que vous tous, qui en ce moment êtes atterrés, pénétrés de crainte et de componction, avant un quart d'heure d'ici, vous n'aurez plus mémoire de ce que je viens de vous dire, que vous continuerez à pécher, que vous retomberez dans le péché, et que vous mourrez dans le péché. Voilà, oui, voilà le plus lamentable de tous les malheurs. Entendre des vérités si terribles, en être touché jusqu'aux larmes, et ne point changer de vie et de mœurs, c'est ressembler aux marbres de cette église qui sont tellement humides quand le vent est à la pluie qu'ils semblent pleurer; ils pleurent, mais ils restent toujours marbres et plus durs que jamais.

Ainsi parla le prédicateur, et il laissa son auditoire sous l'impression de la douleur et du saisissement produite par ce dernier trait. Ah! mes frères, je ne voudrais pas qu'on pût prédire la même chose à votre sujet. Quoi! après tant et de si terribles vérités, il y en aurait encore parmi vous qui continueraient à pécher! Point de mystère plus profond que celui de la très sainte Trinité; celui de l'éternité est insondable; les jugements de Dieu sont impénétrables; mais saint Thomas dit que ce n'est pas un mystère moins incompréhensible d'avoir la foi, et de vivre comme l'on vit. Laissez votre raison s'adresser à elle-même : Dis-moi, ô ma raison, es-tu contente de la vie que tu mènes à présent? Te semble-t-il qu'elle puisse t'inspirer la confiance de bien mourir? Que te dit ta conscience? Que t'inspire ton ange gardien? Mon père, il me semble que je vis habituellement dans la grâce de Dieu, que je ne commets point de péché mortel, et que si, par malheur, j'y tombe de loin en loin, je me relève aussitôt. J'ai un bon confesseur, je fréquente les sacrements, et je tâche de pratiquer certaines œuvres de piété. Je pourrais faire plus, je le vois bien, mais je me tiens dans un certain milieu; mon cœur me dit que je me sauverai. O mes amis, s'il en est ainsi, courage, soyez constants : *Sic state in*

Domino, Charissimi; oui, maintenez-vous dans cette
voie ; vous êtes de ceux qui comprennent quelque chose
aux vérités éternelles et qui y croient sincèrement :
vous croyez et vous amendez votre vie, et vous travaillez à votre salut : *Creditis ad emendationem vitæ,
ad consecutionem gloriæ.*

Mais vous, jeune homme, vous, monsieur, êtes-vous
content de la vie que vous menez? Je vous entends
soupirer et me dire : Nous jouons aux dés, nous tirons
au blanc et au noir, et il y a plus de noirs que de
blancs. Nous sommes si faibles que la moindre tentation nous jette par terre, et une fois tombés, nous
allons de péché en péché, jusqu'à ce que l'honneur, ou
l'approche des Pâques nous réveille de notre sommeil.
Nous sommes plus inflammables que le soufre, tellement la pensée et le vice ont d'empire sur nous. Nous
faisons très peu de bonnes œuvres, et encore avec
négligence ; de loin en loin, quelques pratiques de
piété à la hâte ; péchés légers et péchés graves de tous
genres, c'est pour ainsi dire notre pain quotidien.
Quand nous rentrons en nous-mêmes, nous ne voyons
que trop bien que par cette mauvaise vie nous marchons vers une mauvaise mort. — Mais êtes-vous
contents de la vie passée. — Oh! non, non. — Mais si
la vie que vous avez menée et que vous menez encore,
vous ôte l'espérance de vous sauver, combien moins
vous pouvez espérer le salut, si vous allez de mal en
pis, comme il arrive presque toujours, car un abîme
appelle un autre abîme?

Mon père, nous nous plaisons à espérer, parce que
nous avons l'intention de nous donner dans la suite
tout à fait à Dieu. — Superbe dessein! Mais dites-
moi, si quelqu'un avait un très beau plan de palais
sur le papier, et que ce plan montrât de vastes salons,
des jardins délicieux, mais que dans l'intervalle on
dût habiter une chaumière étroite et incommode, à
quoi servirait ce beau plan dessiné sur le papier?

Combien d'années y a-t-il que vous avez ces beaux projets en tête, sans les avoir jamais exécutés? Le passé nous prédit ce qu'il en sera de l'avenir : toute votre vie se consumera en plans de réformation. Mieux vaut une habitation honnête en réalité, qu'un splendide palais sur le papier. Je serai jugé et récompensé par Dieu, non pour le bien que j'aurai eu la velléité de faire, mais pour celui que j'aurai fait; et je crois qu'il y a en enfer des galeries toutes tapissées de beaux plans. Tel avait dessein d'abandonner l'occasion; tel autre de rompre une certaine correspondance; celui-ci de faire une confession générale et de mettre sa conscience en repos; celui-là de changer d'état pour changer de vie, beaux projets sans doute, mais qui ne les ont pas empêchés d'aller en enfer.

Concluons. Si les vérités que nous venons d'exposer, au lieu d'être des articles de foi, n'étaient que des probabilités, ne serait-il pas encore prudent et nécessaire de nous assurer à tout prix à cet égard? Que ne fait pas un malade qui est en danger probable de mort? Il s'expose au feu, au fer, et prend les breuvages les plus amers. Que ne fait pas un traficant dans un danger probable de naufrage? Il jette à la mer toutes ses marchandises. Que ne fait pas un magistrat dans un danger probable de peste? Il met des sentinelles partout, interdit la circulation, prescrit des visites et des quarantaines. N'est-il pas vrai? Or, il n'est pas douteux ou probable seulement, mais il est certain et plus qu'évident qu'il existe un enfer et que je suis en danger d'y tomber. Et qu'ai-je fait pour l'éviter? Que fais-je en ce moment? Que ferai-je à l'avenir? Vais-je me borner à des projets en l'air? Oh! pour l'amour de Dieu, ne faites pas tant de plans, et faites plus de bonnes œuvres.

Vᵉ LECTURE.

Iʳᵉ CONSIDÉRATION.

DE LA FIDÉLITÉ A LA GRACE.

Pour nous sauver, il ne suffit pas de la grâce divine ; mais notre coopération est absolument requise.

Un des avertissements les plus beaux, les plus utiles, les plus nécessaires que nous lisions dans les saintes Ecritures, c'est à mon avis, celui que saint Pierre nous donne en ces termes dans une de ses épîtres : Mes frères, travaillez de plus en plus à rendre votre vocation et votre élection certaines, par vos bonnes œuvres. *Fratres, magis satagite, ut per bona opera certam vestram vocationem, et electionem faciatis.* Il était alors enfermé dans la prison Mamertine, qu'il ne quitta que pour aller au martyre. Hors d'état de s'employer au ministère apostolique de la prédication, de former de nouvelles églises et d'augmenter le nombre des fidèles, l'apôtre passait tout le jour et une partie de la nuit en prières. Ainsi cette lettre qu'il écrivit de sa prison, est comme le fruit de ses oraisons, et un abrégé des avis les plus importants pour notre avancement spirituel, avis immédiatement inspirés de Dieu.

Illustre captif, communiquez-moi l'esprit qui vous animait dans cette occasion, afin que j'imprime d'abord en moi qui suis dans le plus grand besoin, et puis que j'inspire aussi aux autres la ferme volonté d'assurer pour toujours leur salut éternel.

Mes frères, dit le prince des apôtres, travaillez de

plus en plus, c'est-à-dire travaillez avec soin, et avec tout le soin dont vous êtes capables, à quoi? *Ut per opera vestra bona, certam vestram vocationem et electionem faciatis;* travaillez, afin qu'au moyen de vos bonnes œuvres, vous assuriez toujours davantage votre élection à la gloire. Il ne suffit pas d'une demi-probabilité que vous vous sauverez ; un peut-être, c'est trop peu quand il s'agit de la grande éternité ; car un peut-être oui n'exclut pas un peut-être non. Il faut se procurer ici toute la sécurité qu'il est possible d'avoir en ce monde. Mais par quels moyens, ô saint apôtre, devons-nous assurer notre salut? Le voici : par le moyen des bonnes œuvres. *Per opera vestra bona.*

Pardonnez-moi, ô saint docteur éclairé d'en haut, si un pauvre aveugle se permet de commenter votre épître toute divine. Je pensais que vous alliez nous dire : Jetez-vous dans les bras de la divine miséricorde ; assurez votre salut par ce moyen et tenez pour certaine votre élection à la gloire. N'est-ce pas, en effet, par les entrailles de la miséricorde de notre Dieu que nous sommes sauvés et délivrés? Non, non, dit saint Pierre, c'est entre vos bras et entre vos mains que repose l'assurance de votre salut. Ton salut, ô homme, dépend de deux causes indivisibles ; si l'une d'elles vient à manquer, c'en est fait de ton salut. Ces deux causes dont le concours est requis, sont la miséricorde divine et tes bonnes œuvres. Mais je me hâte de le dire : jamais la miséricorde divine ne te fera défaut. Dieu veut le salut de tous les hommes : *Vult omnes homines salvos fieri.* C'est une doctrine de foi que Dieu est venu au monde en personne pour nous sauver : *Propter nos homines, et propter nostram salutem descendit de cœlis.* Le Père nous a envoyé le Fils, le Fils nous a envoyé le Saint-Esprit. La très auguste Trinité s'est montrée et se montre extrêmement désireuse de notre salut. Tant de sanctuaires érigés dans le monde, tant de bons livres, de sermons, d'inspirations, d'exemples édifiants, sont autant de preuves de cette miséricorde de Dieu, qui fait tout de son côté pour nous sauver. De même que celui qui sème, ne s'inquiète guère si l'été viendra en son temps, parce qu'il sait que le soleil ne manquera pas de s'élever à la hauteur convenable ; et de même qu'il borne tous ses soins à purger, à cultiver, à engraisser comme il faut son champ ; de même, et à bien plus forte raison, semble nous dire saint Pierre, les bonnes œuvres, la confession et la communion fréquente, l'exercice de l'aumône, voilà ce que vous avez à faire de votre côté pour assurer votre salut. L'unique condition qui peut faire défaut, ce sont nos bonnes œuvres ; par conséquent bornez-là tous vos soins, et déployez en cela tout le zèle possible. *Magis satagite, ut per opera vestra bona, certam vestram vocationem et electionem facialis.*

Le paradis s'ouvre au moyen de deux clefs : l'une se nomme la grâce, l'autre le libre arbitre. La clef de la grâce est toujours sur la porte ; celle du libre arbitre est entre nos mains. Pourquoi donc n'en faisons-nous pas usage ? Que ceux qui s'appuient aveuglément sur la seule miséricorde de Dieu, sans pratiquer les bonnes œuvres, et qui, au lieu de ces bonnes œuvres, tombent continuellement dans le péché, et dont toute la vie n'est qu'une alternative de chutes et de conversions ; que ceux-là, dis-je, qui présument ainsi de la miséricorde divine, paraissent maintenant et viennent reconnaître leur dangereuse illusion. Où trouvent-ils dans les Ecritures, dans les histoires, dans les maximes des Saints, que la miséricorde divine ait sauvé un seul homme sans bonnes œuvres ? où trouvent-ils cela écrit ? au ciel ? mais au ciel, ces hiérarchies innombrables d'anges qui se sont sauvés, ont dû croire, obéir, aimer Dieu pour être sauvés. Les millions et millions d'anges qui n'ont pas cru et qui n'ont pas obéi, se sont perdus pour l'éternité. Est-ce dans le paradis terrestre ? mais les deux seuls hommes qui y vécurent, désobéirent à Dieu, et tous deux furent bannis du paradis avec toute leur postérité à venir. — Est-ce dans le monde? ah! cette pluie de feu qui consuma Sodome, ce déluge qui couvrit toute la terre et submergea tant de millions d'hommes, témoignent assez que la miséricorde de Dieu, tout infinie qu'elle est, ne peut nous sauver seule, lorsque notre coopération, toute faible qu'elle est, vient à faire défaut. Où donc trouvera-t-on cette miséricorde qui sauve toute seule? Est-ce sur le Calvaire, où le Sauveur la fit briller dans tout son éclat? Mais là même, si le bon larron se sauve, c'est parce qu'il croit, qu'il confesse sa foi et qu'il pleure ses péchés. L'autre larron qui ne croit pas, et cela en présence de la Victime adorable qui expire pour notre salut, périt misérablement.

Et malgré tant d'exemples si clairs et si frappants que notre sainte foi nous met sous les yeux, il y aura encore des âmes assez aveugles pour être d'autant plus tranquilles sur leur salut, qu'elles ont plus offensé Dieu! qui s'enfoncent dans le péché d'autant plus qu'elles sont plus près de l'abîme! qui se tiennent d'autant plus sûres de leur salut, qu'elles font moins de prières et d'aumônes et qu'elles s'éloignent davantage des sacrements! que dis-je? qui s'abandonnent d'autant plus au péché que la miséricorde divine est plus grande!

Voici une pensée de saint Jean Chrysostome, dont je désire que vous pénétriez bien le sens, afin qu'elle vous inspire une crainte salutaire. Quand dans un marché public, il est question d'une convention importante, d'ordinaire on fait intervenir un arbitre. Celui-ci modère les prétentions opposées des deux parties, et les réduit à un terme acceptable de part et d'autre, et c'est ainsi qu'on parvient à conclure définitivement la convention. On suit la même méthode pour les contrats de mariage, d'achat et de vente de propriétés foncières, et en général pour toutes les spéculations de conséquence. Le démon, qui est le plus ignoble des trafiquants, n'a point d'autre but que de nous faire contracter une indigne alliance avec lui. Notre âme, ce meuble ou plutôt ce fonds qui doit durer pendant toute l'éternité, voilà l'objet de ses désirs les plus ardents ; mais l'âme, qui est éclairée des lumières de la foi, ne veut pas tendre la main à un maître si indigne, et elle s'écrie : je veux me sauver, je veux me sauver.

Or, que fait l'astucieux acheteur ? Il introduit une espèce de médiatrice, qui est la miséricorde divine, et voici comment il tâche de séduire notre âme : Livre-toi entre mes mains pour ce plaisir, pour cet intérêt, pour cette vengeance, et l'infinie miséricorde de Dieu ne manquera pas de te racheter. Tu peux bien te reposer sur elle, car son pouvoir n'est-il pas infini ? Oui, avec la seule miséricorde de Dieu, tu te sauveras sûrement. — Infâme menteur ! s'écrie saint Jean Chrysostome, faire de la miséricorde de Dieu un piège pour nous faire tomber entre les mains de Satan ! *Immane flagitium ! misericordiam Dei facere lenam diaboli.* Quelle monstrueuse énormité de se rendre dans la demeure du démon, en passant par les entrailles de la bonté divine ! Miséricorde ! ô mon Dieu, si j'ai été assez malheureux pour vous outrager à ce point, si j'ai abusé de vous pour pécher avec moins de retenue. Je déteste et j'abhore mon iniquité, et je vous en demande pardon. Je confesse que par moi-même je suis indigne de votre assistance. Je l'espère néanmoins, et je l'espère avec d'autant plus de confiance, qu'à l'avenir je suis résolu d'y coopérer avec toute la fidélité possible.

Grâce au ciel, me direz-vous, nous faisons de bonnes œuvres. Nous assistons à la messe, nous recevons la bénédiction du Saint-Sacrement, nous récitons le chapelet et l'office, et de plus nous pratiquons l'aumône et le jeûne. Saint Pierre ne sera-t-il pas content de

ces bonnes œuvres ? Vous demandez s'il sera satisfait ?
Ce que le saint apôtre exige, c'est que nos bonnes
œuvres aient les qualités requises pour assurer moralement notre salut. Il ne nous commande pas seulement de faire de bonnes œuvres pour mériter le salut ;
mais il veut de plus que ces bonnes œuvres soient
faites de telle manière et avec une telle persévérance,
qu'elles assurent notre élection à la gloire. Faire
quelque bien pendant le carême ou le saint temps de
l'avent ; se préparer à la fête d'un saint par une neu-
vaine, et la fête passée, se livrer ensuite à la dissipation du siècle ; faire les saints exercices pendant la
semaine sainte, et une fois la pâque venue, secouer le
joug de la loi de Dieu ; sont-ce là, je vous le demande,
des œuvres telles qu'elles puissent assurer notre salut ?
Faire une confession générale, et une fois la conscience
déchargée, la recharger de plus belle ; réciter le chapelet en voiture, et puis dans la conversation défiler
un chapelet de médisances ; fréquenter tous les deux
mois une pieuse congrégation, se confesser et communier de loin en loin pendant l'année, est-ce là le
moyen d'assurer notre salut ? Vivre dans l'état du
péché la plus grande partie de l'année, et puis donner
à Dieu quelques jours, et les derniers jours peut-être
de la vie, misérable rebut du monde, vous semble-t-il
que des œuvres si mesquines, si pauvres, si maigres,
si forcées, soient capables de vous donner une assurance morale de votre salut ? Un saint Hilarion craignait encore de n'être pas sauvé, après soixante-dix
années passées au service de Dieu. Une sainte Marie-
Magdeleine de Pazzi craignait pour son salut, elle qui
avait vécu comme un ange et un séraphin ; elle disait,
les lèvres tremblantes et le cœur palpitant, à son
confesseur : Mon père, croyez-vous que je serai
sauvée ? Saint Augustin dit et répète qu'il craignait
le feu éternel, qu'il redoutait l'enfer, et le feu de
l'amour divin dont son cœur était embrasé, ne suffi-

sait pas pour bannir cette crainte de son esprit. Et
une âme qui cent et cent fois a commis le péché, qui
ne peut montrer dans toute sa vie, je ne dis pas une
année, mais pas même peut-être un seul mois, où
elle ait persévéré dans la grâce de Dieu, qui n'ait pas
encore donné la preuve qu'elle savait résister à une
tentation un peu violente, à un respect humain un
peu pressant ; cette âme se tiendra sûre de son salut
et de son paradis ! Elle s'imaginera avoir mérité, au
moment de la mort; cette grâce de la persévérance
finale, que personne, au témoignage des théologiens,
ne peut mériter strictement ! D'où peut nous venir,
s'écrie saint Bernard, cette maudite assurance ? *Unde
nobis hæc securitas maledicta?* Il faut agoniser pour
sauver votre âme, dit l'Esprit-Saint. Corneille de
Lapierre explique fort bien ce passage de l'Ecriture :
Agonizare pro anima tua. Il faut combattre, dit-il en
s'appuyant sur la version grecque, *de toutes nos forces,*
de la même manière que ces athlètes dont parle
l'apôtre saint Paul. Combattez donc et déployez tous
vos efforts, afin de sauver votre âme. Secondement, il
explique ce terme *agoniser* dans le sens d'une agonie,
telle qu'on éprouve à la mort. De même, dit-il, que
la nature fait alors un suprême effort pour conserver
la vie, et qu'elle concentre dans le cœur tous les
esprits vitaux, afin de résister au mal suprême qui
est la mort, de même celui-là déploie toute la vigueur
possible, qui sait ce que c'est qu'une âme, ce que
c'est que bien mourir, ce que c'est que le salut et
l'éternité, ce que c'est de voir Dieu et d'éviter l'enfer.
*Quemadmodum natura omnem suum robur expromit et
exerit extremum potentiæ, ut vitam tueatur, etc.*

Rappelez dans votre pensée les soins et les sollicitudes que vous témoignez pour les choses humaines.
Quand vous désirez vivement le succès d'une entreprise, votre esprit ne médite-t-il pas tous les moyens
de la faire réussir? Ne consultez-vous pas toutes les

personnes qui peuvent vous éclairer? Que de démarches! on emploie les amis, les parents, l'argent, les
promesses; en un mot, on met toutes ses ressources
en œuvre. En faites-vous autant pour bien vivre et
bien mourir? En faites-vous la moitié? En faites-
vous la dixième partie? Avez-vous jamais consulté
sérieusement votre père spirituel, en lui exposant
votre manière de vivre et en lui demandant une
direction, afin d'arriver à bon terme? *Magister, quid
faciendo, vitam æternam possidebo?* Maître, que faut-il
que je fasse, pour posséder la vie éternelle? La sollicitude pour les intérêts temporels va jusqu'à nous
priver des délassements même permis, jusqu'à nous
éloigner des conversations d'ailleurs honnêtes; elle
nous ôte le sommeil, et trouble notre repos de fantômes pénibles. Et comment celui-là pourra-t-il se
flatter d'être zélé pour son salut, qui passe des jours,
des semaines et des mois sans y penser? Mais celui
qui y pense, et ne fait rien, montre-t-il davantage de
ce zèle? Un homme sent que sa conscience est chargée
de péchés; elle gémit de ce poids et elle fait entendre
ses plaintes, comme une âme du purgatoire : aie pitié
de ton âme, en te réconciliant avec Dieu. Va te confesser, recours au médecin : *Vade, et ostende te sacer-
doti.* Et lui, que répond-il? Plus tard. — Cet autre
n'est point satisfait de sa manière de vivre; il sait et
comprend à merveille qu'on ne doit point différer sa
conversion à la mort, et malgré toutes ces réflexions
et l'éclat de tant de lumières, il se fait illusion sous ce
beau prétexte : plus tard je ferai une bonne retraite,
et je mettrai tout en ordre; mais ce plus tard est
encore à venir.

O mon âme, je vous demande pardon du peu de
soin et de l'oubli même dans lequel je vous ai laissée.
Au lieu de m'appliquer avec ardeur à assurer mon
salut par mes bonnes œuvres, j'ai pour ainsi dire pris
à tâche d'assurer ma perte par ma mauvaise vie. Plût

à Dieu que j'eusse maintenant autant d'assurance de mon salut, que j'ai eu de présomption à travailler à ma perte. Dans mon négoce, j'ai cherché les correspondants les plus sûrs ; quand j'ai vendu, j'ai cherché les acheteurs les plus solvables, et je me suis bien gardé de confier un sou à ceux dont je suspectais la probité ou les ressources. Pour la santé du corps, j'ai cherché les aliments les plus salubres, l'air le plus sain, les médecins les plus habiles. C'est seulement à ton égard, ô ma pauvre âme, que je me suis fié à des peut-être incertains, douteux et souverainement dangereux. Est-ce que je ne changerai pas enfin de conduite ? et ne dois-je pas pour cette âme éternelle, immortelle, unique, dont le salut est de si grande conséquence, est-ce que je ne dois pas m'entourer du moins des mêmes garanties que pour un intérêt misérable et passager, et pour la conservation de ce corps qui doit enfin périr ?

Le saint roi David, préoccupé des soins incessants et si multipliés que lui donnaient ses guerres, son gouvernement, son conseil d'Etat, ne perdait jamais de vue, maigré tout cela, l'importante affaire de son salut. Chaque jour, il tâchait de l'assurer davantage : je demande une seule grâce au Seigneur, disait-il, et je ne cesserai de la lui demander tous les jours de ma vie : c'est d'habiter dans la maison du Seigneur. *Unam petii a Domino, hanc requiram, ut inhabitem in domo Domini omnibus diebus vitæ meæ.* Un interprète explique ainsi ce passage : J'ai demandé dans mes prières, et je ne cesserai de demander par mes œuvres. *Unam petii oratione, hanc requiram opere.* Remarquez que, dans une tempête, le pilote n'a pas plus tôt perdu le timon et le gouvernail du vaisseau, qu'il s'écrie aussitôt : Se sauve qui peut ! Au milieu des affreuses tempêtes de la mer orageuse de ce monde, je dis aussi : Se sauve qui voudra !

IIᵉ CONSIDÉRATION.

RAVAGES QUE LE PÉCHÉ FAIT DANS UN CHRÉTIEN.

Je ne sais s'il y a au monde une nation qui ait été plus ingénieuse pour inventer les tourments contre les pauvres chrétiens, que la nation japonaise. Le feu, les roues, les taureaux de bronze enflammés, les tenailles ardentes sont des martyres qui causent de vives douleurs, mais ils finissent bientôt. Au Japon, on s'étudiait à les faire mourir d'une mort lente, afin, pour ainsi dire, qu'ils épuisassent goutte à goutte le calice des tortures, et que la douleur du tourment les contraignît à l'apostasie.

Un de ces supplices fut celui de la fosse, supplice inouï pendant plus de quinze siècles, et inconnu des plus cruels persécuteurs de l'Eglise. On creusait dans la terre une fosse capable de contenir un homme. Au-dessus, on dressait une fourche, à laquelle le pauvre martyr était suspendu par les pieds, et on le faisait descendre, la tête en bas, dans cette fosse, jusqu'à la ceinture, ou jusqu'aux genoux, sans qu'il touchât la terre d'aucun côté. Dans cette position contre nature, au-dessus d'une fosse humide où étaient amassées toutes sortes d'immondices, le patient souffrait un tourment excessif, parce que le sang et les humeurs se rassemblaient au cerveau et au visage, de manière à les gonfler comme une outre. Les poumons renversés de la sorte avaient une peine extrême à respirer ; c'était une agonie prolongée. Quelques-uns vomissaient leurs entrailles et leurs intestins. Ce cruel tourment était appliqué parfois à des enfants de treize et de quatorze ans ; il durait pour les uns six jours, pour d'autres sept, pour quelques-uns neuf. La mort était continuelle, et cependant elle n'achevait pas sa victime.

Renverser ainsi un homme, la tête en bas et les
pieds en haut, voilà ce qu'on regarde comme le plus
affreux de tous les supplices. Vous allez voir maintenant que le péché opère le même renversement dans
un chrétien. La position naturelle du chrétien, c'est
de porter la tête en haut. Mais quel est notre chef,
sinon Jésus-Christ? L'état normal consiste à mettre
sous ses pieds les mauvaises passions, les maximes
insensées du monde et les suggestions de Satan. Or,
que fait le péché? Tout péché mortel nous fait fouler
Jésus-Christ aux pieds, et prendre pour chef Lucifer,
pour législateur nos sens corrompus, et pour directeur
le monde. Peut-on voir un renversement plus complet? En effet, où avons-nous puisé le véritable caractère et la vraie forme du chrétien? Vous me répondez
tous : Dans le saint baptême. *Quicunque baptizati estis,*
Christum induistis. Vous tous qui avez été baptisés,
vous êtes revêtus de Jésus-Christ. Corneille de Lapierre
explique fort bien cette sentence. De même, dit-il,
qu'un sceau s'adapte, se plonge et se grave dans la
cire où on l'applique, de même le baptême est une
application, par laquelle l'âme du baptisé reçoit
l'empreinte ineffaçable de Jésus-Christ.

Maintenant, voyez en détail comment le péché
défigure totalement cette marque glorieuse reçue au
baptême.

A votre entrée dans l'église, on vous a demandé :
Quid petis ab ecclesia Dei? Qu'attendez-vous de la sainte
église de Dieu? — La Foi, *Fidem.* — Et pourquoi
désirez-vous la Foi? — Parce qu'elle est le moyen de
parvenir à la vie éternelle. *Fides autem quid præstat?*
Vitam æternam. Or, dès que le péché envahit une âme,
il diminue et obscurcit quelquefois les lumières de la
foi, et lui enlève tout droit à la vie éternelle.

Le prêtre souffle sur l'enfant et dit : *Exi ab eo*
immunde spiritus, et da locum Spiritui Sancto. Sors de
cet enfant, esprit immonde, et fais place à l'Esprit-

Saint. Cette parole est un exorcisme puissant qui chasse le prince des ténèbres, et dispose l'âme de l'enfant à recevoir l'esprit de Dieu. Or, dès que le péché paraît dans une âme, l'esprit de Dieu prend la fuite, et le démon rentre dans son ancien domaine, ainsi que l'évangile le dit de Judas prévaricateur : Satan entra dans son âme. *Introivit in eum Satanas.*

Au baptême, on vous a revêtu de la robe blanche, symbole d'innocence. Le péché souillé cette robe. On vous a présenté un cierge allumé, pour signifier que vous devez éclairer par l'exemple, et échauffer le prochain par l'ardeur de votre charité. Par le péché, vous éteignez le cierge du baptême.

Ainsi tout péché mortel ruine entièrement les salutaires effets du saint baptême ; il bouleverse complètement l'état naturel du chrétien, il met la tête aux pieds et les pieds à la tête.

Mais s'il y a un ordre que le péché pervertit étrangement, c'est celui qui résulte des trois renoncements qui ont lieu après l'introduction dans l'église et au moment même du baptême. Le prêtre interroge l'enfant au nom de Jésus-Christ et de l'Eglise : *Abrenuntias Satanæ?* Renoncez-vous au démon et à ses suggestions impies ? — J'y renonce. — Renoncez-vous au monde et à ses maximes perverses ? — J'y renonce. — Renoncez-vous à la chair, c'est-à-dire aux délices et aux plaisirs défendus ? — J'y renonce.

Croyez-vous, mes frères, que ce soient là de pures cérémonies ? Plusieurs théologiens sont d'avis que ce sont comme autant de serments et de vœux par lesquels le nouveau chrétien s'engage vis-à-vis de Jésus-Christ son chef, à peu près, comme en s'enrôlant sous les drapeaux d'un prince, le soldat lui fait serment de fidélité. Pour moi, j'affirme que ces trois renoncements sont trois liens plus sacrés que le serment et le vœu, et voici ma raison : c'est qu'on peut, pour de justes raisons, commuer un vœu, dispenser d'un

serment. Quant à ceux-là, ce sont des nœuds tellement sacrés que jamais, en aucun cas, nulle puissance
au monde ne peut nous en dégager.

Or, comment se fait-il que maintenant j'en fasse si
peu de cas, et qu'en péchant, je déclare même par le
fait, que je les méprise? Lorsque j'étais enfant, j'ai
fait, avec infiniment de raison, ces trois promesses.
Maintenant que je suis homme, et que j'en apprécie
toute la portée, j'en viens à cet excès de folie de
renoncer au Saint-Esprit pour plaire au monde et à
la chair, de renoncer à Jésus-Christ pour suivre Satan?
Est-ce que je me repens donc de mon baptême?

Saint Augustin pense que le premier grief que le
démon élèvera contre nous au jugement, sera de nous
mettre sous les yeux les promesses de notre saint baptême, c'est-à-dire de notre foi, de notre état, de la
vocation que nous aurons embrassée. *Diabolus ante
tribunal Christi recitabit verba professionis nostræ.* Il
rappellera aux laïques l'obligation où ils étaient de
répondre par leur conduite au nom de chrétien dont
ils s'honoraient ; aux ecclésiastiques, le devoir qui leur
incombait d'édifier les séculiers par l'exemple d'une
vie sainte ; aux prêtres, l'obligation de mener une vie
conforme à la sublimité de leur caractère. Aux religieux il rappellera les vœux qu'ils ont ajoutés aux
engagements du baptême ; il mettra leur vie en regard
des règles, des vœux, des coutumes et des constitutions
qu'ils s'étaient engagés spontanément à observer. Et
quel compte, dira le perfide accusateur, celui-ci a-t-il
tenu de l'engagement qu'il avait pris de renoncer au
siècle et à sa licence? *Quid apud illum avaritia, quid
ambitio, quid incontinentia faciebant, quibus renuntia-
verat?* Et ainsi passera-t-il en revue tous nos vices. Il
conclura en disant, le visage tourné audacieusement
vers le souverain Juge : Maintenant, juste Juge, pro-
noncez que celui-ci est à moi à cause de ses crimes,
puisqu'il n'a pas voulu être à vous, malgré vos bien-

faits. *Nunc ergo, æquissime judex, judica meum esse per culpam, qui tuus esse noluit per gratiam.*

Réfléchissez sérieusement, ô chrétien, dit saint Ambroise, sur les promesses que vous avez faites à Dieu dans votre baptême, et comment vous les avez gardées, afin qu'au dernier jour vos péchés n'élèvent point la voix contre vous. *Recogita, quid interrogatus sis; recognosce, quid responderis.* C'est à la vue du ciel, c'est en public, dans le temple du Dieu vivant, et en présence des anges que vous avez fait ces protestations solennelles : *Præsentibus angelis locutus es.* Et comme ils ont été les témoins de vos engagements, ils seront les vengeurs de votre infidélité. *Recogita, recognosce, hæc est fides tua.* Reconnaissez la foi que vous avez embrassée, et comparez-y votre vie. *Hæc est vita tua.* Et prenez enfin la ferme résolution de mener à l'avenir une vie plus chrétienne.

IIIᵉ CONSIDÉRATION.

LE PÉCHÉ VÉNIEL CONSIDÉRÉ EN LUI-MÊME.

Dans le monde, le péché véniel s'appelle un péché léger, un petit mal. Il l'est, si on a égard à la facilité et à la fréquence avec lesquelles on le commet ; mais il est loin d'être petit et léger, si on envisage la malice qu'il renferme, et les dangers auxquels s'expose celui qui s'en rend souvent et aisément coupable. Pour être plus clair, distinguons deux sortes de péchés véniels : Les uns à demi-délibérés, involontaires, qui échappent par surprise, comme sont, par exemple, certaines distractions involontaires dans la prière, ou certains premiers mouvements d'impatience et de colère ; les autres délibérés, volontaires, et commis, comme l'on dit, de sang-froid, avec une pleine connaissance de l'esprit et un plein consentement de la volonté.

C'est de ces derniers seulement, et non pas des premiers que je parle, et je dis que ce sont des péchés légers, si on les compare aux péchés mortels, mais qui ne sont pas légers, si on les considère en eux-mêmes et dans les funestes conséquences qui en résultent.

En premier lieu donc, le péché véniel délibéré, connu et jugé pour tel, comme un mensonge, un regard curieux, une colère dont on s'aperçoit et à laquelle on consent, une jalousie, une médisance ou une calomnie en matière légère, un mépris du prochain, une irrévérence à l'église, un petit excès dans le boire ou le manger, tout cela, dis-je, contient une offense de Dieu proprement dite. Le même Dieu qui est outragé par le péché mortel, est offensé par le véniel. Oui, ce Dieu infiniment grand et aimable, à qui nous devons tout, qui est notre souverain maître, notre unique fin et notre tendre père, voilà celui que nous offensons, et à qui nous causons du déplaisir par le péché véniel. Il est vrai que c'est une offense légère, mais toute légère que soit cette offense, elle grandit, et s'étend jusqu'à l'infini en quelque sorte, à raison de la grandeur et de la majesté infinie de l'offensé. Remarquez que jamais une injure faite à un prince, ne passe pour légère, quand même elle consisterait simplement dans une parole, dans un geste, dans un acte incivil. Et pourquoi ? Parce que la personne du prince est constituée dans une dignité éminente. Or, qu'est-ce qu'un prince et un roi vis-à-vis de Dieu qui élève et renverse à son gré tous les monarques du monde ? Frapper son père est un excès énorme; mais le déshonorer par des paroles inconvenantes ne laisse pas que d'être aussi bien digne d'un châtiment exemplaire. Les obligations que nous avons envers nos parents, peuvent-elles être comparées à celles que nous avons envers Dieu? et pouvons-nous regarder comme chose de peu d'importance, la moindre offense

commise envers un si grand maître et un si bon père ?
Un seigneur français s'étant permis de dire, qu'il avait
rêvé la nuit qu'il tuait le roi, fut jugé criminel de
lèse-majesté, et comme tel condamné à être décapité.
Voyez si une légèreté renfermant une ombre de mépris
pour le roi, est un mal qui puisse s'appeler léger !

De ce que le péché véniel est véritablement un
mépris et une offense de Dieu, il s'ensuit que c'est,
remarquez-le bien, un plus grand mal que tous ceux
qui existent au monde. Si le feu prenait à une des
maisons de cette ville, et que les flammes, propagées
par le vent, vinssent à consumer toutes les habitations, tous les magasins, tous les palais, toutes les
marchandises, ainsi que tous les habitants de la ville,
chacun s'écrierait : Oh ! quel grand malheur ! pauvre
ville ! Eh bien, mettons ce grand désastre en regard
d'un seul péché véniel. Ce dernier est un mal beaucoup plus grave, parce qu'il est l'offense de Dieu.
Offense légère à la vérité, mais qui néanmoins blesse
le bien suprême et infini, supérieur sans comparaison
à tous les biens créés.

Ecoutez, ô âme, qui commettez si facilement et
avec réflexion le péché véniel, et qui vous faites une
conscience large, en disant : Après tout, ce n'est qu'un
péché véniel. Voudriez-vous être saisie d'une fièvre
qui vous causerait des tremblements et des crispations
dans tous vos membres ? Voudriez-vous être attaquée
en même temps de toutes les fièvres qui règnent dans
cette ville ; de toutes les maladies qu'on voit dans nos
hôpitaux ; enfin de tous les maux qui sont répandus
dans le monde entier ? Voudriez-vous être couverte
des plaies les plus hideuses, être en proie à la démence
et à la frénésie, enfin être possédée des esprits infernaux ? Mon père, me dites-vous, quelle proposition
vous me faites-là ! Eh bien, écoutez :

Lorsque vous commettez volontairement un péché
véniel, vous encourez un mal plus terrible que tous

ceux que je viens d'énumérer. La preuve est évidente : pour un péché véniel, Dieu condamne une âme au purgatoire ; or, de l'aveu de tout le monde, les peines du purgatoire surpassent toutes les souffrances d'ici-bas ; il est donc vrai de dire que le péché véniel l'emporte sur tous les maux du monde.

Et pourtant, on dit que c'est un péché léger, une bagatelle ; et tant de personnes le commettent avec la dernière facilité ! Il y en a même qui vivent pendant des années et des années dans l'habitude du péché véniel, se confessant et communiant toutes les semaines ou à peu près, et très souvent sans nul amendement. Dites-moi, si une dame de haute naissance et de grande fortune, était jetée en prison par la justice humaine, et que, son procès terminé, elle fût condamnée à être déchirée avec des tenailles ardentes, et puis brûlée vive sur la place publique, que diriez-vous, mes frères? Vous diriez sans doute qu'il faut qu'elle se soit rendue coupable d'un délit énorme. Vous n'oseriez pas dire qu'elle est seulement coupable d'une légèreté. Descendons dans le purgatoire. Quelles sont ces âmes qui brûlent? Ce sont des princesses du ciel ; elles y brûlent à cause de leurs péchés véniels ; elles y brûlent du même feu dont brûlent les damnés, et vous direz encore que le péché véniel est un mal léger !

De cette doctrine qui est confirmée par l'autorité de tous les théologiens, il résulte que si, par un mensonge léger, par un petit vol, enfin par un péché véniel quelconque, je pouvais convertir tous les pécheurs, amener à la foi tout l'empire de Turquie qui a été l'occasion de tant de guerres et de tant de dépenses, si je pouvais convertir tous les juifs et tous les hérétiques; bien plus, si je pouvais délivrer tous les damnés, je ne pourrais pas commettre ce mensonge ou tout autre péché, quelque léger qu'il soit. Et pourquoi? parce que jamais il n'est permis d'offenser

Dieu, même véniellement, pour quelque bien que ce soit. Et si, pour des motifs d'un intérêt si puissant, je ne dois pas commettre volontairement une faute, à plus forte raison cela n'est-il pas permis pour donner cours à la passion, pour complaire à un ami, pour ne pas déplaire aux autres, ni pour me satisfaire moi-même. Jugez d'après cela combien sont imprudents ceux qui s'excusent d'avoir menti, par exemple, en disant qu'ils l'ont fait pour un bien. Tout le fond de ce raisonnement repose sur ces deux termes : Qu'est-ce que Dieu? Qu'est-ce que la créature? et qu'est-ce qu'une créature offensant Dieu?

Voilà pourquoi la sainte Ecriture représente les âmes justes sous la figure de ces animaux de l'Apocalypse, qui étaient tout couverts d'yeux par devant et par derrière. *Plena oculis ante et retro.* De même en effet que l'œil ne peut supporter le plus petit grain de poussière ; de même l'âme juste ne peut supporter la tache vénielle même la plus légère. Elle est tout yeux, pour marquer la vigilance continuelle dans laquelle elle vit. Celui qui craint Dieu, ne néglige rien. *Qui timet Deum, nihil negligit.* Cassien ajoute que le juste redoute les moindres offenses, sachant que Dieu voit avec déplaisir les fautes même les plus légères ; et c'est là ce qui résulte manifestement de la sévérité avec laquelle il les punit. Pour un mouvement de curiosité, la femme de Loth est changée en une statue de sel. David se laisse aller à un mouvement de vanité, en se voyant le chef d'une nombreuse armée ; et Dieu lui enlève soixante-dix mille hommes. Voyez donc ce vaste cimetière rempli de leurs cadavres, et dites-vous : Voilà la juste peine d'un moment de vaine complaisance, toute semblable à celle à laquelle je m'abandonne si souvent moi-même. Moïse, ce grand ami de Dieu, qui lui parlait familièrement, de qui il reçut les tables de la loi et la verge miraculeuse, commet une faute légère, en frappant le rocher à deux reprises, pour en tirer de l'eau et désaltérer son peuple ; il est exclus de la terre promise. Aza touche indiscrètement l'arche du Seigneur ; il est frappé de mort.

. Et pour en venir aux temps modernes, pour un regard de curiosité échappé comme par mégarde, pour une parole peu charitable, pour un sentiment d'envie, que sais-je ? Dieu n'a-t-il pas puni sévèrement tant de saintes âmes, en les privant de toute consolation dans la prière, de toute ferveur dans la communion, enfin de toute douceur sensible dans leurs exercices de piété ? Jean Gerson, cet illustre chancelier de l'université de Paris, assure que si Dieu punissait de l'enfer un seul péché véniel pleinement volontaire, il ne commettrait point d'injustice. Il comprenait, ce grand homme, ce que c'est que d'offenser Dieu ; et en réalité, quel amour voulez-vous que Dieu ait pour une âme qui se borne à éviter le péché mortel, et qui ne fait pas difficulté de multiplier sans mesure le péché véniel ? Cette âme fait peu de cas de l'amitié de Dieu, et le sert par une crainte qui n'a rien de filial. Celui qui tient à l'amitié de quelqu'un, emploie tous les moyens de croître dans son affection ; il fait bien des choses auxquelles il n'est pas obligé ; il a grand soin de lui épargner les moindres déplaisirs. Une âme tiède fait tout l'opposé, et, par conséquent, elle témoigne se soucier peu de l'amitié de Dieu.

De plus, elle le craint d'une crainte servile. En effet, que cette âme sonde le fond de son cœur, qu'y verra-t-elle ? Si le péché mortel n'avait pas pour conséquence la damnation éternelle ; si je pouvais le commettre impunément, sans perdre le paradis, je le commettrais. Voilà le fond de la pensée et des dispositions de cette âme ; c'est là du moins ce qui est fort à craindre. Et une âme qui tremble, parce que son maître a la verge en main, et qui, pour ce seul motif, s'abstient de l'offenser, comment peut-on dire qu'elle aime, et que sa crainte n'est pas celle d'un esclave?

Aussi les âmes justes et ferventes s'efforcent-elles de prévenir les rigueurs du purgatoire, en faisant une rigoureuse pénitence pour leurs fautes vénielles; et elles en parlent comme de fautes graves et très graves. Saint Basile disait que c'est audace et témérité de regarder comme léger tout ce qui peut offenser Dieu : *Quis est, qui peccatum ullum, cujusmodi sit, leve audeat appellare?* Le Seigneur lui-même dit à sainte Brigitte : Ma fille, garde-toi bien de regarder aucun péché comme léger. *Tu, filia mea, nullum peccatum puta leve.*

Figurez-vous que le Seigneur vous dit la même chose, et promettez-lui de tout votre cœur d'éviter à l'avenir tout péché véniel pleinement délibéré et volontaire.

IV° CONSIDÉRATION.

LE PÉCHÉ VÉNIEL CONSIDÉRÉ DANS SES EFFETS.

La plus funeste et la plus terrible des conséquences que le péché véniel entraîne, quand il est pleinement délibéré et volontaire, mais surtout quand il est fréquent, nous est indiquée par l'ange de l'école, saint Thomas. Cette sorte de véniel, dit le saint docteur, dispose peu à peu au mortel. Ces maudites fautes vénielles trouvent dans certaines âmes relâchées un asile si commode et si sûr, que rarement elles songent à s'en débarrasser. Pour les fautes mortelles, on les éloigne, on les évite, mais en revanche on se laisse aller facilement aux vénielles. Or, dit le Docteur angélique, elles disposent au péché mortel, comme les qualités extérieures et accidentelles d'un sujet le disposent à recevoir sa forme. Ainsi le bois, placé à

peu de distance d'un foyer ardent, se sèche et se
dispose de telle manière qu'il suffit bientôt d'une étincelle pour l'enflammer. De même, celui qui s'habitue
à mentir dans des choses légères, se dispose peu à peu
à mentir dans des choses importantes. Celui qui se
permet de petits vols, se prépare à des vols plus con-
sidérables, dans lesquels il est d'autant plus facile de
tomber, que l'objet est plus attrayant. Ajoutez à cela
qu'une habitude vicieuse se forme aussi bien en
matière légère, qu'en matière grave, et que celui qui
commence à céder à la passion, lui donne plus de pied
et d'empire à son égard. De là, cet avis que nous
donne l'Esprit-Saint : Fuyez le péché, comme un serpent. *Tanquam a facie colubri, fuge peccatum.* Et pourquoi ne dit-il pas plutôt, fuyez le péché comme vous
fuiriez à l'aspect d'un lion ou d'un loup ? Ces images
ne seraient-elles pas plus propres à nous inspirer la
crainte ? Non, car on caresse les lionceaux, et on parvient à les apprivoiser, tandis que personne ne caresse
et ne cherche à apprivoiser un petit serpent ; en effet,
tout petit qu'il soit, il a déjà du venin, et son souffle
est mortel.

Considérez donc, en premier lieu, comment le péché
véniel dispose au mortel, du côté de Dieu. La raison
en est que Dieu, justement indigné de ces offenses
multipliées, quoique légères, retire à l'âme tiède ces
grâces abondantes qu'il avait dessein de lui accorder.
Il suit de là que le danger venant à augmenter, l'âme
affaiblie et privée de l'assistance spéciale de Dieu,
finit par tomber dans le péché mortel. On lit dans le
prophète Amos : *Ecce ego stridebo subter vos, sicut
stridet plaustrum onustum fœno.* Voici que je crierai
au-dessus de vous, comme un chariot chargé de foin.
Qu'est-ce que le foin ? C'est une herbe desséchée, fort
légère et qui n'a presque point de poids. Cependant à
force de l'entasser sur un chariot, il en fait gémir et
crier les essieux. C'est de la même manière que Dieu

gémit et crie pour ainsi dire sous le poids de nos péchés véniels. Et que fait-il alors? En voyant si peu de correspondance de notre part, et tant d'insouciance à lui faire plaisir, il permet que nous fassions ces chutes graves dont nous sommes si souvent les tristes témoins. C'est ainsi que les hommes en usent entre eux; et ce ne sont pas seulement les grands de la terre, mais le vulgaire lui-même. N'est-il pas vrai qu'un manquement, même de peu d'importance, leur fait souvent oublier le dévouement de plusieurs années? Et vous-mêmes, mes frères, auriez-vous, je vous prie, des attentions particulières et une bienveillance spéciale pour un de vos domestiques qui se montrerait désagréable, sans prévenance, sans attachement pour votre personne et pour vos intérêts, pour un serviteur sans intelligence et menteur, qui à chaque pas mériterait une réprimande? Suivez un chrétien qui est tiède, pendant une seule journée, et voyez s'il y a une seule de ses actions qui puisse vraiment plaire à Dieu. Il fait ceci par vanité, cela par hypocrisie, et cette autre chose par routine. S'il réprimande, c'est par colère, par emportement et par orgueil. S'il se tait, c'est par faiblesse et par respect humain. Dans chaque parole, dans chaque mouvement, il recherche l'estime, le plaisir, il fait ses exercices de piété sans préparation, sans attention, et l'esprit tout dissipé. Il ne fait rien pour l'amour de Dieu qui ne soit mêlé d'imperfection notable. Or, dit saint Augustin, si j'exige que mes serviteurs soient attentifs, respectueux, dévoués, soumis, laborieux, comment croire que Dieu se contentera d'un service dont je m'acquitte avec tant de distraction, de paresse, et de langueur? Oh! qu'il y a longtemps, ô mon âme, que Dieu gémit de ce que vous le chargiez de vos fautes multipliées, et que vous abusiez de sa longue patience.

Ce n'est pas une doctrine nouvelle chez les théologiens, que Dieu punit les petits péchés, en en permettant de plus graves. Ce n'est pas un exemple inouï dans les saintes Ecritures que l'on passe du petit au grand. C'est ainsi que David passa d'un moment d'oisiveté, à un regard imprudent, et de ce regard à un désir criminel. C'est ainsi qu'Eve commença par regarder le fruit défendu avec curiosité, qu'elle en vint ensuite à en manger, et qu'enfin elle en offrit à Adam. C'est ainsi que saint Pierre, pour avoir sommeillé dans le jardin des Oliviers, commença à ne plus suivre Jésus-Christ que de loin. *Sequebatur eum a longe;* qu'ensuite il se tint dans la société de ses ennemis, et qu'il finit par le renier. C'est ainsi que le traître Judas commença par murmurer au sujet du parfum répandu par la Madeleine, qu'ensuite il se mit à accumuler quelque peu d'argent, et qu'enfin il trahit et vendit son maître. Sainte Thérèse, à une certaine époque de sa vie, n'était pas très soigneuse d'éviter les fautes vénielles; elle s'abstenait de tout péché grave, parce que, disait-elle, elle voulait se sauver. Dans une de ses visions, le Seigneur lui montra la place qui lui était destinée en enfer parmi les réprouvés, si elle continuait à mener cette vie de tiédeur. O vous, âmes consacrées à Dieu, si vous ne frémissez pas au seul nom du péché mortel, que vous êtes à plaindre! Et si le péché mortel vous fait trembler, et que néanmoins vous commettiez habituellement des péchés véniels avec délibération, je m'écrie de nouveau : Que vous êtes à plaindre !

Le péché véniel est encore une disposition au mortel, du côté de celui qui s'en rend coupable. Il en est des maladies de l'âme comme de celles du corps. Avons-nous un grain de fièvre, une toux profonde, une petite plaie? Si on néglige ces petites indispositions, il peut se faire que la fièvre dégénère peu à peu en fièvre maligne, que la toux amène la phthisie, que la plaie s'envenime, parce que toutes les mauvaises

humeurs se portent vers la partie malade ; et d'ordinaire c'est par un mal léger qu'on commence une
maladie mortelle. Oh ! qu'il est facile qu'une petite
aversion grossisse jusqu'à devenir une haine déclarée !
qu'une petite médisance prenne de graves proportions
et dégénère peut-être en calomnie ! que la facilité à
dire de petits mensonges entraîne jusqu'au parjure !
que la liberté d'entendre, de penser, de voir, passe
insensiblement du véniel à quelque faute grave, à
quelque complaisance tout à fait coupable ! Cette propension vient de la mauvaise habitude qu'on a con-
tractée de faire des fautes légères, et de la faiblesse
qu'elle laisse dans notre âme. Et quand l'âme est
ainsi affaiblie, comment pourra-t-elle résister au choc
d'une tentation violente ? On lit au chapitre XIX de
l'Ecclésiastique, que celui qui méprise les petites
choses tombera peu à peu. *Qui spernit modica, paulatim decidet.* Remarquez cette parole : *Celui qui méprise, qui spernit,* parce qu'il en est qui tombent dans
des fautes légères, mais qui en conçoivent aussitôt du
repentir et prennent la résolution de s'en corriger.
Mais pour celui qui n'en fait point de cas, il tombera
peu à peu, et où tombera-t-il ? Il décherra de l'état
de grâce dans l'état du péché. *Decidet a probitate, a
statu gratiæ in statum peccati.* Et ceux qui s'écartent
ainsi de la voie, le Seigneur les confondra avec ceux
qui commettent l'iniquité. *Declinantes autem in obli-
gationes, adducet Dominus cum operantibus iniquitatem ;*
telle est l'explication des interprètes.

Celui qui commet le péché véniel se dispose encore
par là au péché mortel, parce que peu à peu il perd
la crainte de Dieu. L'enfant qui commence à manquer
de respect pour ses parents dans de petites choses,
affaiblit insensiblement en lui-même l'amour filial, et
il leur désobéira facilement dans des choses plus
importantes. Ainsi entre le péché véniel et le mortel,
il n'y a précisément d'autre différence qu'entre un

mauvais fruit et un fruit empoisonné. Celui-ci tue
sur-le-champ, l'autre fait mourir avec le temps.

Et maintenant, quel est l'homme qui craigne Dieu
et qui ne sente ses cheveux se dresser sur sa tête,
quand il entend nommer le péché mortel? Mais si le
péché véniel délibéré nous en approche et nous y dispose, tant du côté de Dieu que du côté de nous-
mêmes, comment ne pas craindre aussi ce péché véniel?

Enfin le véniel dispose au mortel, lorsque nous
l'envisageons du côté du démon. Le démon n'est pas
assez aveugle pour croire qu'une âme juste, à laquelle
il proposerait un acte d'impureté, ne le repoussera pas
aussitôt avec indignation : Va-t'en, tu m'es un sujet
de scandale. Que fait-il? il commence par l'engager à
certaines familiarités, à une amitié particulière, enfin
à quelques manquements qu'on peut appeler légers.
Il enflamme ainsi la concupiscence, et ouvre une
brèche pour des assauts plus redoutables. Voilà pourquoi saint Paul nous recommande instamment de ne
pas donner d'ouverture au diable : *Nolite locum dare
diabolo;* car, dit saint Jean Chrysostome, il suffit au
démon de la plus petite ouverture, *initium diabolo
satis est.* Un quart d'heure et moins lui suffit pour
faire tout le mal. S'il ne réussit pas à obtenir autant
de vous, il vous remplira l'âme d'inquiétude, et vous
serez à balancer entre le oui et le non, si vous êtes
tombé dans une faute grave; et toujours vous serez
agité de mille scrupules. Saint Bernard dit qu'il n'y
a point de repos possible dans un certain milieu, mais
seulement dans les extrêmes. Une âme parfaite qui
est unie à Dieu et qui a dompté ses passions, jouit de
la paix. Une âme qui est ensevelie dans l'abîme du
péché, jouit aussi d'une sorte de repos, parce que la
passion est satisfaite et la conscience endormie. L'état
mitoyen est un état laborieux. C'est quand on accorde
quelque chose à la passion, et quelque chose à la
conscience, sans contenter ni l'une ni l'autre. S'il était

possible de se maintenir dans l'état de tiédeur, état où l'on commet librement le péché véniel, et cela sans courir le risque de faire pis et de se damner ; on aurait trouvé le secret d'accommoder Dieu et le monde, la chair et l'esprit ; chose que Notre-Seigneur Jésus-Christ a déclarée absolument impossible.

Donc, pour récapituler tout ce que nous avons dit jusqu'ici, si le péché véniel est vraiment une offense de Dieu, s'il est plus à craindre de tous les maux du monde, s'il dispose au péché mortel, et du côté de Dieu, et du côté de notre âme, et du côté du démon, s'il nourrit les affections déréglées et s'il augmente les forces de notre ennemi capital, de telle sorte qu'il puisse sans effort nous faire tomber dans le mortel ; s'il aveugle mon intelligence et qu'il affaiblisse ma volonté ; dois-je me croire en sûreté pour le salut ? Si j'avale à grands traits toute espèce d'iniquités, en me faisant illusion, n'y a-t-il pas là péché mortel ? Je ne parle pas ici de la perte de tant de mérites que je pourrais accumuler, en me surmontant moi-même dans les petites choses. Sainte Thérèse disait qu'elle eut regardé le plus petit péché véniel comme quelque chose de plus honteux que d'être issu de la famille la plus vile, la plus abjecte et la plus méprisable du monde ; et la bienheureuse Catherine de Gênes, à qui Dieu fit voir un jour la laideur d'une faute très légère, affirme qu'elle faillit mourir d'effroi, et que si cette vision eût été prolongée, elle se serait brisée, quand même son cœur eût été de diamant.

Ah ! mon Dieu, donnez-moi la grâce de pleurer mille fois le jour les fautes dans lesquelles je tombe chaque jour. Je confesse toutes mes misères en votre présence. Ma vie n'est qu'un enchaînement perpétuel de péchés et d'ingratitudes envers votre infinie bonté. En aucun temps, en aucun lieu, et jusque dans les œuvres les plus saintes, je ne sais vous faire un plaisir qui ne soit mêlé de beaucoup de déplaisirs ; et qui sait, si, dans cette prière même que je vous fais maintenant, il ne se glisse pas quelque défaut qui ait besoin de votre indulgence ! Malgré tout cela, j'espère dans votre divine miséricorde, et parce que je suis trop bien persuadé que je suis digne de châtiment, je ne refuse pas d'être puni pour mes innombrables péchés. Mais, ô mon Dieu, vous avez entre les mains tous les moyens de me châtier ; *multa flagella peccatoris*. Châtiez-moi, comme un bon père, ou par les humiliations, ou par les souffrances, ou par les revers de fortune, ou enfin par la perte de ce que j'ai de plus cher ; mais je vous en conjure, ne punissez pas mes péchés par d'autres péchés, ne punissez pas mes péchés véniels en permettant que je tombe dans le mortel. Cette grâce, je vous la demande, et je l'espère de votre miséricorde.

VIᵉ LECTURE.

Iʳᵉ CONSIDÉRATION.

LA PASSION DE JÉSUS-CHRIST AU JARDIN DES OLIVES.

Une école s'ouvre pour nous dans le jardin de Gethsémani : Le maître n'est point en chaire, il n'est pas assis, il ne parle pas avec autorité ; il est à genoux, tantôt la face contre terre, tantôt étendu sur le sol, et il se montre à nous accablé d'ennui, de crainte et de tristesse. Cette tristesse, cet ennui et cette crainte renferment de grandes leçons pour nous.

Cœpit contristari, tædere, et mœstus esse. Il commença par s'attrister. Comment, direz-vous, prétendre que Jésus-Christ ait attendu jusqu'alors pour se livrer à cette tristesse? Ne savons-nous pas d'une manière certaine, que, dès le premier instant de son incarnation, il eut devant les yeux toutes les souffrances de sa passion? Enfant à Bethléem, en se sentant piqué par la paille de sa crèche, il se rappelait la couronne d'épines. Nu et exposé au froid de l'hiver dans sa tendre enfance, il avait présente à l'esprit la nudité ignominieuse de sa croix. S'il verse les prémices de son sang dans la circoncision : voilà, se disait-il, le gage de ces flots de sang que je répandrai dans ma flagellation. *A primo die nativitatis suæ, usque ad ultimam diem mortis suæ, semper fuit in passionibus et doloribus.* Ainsi parle le docteur séraphique saint Bonaventure. Le pieux Thomas à Kempis souscrit à cette doctrine : Jésus-Christ, dit-il, ne fut pas une heure sans éprouver les douleurs de sa passion ; toute sa vie fut une croix et un martyre. *Christus nec una hora sine dolore passionis fuit. Tota vita Christi crux fuit et martyrium.* Or, s'il eut toujours sa passion devant les yeux et dans le cœur, comment peut-on dire qu'il commença seulement à s'attrister au jardin des Oliviers?

Le bon Jésus eut toujours, il est vrai, sa croix présente à l'esprit ; mais il ne permit point à la tristesse de le presser jusqu'à le plonger dans l'agonie, comme cela eut lieu au jardin des Oliviers. Pour bien entendre ceci, il faut savoir qu'en nous, pauvres créatures, les passions se soulèvent sans notre agrément. Tantôt la joie nous dilate le cœur, tantôt la tristesse le comprime, tantôt la colère nous enflamme, tantôt la jalousie nous ronge, tantôt le désir nous stimule, tantôt la crainte nous retient. Jésus-Christ, étant Dieu et homme tout ensemble, avait les passions à son ordre ; il leur lâchait la bride ou la retirait à volonté. De là vient que ce que nous appelons passions chez nous, les théologiens le nomment *propassions* en Jésus-Christ, terme qui signifie des passions véritables et réelles, mais parfaitement subordonnées à la raison.

D'après cette doctrine commune des théologiens, vous comprenez comment Jésus-Christ a pu différer jusqu'au jardin des Oliviers, pour donner un libre cours à sa tristesse. C'est en ce moment seulement qu'il lâcha la bride au mouvement de cette passion de la tristesse, comme s'il lui eût dit : Votre heure est venue. Je vous le permets maintenant, faites-moi sentir tous vos ennuis et vos accablements ; accablez-moi jusqu'à me réduire à l'extrémité ; parcourez votre cours jusqu'au bout. *Hæc est hora vestra.*

Mais de quoi, ô mon bon maître, êtes-vous donc si affligé ?

Le premier motif de sa douleur, c'est la prévision de la mort cruelle qui l'attend. La vie de Jésus-Christ, dit le Docteur angélique, était d'un plus grand prix que la vie de tous les hommes ensemble. Quelle ne serait pas la tristesse d'un bon citoyen, s'il voyait tous les habitants de sa ville périr ou de peste ou de famine ou par l'épée, en sorte que tous, depuis l'enfant au berceau jusqu'au vieillard, en fussent les victimes ? Or la seule mort du Christ est un évènement plus funeste que la destruction du genre humain tout entier, parce qu'il valait plus lui seul que tout le genre humain. Jésus-Christ savait qu'il était homme Dieu, et que tous les trésors de la sagesse et de la puissance du père étaient renfermés en lui; quelle tristesse ne dut-il donc pas ressentir en se voyant destiné à la mort ?

En second lieu, le moindre supplice est un horrible tourment pour celui qui est innocent. Être innocent, et être puni comme coupable, c'en est assez ou pour brûler d'indignation, ou pour tomber dans un abîme de tristesse. Jésus-Christ n'était pas seulement un homme Dieu, mais il était exempt de toute faute personnelle. On ne vit pas la moindre étincelle d'indignation en lui ; au contraire, il s'offrit à la mort, avec la douceur d'un agneau. Mais dans quel profond abîme de douleur ne fut-il pas plongé, en voyant qu'on lui destinait le plus infâme des supplices, comme au plus infâme des scélérats du monde ?

Et ce supplice se présenta à son esprit avec le cortège le plus affreux de tourments, d'outrages et d'ignominies qu'on puisse imaginer. Il prévit tous ces soufflets, ces coups de poing, ces secousses, ces crachats, ces coups de pied qui ·devaient lui être prodigués. Sa bouche desséchée par la soif, ses lèvres infectées de fiel, son front percé d'épines, ses mains et ses pieds transpercés de clous, ses bras chargés de chaînes et serrés de cordes, tout son corps, tantôt traîné sur le sol, tantôt déchiré de verges, tantôt vêtu d'un manteau de mépris, en un mot, il se vit le jouet et l'opprobre du peuple. Si l'enfer se nomme le *lieu des tourments* par excellence, nous pouvons aussi appeler Jésus-Christ *l'homme des douleurs* par excellence. A cette vue, Jésus-Christ suspendant les influences de sa majesté divine, permit à la délicatesse de son corps, à la sensibilité de son âme, de lui faire éprouver les plus mortelles appréhensions, jusqu'à tomber dans une sorte d'agonie : Mon âme, dit-il, est triste jusqu'à la mort : *Tristis est anima mea usque ad mortem.*

. Si Jésus-Christ· était allé à la mort avec cette magnanimité dont il était rempli, s'il avait communiqué à la partie inférieure cet élan et cette vivacité dont elle était capable, il n'aurait presque pas ressenti la violence des tourments. Afin de souffrir davantage, il voulut souffrir avec ennui, avec désolation et avec tristesse, semblable à un soldat qui irait à la guerre sans cuirasse et sans bouclier, s'exposant à découvert aux traits des ennemis. Mon Seigneur affligé ! vous avez voulu prévenir de la sorte votre passion ; vous avez appelé à vous les pensées les plus sombres, et vous avez permis à la plus noire tristesse de vous faire sentir ses tourments. Oui, Jésus-Christ a voulu éprou-

ver la souffrance toute pure, et s'assimiler en quelque
manière aux malheureux damnés qui souffrent sans
consolations. Mon Jésus, j'ai mérité l'enfer, et c'est
vous en quelque sorte qui le souffrez à ma place,
comme vous l'avez annoncé par la bouche de votre
prophète : *Dolores inferni circumdederunt me.* J'ai été
environné des douleurs de l'enfer.

Job souffrit toutes les tortures dont la rage de Satan
put l'accabler. Il se vit dépouillé de tous ses biens, le
corps tout en plaies, en butte aux insultes de sa
femme et à l'abandon de ses amis. Mais ce héros de
patience, selon la judicieuse remarque d'Origène,
ajouta encore aux cruautés de son ennemi, en s'affli-
geant lui-même de ses propres mains. Il se rasa la
tête, s'assit sur un fumier, et prenant un morceau de
pot cassé, il se mit à râcler ou plutôt à exaspérer les
plaies de son corps. O mon bon Sauveur Jésus, le vrai
type de la patience la plus héroïque, je vous vois
étendu sur le sol, baigné dans votre sang, privé volontairement de toute pensée de consolation, et assis en
quelque manière sur un fumier, occupé à contempler
les douleurs de votre passion dans tout ce qu'elles ont
de plus horrible. *Veni in altitudinem maris, et tempestas
demersit me.*

Soyons attentifs à la leçon qui nous est ici offerte.
Quand une âme est résolue à vivre chrétiennement,
souvent, elle est attaquée au dedans par l'ennui, par
le dégoût, par l'aversion pour les choses spirituelles.
Tels sont les ennemis qui nous pressent et nous assiègent. Quelle triste vie, nous disent-ils, d'être continuellement sur ses gardes! Maintenir fermement nos
bonnes résolutions, vaincre nos passions, observer
exactement une règle de vie, voilà autant de choses
qui semblent devoir nous faire suer le sang. Au fond,
il n'en est pas ainsi; mais quand même nous devrions
suer le sang, Jésus-Christ ne l'a-t-il pas fait avant
nous? Il nous en coûtera pour prier; mais Jésus-

Christ, plongé dans une agonie de tristesse, nous apprend à prolonger la prière. Êtes-vous triste? Priez, nous dit l'apôtre saint Jacques, et c'est ce que Jésus-Christ nous enseigne par son exemple. *Tristatur aliquis vestrum? oret.* La vue d'une croix dont nous sommes menacés, nous jettera dans l'effroi, et notre cœur nous abandonnera! Mais on souffre avec beaucoup de mérite, même quand on souffre avec répugnance, et on ne souffre qu'à demi, quand on souffre avec joie. Ecoute, ô mon âme, la voix de cette sueur de sang qui crie vers toi de la terre. Elle crie, et te dit : je viens au-devant de toi, car toi aussi tu devrais être prêt à verser ton sang, pour rester fidèle à Dieu. De deux choses l'une : ou il faut que tu foules ce sang aux pieds, en retournant à tes anciens péchés et en reculant dans le chemin de la vertu, ou bien il faut que tu imites ton Sauveur, en persévérant dans le bien jusqu'au sang. Ce sang crie vers toi et te dit : Ne te défie pas de ma grâce dans les bonnes œuvres que tu entreprends. Je suis d'un prix infini, et je suffis pour t'obtenir tous les secours nécessaires. Il crie vers toi et te dit : j'ai été dépensé, afin que tu aies en main des ressources infinies pour acquitter tes dettes passées. Et toi, tu seras assez lâche, ô mon âme, pour ne pas prendre la peine de recueillir ce sang, et de t'en appliquer le mérite? Comment se l'applique-t-on? par le bon usage des sacrements, par la fidélité aux inspirations célestes, et par l'exercice des autres pratiques de piété.

Que dois-je répondre aux cris de ce sang? Seigneur! me voici, j'ai choisi et j'ai résolu de vous suivre que le monde dise ce qu'il voudra. Certes, je n'aurai pas autant à souffrir que mon Jésus pour marcher dans la voie de Dieu et persévérer dans le parti que j'ai embrassé. Je n'aurai pas un traître pour me vendre; on ne me garrottera pas de chaînes comme un infâme. Si parfois l'ennui me prend, il ne me réduira pas à l'agonie, comme mon Jésus y fut plongé. Jésus-Christ eut à surmonter des difficultés réelles, nombreuses et très pénibles, dont la vue n'était que trop capable de l'attrister ; pour moi, je n'aurai à surmonter que des · bagatelles, et encore dureront-elles peu de temps ; d'ailleurs, c'est l'appréhension qui en fait presque toute la difficulté ; les mondains en rencontrent de bien plus sérieuses sur leur chemin : *Ambulavimus per vias difficiles, et lassati sumus in via iniquitatis.*

Pendant que le bon Sauveur est comme en suspens, en proie à la tristesse et à l'ennui, à la vue de sa passion prochaine, voici qu'on entend les pas de la soldatesque qui s'avance. Voici Judas, voici le traître, à la tête d'une troupe de gens armés. O mon âme, regarde ce que va faire Jésus, obsédé par la crainte et le dégoût. Va-t-il se cacher, pour se dérober aux mains de ses ennemis ? Va-t-il fuir ou se retirer ? Va-t-il appeler à sa défense úne légion d'anges, ou du moins le petit nombre de ses apôtres ? Nullement, il se lève, plein de générosité, éveille ses disciples endormis, et leur dit avec assurance : Levez-vous, marchons ; car celui qui me trahit est près d'ici. *Surgite, eamus ; ecce appropinquat qui me tradet.* O Jésus, ô Jésus ! qu'est devenue cette terreur panique qui vous avait tout à l'heure fait tomber sur le sol ? où est cette demande instante que vous faisiez tantôt, pour que le calice s'éloignât de vous ? Qu'est devenue cette horreur de la mort ? Lorsque vos ennemis étaient loin, vous étiez abîmé dans la tristesse et l'ennui, et vous aviez une sueur de sang ; d'où vous vient ce grand courage, maintenant qu'ils sont en votre présence ? Ah ! le Saint-Esprit nous l'apprend : La charité bannit la crainte : *Charitas foras mittit timorem.* L'amour que Jésus me porte, le désir qu'il a de me sauver et de m'animer par son exemple, lui fait surmonter toutes ses craintes.

•

Imagine-toi donc, ô mon âme, que Jésus t'adresse la même invitation qu'à ses disciples, assoupis et endormis : Lève-toi, et marche en avant. Lève-toi de cette vie de paresse et de sommeil. Je t'offre la main, marchons, allons ensemble combattre tout respect humain. Jésus-Christ ne dit pas : *Levez-vous et allez*, il ne nous envoie pas seuls ; mais il dit : *Venez avec moi. Eamus.* Quand un ami et un compagnon vous invite, reculez-vous ? et quand il vous inviterait à une entreprise périlleuse et fatigante, reculeriez-vous ? Jésus-Christ vous veut pour compagnons, ferez-vous difficulté de marcher avec lui ? *Eamus, Eamus.*

IIe CONSIDÉRATION.

JÉSUS-CHRIST ABANDONNÉ DANS LE TEMPS DE SA PASSION.

Un des grands obstacles à la persévérance et à la perfection, c'est l'attache aux biens de la terre, aux amis et aux connaissances, ou même à la jouissance des consolations spirituelles. De là vient que, très souvent, pour conserver ou pour acquérir les biens de la terre, nous laissons échapper de nos mains les biens célestes. Pour sauver un ami, on perd Dieu ; et parce qu'on n'éprouve aucune douceur spirituelle, on abandonne les fatigues et les devoirs de la piété.

Jésus-Christ abandonné de ses apôtres nous apprend à nous détacher de nos amis. Jésus-Christ dépouillé de tout et cloué tout nu sur la croix, nous apprend à nous détacher de nos possessions. Enfin Jésus-Christ livré par son propre père à des désolations profondes comme les abîmes de la mer, nous prêche et nous enseigne le détachement de toute consolation même spirituelle. Oh ! quelle matière abondante de réflexion. Elle demande toute notre attention ; elle demande une grâce spéciale de l'Esprit-Saint. Commençons par considérer le premier abandon.

I. S'il y a quelqu'un au monde qui devait compter sur ses amis et ses disciples, c'était Jésus-Christ. Jamais la Judée n'avait vu un homme plus doux, plus utile et plus charitable. Tous le suivaient, enchantés de sa douceur, ravis de ses discours, et nourris par sa providence, souvent au moyen de miracles : *Totus mundus post cum abiit.* Il n'y avait dans toute la contrée ni aveugles, ni sourds, ni muets, ni lépreux, ni paralytiques, qui, après avoir recouru à sa compassion, ne s'en fussent retournés chez eux en parfaite santé. Lui demandait-on une grâce, il en accordait deux, tant il était libéral envers tous. Aux noces de Cana, il pourvut les jeunes époux de vin ; il rendit à la veuve son fils qui était mort ; aux deux sœurs de Lazare, leur frère, déjà inhumé depuis quelques jours ; en un mot, il passa en faisant le bien et en guérissant tous les malades, sans intérêt, sans acception de personnes, sans se faire attendre ou importuner. *Pertransit benefaciendo, et sanando omnes.*

Pour ses apôtres, combien ne lui avaient-ils pas plus d'obligations que tous les autres ? Pendant plusieurs années, il les avait instruits à son école ; il leur avait enseigné la plus sublime doctrine, accordé un pouvoir surhumain ; il avait mis sous leurs pieds les démons, fait obéir à leurs voix les tempêtes, guéri au contact de leurs mains toutes les maladies. Plusieurs fois, ils s'étaient expressément engagés à ne jamais l'abandonner jusqu'à la mort : *Eamus et nos, et moriamur cum illo.*

Et malgré des liens si sacrés et des obligations si étroites, ils se hâtent tous de l'abandonner. *Omnes, relicto eo, fugerunt.* L'un le trahit, l'autre le renie, tous fuient et l'abandonnent à ses ennemis, sans défense, l'abandonnent à de faux témoins et à des juges iniques, sans avocat : *Omnes, relicto eo, fugerunt.*

Voilà, mes frères, la monnaie qui a cours dans le monde : faites tout ce que vous pouvez pour le monde, soyez ses très dévoués serviteurs, soyez pleins de prévenance envers lui pendant toute une vie ; infailliblement, il vous tournera le dos tôt ou tard, et à coup sûr à la mort. Faites maintenant quelque cas du monde ; renoncez à Dieu pour plaire au monde : gouvernez-vous d'après les jugements et les discours du monde ; pour salaire de vos bons services, il vous trahira au moment critique, et même il se tournera contre vous et vous reniera. Qui se révolta avec plus d'audace contre David, que le plus chéri de ses fils ? Qui trahit avec plus de perfidie Samson que Dalila sa confidente ? Qui vendit pour un prix sordide le pauvre Joseph, sinon ses frères, qui devaient être ses plus grands amis ? Et si ces exemples vous paraissent trop éloignés de nous, voyez que d'hommes sortis de la fange et parvenus à la fortune, ont payé d'ingratitude les auteurs de leur élévation ! Que d'enfants nourris, entretenus, élevés avec soin et enrichis par leurs parents, sont la perte et le tourment de leurs vieux jours ! Que d'hommes ont blanchi dans les cours, dans les armées, dans les emplois publics, dans les services particuliers, qui ne reçoivent pour toute récompense que des reproches et qui vont mourir dans un hôpital pour leurs bons services ! Grande vérité, mes frères, grande vérité ! Chacun convient et confesse que le monde est un traître ; chacun s'en plaint comme d'un ingrat qui n'a ni parole ni honneur ; et cependant ôtez du cœur et de l'esprit des hommes la pensée, la crainte, l'appréhension qu'ils ont de ne pouvoir se passer du monde pendant toute leur vie ! Mais enfin à la mort, que pourra-t-il faire en votre faveur ? *Qui proderit multitudo, ubi singuli judicabimur, et populus non absolvat ?* Pourrons-nous appeler du tribunal de Dieu à celui du monde, et nous faire rendre justice par ce dernier, ou faire revoir la sentence divine ?

Pourrons-nous alléguer devant Dieu cette frivole excuse :
C'était l'usage du monde ; le monde était de cet avis?
Si vous allez en enfer, le monde viendra-t-il vous
en tirer?

II. Ce n'est pas tout ; non seulement Jésus-Christ
se vit abandonné de tous ses apôtres ; mais il voulut
vivre et mourir dans le plus complet dénuement, et
cela par choix et pour notre instruction.

Appliquez-vous, mes frères, au raisonnement que
je vais faire. Jésus-Christ pouvait-il naître plus pauvre
qu'il n'est né? Pouvait-il vivre plus pauvre qu'il n'a
vécu? Pouvait-il mourir plus pauvre qu'il n'est mort?
A sa naissance, il est dépourvu de lit, de berceau, de
lumière, de feu, d'habitation : *Non erat ei locus in
diversorio.* Il choisit pour mère une vierge des plus
pauvres ; encore ne voulut-il pas profiter de sa pauvre
habitation. Il s'en va naître dans une étable. Adolescent, il habite un pauvre atelier, et il mange le pain
de ses sueurs. A sa mort, il souffre un dénuement
universel. Comparons Jésus-Christ mourant avec le
mendiant le plus misérable qui gît abandonné dans
un hôpital ou sur la voie publique. Voyons lequel des
deux est le plus indigent. Un mendiant couché sur la
voie publique, a du moins la terre pour se reposer.
Ceux qui sont dans les hôpitaux, ont du moins une
couchette pour y étendre leurs membres endoloris.
Jésus-Christ n'a pas même la terre pour lieu de repos :
il est suspendu et meurt en l'air ; il n'a point de lit
pour s'y reposer ; il n'a pas un pauvre haillon pour
couvrir son corps ; il n'a pas même un verre d'eau
pour calmer sa soif. Pour diadème, il a des épines ;
pour lit, le tronc grossier d'un arbre ; pour boisson,
le fiel. Voilà dans quelle pauvreté il voulut naître,
vivre et mourir, lui, le maître de toutes choses, pour
nous apprendre par cet exemple éclatant et solennel
qu'un chrétien ne doit pas attacher son cœur aux
biens de ce monde. O cupidité insatiable, que rien ne

peut satisfaire, et qui méprise tout ce que tu possèdes, que deviendras-tu quand on te mettra en face d'un Dieu dépouillé et attaché à la croix? Crois-tu entendre ce que tu vois? Jésus-Christ ne tient aucun compte des biens de la terre, et toi, pour deux misérables sous, pour acquérir un pouce de terre, tu vendrais cent fois le paradis et ton âme, si tu pouvais !

Oh! quelle passion furieuse que celle de l'intérêt ! Lorsqu'elle envahit le cœur de l'homme, elle change les enfants en tigres ; elle leur fait désirer la mort de leurs parents pour devenir les maîtres, et la mort de leurs épouses pour s'emparer de leur dot ; elle change les frères et les proches en des chiens qui se mangent tout vivants, à cause de leurs prétentions, de leurs divisions et de leurs chicanes. Elle change des négociants chrétiens en vrais juifs, à cause des usures énormes auxquelles ils se livrent. Elle change la bouche de certains joueurs en une bouche d'enfer, tant sont horribles les blasphèmes qu'ils vomissent au jeu. Elle change, dit saint Paul, les chrétiens en idolâtres, car l'avarice est une véritable idolâtrie. Il y a deux sortes d'idolâtrie. La première est celle de ces malheureux qui ne connaissent pas le vrai Dieu, et qui pour ce motif adorent de faux dieux. La seconde est celle de ces endurcis qui connaissent le vrai Dieu, et qui se forgent des idoles, comme ont fait les Israélites, en adorant le veau d'or. Or, les avares sont coupables de cette seconde espèce d'idolâtrie. Ils croient à un Dieu pauvre, et ils veulent un Dieu riche ; ils adorent l'argent, et y consacrent toutes leurs pensées, toute leur sollicitude, toutes leurs affections. Si l'une des deux parties était moins cupide, et l'autre moins tenace, que de procès, de colères, de rancunes, de jalousies s'éteindraient ou s'amortiraient aussitôt? Mais l'attache au bien dilate la langue et resserre la main, et voilà comment on excite des dissensions éternelles, des haines implacables, des médisances, des imprécations, en un mot, les plus grands désordres.

Dans ces familles, que d'enfants s'abandonnent à la licence, parce que les parents tout absorbés dans les spéculations matérielles, n'y veillent pas plus que s'ils n'en avaient pas ! Dans les magasins et les boutiques, que de mensonges et de parjures ! Les poids ne sont point justes, les mesures ne sont pas exactes, les marchandises sont altérées, les prix sont excessifs, voilà autant de désordres, enfantés par la cupidité. Dans l'exercice des emplois publics que de violences et de vexations ! Dans les conventions privées, que d'usures ! Dans les tribunaux que d'injustices horribles et exécrables, également inspirées par la soif insatiable de l'or. Oh ! qu'il était nécessaire qu'un Dieu se fît pauvre, pour nous apprendre par cet exemple, à réprimer l'ardeur de nos convoitises ! Et puis, dans l'emploi de ces mêmes richesses, que d'abus ! On les prodigue en palais, en vêtements, en livrées, en voitures, et on ne s'acquitte pas des obligations testamentaires, on ne paie pas ses dettes, on prive les pauvres ouvriers de leur salaire ; on ne sait plus ce que c'est que l'aumône ; enfin on emploie en de vaines dépenses ce qui suffirait pour soutenir des familles entières qui manquent de pain et de vêtement ; on porte sur sa tête, par une folle ambition, de quoi procurer une dot à plus d'une épouse de Jésus-Christ.

Considérons-le maintenant, ce bon Sauveur, sous un autre aspect : S'il fut pauvre toute sa vie, il ne le fut pas moins après sa mort. Les pauvres ont droit à la sépulture, ils disposent à la mort de ce qu'ils ont, ils possèdent du moins quelque morceau d'étoffe dans lequel ils puissent être ensevelis décemment. Jésus-Christ, en naissant, eut besoin d'une étable d'emprunt ; à sa mort, il reçut le sépulture par charité, et il fallut qu'on lui fît l'aumône d'un suaire et d'un linceul pour envelopper son corps ; il ne lui fut même pas permis de disposer de ses vêtements ; les soldats

les tirèrent au sort sous ses yeux. O mon Jésus ! voilà
les leçons que vous me donnez ! Si je me replie sur
moi-même, ah ! je vois que j'ai trop d'attache pour
les misérables biens de la terre. Quand est-ce donc
que j'apprendrai à me détacher de toute affection
désordonnée pour la fortune, pour l'argent, et enfin
pour tout ce que je devrais abandonner un jour, for-
cément et sans mérite ! Que ce soit le fruit de votre
passion, ô mon Jésus ! Oui, Jésus, daignez m'accorder
ce parfait détachement.

III. Enfin, considérez que Jésus-Christ ne fut pas
seulement abandonné par les hommes, mais qu'il fut
même abandonné de son Père : *Deus meus, Deus meus,
ut quid dereliquisti me ?* Voici comment le célèbre Denis
le Chartreux explique cet abandon : *Nulla fiebat pro
tunc redundantia consolationis et alleviationis a superiori
parte animæ Christi in partem ejus inferiorem.* Le Père
éternel l'abandonna en ce sens qu'il ôta á l'âme affligée de Jésus-Christ toute espèce de consolation, et
qu'il le livra à la merci des douleurs et des peines les
plus vives, sans ombre de ménagement. Le même
docteur ajoute qu'il n'en fut pas ainsi des martyrs ;
en effet, un bon nombre d'entre eux goûtaient tant
de consolations intérieures au milieu de leurs souffrances, qu'ils y étaient comme insensibles. *Sic autem
non fuit in sanctis martyribus quorum multi tempore
suæ passionis tantam consolationem intra se senserunt,
ut vix perciperent exteriorem dolorem.* Saint Paul a dit
de lui-même : *Superabando gaudio in omni tribulatione.*
Je suis affligé, il est vrai, mais pour une goutte d'amertume, je nage dans un océan de douceurs. Les saints
martyrs Tiburce, Laurent, Agathe, Dorothée et cent
autres, se réjouissaient au milieu des flammes et des
chevalets, tellement que Julien l'apostat écumait de
rage, en entendant les chrétiens chanter au milieu
des flammes : Que ceux-là soient confondus qui adorent les œuvres de leurs mains et se glorifient dans

leurs idoles : *Confundatur omnes qui adorant sculptilia, et qui gloriantur in simulacris suis.* Il faisait redoubler les tortures, et en les redoublant, il ne faisait qu'augmenter la joie des athlètes de Jésus-Christ.

Pour le Sauveur, il fut privé de toutes ces consolations sensibles et réduit à la pure souffrance. Ce n'est pas qu'il lui manquât de motifs pour se consoler et alléger sa douleur. L'union hypostatique de la divinité avec l'humanité, la certitude de son innocence, chose qui d'ordinaire inspire une si grande consolation, son obéissance volontaire, vertu qui a coutume de produire la joie, les avantages qui devaient résulter de sa passion ; le peu de durée de ses souffrances qui allaient finir au bout de quelques heures ; enfin la gloire prochaine de sa résurrection, c'étaient là autant de sujets d'encouragement. Mais le père céleste empêcha l'efficacité de toutes ces considérations, et l'abandonna à une sécheresse et à une désolation de cœur totale et universelle. Mon Dieu ! mon Dieu ! pourquoi m'avez-vous abandonné? *Eli, Eli, Lamma sabachtani?* Vous n'avez pas abandonné Daniel dans la fosse aux lions, ni Suzanne au milieu d'un peuple prêt à la lapider, ni les trois jeunes gens dans la fournaise de Babylone ; comment, ô mon Dieu, m'abandonnez-vous? ne me reconnaissez-vous plus pour votre fils unique, pour votre fils innocent et soumis?

Faites ici une remarque. Jésus-Christ est-il descendu de la croix à cause de cet abandon? A-t-il cessé de continuer et de consommer la grande œuvre de la rédemption du monde? Et toi, ô mon âme, que feras-tu, quand tu viendras à éprouver quelque désolation? Réfléchis et forme une bonne résolution. Une autre remarque : la prière de Jésus-Christ au jardin, et le sacrifice sanglant de la croix ont-ils été d'un moindre mérite ou d'une moindre valeur, parce que le Sauveur éprouva de l'ennui, de la tristesse et une sécheresse si profonde? non, certainement. Apprends donc, mon âme, à ne point perdre courage dans les occasions semblables. *Viriliter age, confortetur cor tuum, et sustine dominum.* Va trouver alors Jésus-Christ au jardin et sur le Calvaire, comme faisait sainte Thérèse ; et sa vue te consolera.

IIIᵉ CONSIDÉRATION.

LE CŒUR DE JÉSUS PENDANT SA PASSION.

Si Jésus-Christ avait souffert par contrainte tous les tourments de sa passion, tous ces glaives qui lui traversaient le cœur, sa passion aurait été utile, mais non pas bienfaisante. Elle aurait été utile, parce qu'une satisfaction infinie est assurément capable de compenser une dette infinie. Les âmes du purgatoire souffrent par force, et pourtant leurs souffrances sont satisfactoires. Un débiteur est quelquefois dépouillé par force et par contrainte de ce qu'il possède, et il éteint sa dette par le moyen de ce dépouillement bien que forcé. Ainsi, lors même que Jésus-Christ eût souffert par nécessité, il eût satisfait à la divine justice, et il eût ainsi rendu service au genre humain coupable ; mais sa passion n'eût pas été un bienfait réel et proprement dit, parce que le bienfait consiste essentiellement dans un acte de liberté et d'amour. Entrons donc dans le cœur de Jésus, et voyons avec quel ardent amour il a daigné souffrir pour nous.

I. Celui qui aime ardemment, parle souvent et avec plaisir de ce qu'il aime. Avec quel transport Jésus parla toujours de sa sainte passion ! il en parla avec Moïse et Élie, au jour de sa transfiguration sur le Thabor. Il en parla avec saint Pierre et avec Judas lui-même, lorsqu'il pressa celui-ci en ces termes : Faites vite ce que vous voulez faire, *quod facis, fac citius*. Il en parla à Nicodème, à ses apôtres, à sa très sainte Mère, à tout le peuple, et enfin aux trois disciples qu'il emmena avec lui au jardin des Olives. C'est ce qui a fait dire à saint Bernard, que la charité qui embrasait son cœur, lançait en quelque sorte des étincelles dans ses discours. *Charitas quœ fervebat in corde, quasi scintillas quasdam emittebat in voce.* Voici ce que disait Jésus-Christ : Il y a un baptême dont je dois être baptisé, et combien il me tarde qu'il s'accomplisse. *Baptismo habeo baptizari, et quomodo coarctor, usque dum perficiatur!* C'est ainsi qu'il exhalait son ardent désir de souffrir. Je sais, disait-il, qu'un jour viendra où je serai tourmenté, méprisé, déchiré, épuisé de sang pour le salut des hommes, et combien je brûle de voir arriver ce moment! Ah! combien mon âme est impatiente de le voir venir! Je ne puis plus attendre, non, je ne le puis plus; je voudrais me livrer, je voudrais me rassasier, je voudrais souffrir, je voudrais mourir. Trahisons, chaînes et cordes, crachats et insultes, soufflets, verges, colonne, épines et clous, je vous attends, et je perds en quelque sorte patience à vous attendre : *Quomodo coarctor, usque dum perficiatur!* Ah! lorsque vous serez enfin à ma disposition, alors mon amour sera rassasié d'opprobres! Je veux me plonger tout entier dans vos amertumes; je veux boire votre calice jusqu'à la lie, afin de pouvoir m'écrier : Tout est consommé. *Consummatum est.* Je n'ai plus de sang, plus de veines, plus de chair, plus d'entrailles, plus de membres, plus de vie : tout est consommé. O cœur de Jésus! que mon cœur est différent du vôtre, moi qui suis si craintif et qui évite jusqu'à l'ombre de la souffrance la plus légère!

II. Que Jésus, direz-vous peut-être, ait eu un si ardent désir de souffrir, je le conçois; mais pour juger de ce désir, voyons-le en proie aux souffrances. Le soldat aime aussi le son de la trompette qui l'appelle au combat, mais quand il est en face de l'ennemi, ou sur le point de monter à l'assaut, le bruit du canon et de la mitraille l'épouvante, et la vue du danger lui fait prendre la fuite. Cœur sacré de Jésus! oh! non, il n'en fut pas ainsi de vous. Il sort du cénacle, et se dirige d'un pas rapide vers le jardin, au point que, selon la remarque de l'évangéliste, les apôtres ont peine à le suivre. Arrivé au jardin, il veut bien se soumettre à la crainte et à l'ennui, pour montrer qu'il avait pris notre humanité avec toutes ses faiblesses; mais l'âme de Jésus, dans sa partie supérieure, ne fléchit pas un instant en face de cette armée de souffrances, et toujours il demeura soumis à la volonté de son Père éternel. *Spiritus promptus est, caro autem infirmum Verumtamen non sicut ego volo, sed sicut tu, fiat voluntas tua.* Et en effet, à l'approche de Judas : Levez-vous, dit-il à ses disciples, allons; et le voilà sur pied; il va au-devant des chaînes et des souffrances, et non seulement, il secoue l'abattement produit par son agonie mortelle, mais il tire même de leur sommeil les apôtres accablés de lassitude et de tristesse : *Surgite, eamus.*

Celui qui souffre à contre-cœur, oh! combien il augmente la gravité de ses souffrances! au contraire, un cœur qui aime la souffrance, estime peu ce qu'il souffre, et allège le poids de sa douleur. Quand les prophètes parlent de la passion de Jésus-Christ, ils l'appellent un océan d'amertume : *Facta est velut mare contritio tua;* ils la comparent à une violente tempête : *Veni in altitudinem maris, et tempestas demersit me.* Mais vous, cœur aimant de Jésus, que dites-vous de votre passion? Ma passion est un calice que je dois boire. C'est ainsi qu'il la nomme en parlant aux enfants de Zébédée : *Potestis bibere calicem, quem ego bibiturus sum?* Que ce calice s'éloigne de moi, disait-il encore dans sa prière au jardin des Oliviers ; *transeat a me calix iste.* Et comme on le détournait de sa

passion : Quoi ! dit-il, je ne boirais pas le calice que
mon père me présente? *Calicem quem dedit mihi pater,
non bibam illum?* Les prophètes donc appellent la
passion un océan, et Jésus-Christ un calice qu'on peut
vider d'un coup. Qui aurait jamais pensé que ces deux
choses fussent synonymes? L'abbé Ruper dit excel-
lemment à ce sujet que notre Seigneur nous manifeste
la grandeur de son amour, en désignant sous le nom
de coupe l'océan si amer de sa passion. *Ostendit quod
propter amoris magnitudinem tam suaviter accedit ad
mortem, ut mare pessimum calix illi videatur.*

Et nous, combien nous exagérons le peu que nous
souffrons ! nous appelons quelques gouttes d'amertume
un océan, tandis que Jésus-Christ appelle du nom de
coupe un océan véritable. Ah ! mon Dieu, être trahi
par Judas et vendu comme un esclave ; être garrotté
par des gendarmes comme un infâme voleur ; être
abandonné de vos disciples, comme un maître indigne ; être soufffleté en public, comme un arrogant qui
ne mérite pas d'être écouté ; être condamné par le
grand prêtre comme un blasphémateur et un sacri-
lége ; être accusé par de faux témoins comme un
malfaiteur ; être renié par Pierre, comme un homme
sans considération ; être bafoué par Hérode, comme
un insensé ; être attaché à une colonne comme le
dernier du peuple ; vous voir préférer un Barrabas,
et crucifié entre deux voleurs, comme un chef de
brigands ; n'est-ce là qu'une goutte d'amertume?
est-ce là une simple coupe? Avoir les épaules flagel-
lées et tout le corps déchiré, la tête couronnée
d'épines, la face couverte de crachats, les yeux éteints
à force de souffrances, les oreilles blessées par les
blasphèmes, la bouche desséchée par la soif et abreuvée
de fiel, les pieds et les mains percés de clous, le côté
ouvert par la lance, enfin être épuisé de sang jusqu'à
la dernière goutte ; tout cela ne forme-t-il qu'une
simple coupe d'amertume? oui, la grandeur de votre

amour réduit à si peu la grandeur de vos tourments.

Jacob souffrit sept ans entiers toutes sortes de travaux et de fatigues dans la maison de Laban, afin d'obtenir la main de Rachel. Après ces sept ans, il fut obligé de recommencer un second terme de même durée, pauvre Jacob! mais non, ces années lui semblaient courtes, à cause de la véhémence de son amour. *Videbandur illi pauci præ amoris magnitudine.* Les années paraissent des jours, et les jours ne sont rien, quand on aime. O Jésus! vous avez traversé un océan de douleurs pour gagner notre cœur; mais telle a été la grandeur de votre amour que cet océan ne vous a paru qu'une gorgée d'eau. Et toi, ô mon âme, tu es si languissante, que le peu que tu fais pour Dieu, te paraît toujours excessif. Ah! si les juifs avaient pu pénétrer dans les sentiments du cœur de Jésus, ils auraient mis de côté les clous, les verges et les épines, et ils seraient courus l'embrasser, comme l'objet le plus digne de leur amour. Et toi, que feras-tu?

III. Considérez ce que Jésus-Christ dît, dès que Judas fut sorti du cénacle pour aller consommer sa trahison : C'est maintenant, dit-il, que le Fils de l'homme va être glorifié; *nunc clarificatus est filius hominis.* Oh! oui, me voici à la veille de mon triomphe et de ma gloire, parce que ma passion est sur le point de commencer. Les grands se font pour l'ordinaire un titre de gloire de compter, parmi leurs aïeux, des hommes illustres, soit par leur valeur militaire, soit par leur prudence dans les conseils. Si vous entrez dans leurs galeries, vous y verrez rangés avec ordre des tableaux qui rappellent leurs hauts faits : ici vous voyez une ville prise d'assaut; là un monarque à genoux demandant grâce; plus avant, voyez le triomphateur porté sur les épaules de ses ennemis abattus. Voilà les titres de gloire dont les gens du monde aiment à se parer.

Entrez maintenant par la pensée dans la galerie du
divin amour ; voyez les scènes dont il se fait gloire et
qu'il aime à retracer à nos yeux. Ici, Jésus nous appa-
raît chargé de chaînes et de cordes, et traîné par des
officiers de justice d'un tribunal à un autre. Là, il est
lié à une colonne ; une grêle de coups tombe sur lui,
et son sang coule à flots de tous ses membres. Avancez,
le voici, un roseau à la main et une couronne d'épines
sur la tête. Dans toute la galerie règne cette inscription : C'est maintenant que je suis glorifié. Que
Samson mette sa gloire dans sa force, Salomon dans
sa sagesse, Absalon dans sa beauté, Balthazar dans ses
trésors ; que Moïse tire sa gloire de ses miracles, Josué
de ses victoires, David du géant tombé à ses pieds ; la
gloire de Jésus-Christ, ce sont les chaînes, les soufflets,
les crachats, la nudité, les mépris, les affronts, la
mort. C'est ainsi qu'il a voulu être glorifié.

Considérez enfin cette parole, *sitio*, j'ai soif, que
Jésus prononça sur la croix avant de rendre le dernier
soupir. Cette parole est comme la clef de son cœur ;
elle manifeste à l'évidence cet insatiable désir qu'il
avait de souffrir encore plus pour nous. Ce désir était
tel, que si le père céleste l'avait jugé à propos, Jésus-
Christ était prêt à vivre agonisant sur la croix, non
pas seulement pendant trois heures, mais jusqu'à la
fin du monde.

Vous êtes donc obligé à Jésus-Christ, non seulement
pour tout ce qu'il a souffert, mais parce qu'il a désiré
de souffrir beaucoup plus encore pour vous ; non seulement parce qu'il est mort et qu'il a été crucifié une
fois, mais parce qu'il a désiré de mourir et d'être
crucifié sans fin pour vous.

Comparez cette magnanimité du cœur de Jésus avec
l'étroitesse de vos sentiments, vous qui mesurez et
qui comptez si scrupuleusement ce que vous faites
pour lui. O amour de Jésus ! qui vous rendra ce que
vous méritez ! ô mon âme, jette-toi au pied de la

croix, désire de faire quelque chose d'extraordinaire
pour l'amour de Celui qui a tant fait, et qui eût voulu
en faire mille fois davantage pour toi. O mon Dieu!
que n'ai-je mille cœurs pour vous les consacrer tous !
Que n'ai-je mille vies pour vous les immoler toutes!
Que ceux qui vivent, ne vivent plus désormais pour
eux-mêmes, mais pour Celui qui est mort en leur
faveur. *Qui vivant, jam non sibi vivant, sed ei qui pro
ipsis mortuus est.* Que Dieu nous coûte autant que l'on
voudra, jamais nous ne l'aurons acheté trop cher.

IVᵉ CONSIDÉRATION.

JÉSUS-CHRIST CRUCIFIÉ PAR LES PÉCHEURS.

Je commence cet entretien par le récit d'un excès
si barbare et si cruel, que vous aurez toute la peine
du monde à le croire vraisemblable. Toutefois je vous
prouverai la vérité de mon récit par des autorités si
fortes, que vous en resterez pleinement convaincus, et
que vous vous écrierez avec étonnement : Comment
une chose aussi invraisemblable peut-elle jamais avoir
eu lieu, et même se renouveler encore? Écoutez.

Un fils de mœurs profondément perverses, était né
d'un père plein de bonté et d'amour. Ce fils aveuglé
par une passion coupable et inhumaine, porta une
main sacrilège sur son père ; il le frappa à coups de
poings et à coups de pieds, et emporté par une fureur
diabolique, il lui enfonça un poignard dans le cœur et
le cribla de blessures mortelles. Victime d'un si affreux
parricide, le bon père fut inhumé par les soins de
quelques bons amis; mais Dieu dont la puissance est
infinie et la providence admirable dans toutes ses
voies, rappela ce malheureux à la vie. A peine ressuscité, que fait le bon père? Il court le premier em-

brasser son fils parricide, lui pardonne son exécrable attentat, imprime sur son front le baiser de paix, le remet en possession du patrimoine qu'il avait perdu, et ensevelit dans un profond silence et dans un oubli complet le crime énorme commis par son fils. Quelques jours après un pardon si tendre, si généreux, si cordial, l'indigne fils se laisse aller de nouveau à ses fureurs, sans aucun motif; il ressaisit son poignard, renouvelle son parricide, et fait mourir une seconde fois son tendre père. Quel attentat ! quelle barbarie !

Eh ! mon Père, allez-vous me dire, ce sont là des fables; il n'est pas possible que la nature enfante de pareils monstres; ce n'est pas là un homme, mais un tigre né dans les déserts de l'Afrique; c'est un démon incarné et quelque chose de pis encore. — Cela n'est pas possible, dites-vous, cela n'est pas possible? Seigneur Jésus, ô notre très bon et très miséricordieux père, du haut de votre croix, parlez-nous, et répondez : Qui vous a mis en cet état? *Quis est qui te percussit?* Qui vous a percé de ces clous, couronné de ces épines, déchiré à coups de verges? *Quis est qui te percussit?*

C'est un article de foi, que ce sont nos péchés qui l'ont fait mourir : *Propter scelus populi mei percussi eum;* qu'il est mort, qu'il a été enseveli, et qu'il est ressuscité le troisième jour. A sa résurrection, il pardonna généralement à tous ceux qui l'avaient crucifié, et admit tous ses meurtriers à la réconciliation; de plus il leur rendit leurs droits à l'héritage céleste. Tout cela est de foi. Mais n'est-il pas aussi de foi que tout pécheur, comme dit saint Paul, renouvelle la passion et le crucifiement de Jésus, notre bon père, et cela après qu'il est ressuscité glorieux? *Rursum crucifigentes in semetipsis filium Dei.* Nous disons *de nouveau,* car il n'est pas question ici du crucifiement de Jésus-Christ par les Juifs, mais d'un nouveau crucifiement opéré par la main des pécheurs. Oui, les

pécheurs le crucifient une seconde fois dans leurs
cœurs, ils y renouvellent le parricide commis par les
juifs sur la personne du Fils de Dieu.

Or, qui nous dira combien ce second meurtre est
plus affreux que le premier, plus barbare que cette
mort que Jésus-Christ a choisie et soufferte librement
pour notre salut, et par un excès d'amour pour nous?
Oblatus est, quia ipse voluit. Lui-même voulut se livrer
aux mains de ses ennemis. C'est librement et par
choix qu'il a été couronné d'épines, percé de clous,
et qu'il est mort sur la croix. Mais vous, cruel pécheur,
quand vous crucifiez de nouveau Jésus-Christ dans
votre cœur, est-ce de son plein gré? Oh! que de
remords il excite dans votre conscience! Que d'inspirations pour vous engager à réprimer le joug de vos
passions, et pour vous éloigner de votre exécrable
dessein, et pour vous témoigner enfin combien il a
horreur de mourir d'une mort semblable. C'est son
amour qui a décrété qu'il mourrait de la main des
Juifs; mais cette seconde mort que vous lui donnez,
il la subit malgré lui.

De plus, c'est pour obéir aux ordres de son Père
éternel qu'il a souffert la mort de la croix; car ce ne
fut pas Pilate qui le premier porta une sentence de
condamnation contre lui. De toute éternité, Dieu le
Père l'avait prononcée; de toute éternité, il avait
résolu de ne nous sauver que par l'effusion du sang de
Jésus-Christ. Et c'est ce que le Sauveur déclara lui-
même à Pilate : Vous n'auriez aucun pouvoir sur moi,
s'il ne vous avait été donné d'en haut. *Non haberes
potestatem adversum me ullam, nisi tibi datum esset
desuper.* C'est d'en haut que vient la sentence qui me
dévoue à la croix, et j'y acquiesce de bon cœur. Mais
quand le pécheur crucifie de nouveau Jésus dans son
cœur, a-t-il reçu mandat du Père éternel pour commettre cette cruauté? Est-ce que ce nouveau crucifiement a été décrété, comme le premier, dans les

conseils divins ? Le salut du genre humain exige-t-il
ce nouveau sacrifice ?

Enfin les Juifs qui crucifièrent Jésus-Christ, se ser-
virent à cet effet de clous, de marteau, de croix,
d'épines et de fouets ; pour le pécheur, lui-même sert
de bourreau et de croix au Sauveur ; il fait servir ses
mains, sa langue, son corps, ses yeux, et toutes ses
puissances intérieures et extérieures, comme autant
de gibets et de potences auxquels il cloue le divin
Sauveur ; et c'est pour ce motif que l'apôtre a dit que
le pécheur crucifie de nouveau Jésus-Christ en lui-
même. Son cœur est le Calvaire et la croix du Sauveur,
non plus passible et mortel, mais ressuscité et glorieux. Son cœur est le prétoire où Jésus-Christ est
flagellé ; il est la salle de Caïphe où Jésus-Christ est
condamné ; il est le rocher sur lequel il expire !

Mes frères, je vous prie, et je vous conjure tous avec
saint Bernard de faire cette réflexion entre vous.
Voici dix, quinze, vingt ans et plus, que je ne cesse
d'attacher mon bon Père à la croix. Autant de péchés
que j'ai commis, autant de fois je l'ai crucifié !

O mon Dieu ! je me suis toujours regardé comme
votre créature et comme l'œuvre de vos mains : *Manus
tuæ, Domine, fecerunt me.* Et maintenant, ô Jésus crucifié, je comprends que vous-même vous êtes l'œuvre
de mes mains. *Opus manuum mearum tu es.* Vous êtes
la victime de ma cruauté ; vous êtes l'œuvre de mes
œuvres criminelles ; ce sont mes mains qui vous ont
réduit à cet état, chargé d'opprobres, déchiré de
verges, couronné d'épines, percé de clous.

L'apôtre saint Pierre, tout embrasé du feu de
l'Esprit-Saint qui venait de descendre sur lui, au jour
de la Pentecôte, va sur la place publique, et là il fait
au peuple un discours très pathétique qui a été conservé dans les actes des apôtres : Peuple d'Israël,
dit-il, approchez, et écoutez attentivement ce que j'ai
à vous dire. *Viri Israelitæ, audite verba hæc. Jesum*

Nazarenum, virum approbatum a Deo virtutibus et prodigiis et signis, vos interemistis. Qu'avez-vous fait, ô Juifs, qu'avez-vous fait? Vous avez donné la mort à Jésus de Nazareth, au Messie qui vous a été promis et envoyé de Dieu, et qui vous a été manifesté en cette qualité par sa doctrine, par sa sainteté, et par ses miracles! Et quand a-t-il mérité la mort? Est-ce lorsqu'il a apaisé votre faim? Est-ce pour avoir éclairé vos aveugles? Est-ce pour avoir guéri vos malades? Parlez, répondez : Voilà ce Jésus que vous avez fait mourir. A cette remontrance, tout le peuple, dit le texte sacré, fut touché de componction : *His auditis, compuncti sunt corde,* et se tournant les uns vers les autres, le visage triste et les yeux en pleurs, ils battaient les mains ensemble, puis se frappaient la poitrine, en disant aux apôtres : Frères, que ferons-nous pour expier un si grand crime? *Quid faciemus, viri fratres?* Pierre leur répondit : Faites pénitence. *Petrus vero inquit ad illos : Pœnitentiam agite.*

Peut-être pourrait-on dire avec raison à plusieurs d'entre nous : Vous avez fait périr Jésus; oui, vous l'avez fait périr et crucifié dans votre cœur par vos péchés! Demandez au Père éternel ce que vous avez à faire : Faites pénitence, vous dira-t-il; demandez-le à Jésus-Christ crucifié : Faites pénitence. Demandez-le à Marie : Faites pénitence. Demandez à la mort, au redoutable jugement, à l'enfer, à l'éternité, comment vous devez expier un tel attentat; et tous vous répondront : Pénitence, pénitence! Demandez-le au saint temps de Carême que l'Eglise a institué pour le salut de nos âmes, et les autels, couverts de deuil, vous répondront : Faites pénitence. Et moi, au lieu de faire pénitence, je continuerais à crucifier de nouveau Jésus-Christ par mes péchés? Quoi! les Juifs eux-mêmes se convertirent, en apprenant quel était Celui que leurs mains avaient crucifié une seule fois. Et moi qui suis forcé d'avouer que j'ai crucifié mon Sau-

veur et mon père, non pas une seule fois, mais cent
fois, mais mille fois ; je tiendrais encore entre les
mains les marteaux et les clous pour recommencer?
Pénitence donc et amendement. Je me reconnais
coupable, ô mon Jésus, de vous avoir crucifié un grand
nombre de fois ; c'est pourquoi je me prosterne le
front dans la poussière, pour vous demander pardon.
*Ego tui sum causa doloris, tuæ culpa occisionis ; ego tuæ
mortis meritum, tuæ vindictæ flagitium*, lui dirai-je
avec saint Augustin.

Vᵉ LECTURE.

Iʳᵉ CONSIDÉRATION.

DE L'ESPÉRANCE DU PARADIS. — GRANDEUR DE LA GLOIRE DU PARADIS.

Mes chers disciples, dit Jésus-Christ, je m'en vais,
je m'en vais vers celui qui m'a envoyé : *Vado ad eum
que misit me*. Nouvelle bien dure et bien amère! Pour
l'adoucir, il ne fallait rien moins que la suite du discours du Sauveur : Je m'en vais, continua-t-il, pour
vous attendre et vous préparer une place : *Vado parare
vobis locum*.

Ces paroles furent dites par Jésus-Christ, plusieurs
jours avant son ascension. Il les dit sur le ton d'un
ami qui, à la veille d'entreprendre un voyage lointain, commence assez longtemps à l'avance à prendre
congé de ses amis. Mais ensuite, quand ils virent leur
divin maître, s'élever peu à peu, du haut de la montagne des Oliviers, se tenir suspendu et se balancer
dans les airs, en montant toujours vers le ciel d'un

vol paisible, lent et majestueux, comme s'il avait pris
plaisir à être suivi du regard et du cœur ; quelle douleur et quelle consolation tout ensemble n'éprouvèrent
pas les apôtres? Douleur, à cause de son éloignement
si pénible pour eux ; consolation, parce qu'ils voyaient
la route qu'ils devaient suivre eux-mêmes. Oh ! la
douce espérance ! Je m'en vais, mais pour vous préparer une place. *Vado parare vobis locum.*

Et telle est la différence bien remarquable qui se
trouve entre l'entrée triomphante de Jésus-Christ au
Ciel, et celle d'un prince victorieux dans une ville
conquise. Plus d'une fois, sans doute, mes frères, vous
avez été témoins, et plus souvent encore vous avez lu
le récit de ces pompes magnifiques qui accompagnent
les souverains, à leur entrée dans leur capitale, et
celles des empereurs qu'on introduisait dans Rome,
assis sur des chars dorés, au travers d'une haie de
lauriers. C'est le dernier effort de la gloire humaine,
imitatrice bien imparfaite encore, dit saint Augustin,
de la gloire du paradis. La pompe de ces triomphes,
la majesté de ces couronnements frappe bien d'admiration les yeux des spectateurs, ajoute le saint docteur ; mais il n'élève pas le cœur à l'espérance. En
effet, quel est l'homme vulgaire qui puisse aspirer à
monter sur ces chars et à ceindre son front de ces
diadèmes?

L'ascension triomphale de Jésus-Christ, si infiniment belle, majestueuse et grandiose, enfin si supérieure à l'entendement humain, ne sert pas moins à
exciter l'espérance du chrétien qu'à glorifier Jésus-
Christ lui-même. Tous les pas qu'il fait vers le ciel,
nous instruisent de ceux que nous-mêmes nous aurons
un jour à faire. A quelque hauteur qu'il élève son
humanité, il y transporte également nos âmes : Je
m'en vais, non pour vous quitter, mais pour vous
préparer une place, nous a-t-il dit. Et saint Paul,
écrivant aux hébreux, ne dit-il pas que Jésus est entré

au ciel comme notre précurseur ? *Præcursor pro nobis introïvit Jesus.* Ne semble-t-il pas, que de même que saint Jean fut le précurseur du Messie sur la terre, de même le Verbe incarné est notre précurseur au Ciel?

Le roi Assuérus qui régna, au rapport de l'Ecriture, sur cent vingt-sept provinces depuis l'Inde jusqu'à l'Ethiopie, donna un festin qui dura cent quatre-vingts jours, et auquel furent invités tous les seigneurs de ces vastes royaumes, depuis le plus grand jusqu'au plus petit. Comme il n'y avait point de salle, ni de palais capable de contenir tant d'invités, on dressa des tables sous un vaste vestibule qui donnait dans le jardin et le parc du roi. On avait élevé des tentes, au moyen de tentures de pourpre et d'autres étoffes précieuses. *Pendebant ex omni parte tentoria ærei coloris, ac carbasini ac hyacinthini, sustentata funibus byssinis et columnis marmoreis fulciebantur.* Ces pavillons étaient appuyés sur des colonnes de marbre, et les draperies soutenues par des cordelières de soie. Les lits étaient d'or et d'argent. On peut voir tous ces détails dans le chapitre premier du livre d'Esther.

Mais pourquoi toutes ces pompes? *Ut ostenderet divitias gloriæ regni sui, ac magnitudinem et jactantiam potentiæ suæ.* Il voulut montrer à ses sujets quelles étaient les richesses et la gloire de son règne, ainsi que la grandeur et la magnificence de son pouvoir. Maintenant, croyez-vous qu'il soit venu à la pensée d'aucun des invités qu'il serait jamais en état de faire une démonstration semblable? A personne assurément. Leurs espérances n'allaient pas jusque-là; leur fortune n'eût pas suffi. Il n'en est pas de la pompe de Jésus-Christ, comme de celle d'Assuérus, qui n'eut d'autre but qu'une vaine ostentation, et peut-être d'autre résultat que d'exciter l'envie. Celle du Sauveur a pour but, au contraire, d'élever nos espérances, et de les ravir au-dessus des choses périssables de ce bas monde, par l'attente d'un triomphe analogue;

car nous serons semblables à lui, lorsqu'il nous sera donné de le voir face à face. *Similes ei erimus, dum videbimus eum, sicuti est. Vado parare vobis locum.* Je vais vous préparer une place. *Præcursor pro nobis introivit Jesus.* Jésus est entré au ciel comme notre précurseur, et saint Léon dit que l'ascension de Jésus-Christ est une promotion véritable pour nous : *Christi ascensio, provectio nostra est.* Telle est notre première réflexion sur ces paroles de Jésus-Christ : je vais vous préparer une place.

Voyons maintenant ce que l'ange dit aux disciples, lorsqu'ils eurent perdu de vue le Sauveur. Le récit sacré porte qu'il entra dans un nuage éclatant de lumière, dont il fut comme enveloppé : *Nubes lucida suscepit eum.* Cependant les disciples continuèrent à tenir les yeux fixés au ciel, se figurant peut-être voir encore Celui qui s'était dérobé à leur vue. Or, pendant qu'ils étaient dans cette attitude, un ange leur apparut et leur dit : Pourquoi vous arrêtez-vous à regarder au ciel? *Qui statis aspicientes in cælum?* Hâtez-vous de retourner à Jérusalem pour vous disposer à recevoir le Saint-Esprit, et puis à prêcher. Cette parole, *pourquoi vous arrêtez-vous?* signifie un délai, une pause, de l'inaction. Nous nous imaginerons que notre ange gardien nous tient le même langage. Quoi! semble-t-il nous dire, vous voyez et vous croyez que Jésus-Christ est monté au ciel; vous espérez vous-mêmes y monter un jour, puisqu'il est allé vous préparer une place; et et vous restez oisifs, et vous négligez de pratiquer les bonnes œuvres? A quoi occupez-vous vos mains? Où sont vos affections? Pourquoi vous tenir en repos, et regarder au ciel? Pourquoi vous contenter d'y tenir vos regards attachés? Pourquoi n'y pas mettre le pied, puisque vous le pouvez et que vous le devez? Il faut souffrir pour cela, il est vrai; mais les saints, et Jésus-Christ lui-même ont dû passer par cette voie. *Oportuit pati Christum, et ita intrare in gloriam suam.*

Mais enfin ces souffrances auront un terme; et de
même que celui qui, après avoir traversé l'océan,
gagne enfin le port, se dit à lui-même : Plus de tem-
nêtes, plus d'écueils ; de même nous pourrons dire,
chacun en particulier : C'en est fait des mortifications
et de la pénitence; c'en est fait du danger et de la
crainte de perdre mon âme, dans lesquelles j'ai vécu
perpétuellement. Maintenant c'est le temps de la
gloire, c'est le temps de la sécurité. Je devrai peut-
être subir ma quarantaine en purgatoire, car cette
terre que je quitterai alors est un pays empesté; mais
les prières de mes amis en abrégeront la durée, et
après que j'aurai purgé les dernières traces de la
fragilité humaine, ô mon âme, nous irons au ciel, et
viendra alors le jour de ton ascension, et non seulement mon âme, mais toi aussi, pauvre corps, corps
fragile, abject et terrestre, sujet à la caducité, à la
mort et à mille misères, tu partageras au temps
marqué la gloire de mon âme. *Corruptibile hoc induet
incorruptionem, et mortale hoc induet immortalitatem.*

Que ne dit-on pas, et avec vérité, au mépris de
l'homme mortel? La chair n'est qu'une herbe qui se
fane ; elle se fane comme la fleur des champs ; elle
n'est qu'un peu de limon. Mais un temps viendra où
mon âme et mon corps seront plus purs et plus solides
que l'empyrée. Maintenant, j'ai moins de stabilité que
les feuilles des arbres ; viendra un temps où je serai
plus ferme dans le bien que les étoiles du firmament.
Maintenant quelques connaissances que je possède, il
y a infiniment plus de choses que j'ignore ; un art
que j'apprends, m'en fait oublier un autre, et le présent efface le passé de ma mémoire. Mais à la première
vue de Dieu, de cette source de toute vérité, j'en
saurai plus que tous les docteurs des universités, que
tous les philosophes et que tous les savants du monde.
J'apprendrai en un clin d'œil tous les secrets de la
science, tous les ressorts de la politique, toute la suite

de l'histoire, toutes les merveilles de la nature, toutes
les profondeurs et les subtilités des écoles. Je jetterai
l'œil sur les choses à venir, et en un instant, je
deviendrai théologien, historien, prophète. Pauvre
science humaine ! Je deviendrai le confident du cœur
de Dieu, et je serai éclairé des mystères de la divinité.
Un simple rayon de science infuse, bien inférieur à la
vision intuitive de Dieu, que de secrets et de merveilles n'a-t-il pas découverts à une sainte Thérèse,
cette jeune vierge sans étude, à une sainte Catherine
de Sienne, pauvre fille sans lettres, à un saint Ignace,
militaire peu instruit, à un saint Paul, artisan dépourvu de sagesse ! Les apôtres n'étaient que d'ignorants et obscurs pêcheurs ; mais de quelle vive lumière
ne furent-ils pas enrichis par quelques rayons de la
sagesse divine. Oh ! combien j'apprendrai de choses,
lorsqu'il me sera donné de contempler Dieu face
à face !

Aristote avec tout son savoir, Mithridate avec les
vingt-deux langues qu'il possédait, Augustin avec tout
son génie, saint Thomas avec toute sa pénétration, en
un mot tous les sages du monde réunis ensemble et
comparés au dernier des bienheureux, comparés avec
moi, seront des idiots, des muets, des hommes qui
bégaient, des ignorants. Je lirai dans ce livre où lisent
les séraphins et les chérubins, où la divine Marie lit,
où Dieu lui-même contemple son ineffable grandeur.
Mais comment y lirai-je ? J'y lirai à feuilles ouvertes,
sans figure et sans énigme ; j'y verrai les secrets
mystérieux des jugements profonds de Dieu, tous les
ressorts de sa providence, tous les anneaux de la prédestination. J'y verrai la procession des trois personnes divines en une seule nature. *Quæ nec oculus
vidit, nec auris audivit, nec in cor hominis ascenderunt.*

. Ce Lucifer qui a chassé Adam du paradis terrestre
et que sa haine implacable porte à éloigner tous ses
descendants du paradis céleste, ce cruel ennemi qui

m'a assailli tant de fois par ses tentations, qui m'a
tendu tant de pièges; oh! quelle rage il ressentira,
en me voyant monter au ciel, et y occuper un des
trônes laissés vacants par ses complices! De quel œil
il me regardera, moi jadis si vicieux, si faible, en-
chaîné à lui par tant de liens, par tant de mauvaises
habitudes, et maintenent libre, dégagé, en sûreté,
bienheureux? Un esprit infernal a avoué qu'il eût
souffert volontiers toutes les peines de l'enfer lui seul,
et jusqu'au jour du jugement, rien que pour empêcher
une seule âme de parvenir au ciel.

O mon Jésus, quelles consolantes vérités vous me
proposez à croire! quelles grandes choses vous me
faites espérer! quelle félicité vous êtes allé me préparer au ciel! ô beau paradis! est-il possible qu'un
misérable tel que moi puisse aspirer à une dignité
en comparaison de laquelle tous les monarques du
monde, tous les empereurs romains, tous les pontifes
du Vatican, considérés seulement d'une vue humaine,
ne sont que des hommes vulgaires et obscurs? Quoi!
une créature pauvre et abjecte comme moi est destinée
à régner dans un royaume si glorieux, couverte de la
pourpre de la gloire? *Stola gloriæ vestiet illum;* à
porter un diadème étincelant de beauté? *Diadema
gloriæ de manu Domini.* C'est trop peu dire; car Dieu
lui-même sera ma couronne. *Ipse est corona sanctorum
omnium.* Les anges seront comme les pages de ma
cour, Marie sera ma compagne, et Dieu lui-même
mon bien et ma félicité. *Ego ero merces tua magna
nimis.*

Il viendra donc un temps, ô sainte pénitence, oui,
il viendra un temps, où, en échange de ces fausses et
amères délices que j'ai méprisées, mes sens et mon
corps seront enivrés de toutes les satisfactions désirables : des jardins, où ne pénètre pas l'hiver; des promenades qui ne causent pas de fatigue; des festins
qui ne laissent pas de dégoût; des jours qui n'ont

point de déclin. Toujours j'aurai devant les yeux des beautés qui ne se flétrissent pas et qu'on peut contempler sans danger, des plaisirs qui ne laissent pas de remords, des satisfactions qui ne causent point de satiété : *Torrente voluptatis tuæ potabis eos.* Il viendra un temps où, pour une mauvaise compagnie que j'ai abandonnée, je me verrai dans la brillante société des élus de Dieu. Quelle admirable variété de caractères, de nations, de climats, de personnes, d'âges, d'époques ! et tous sont unis par la communauté de demeure et par la fraternité des sentiments ! Oh ! quel bonheur de les connaître, de leur parler, de les embrasser ! Voici les saints apôtres Pierre et Paul, ces deux grands princes de l'Eglise ; voici saint Joseph qui a été pour moi un avocat si compatissant. Voici tel autre saint qui a été le patron de mon pays natal ! Saints martyrs, montrez-moi vos plaies brillantes ! Saint Ambroise, racontez-moi vos grands travaux contre les Ariens ; saint François Xavier, faites-moi le récit de vos courses lointaines. Je suis curieux de connaître les saints et les bienheureux de pays étrangers. Voici les Indiens, voici les Japonais, voici les Chinois, non plus Chinois, Indiens, ni Japonais, mais tous citoyens de la cité de Dieu.

Mais laissez-moi aller, grands saints, car il me reste à faire la plus douce de toutes les connaissances. Noble front de Marie, je serai épris d'amour pour toi pendant toute l'éternité ! sein de Marie, je te bénirai pendant toute l'éternité ! protection de Marie, je te remercierai pendant toute l'éternité. Me voici enfin, ô ma reine, mon avocate et ma mère ! il y a tant d'années que je jouis de vos bienfaits, que j'entends parler de vos privilèges, mais toujours au milieu d'une vie d'incertitude et de dangers. Maintenant, je suis à vos pieds, je presse et je baise votre main, je vous vois, je vous parle ; ô bonheur !

Mais où est la sainte humanité de Jésus, mon époux

et mon Sauveur? Si longtemps je vous ai adoré dans vos images; mille fois j'ai baisé la figure de vos plaies, je vous ai aussi révéré et reçu en personne dans votre adorable sacrement. Mais enfin, les voiles de la foi sont tombés, et les symboles sacramentels ont disparu. Plaies précieuses, je vous vois et je vous adore! face auguste de Jésus, je ne cesserai plus de vous contempler! Pieds sacrés, je ne me lasserai jamais de vous baiser et de vous embrasser! Oh! que je suis content! que je suis heureux! et heureux pour toute l'éternité.

Maintenant dites-le-moi, quels frais, quelles dépenses ne méritent pas ces embrassements, cette félicité, cette couronne, ce royaume, où il n'y a plus ni deuil, ni cri, ni douleur? Que ne dois-je point faire pour mériter un bonheur qui consiste dans la réunion parfaite de tous les biens? Et pourtant Dieu n'exige de moi qu'un moment de souffrances et de légères épreuves. *Momentaneum et leve tribulationis nostræ æternum gloriæ pondus operatur in nòbis.* Une souffrance d'un moment, voilà ce qui doit opérer en moi un poids éternel de gloire. Demandez à saint Pierre, chef du collège apostolique, comment il a mérité le Pontificat éternel? Par un moment de souffrance et de tribulation. Demandez aux martyrs par où il se sont élevés à une gloire si éminente? Par un moment de souffrance et de tribulation bien légères.

Interrogeons Jésus-Christ lui-même. Vous direz peut-être qu'il a acheté sa gloire à un prix exorbitant. Non; comparez ses souffrances à la gloire dont il est comblé, et vous les trouverez courtes et légères.

Or, si la passion de Jésus-Christ a été courte et légère, combien sera plus léger encore ce que j'aurai à souffrir pour mériter la gloire éternelle! non, il n'y a aucune proportion entre les peines de cette vie qui dure peu et va bientôt finir, avec cette gloire à venir qui nous est réservée, qui durera toujours et ne finira jamais. *Non sunt condignæ passiones hujus temporis ad futuram gloriam quæ revelabitur in nobis.* Et le peu que je fais pour la mériter, je croirai que c'est trop? Je croirai acheter trop cher un tel bonheur?

IIᵉ CONSIDÉRATION.

LE PARADIS EST A NOUS — POUR L'OBTENIR, IL SUFFIT DE LE VOULOIR.

Belles paroles, douces promesses! le ciel est fait pour nous, et nous pour le ciel. Remarquez, mes frères, comment toutes les facultés civiles, morales, spéculatives, et enfin toutes les créatures établies pour une fin spéciale, s'appliquent à la fin qui leur est propre. La rhétorique a pour but de persuader; la médecine, de guérir; la logique, de discourir; l'art militaire, de défendre la patrie; l'escrime, de protéger contre les attaques; et ces différentes sciences s'attachent chacune à sa fin particulière, et ceux qui les cultivent ont continuellement cette fin en vue.

Or, quelle est notre destination et notre fin? Je me le demande à moi-même dans les mêmes termes que l'abbé Moïse; et je réponds avec saint Bernard : Celui qui a fait le ciel et la terre, ne m'a point fait pour la terre, mais pour lui-même. *Non tibi terram, sed seipsum servat, qui fecit cœlum et terram.* Nous ne sommes point nés, comme les vermisseaux, pour vivre et pour mourir dans la fange de la terre. Nous sommes destinés à avoir les étoiles pour marche pied, le ciel pour patrie, et Dieu même pour notre félicité. Le ciel est notre fin dernière, et non pas cette misérable vallée de larmes : *Alia superioris ordinis exspectant nos.* Les créatures d'ici-bas sont incapables de nous satisfaire.

Le prophète Samuël, ayant jeté les yeux sur le jeune David, étendit sa main prophétique sur son front, et le regardant en face avec douceur, il dit à son père : Voici l'Elu du Seigneur, voici celui qu'il destine à régner sur Israël. *Hunc elegit Dominus.* Courage, jeune et modeste berger ; Dieu ne t'a point fait pour que tu passes ta vie à conduire des brebis et à paître les bœufs dans ces forêts. Cette main calleuse portera le sceptre avec gloire, et tirera l'épée pour la défense de son peuple. Le diadème ornera ce front inculte, et ces haillons seront remplacés par la pour- pre. — Il dit, et versant sur le front de David l'huile sainte dont il s'était muni, il le sacra roi : *Unxit eum regem.*

C'est précisément notre cas. Chacun de nous est né dans l'abjecte condition de pécheur : *In iniquitatibus conceptus sum.* Dans cet état, le ciel n'était point pour nous, ni nous pour le ciel. Le prêtre, parlant au nom de Dieu, nous a donné l'investiture de ce beau royaume, en nous baptisant. Dieu daigna dès lors nous adopter pour ses enfants, et en conséquence, pour ses héritiers et les cohéritiers de Jésus-Christ. Mais si le ciel est notre fin, notre domaine, notre héritage, notre ré- compense ; d'où vient que nous ne faisons pas tout ce qui est requis et tout ce qui nous est possible pour l'obtenir, d'autant plus que, pour l'obtenir, il suffit de le vouloir ? Voyez, dit saint Augustin, si on peut appeler difficile ce qui dépend de notre volonté : *Vide, si labor est, ubi velle satis est.* Toute la difficulté consiste à vouloir d'une volonté sincère. Tâchons de bien entendre cette vérité.

Un jeune homme, au rapport de saint Marc, s'ap- procha un jour de Jésus-Christ, et lui dit : *Magister bone, quid boni faciam, ut vitam æternam habeam.* Mon bon Maître, je vois évidemment que je ne suis pas fait pour la terre, car tôt ou tard, il faudra que je la quitte ; que dois-je faire pour mériter le ciel ? La réponse de Jésus-Christ est précieuse ; écoutez-la : *Si vis ad vitam ingredi :* Si vous voulez entrer dans la vie ;

voilà la première condition : *Si vous voulez*. Voulez-vous véritablement, efficacement, généreusement ? Il ne dit pas, *voudriez-vous*, mais *voulez-vous ;* remarquez bien le mot. Notre cœur est tout rempli de certaines velléités trompeuses, qui sont la peste de l'âme. La velléité est une demi-volonté, un faible mouvement du cœur, un désir stérile, inefficace, spéculatif, qui incline vers un objet que nous estimons bon. On la trouve même chez les pécheurs les plus pervers ; car ils connaissent la laideur du vice, et ils voudraient s'en dégager ; ils connaissent la beauté de la vertu, et ils voudraient être vertueux et pieux ; mais en même temps qu'ils voudraient être bons, ils veulent continuer, et ils continuent en effet à être mauvais. Ce n'est pas là une volonté actuelle et absolue, mais une velléité imparfaite ; et c'est dans ce sens qu'on dit que l'enfer est plein de bonnes volontés, parce qu'il y en a une foule qui se perdent avec cette demi-volonté de se sauver. Ces remarques expliquent clairement la contradiction apparente que nous remarquons dans ce texte de l'Écriture : *Vult et non vult piger ;* le paresseux veut et ne veut pas. En bonne logique, vouloir et ne pas vouloir en même temps une seule et même chose, c'est impossible. Et pourtant, c'est cette fluctuation continuelle de désirs contraires qui agite perpétuellement l'âme des pécheurs. Proposez la pureté et la continence à un libertin, il voudrait bien les pratiquer, car ce sont des moyens nécessaires pour se sauver, et lui-même a horreur de l'état hideux de son âme. Cependant il ne le veut pas, parce qu'il est enchanté par la sirène trompeuse du plaisir. Ainsi il veut et il ne veut pas ; il a quelques velléités, mais il manque de cette volonté énergique et absolue qui est requise pour gagner le Paradis. *Si vis ad vitam ingredi ; si vis.*

Instruit par sa propre expérience, saint Augustin explique ces irrésolutions et ces velléités, au moyen

d'une très belle comparaison vraiment digne de son
esprit, mais qui n'est pas entièrement de son inven-
tion. Il l'a puisée dans ce passage des psaumes, où il
est dit que les projets des pécheurs ressemblent aux
rêves d'un homme qui s'éveille. *Velut somnium surgen-
tium, Domine.* Un paresseux sait que le moment est
venu de quitter son oreiller de plume ; il voudrait se
lever, mais vaincu par le sommeil, il ne se lève pas.
Il ouvre les yeux et voit le jour qui pénètre par les
fentes, et il retombe, la tête sur la poitrine, et continue à sommeiller ; de temps à autre, il soulève la
tête de l'oreiller, mais ce front pesant comme du
plomb retombe, et à demi endormi, il s'étend de
nouveau sur son duvet ; il ne veut plus dormir, et il
dort ; il veut se lever, et il reste couché. Celui qui veut
décidément se lever, s'élance hors du lit, rejette les
couvertures, prend ses vêtements, et le voilà sur
pied ; mais celui qui dispute avec la paresse, veut
toujours la secouer, et ne réussit pas, parce que sa
volonté n'est pas sincère.

Faisons l'application. Un pécheur, plongé dans la
léthargie du péché, a les oreilles frappées à chaque
instant de bruits sinistres qui le réveillent ; il éprouve
des frayeurs et de cruels remords ; son cœur est dans
une agitation perpétuelle, tout lui crie : Jeune homme,
lève-toi : *Adolescens, tibi dico, surge.* Il voudrait se
lever, mais tout son malheur est cette velléité même.
Pourquoi ne veut-il pas? Le ciel l'attend ; Jésus
l'invite ; l'enfer le tourmente ; la main divine est
prête à le secourir, et il répond à tout par un glacial :
Je voudrais bien.

Quand on vous propose une partie de plaisir qui
vous sourit ; dites-vous : Je voudrais bien ? On prononce le oui le plus catégorique du monde. Je veux
me fâcher, je veux me venger, je veux une promotion. Pauvre ciel ! tous les *je voudrais* sont pour vous.
Heureux vice ! vous avez tous les *je veux bien.* Infor-

tunée vertu ! à vous seul sont réservées les velléités.
Quand on vend un mobilier aux enchères, on sonne
de la trompette, on déploie aux yeux des acheteurs
les objets à vendre, et le vendeur crie à haute voix :
Qui est amateur de tel objet ? Qui dit plus ? Il me
vient envie de suivre le même procédé, en ce qui
regarde le ciel. Voici le ciel sous vos yeux : je le mets
aux enchères. Quel est celui qui veut la vie, et qui
désire couler des jours heureux ? *Quis est homo qui
vult vitam, diligit dies videre bonos?* Qui est amateur ?
Qui met à prix ? Donnez-moi, dit saint Augustin, un
homme de bonne volonté, et le ciel est à lui. *Da
volentem, et sufficit mihi.* Oui, il suffit de le vouloir
mais de le vouloir sérieusement. Eh bien ! moi, je veux
le ciel à tout prix. Je le veux ardemment, efficacement. Cette volonté me coûtera la privation d'un moment de plaisir ; qu'importe, puisque là haut je jouirai
d'un bonheur éternel. Il m'en coûtera de sacrifier
un léger point d'honneur ; qu'importe, puisque là-
haut je jouirai d'une gloire éternelle ?

L'illustre Caton, voyant que par suite de l'avène-
ment de César à l'empire, c'en était fait de l'antique
liberté de Rome, se rappelle avoir lu dans les ouvrages de Platon que l'âme est immortelle, et que, une
fois dégagée du corps, elle se rend en toute liberté
dans les champs élysées, pour y jouir de la société des
héros. Armé de cette pensée, et ne voulant pas survivre à la ruine de la république, il se perce le cœur
d'un poignard. On accourt pour le retenir, on lui
arrache le fer des mains ; on bande la blessure, mais
rien ne fut capable d'ébranler sa résolution. Ayant
repris ses sens, et se voyant seul, il s'indigne de n'en
avoir pas fini avec lui-même du premier coup. Il
arrache les bandages, et irrite sa blessure de ses
mains désarmées, et c'est ainsi, comme dit Sénèque,
qu'il s'arracha, plutôt qu'il ne rendit l'âme. *Spiritum
non emisit, sed ejecit.* Je sais qu'on dispute à ce sujet,

si Caton agit ainsi par une force d'âme supérieure à la mort, ou bien par crainte de subir quelque avanie de la part de César. Quoi qu'il en soit, Caton crut à l'immortalité de l'âme ; mais s'il avait su en outre que le corps même devait ressusciter à l'immortalité, de quelle main vigoureuse il se serait frappé, pour en finir du premier coup !

Nous chrétiens, nous savons par la foi que notre âme est immortelle, et qu'un jour notre corps ressuscitera et s'élèvera glorieux au ciel. Et cependant, nous avons peine, je ne dis pas à nous ouvrir les veines par une blessure mortelle, mais à refuser à nos sens un plaisir défendu, malgré que nous soyons assurés qu'ils seront dédommagés plus tard par la jouissance de toutes les satisfactions désirables.

Le saint évêque Eucher, s'adressant à tous les chrétiens, leur demande : Que prétendez-vous en cette vie ? — D'avoir du plaisir. — Des plaisirs ? attendez un peu et vous en jouirez avec une pleine satisfaction. Et vous, que désirez-vous ? — Les honneurs. — Les honneurs ? un peu de patience et vous en serez comblé, sans jamais courir le risque de les perdre, pendant toute l'éternité.

Que diriez-vous à un paysan qui, impatient de remplir ses cuves, commencerait la vendange à la mi-juillet, et cueillerait ses raisins, lorsqu'ils sont encore tout verts, sauvages et menus ? Arrête, lui diriez-vous, économe mal avisé et imprudent. Est-ce du vin qu'il te faut ? tu en auras, mais attends une couple de mois, et au lieu d'un vin maigre, acide, et facile à corrompre, tu auras un vin abondant, mûr, agréable et qui se conservera toute l'année. Vous diriez la même chose à celui qui cueillerait des pommes encore vertes, à celui qui faucherait les blés avant la saison : Attends encore, et tu auras ce que tu désires.

Voilà ce que saint Eucher nous dit à tous : *Hoc quod exiguum amatis, persuademus ut ametis æterna.* Ces biens passagers et misérables que vous aimez, nous vous engageons à les aimer dans l'éternité. Et quel est le trafic qui a lieu continuellement entre négociants? ne prêtent-ils pas leurs capitaux, pour en retirer un certain revenu modique et quelquefois incertain? Or, cette convention qui a lieu entre les hommes, avec un intérêt si minime, pourquoi ne pas la faire avec Dieu, à si gros intérêt? *Oblectamenta præsentis vitæ, quid sunt nisi furta vitæ futuræ et æternæ?* Les satisfactions de la vie présente, que sont-elles, sinon des vols que l'on commet au préjudice de la vie future et éternelle? C'est la réflexion de Philon. Vous accordez une jouissance à votre corps; vous le privez par là d'une jouissance éternelle. *Reformabit corpus humilitatis nostræ, configuratum corpori claritatis suæ.* Notre Sauveur réformera notre corps mortel sur le modèle de son corps glorieux. Il y imprimera sa gloire, comme la cire reçoit l'empreinte qu'on y applique. Et vous voudriez vous priver de cette gloire pour une satisfaction insensée et passagère? ô aveuglement! ô folie!

IIIᵉ CONSIDÉRATION.

SUR LES BIENFAITS DE DIEU ET SUR NOTRE INGRATITUDE.

Pour nous exciter davantage à aimer Dieu de tout notre cœur, jetons un coup d'œil sur les bienfaits dont il nous a comblés; et si, par le passé, nous avons été ingrats envers le plus généreux des bienfaiteurs, témoignons-lui du moins ce genre de reconnaissance dont parle Sénèque, et qui consiste à nous souvenir du bienfait. En effet, dit ce philosophe, il n'y a point de pire ingrat, que celui qui ne se souvient pas du bienfait reçu.

I. Les bienfaits que nous avons reçus de Dieu sont

de deux sortes : ceux de la nature, et ceux de la grâce.
Dans l'ordre de la nature, vient d'abord la création;
Considérez donc, que depuis le commencement du
monde jusqu'à ce jour, c'est-à-dire pendant près de
six mille ans, vous avez été dans le néant. Le moment
marqué par le Seigneur pour vous tirer du néant,
étant arrivé, il créa votre âme. Or, parmi cette multitude infinie d'âmes possibles, je me figure que chacune s'adressa à Dieu en ces termes : Seigneur, tirez-
moi du néant. Mais Dieu répondit : Que telle âme
soit, et que toutes les autres restent dans leur néant.
Considérez ici s'il y a au monde une obligation plus
sacrée que celle qui nous lie aux auteurs de nos-jours.
Alexandre croyait tout devoir à un cheval qui lui
avait conservé la vie. Que de présents ne fait-on pas à
un médecin qui nous guérit d'une maladie. Si quelqu'un vous rappelait du tombeau après la mort,
combien ne vous estimeriez-vous pas obligé envers
celui qui vous eût fait cette grâce? Mais quelle différence y a-t-il entre être tiré du néant, ou être ressuscité après la mort? nous regardons comme une faveur
d'avoir entrée dans un beau théâtre, pour assister à
une représentation intéressante, et nous ne regarde-
rions pas comme un plus grand bienfait d'avoir été
admis à contempler ce bel univers, à voir le soleil et
les astres et toutes ces beautés dont Dieu a orné la
terre? le ciel et la terre me crient de vous aimer, ô
mon Dieu, disait saint Augustin. *Cœlum et terra cla-
mant ut amem te, Deus meus.* Nous ne parlons encore
que de l'ordre de la nature. Mais quelle vie Dieu vous
a-t-il donnée? Une vie saine; voyez combien de
malades! une vie aisée; voyez combien sont obligés
de mendier leur pain et de travailler péniblement la
terre! Il vous a donné de l'esprit et de l'habilité;
voyez combien n'ont que peu ou point de capacité!
Il vous a fait noble, riche; il vous a donné du crédit.
Et que voulez-vous de plus?

On m'a rapporté qu'un jeune homme dénué de fortune, mais doué de talent, avait été adopté par un
homme riche sans enfant, qui l'avait laissé héritier
de tous ses biens. Ce jeune homme, bien des années
après la mort de son bienfaiteur, passait des heures
entières, immobile, à contempler son portrait. Il par-
courait ensuite des yeux tout ce qu'il avait de meubles
et de richesses dans sa demeure ; mais il en revenait
toujours au portrait de son père bien-aimé qui l'avait
adopté ; cette vue lui faisait verser des larmes, et il ne
savait exprimer autrement ses sentiments. Quelquefois
il allait lui baiser la main, et il ne savait se détacher
de cette image chérie, tant la reconnaissance parlait
haut à son cœur.

Jeune homme, quand vous serez de retour chez vous
et qu'il vous plaira de donner un coup d'œil sur tout
ce qui meuble votre demeure, voyez, et regardez bien.
Vous verrez écrite en toutes lettres sur chaque objet
cette parole de saint Paul : Qu'avez-vous, que vous
n'ayez reçu ? *Quid habes, quod non accepisti?* Parmi tant
de richesses, je vous défie de me montrer une obole
qui ne soit un don de Dieu. Parmi toutes vos possessions, je vous défie de m'indiquer un pouce de terre
qui ne soit un don de Dieu.

Mais pourquoi appeler votre attention sur les biens
extérieurs ? voyez ce qui se passe au dedans de vous-
même. Votre âme avec ses puissances, mémoire, intelligence, volonté ; votre corps et ses sens si merveilleux.
Qu'avez-vous que vous n'ayez reçu ? qu'avez-vous qui
ne vienne originairement de Dieu ? Ce serait déjà un
immense bienfait de vous avoir donné la vie ; n'en est-
ce pas un plus grand encore de vous l'avoir conservée ?
Si une personne nous donnait un diamant et que nous
vinssions à le perdre, nous n'en serions pas moins
obligés envers le donateur. Dieu ne s'est pas contenté
de nous donner l'être, et de nous le donner richement ; il nous le conserve.

Remarquez en outre avec quel amour Dieu s'occupe, en ce moment même où je parle, à faire mûrir pour vous les moissons et les raisins, à faire croître la laine des troupeaux pour vous vêtir, et la soie pour vous parer. Il ne songe pas seulement à ce qui vous est strictement nécessaire ; mais pour vous procurer d'innocents délassements, il veille sur le nid des oiseaux, afin qu'ils se multiplient, et qu'ils vous récréent par leur chant, soit dans vos jardins, soit dans vos anti-chambres et sur vos tables. Voyez combien d'animaux il ne cesse de créer, ceux-ci pour votre agrément, ceux-là pour vos besoins ! que de plantes, les unes pour votre utilité, les autres pour embellir vos parterres ! que de fleurs et que d'herbes mises à votre service ! une multitude d'étoiles brillent pour vous ; le soleil est dans un mouvement continuel pour vous ; les fleuves coulent pour vous ! Dieu, dit Sénèque, en est venu jusqu'à nous procurer des délices ! *usque ad delicias.*

Y a-t-il au monde un serviteur, un intendant qui agisse envers vous comme Dieu le fait ? La nuit, il vous envoie le sommeil. Le jour venu, il vous aide à vous vêtir, à marcher, à écrire, à parler, à penser même, puisque vous ne pouvez de vous-même remuer ni les pieds, ni la langue, ni les yeux, ni la main sans que Dieu vous assiste de sa présence et vous prête son concours.

Et au dedans de nous, que ne fait-il pas ? J'ai vu une horloge d'une structure admirable qui marquait les heures du jour, les jours du mois, les mois de l'année, et enfin les phases de la lune. C'était un beau spectacle de voir cette multitude de roues, de sphères, de moulins, de dents, de lèvres dont chacune remplissait son office avec tant d'ordre et d'exactitude. Quelle horloge peut être comparée au corps humain, où l'on voit tant de veines, d'artères, de nerfs, de conduits tous indispensables pour la vie, la nutrition et la

croissance ? Or, Dieu concourt à tous ces mouvements ;
Dieu les aide tous à remplir leurs fonctions, et si quelqu'un des organes vient à se déranger, il fait naître
les herbes, les fleurs, les minéraux, pour leur servir
de remèdes et de fortifiants.

II. A votre avis, n'avons-nous pas assez dit sur les
grâces et les bienfaits de Dieu, pour vous porter à
l'aimer ? Eh bien ! nous n'en avons encore rien dit. Je
ne finirais pas, si j'entreprenais de les énumérer tous,
et ce serait en diminuer le prix et la valeur, que de les
effleurer seulement en passant. Mais combien les dons
de la grâce ne sont-ils pas supérieurs à ceux de la
nature ! Première grâce : Dieu nous a fait naître dans
le sein de la véritable Eglise. Dès notre naissance,
nous avons reçu le baptême. Les sacrements de Pénitence, d'Eucharistie, de la Confirmation, ont été insti-
tués en notre faveur. Pour nous, Dieu est mort sur
une croix, et maintenant il exerce l'office d'avocat
auprès de son Père. Les saints évangiles, les exemples
des saints, que de secours, que de moyens pour opérer
notre salut ! s'écrie saint Jean Chrysostome. *Heu quœ
nobis ad salutem viœ!* nous pouvions désirer d'avoir
Marie pour avocate, Dieu a daigné nous la donner en
cette qualité. Oh ! que d'inspirations ! que de dangers
dont nous savons et dont nous ignorons avoir été délivrés ! que de péchés que nous n'avons pas commis,
par une pure miséricorde de Dieu ! c'est la réflexion
de saint Augustin: *Gratiœ tuœ debeo, quœcumque non
feci mala.* Oh ! que Dieu a été un tendre ami pour nous,
et quelle reconnaissance nous lui devons ! nous lui
sommes plus obligés que les hérétiques, les Turcs et les
Gentils, parce qu'ils sont dans les ténèbres et que nous
vivons dans le plein jour de la foi. Si j'eusse été un
animal sauvage, je serais néanmoins obligé d'aimer
mon Dieu ; car, selon Sénèque, les bêtes mêmes sont
sensibles aux bienfaits, et il n'est point d'animal si
féroce que la bonté n'adoucisse et n'excite à affec-

tionner son bienfaiteur. *Beneficia etiam præsentiunt nec ullum est tam immensuetum animal, quod cura non mitiget et in amorem sui vertat.* Que de caresses un chien ne fait-il pas à son maître, même après en avoir été battu ? Jamais il ne lui montre les dents, et cela, parce que le maître lui jette les restes de sa table. Mon Dieu m'a traité si bien ! il m'a enrichi de tous les biens de la nature et de la grâce ; et je ne l'aime pas, et je tourne contre lui ses propres bienfaits, j'en abuse pour l'outrager ! Si le démon nous offrait le Paradis, nous devrions le refuser, à cause de l'indignité du donateur. En effet, si l'exécuteur des hautes œuvres nous offrait une parure, qui voudrait l'accepter d'une main si détestée ? Tant il est vrai que le don perd ou gagne, selon la personne du donateur. Dieu donc, ce Dieu d'une si haute majesté, qui n'a nul besoin de moi, et qui m'a fait tant de bien, quelle reconnaissance ne mérite-t-il pas de ma part ? Mais comment la lui ai-je témoignée jusqu'ici ? Hélas! ne l'ai-je point oublié ? N'ai-je point méprisé, que dis-je ? n'ai-je point outragé ce grand bienfaiteur ?

Mais ce qui dépasse le comble même de l'ingratitude, c'est de voir ceux que Dieu a le plus favorisés en fait de dignité, le plus honorés en fait d'estime, le mieux pourvus au point de vue de la fortune, sont précisément ceux qui l'offensent avec le plus de liberté! Aussi longtemps que Saül fut un pauvre berger, je le vois humble et respectueux. Est-il élevé sur le trône, le voilà soudain dissimulé, hautain, vindicatif, désobéissant. Tandis que Salomon n'a qu'une fortune médiocre, il juge avec sagesse, et édifie par ses exemples. Devenu riche et opulent, le voilà idolâtre. Tandis que Samson occupe un rang modeste, il sert le Seigneur avec fidélité ; mais quand il eut obtenu de Dieu des triomphes étonnants et miraculeux, il se livra à l'incontinence, et oublia tout à fait le Seigneur. Pendant qu'un tel est affligé par la maladie ou les épreu-

ves, il est tout à la piété, aux églises, à la prière. A
peine guéri ou consolé, il se dissipe et joue, il offense
Dieu. Tandis que les revenus sont minces, ou que les
procès sont pendants, on fait des communions, des
prières, des promesses. Se voit-on dans l'abondance ?
on cherche les moyens de satisfaire telle passion,
d'accomplir telle vengeance, de faire sentir son pouvoir, en un mot, on s'attaque à Dieu.

Ecoutez les sérieux avertissements de Job : Ils ont
dit à Dieu : Retirez-vous de moi, lorsque Dieu avait
rempli leurs maisons de biens. *Dixerunt Deo : rescede
a nobis, cum ipse implesset domos eorum bonis.*

Oui, c'est lui qui nous a enrichis de ses biens, et
nous avons osé lui dire : Retirez-vous loin de nous. Ma
maison sera le séjour du désordre et du vice. J'ai dit
à mon bienfaiteur par excellence : Laisse-moi en paix.
Et remarquez le ton impératif. Dieu ne s'éloigne pas
de son propre mouvement ; il faut qu'on le chasse et
qu'on l'expulse comme par force. Quel outrage plus
ignominieux ! mais pourquoi le chasser de votre maison ? — Parce qu'il m'a fait du bien. — Et quand
est-ce qu'il a mérité cet affront, lui, mon insigne
bienfaiteur ? — Jeune homme, celui qui t'a donné
l'être, n'a-t-il pas le pouvoir de te l'ôter ? Celui qui
t'a donné la santé, ne peut-il pas te clouer sur un lit
de douleur ? Celui qui t'a attendu si longtemps à résipiscence, ne peut-il pas t'abandonner ? Est-ce que
Dieu a besoin ou peur de toi ? et pourquoi donc le
mépriser ? *Eilios enutrivi et exaltavi; ipsi autem spreverunt me.* O excès d'ingratitude ! ô miracle diabolique !
être plongé dans les bienfaits de Dieu, et offenser ce
Dieu Bienfaiteur ! Des personnes qui, à raison de leur
naissance, ou par suite d'une bonne éducation, se
piquent de délicatesse, usent d'égards envers tout le
monde, excepté envers lui !

III. Mais il y a un autre degré d'ingratitude plus
odieux que tout ce qui précède : ne pas se souvenir du

bienfait reçu, c'est un mal ; mépriser le bienfaiteur est quelque chose de pis ; c'est un trait encore plus noir d'ingratitude, de rejeter loin de soit l'auteur du bienfait. Peut-on aller plus loin ? Oui, et c'est ce qui se fait. Ecoutez comment le Seigneur s'exprime par l'organe d'Isaïe : Vous m'avez fait servir à vos péchés; vous m'avez fait concourir à votre iniquité. *Servire me fecistis in peccatis tuis. Præbuisti mihi laborem in iniquitatibus tuis.* Oui, avec cet esprit que je t'ai donné, ô pécheur, tu m'as fait servir à des imaginations infâmes ; tu m'as fait servir avec cette santé et cet argent à tes honteux désordres ; tu m'as obligé en quelque sorte à me faire ton serviteur dans tes actes les plus hideux et les plus coupables.

Réfléchissez ici un peu, mes frères bien-aimés. Si un homme se comportait envers vous, comme vous vous comportez envers Dieu, ne l'abandonneriez-vous pas mille fois à son sort ? Comment répondre si mal aux bienfaits d'un Dieu, ce tendre ami qui n'abandonne jamais le premier ; d'un Dieu, cet ami véritable, sincère, bienveillant, charitable ? N'abandonnez pas un ancien ami, dit l'Esprit-Saint. *Amicum antiquum ne derelinquas.* Et qui est notre ami de plus ancienne date que Dieu ? Ecoutez la protestation qu'il vous fait : Je vous ai aimé d'un amour éternel. *In charitate perpetua dilexi te.* Tertullien dit aussi : Je vous ai aimé avec une patience inaltérable. *Antiqua patientia dilexi te.* Peut-on rien dire de plus touchant? Que l'ingratitude humaine comparaisse maintenant au jugement de Dieu ; qu'elle entreprenne de se défendre et de se disculper, si elle le peut, et si elle en a l'audace.

Drexelius raconte qu'un prince se trouvant à l'extrémité et fort accablé par le mal, demanda à boire. On lui en apporta. Il était environné d'un grand nombre d'amis. Pendant qu'il avait le verre en main, la pensée lui vint de porter un toast, pour la dernière fois peut-être, à son plus fidèle ami. Là-dessus, il jette les yeux autour de lui, et demande si, portant leur santé, ils lui auraient rendu raison ; tous de répondre affirmativement. Alors, il tourna les yeux vers son crucifix, et dit : C'est à vous seul, ô mon Sauveur crucifié, que je porte ce toast ; vous seul pouvez me faire raison ; seul, vous êtes mon véritable ami.

Pauvres pécheurs, avant que vous offensiez Dieu, je vous prie de vous rappeler ce peu de paroles : Ce Dieu que vous avez dessein d'offenser grièvement est votre unique véritable ami. C'est lui qui, par amour, vous a tirés du néant, qui vous soutient par sa miséricorde, qui vous a pardonnés tant de fois, qui vous fait tant de grâces; allez maintenant, et offensez-le par la plus noire de toutes les ingratitudes, si vous en avez le courage.

La reconnaissance est un sentiment si juste, que la nature l'a gravé jusque dans le cœur des animaux. J'ai vu à Carthage un certain Hanon suivi par des lions domptés et apprivoisés à force de bienfaits. Un lion suivait celui qui lui avait extrait une épine du pied ; un autre en Afrique accompagnait celui qui lui avait tiré de la gueule un os qui le piquait de travers. Un autre lion, à Rome, reconnut son libérateur, après bien des années, et le sauva de la dent des bêtes auxquelles il était condamné. Que dites-vous à ces récits ? et vous serez encore aussi ingrats envers votre Dieu ? Ah ! souffrez que je m'écrie : ô hommes! ô chrétiens ! allez au désert apprendre la reconnaissance, à l'école des tigres et des lions ! Et n'est-il pas vrai, je le répète, que si j'eusse été une bête sauvage, Dieu m'aurait déterminé, à force de bienfaits, à lui témoigner ma reconnaissance ? Or, quelle est celle que je lui témoigne, moi qui suis un homme, et non une bête farouche ? Ah ! pauvre reconnaissance ! mais s'il est inconvenant de ne pas marquer sa reconnaissance, combien n'est-il pas plus injuste d'être positivement

ingrat, et si affreusement ingrat, non pas envers un
homme, mais envers Dieu?

On raconte un trait d'ingratitude de l'empereur
d'Orient, nommé Basile, mais un trait tellement
exécrable, que les historiens Cedrenus et Zonara ne
trouvent pas de termes pour le qualifier. Ecoutez.
L'empereur était à la chasse; il rencontre un cerf
d'une taille extraordinaire; il l'attaque et le blottit
entre deux touffes d'arbres, et le voilà qui tire sa
lance pour le percer. Le cerf se défend, au moyen de
ses longues cornes, et saisissant l'empereur par la
ceinture, il le soulève de son cheval, et l'emporte au
loin, enfourché sur son bois. Un écuyer qui se trouvait
près du prince, suit le cerf à toutes jambes, et tirant
son épée, il coupe la ceinture, et sauve l'empereur.
Quelle reconnaissance pensez-vous que l'empereur ait
témoignée à celui qui l'avait arraché à la mort avec
tant d'adresse et de dévouement? Ecoutez encore.
Basile était un homme hautain et superbe, qui ne
souffrait pas d'avoir de l'obligation à qui que ce fût.
Que fit-il donc dans ce cas? Pour marque de reconnaissance, il lui fit trancher la tête publiquement,
parce qu'il avait osé toucher de ses armes sa majesté
impériale.

Voilà le fait; qu'en pensez-vous? Si vous aviez ici
devant vous l'empereur Basile, que lui diriez-vous?
Que lui feriez-vous? Je crois que vous auriez grand'-
peine à ne pas le déchirer de vos mains comme un
monstre de scélératesse et de cruauté; n'est-il pas
vrai? Mais, ô Dieu immortel! est-ce que Dieu ne vous
a pas cent fois préservés de dangers plus redoutables,
non pas pour le corps seulement, mais pour l'âme?
Si Dieu en avait donné la permission à votre ennemi,
n'eussiez-vous pas été précipités en enfer? Si Dieu
n'avait détourné tel accident, tel coup de foudre; si
Dieu n'avait réprimé l'audace de tel démon, les
mauvais desseins de telle personne, la malignité de

tel aliment, où seriez-vous maintenant? où seriez-vous? Et vous maudissez le nom d'un Dieu si libéral? Vous accusez sa providence, vous outragez ses serviteurs, vous raillez ses prêtres, vous profanez ses églises, vous foulez ses commandements aux pieds? Enfin, par tant d'énormes péchés, vous osez le crucifier de nouveau? Saint Zénon frémit, quand il considère Saül lançant un javelot sur David, au moment où celui-ci jouait de la harpe pour le récréer, et apaiser le mauvais esprit. Saint Jean Chrysostome invective contre les frères de Joseph, qui délibéraient entre eux de le faire mourir, tandis qu'il leur apportait à manger. Dites-moi : si vous donniez un soufflet à celui qui vous offre un mets, serait-ce de la gratitude? Ah! mes frères, et un Dieu qui ne cesse de vous faire tant et de si précieuses faveurs, de quel retour l'avez-vous payé jusqu'ici? Comment répondez-vous actuellement à ses bontés? Comment voulez-vous y correspondre à l'avenir? Pensez-y bien et faites de bonnes résolutions. Dites-lui du moins que vous l'aimez. Dites-lui que pour cet unique motif que vous l'aimez, que vous êtes au regret de l'avoir offensé, et que vous vous proposez de ne plus l'offenser ni lui causer du déplaisir à l'avenir. Renouvelez souvent ces protestations, et du moins chaque matin joignez à votre oraison cette prière et cette offrande si belle, par laquelle saint Ignace se consacrait entièrement à Dieu.

Recevez, Seigneur, toute ma liberté; recevez ma mémoire, mon entendement et ma volonté sans réserve. Tout ce que j'ai et tout ce que je possède, je le tiens de votre libéralité, je vous le rends intégralement, et je le soumets pleinement aux dispositions de votre sainte volonté. Accordez-moi seulement votre amour et votre grâce, et je suis assez riche, et je ne vous demande rien de plus. Ainsi soit-il.

Suscipe, Domine, universam libertatem meam, accipe

memoriam, intellectum, et voluntatem omnem. Quidquid habeo, vel possideo, mihi largitus es; id totum tibi restituo, ac tuæ prorsus voluntati trado gubernandum. Amorem tui solum cum gratia tua mihi dones, et dives sum satis, nec aliud quidquam ultra posco. Amen.

IVe CONSIDÉRATION.

SUR LA PERSÉVÉRANCE.

§ 1. — Nécessité et motifs de persévérer.

A la fin du carême, les prédicateurs ont coutume de faire un discours sur la persévérance. A la fin des exercices, on a aussi coutume de donner quelques avis, pour maintenir les bonnes résolutions prises, et conserver constamment la ferveur conçue pendant ces jours de salut.

Avant de donner ces avis, commençons par considérer ensemble, sous forme de méditation, la nécessité et les motifs que nous avons de persévérer. Je prends pour texte et pour guide cette sentence du livre de l'Ecclésiastique : Malheur à ceux qui ont perdu patience, et qui ont abandonné la voie droite, pour se jeter dans la mauvaise ! *Væ iis qui perdiderunt sustinentiam, et dereliquerunt vias rectas, et diverterunt in vias pravas.*

I. Considérez en premier lieu la menace exprimée par ce mot, *Væ !* malheur. Les saintes Ecritures l'emploient pour indiquer un châtiment grave, comme dans ce passage : Malheur à l'homme par qui le scandale arrive ! *Væ illi per quem scandalum venit.* Que chacun de nous se figure donc que cette malédiction le regarde : oui, malheur à moi, si je ne persévère pas. Moïse demeura l'espace de quarante jours sur la montagne de Sinaï, pour recevoir les tables de la loi. Les hébreux attendaient de jour en jour qu'il revint. Pendant trente-cinq jours consécutifs, dit d'Avila, ils l'attendirent avec inquiétude, et restèrent fidèles à Dieu, sans s'écarter des rites prescrits, ni des ordres d'Aaron; mais ce terme écoulé, comme ils ne le voyaient pas revenir, ils se mirent à s'ennuyer d'une si longue attente. Il est possible, se dirent-ils, que Moïse ne revienne plus; choisissons-nous un autre chef; faisons-nous un Dieu visible, tel que celui d'Egypte. Et faisant succéder la licence à la modération, les jeux à la piété et l'idolâtrie au culte du vrai Dieu, ils fabriquent un veau d'or, et lui rendent des hommages insensés. Malheur à ceux qui perdent patience! Moins de cinq jours après survient Moïse, qui, enflammé d'un saint zèle, réduit en poudre le veau d'or, brise les tables de la loi, et enrôlant la tribu de Lévi pour la défense du Seigneur, lui commande de passer tous ces idolâtres au fil de l'épée. Vingt-trois mille hommes furent égorgés, et le carnage fut tel que le camp des Israélites était inondé de sang. S'ils avaient pris patience et persévéré cinq jours de plus, ils n'eussent point commis un crime si énorme, et ils n'eussent point été victimes d'un désastre aussi effroyable. Malheur à moi, si je ne persévère pas!

II. Pesez maintenant cette autre parole: Malheur à ceux qui *perdent* patience. Qui dit *perdre*, signifie par là qu'on a commencé par posséder. Grâce au ciel, nous tous qui avons suivi ces pieux exercices, qui avons assisté aux saintes cérémonies de ces jours, et qui nous sommes approchés des sacrements, nous avons formé ou renouvelé la résolution de conserver toujours la crainte du Seigneur. Gardons-nous maintenant de la perdre; veillons avec d'autant plus de soin qu'il nous en a coûté davantage pour contracter en ces jours des habitudes vertueuses. Que de mortifications, que de réflexions, que de prières! Voudrions-nous perdre en peu de temps des mérites si chèrement acquis?

Mais le motif le plus efficace pour nous engager à la persévérance, c'est que la persévérance seule donne la perfection et le complément à la vertu, et qu'elle seule nous garantit le salut : *Qui perseveraverit usque in finem, hic salvus erit.* On ne dit pas : Celui-là sera sauvé qui pleurera ses péchés, qui fera de rudes pénitences, qui répandra d'abondantes aumônes. On ne promet pas le salut à celui qui aura fait une confession générale, à celui qui aura combattu vaillamment, ni à celui qui aura marché dans la voie des divins commandements ; mais celui-là seul qui aura persévéré dans la course, dans le combat, dans la pratique de la mortification, dans la fuite du péché, celui-là sera sauvé. C'est ce qui a fait dire à saint Jérôme : Ce ne sont pas les commencements, mais c'est la fin que Dieu couronne dans le chrétien. *In christianis non quæruntur initia, sed finis.* On ne considère pas si un chrétien a passé une ou plusieurs années au service de Dieu, ni s'il a bien commencé ; mais s'il a persévéré jusqu'à la fin dans la bonne voie. Qui a mieux commencé que les anges rebelles? Combien ont été beaux les débuts de Salomon? Judas, Saül, tous les chrétiens réprouvés, ont vécu quelque temps dans la grâce de Dieu. Qui les a précipités en enfer? Le défaut de persévérance. *Quia perdiderunt sustinentiam.* Les vierges folles avaient fait quelques démarches louables ; mais cela ne suffit pas, il faut arriver au terme.

Une dame romaine écrivit plusieurs lettres à saint Grégoire, le suppliant de prier pour que Dieu daignât lui révéler si les péchés de sa vie passée étaient pardonnés. Le saint lui répondit : Vous demandez une chose difficile et inutile. *Rem difficilem et inutilem postulasti.* C'est une curiosité difficile à satisfaire, et de plus tout à fait inutile ; car lors même que vous seriez assurée de votre pardon pour le passé, ne pouvez-vous pas, en manquant de vigilance, commettre encore des fautes graves et vous damner? Voulez-vous savoir, sans révélation extraordinaire, si vous êtes dans la voie du salut? Persévérez dans le bien commencé, *persevera in bene cœptis.* Soyez constante à vous tenir éloignée des vanités, constante à pratiquer la vertu, constante à maintenir vos bonnes résolutions; et croyez ensuite à cette parole de l'Écriture : Celui qui aura persévéré jusqu'à la fin, sera sauvé. *Et crede scripturæ dicenti : Qui perseveraverit usque in finem, hic salvus erit.* La raison de tout ceci, c'est qu'il n'y a rien de plus contraire à l'amitié que l'inconstance d'un ami à l'égard d'un autre ami qui continue d'être dans les mêmes dispositions et qui ne cesse de faire du bien. Or, quand est-ce que Dieu m'a manqué? Quand est-ce qu'il s'est montré inconstant à mon égard? Quand a-t-il interrompu le cours de ses faveurs? Et moi, je pourrais manquer de parole, d'attachement, de retour pour un ami si fidèle? Mais quand aurait-il mérité de ma part une ingratitude et une indélicatesse semblable?

III. Mais quels sont les degrés par lesquels on passe pour perdre la persévérance? Nous les trouvons indiqués dans notre texte : *Dereliquerunt vias rectas.*

Le premier consiste dans l'omission de l'oraison et des pratiques accoutumées. Il est à remarquer que dans les maladies graves, lorsque le pouls commence à être intermittent, c'est un mauvais signe, disent les médecins, et un présage de mort. Et lorsqu'il arrive qu'on ne sent plus le pouls, et que pourtant le malade vit encore; vous dites que sa vie est un miracle. Quand il y a des intermittences dans la prière du matin; quand on passe certaines fêtes sans s'approcher des sacrements; quand on abandonne les pratiques de piété envers la très sainte Vierge, dites aussi que si on se maintient dans l'état de grâce, c'est un vrai

miracle. Le père Lessius, ce grand théologien, prouve
très bien dans son ouvrage *Des perfections divines*, que
la perte totale d'une âme peut dépendre de l'omission, même d'une prière ou d'une petite pratique qui
n'est pas commandée. Il le prouve par la raison et
par l'Ecriture. *Et diverterunt in vias pravas.* Remarquez bien la force de cette parole : *Et ils se sont écartés
dans la voie mauvaise.* Le texte ne dit pas qu'ils y sont
allés directement ; il veut dire, que pour manquer
de persévérance, il suffit d'un léger écart hors de la
route ; parce qu'un premier écart en entraîne un
second plus considérable ; et à la fin, on se trouve
tout à fait hors du chemin.

On lit, au chapitre XIII du premier livre des rois,
la chute déplorable du roi Saül, dont l'Ecriture avait
commencé par dire, qu'il n'y avait pas d'homme
meilleur dans tout Israël. Quelles furent les causes
de cette chute ? Ecoutez. Le prophète Samuël, après
l'avoir sacré roi d'Israël, lui dit : Rendez-vous maintenant à Galgala avec toute l'armée ; vous m'y atten-
drez pendant sept jours, au bout desquels j'irai offrir
un sacrifice au Seigneur, avant que vous vous mettiez
en campagne. Saül va à Galgala, il attend sept jours
entiers ; mais voyant les ennemis tout près de là, et
jugeant le moment d'autant plus favorable que ses
soldats étaient impatients de combattre, le septième
jour il monte lui-même à l'autel, immole les victimes et offre le sacrifice. Le sang des agneaux égorgés
fumait encore, lorsque Samuël arriva. Saül va à sa
rencontre et s'excuse de ne pas l'avoir attendu jusqu'à la fin, en alléguant la nécessité où il était de se
hâter pour en venir aux mains avec l'ennemi : *Neces-
sitate compulsus, obtuli sacrificium.* Samuël, prenant
un visage sérieux et une attitude pleine de dignité :
Vous avez agi en insensé, lui dit-il. Si vous n'aviez
pas fait cela, le Seigneur eût consolidé votre trône
pour toujours en Israël. Maintenant c'en est fait, il

ne passera pas à votre fils. *Stulte egisti; si non fecisses, jam nunc præparasset Dominus regnum tuum super Israel in sempiternum, sed nequaquam regnum tuum ultra consurget.* Remarquez cette parole conditionnelle : Si vous n'aviez pas fait cela. Est-ce que Saül a péché mortellement, en usurpant l'office de prêtre, ou en n'attendant pas Samuël? Plusieurs graves auteurs sont d'avis que non, parce que la loi permettait au roi d'Israël d'offrir le sacrifice à défaut de prêtres, et que la nécessité excusait cet empressement. Comment donc un péché léger a-t-il causé une si grande chute? Comment? parce qu'il l'a disposé à commettre les fautes plus graves dans lesquelles il tomba ensuite. . En effet Saül, menacé de perdre sa couronne, n'eut pas plus tôt vu David s'illustrer par ses exploits, acquérir de la renommée, dissiper les ennemis de la patrie, renverser les géants, qu'il commença à soupçonner qu'il pourrait bien être son successeur. Ce soupçon alluma dans son cœur une haine mortelle contre l'innocent David. Dès lors, il commença à le persécuter, et il en vint jusqu'à vouloir le percer de sa lance. Ayant appris ensuite que certains prêtres de Nobé ont accueilli son rival, il envoie les immoler tous au nombre de quatre-vingt-trois. Non content de ce carnage, il fait mettre la ville entière à feu et à sang, et en fait périr tous les habitants. C'est ainsi que d'un péché véniel, il tomba dans des péchés plus graves et qu'il en vint jusqu'aux excès les plus cruels et les plus sanguinaires. *Saul dum Samueli non obtemperavit, paulatim atque paulatim labens non stetit, quo usque ad perditionis barathrum seipsum immisit.* Vous plierez votre caractère, dites-vous. Vous saurez vous arrêter à temps. Saül n'a point su s'arrêter. Ah! si vous n'aviez pas fait ce premier pas, si vous n'aviez pas donné cette entrée au péché, le Seigneur vous eût préparé un trône pour jamais dans le ciel.

§ 2. Quelle doit être notre persévérance.

Il se formera dans l'âme du juste une source d'eau vive, qui ne tarira jamais, mais qui continuera à couler, jusqu'à ce qu'elle entre dans l'océan de la bienheureuse éternité. C'est la parole de Jésus-Christ dans saint Jean : *Fiet in eo fons aquæ salientis in vitam æternam.* Cent fois vous avez remarqué la grande différence qui existe entre un fleuve et un torrent. Le fleuve sort du sein des rochers ; à peine il est né, qu'il se met en chemin, et recueillant sur sa route le tribut d'autres sources, il réunit de la sorte une grande quantité d'eaux qui lui méritent le nom de fleuve, et le rendent capable de porter des navires de commerce et de guerre. Arrivé à la mer, il y décharge enfin le trésor de ses eaux primitives et acquises. Mais un torrent n'a pas de source qui l'alimente, il croît accidentellement par les pluies et la fonte des neiges. L'été vient, et il n'a plus seulement un fil d'eau ; son lit est à sec, et le plus pauvre pastoureau y passe, sans se mouiller les pieds.

Il y a chez les chrétiens deux genres de piété : le premier ressemble au fleuve, le second est comme un torrent. Ce dernier est celui de certaines âmes qui montrent quelques sentiments de piété, quelque crainte de Dieu, pendant la durée d'une indulgence, d'un jubilé, ou bien lorsqu'elles assistent à une réunion pieuse, à une prédication, à une solennité. Mais à peine ces exercices terminés, elles s'en vont à rien, comme des eaux qui se perdent : *Ad nihilum devenient tanquam aqua decurrens.* Toute leur piété était attachée à tel jour, à telle église, à telle fête ; et voilà pourquoi elle se réduit à rien. Ces personnes abandonnent les sacrements, la prière, l'examen, la garde de leurs sens ; elles demeurent arides et sèches, sans aucune trace de leur ferveur première. *Ad nihilum devenient tanquam aqua decurrens.*

Notre piété doit être paisible et constante comme la marche d'un fleuve, et non impétueuse et passagère comme les eaux du torrent. Elle doit subsister tant à la campagne qu'à la ville, au milieu des distractions de la moisson, des vendanges, du carnaval, comme dans tout le reste de l'année. Elle doit persévérer et se soutenir jusqu'à ce qu'enfin elle nous mette en possession de la bienheureuse éternité, par le moyen d'une mort chrétienne et sainte. Voilà la couronne de notre vie, et voilà la perle la plus précieuse de notre couronne. Toutes les vertus, dit Pierre de Blois, courent la lice ; la seule persévérance est couronnée. *Cum omnes virtutes currant, sola perseverantia coronatur.*

Nous lisons à ce sujet une belle figure au premier livre des Rois. On y lit que les Israélites commirent une sorte d'injustice envers le jeune David, vainqueur de Goliath. Voici comment : David ayant frappé le géant au front d'un coup de pierre, le renversa par terre, et lui trancha la tête avec sa propre épée. Oh ! glorieuse épée ! C'est toi qui d'un seul coup as réparé l'honneur des armées d'Israël. *Abstulit opprobrium ex Israel !* Tu resteras suspendue comme un monument éternel entre les trophées les plus précieux du Temple, et tu raconteras à la postérité quel a été le bras valeureux qui t'a maniée ! Mais quoi ! n'y a-t-il que cette épée qui sera consacrée au Temple ? Et la pierre qui a frappé le géant restera-t-elle sans honneur, au milieu des pierres les plus vulgaires ? Elle est certes plus digne de mémoire que l'épée elle-même, parce qu'elle a été le premier et le principal instrument de la victoire, tandis que l'épée n'a fait que la compléter. Non, dit un commentateur des saints livres, la pierre commença, mais l'épée consomma la victoire. Or, on ne porte pas au Temple de l'éternité celui qui commence, mais celui qui achève le bien commencé. Mes frères, nous dit l'apôtre saint Paul, je vous en

conjure, ne vous lassez pas de persévérer dans la
vertu. *Fratres, obsecro vos, ut non deficiatis.* Et le
Saint-Esprit nous exhorte tous, au livre de l'Ecclésiastique, à demeurer fermes dans la voie du Seigneur,
dans cette voie où les saints exercices nous ont donné
entrée : *Esto firmus in via Domini ;* ou, comme on lit
dans une autre version : Soyez fermes dans le parti
que vous avez arrêté prudemment. *Esto firmus in
sententia tua certa.* Soyez inébranlables dans le genre
de vie que vous avez embrassé, et dans les saintes
résolutions que vous avez prises à la lumière des
vérités éternelles que nous vous avons proposées dans
ces lectures.

Avez-vous jamais observé, pourquoi la lune est si
variable, et subit tant de phases, tellement, comme
dit Pline, qu'on la voit tantôt pleine, tantôt en partie,
et tantôt éclipsée ? Savez-vous pourquoi ? C'est parce
qu'elle regarde le soleil ou bien quelle en est regardée
sous différents aspects. Si elle était toujours entièrement tournée du côté du soleil, elle n'éprouverait pas
tant de vicissitudes. La lune est le symbole de l'inconstance. L'insensé change comme elle : *Stultus ut luna
mutatur.* Au contraire le sage persévère dans la sagesse comme le soleil : *Vir autem sapiens in sapientia
permanet, sicut sol.* Fixez bien dans votre esprit l'une
ou l'autre des pensées que vous avez méditées, surtout
celle qui a fait le plus d'impression sur votre cœur ;
ayez-la toujours devant les yeux, et conduisez-vous
d'après cette règle, et vous pourrez espérer de vivre
immuablement d'une vie chrétienne jusqu'à la mort.

VIIIe LECTURE.

DERNIER AVIS.

LE GRAND MAL QU'IL Y A A COMMETTRE DE PETITES FAUTES.

C'est une chose vraiment étonnante de voir comment les plus grands biens et les plus grands maux tirent souvent leur origine des plus faibles commencements. Un grand fleuve se gonfle d'eaux qui ne lui appartiennent pas, et renversant toutes ses digues, il transforme les campagnes en une vaste mer, et, comme marque de sa prise de possession, il y dépose un sable stérile qui ruine toute la fécondité native du sol. Considérez la source. Un petit rocher y a donné naissance, une petite fontaine a été sa nourrice, et c'est là que le fleuve enfant a bu toute sa fureur. Au milieu d'un bosquet négligé, s'élève une vieille plante dont les racines touchent aux abîmes et la tête au ciel ; elle fournit un nid aux aigles carnassiers et un abri aux animaux les plus féroces. Si vous en mesurez la circonférence, si vous en examinez les rameaux, elle semble former à elle seule toute une forêt. Remontez maintenant à son commencement : c'est une petite graine, qu'un oiseau eût pu tenir au bout de son bec, qui a enfanté cet arbre gigantesque ; un fil d'herbe a été le premier développement d'un corps si monstrueux. La mer éclate en fureur ; les plaines de l'air sont agitées par des tourbillons impétueux ; qui a mis ainsi en mouvement ces éléments, et excité la guerre au ciel et au sein de l'océan ? C'est une petite vapeur, le souffle du vent, la trombe fatale qui tourmente et fait

blanchir les vagues, qui a couvert le ciel de ténèbres
infernales, et qui a jeté le désordre et la confusion
au milieu des eaux. Ah ! il n'est donc que trop vrai
qu'il n'est pas nécessaire de faire de grands préparatifs ni de grands frais, pour donner naissance à un
grand mal ; il suffit d'un petit mal.

Saint Augustin, expliquant cette parole de Jésus-
Christ : Le royaume des cieux est semblable à un grain
de sénevé ; *Simile est regnum cœlorum grano sinapis.*
quelle espèce de similitude est-ce donc ici, s'écrie-
t-il en s'adressant à Dieu? Si vous voulez que nous
autres, hommes matériels, nous nous formions une
idée du ciel, pourquoi le comparer à un grain si
mince, à un élément si imperceptible, qu'il paraît un
point et un atome indivisible qui se laisse à peine
toucher de la main et distinguer du regard? Ah! dit
le Saint, ce petit grain de l'Evangile marque généralement le commencement de toute chose; or, tout
principe est très petit pour la matière, mais très puissant quant à l'efficacité : *Minimum quidem male est,
sed maximum virtute.* Ne regardez pas les principes
des grandes choses pour ce qu'ils sont en apparence;
mais pour ce qu'ils contiennent en germe et en puissance. Comparez le colosse de Babylone avec cette
petite pierre qui fut détachée de la montagne. Voyez
comment elle glisse du sommet. Qui dirait bien que
cette petite pierre pourrait se vanter de renverser une
statue si colossale, dont la tête est d'or et la poitrine
de bronze? Et pourtant la ruine de ce monument
gigantesque nous prouve à l'évidence qu'il suffit d'une
petite chose pour opérer un mal immense : *Minimum
quidem male, sed maximum virtute.*

Mais vous me direz ici que l'occasion n'est guère
dangereuse et que la liaison est pour ainsi dire innocente. Eh bien! ce peu-là même qui lui manque pour
qu'elle soit tout à fait innocente, oui, ce léger défaut
sera peut-être et sera vraisemblablement le premier

anneau du filet, et le principe d'une grande chute.
Le saint roi David, voulant nous faire remarquer l'influence pernicieuse et irrésistible des petits dangers,
commence ainsi le premier de ses psaumes : Heureux,
dit-il, l'homme qui ne s'est point rendu dans l'assemblée des impies, qui ne s'est point arrêté dans la voie
des pécheurs, et qui ne s'est point assis sur la chaire
de pestilence : *Beatus vir qui non abiit in consilio impio-*
rum, et in via peccatorum non stetit, et in cathedra pes-
tilentiæ non sedit. Heureux celui qui n'a pas prêté
l'oreille aux mauvais conseils, qui ne s'est point engagé dans la voie des pécheurs, et qui s'est gardé à
plus forte raison d'enseigner l'iniquité dans la chaire
de Babylone Dans ce passage, vous pouvez remarquer
une gradation fort sensible : *Non abiit, non stetit, non*
sedit. Heureux celui qui *n'est point allé*, qui ne s'est
point *arrêté*, qui ne s'est point *assis*. On commence par
aller ; puis on s'arrête, et enfin on s'assied. Quand on
cède aux charmes d'une occasion légèrement dangereuse, on ne tarde pas à s'y arrêter et à s'y complaire ;
et par là même on risque de s'y asseoir, c'est-à-dire
de contracter alliance avec le mal. Aussi l'apôtre saint
Paul nous engage-t-il à ne pas donner d'ouverture au
démon : *Nolite dare locum diabolo ;* ce que Tertullien
traduit ainsi d'après le grec : Ne donnez aucune entrée
au mauvais ; *Nolite locum dare malo ;* mais comme le
démon est le méchant par excellence, on lit plus communément : Ne donnez aucune entrée au démon. Or,
que signifie : donner entrée au mal, donner ouverture
au démon ? Cela ne signifie certainement pas : mettre
tout d'abord notre cœur à sa pleine disposition. Cette
expression, donner ouverture, n'a point une portée si
large. Si pendant que vous êtes assis sur un banc, un
ami survient et vous demande de lui faire place, il ne
veut certainement pas dire : Laissez-moi toute la
place. Si un pèlerin ou un étranger vient vous demander l'hospitalité, évidemment il n'entend pas vous

faire sortir de chez vous. Si un grand personnage se
présente à l'église, lorsqu'il y a foule, et qu'on dise :
Place, place; encore une fois on ne demande point
par là que tout le monde évacue l'église. Ainsi donner
place au démon ou au mal, signifie simplement, lui
laisser quelque accès, lui donner quelque audience,
lui laisser prendre quelque pied. Mais malheur à qui
le lui donne! car non content du peu qu'on lui permet, il cherche toujours à gagner du terrain et à
s'étendre, et il est beaucoup plus aisé de lui interdire
absolument l'entrée en lui disant : Il n'y a point de
place ici pour vous, il n'y a pas un pouce de terrain
à votre service; que de lui donner prise, en s'attachant
à un entretien un peu libre, en se permettant un regard
trop familier, quoique fugitif; et ensuite, lorsqu'il est
en possession, entreprendre de le chasser de son siège
et de le jeter à la porte.

Le commandement que l'ange fit à Loth de sortir
sur-le-champ de Sodôme, mérite d'être considéré dans
ses menus détails : Hâtez-vous, lui dit-il, hâtez-vous
de vous mettre en sûreté : *Festina salvari ;* et comme
Loth ne comprenait pas le danger qu'il y avait pour
lui à s'arrêter, il temporisait et hésitait toujours. Que
fait l'ange? Il le presse avec plus d'instance. *Cogentes
eum.* Enfin le voilà hors de la ville infâme ; il est donc
sûr que le feu ne l'atteindra pas. — Non, cela n'est
pas sûr, répliqua l'ange, passez plus loin. *Salva animam tuam ; noli respicere post tergum ; ne stes in omnem
circa regionem ; in montem salvum te fac.* — Sauvez
votre âme, lui dit-il; ne tournez pas les yeux en
arrière, pas même pour regarder cette fournaise d'iniquité ; ne vous arrêtez pas dans les environs; sauvez-
vous sur la montagne, et quittez la plaine. Lorsque
Sodome était sur le point d'être consumée par le feu
du ciel, il n'y avait dans toute cette ville que Loth et
sa famille qui eussent la crainte de Dieu. Loth était
charitable et hospitalier, ami et protecteur de la

vertu ; malgré tout cela, l'ange lui interdit un simple
regard, il lui défend de s'arrêter dans le voisinage,
parce qu'il y avait danger pour lui sans ces précautions. — Mon père, que voulez-vous conclure de ce
récit? Le voici. C'est que dans les moments où le
monde se livre à la dissipation, fussiez-vous pénétrés
de la crainte de Dieu comme Loth, fussiez-vous armés
des meilleurs principes, et munis d'excellentes dispositions, vous ne devez pas encore vous fier sur vous-
mêmes : un regard fugitif peut être le principe d'une
chute ; il faut donc vous en abstenir. Vous rendre au
bal, à un festin, dans une société ou l'on parle un peu
trop librement, c'en est assez pour donner ouverture
au démon, et vous engager dans toutes sortes de
péchés. Il faut donc vous éloigner de toutes ces occasions : *Ne stes in omnem circa regionem; in montem
salvum te fac*. Sauvez-vous sur la montagne, c'est-
à-dire dans le voisinage du ciel, en fréquentant les
églises, les réunions pieuses, en vous appliquant à vos
devoirs de piété comme auparavant et plus qu'auparavant, et c'est ainsi que vous vous sauverez.

Oh ! pourquoi le célèbre Nébridius, dont saint Augustin parle avec tant de regret dans ses confessions,
n'a-t-il pas cherché un asile sur cette sainte montagne
dans la circonstance que nous allons rapporter ! C'était
un jeune homme de bon caractère, mais un peu léger,
qui prenait plaisir à des récréations parfois trop
libres, faute qu'il pleurait ensuite devant Dieu. Il prit
la ferme résolution de s'en abstenir, et avec le secours
du Ciel, il s'en abstint effectivement pendant un certain temps. Mais enfin, voilà qu'on annonce des jeux
publics qui devaient avoir lieu au théâtre. Ces sortes
de divertissements étaient interdits aux chrétiens,
comme dangereux pour la vertu. Augustin, plein de
zèle pour son ami Nebridius, va le trouver, et lui fait
prendre l'engagement de ne pas s'y rendre. Celui-ci
lui donne sa parole : Je n'irai pas, je n'irai certaine-

ment pas. Mais d'autres amis vinrent un jour le prendre et l'emmener de force au théâtre : Il faut, lui dirent-ils, que tu passes cette journée avec nous. Nebridius se rappela fort bien la parole qu'il avait donnée à saint Augustin et à Dieu. Sa conscience d'autre part réclama avec force, et l'eût emporté sans doute ; mais le démon lui suggéra un expédient, auquel il se laissa prendre. Il se dit en lui-même : Je vais au théâtre, mais je tiendrai les yeux fermés pour ne pas voir ; de cette manière je satisferai Augustin, ma conscience et Dieu, et je ne blesserai pas mes amis, en m'éloignant de leur société. Cependant la représention commence, le silence règne partout ; la scène s'ouvre et Nébridius ne regarda pas. Les acteurs paraissent, aux applaudissements des spectateurs. Nebridius tient bon. Au plus fort de la scène, le peuple jette un cri : bravo ! Oh ! pour le coup, Nebridius ouvre les yeux et regarde ce qui a eu lieu. Il ne s'en tint pas là, et lui-même joignit ses acclamations à celles des assistants, et puis, le voilà tout en feu. A la vue de la scène qu'on jouait, une sorte de passion diabolique s'allume dans son cœur. Pour conclusion, il sortit du théâtre comme un homme en démence : *Abstulit inde insaniam.* Il y alla, avec la grâce et la crainte de Dieu au cœur ; il en sortit, épris d'un amour profane.

Se fie maintenant sur lui-même qui voudra, sous prétexte qu'il a fait quelque progrès dans la vertu et que les occasions ont moins de prise sur lui. Je sais jusqu'où il peut en venir avec cette présomption. Non, mes chers amis, non, ne donnez pas ouverture au démon. Il n'y a pas jusqu'à l'œillade la plus légère qui ne puisse être la cause des plus grands désordres. Un Nebridius, un Victorin, un Théophile, un Martinien, un Jacques, un Guerrin, et tant d'autres personnages d'une vertu consommée et d'un âge avancé, et malgré que leurs corps fussent consumés de pénitence, n'ont pas su résister, même dans des occasions légères ; des colosses de sainteté ont été renversés d'un coup de pierre ; et nous qui sommes de fragiles roseaux, nous ne craindrions pas.

Le saint prophète Job protestait ne vouloir admettre dans son esprit aucune pensée peu chaste, ni donner entrée dans son cœur à aucune affection désordonnée ; il était résolu à plus forte raison de ne point souffrir que la passion l'entraînât à des excès indignes. Mais, ajoutait-il, parce que je ne me fie ni à moi-même ni à mes résolutions, quelle qu'en soit la constance, j'ai fait un pacte avec mes yeux. *Pepigi fœdus cum oculis meis.* Oui, mes yeux, c'est une convention entre nous, que vous ne vous arrêterez sur aucun objet mauvais, ni même simplement dangereux ou capable de réveiller le feu qui dort sous la cendre. Et remarquez cette parole : *convention* ; elle signifie ici *trève.* Il n'est question de trève qu'avec des ennemis. Voici donc ce que Job veut dire : Mes yeux, en introduisant dans mon esprit les occasions extérieures, me trahissent et me font la guerre. Faisons donc une trève entre nous, ô mes yeux. Cessez de me trahir, et pour ne point me trahir, ne vous arrêtez pas sur des objets dangereux qui sont la source et le principe de toute chute. Écoutons à ce sujet l'avertissement si grave que nous donne saint Jean Chrysostome : Soyez sur vos gardes, et tremblez, vous qui vous plaisez à considérer avec curiosité des beautés étrangères ; vous qui avez la folle passion des spectacles et des théâtres. *Audiant hoc curiosi, qui pulchritudines considerant alienas; audiant qui spectaculis insaniunt theatralibus.* Oui, que ceux-là prêtent l'oreille aux sages remontrances de Job, qui ont fait un pacte tout opposé avec leurs yeux, et qui ne laissent passer aucune beauté, sans lui rendre un culte, sans la considérer à loisir, sans la suivre de leurs regards, aussi loin qu'ils peuvent ; qu'ils prêtent l'oreille, ceux qui se montrent si passionnés pour les scènes du théâtre ! Qu'ils écoutent les réflexions craintives de Job, ceux-là encore qui assistent à des représentations profanes, à des bals indécents, où non seulement les yeux, mais tous les sens sont enchantés, et comme immergés dans une atmosphère de séduction, où tous les vices, comme dit très' bien Gerson, dansent à la fois au son des instruments. *Ubi omnia peccata chorizant.*

Oh ! quel contraste inexplicable ! D'un côté, dans les prophètes et les saints, dans les personnages d'une vertu consommée et d'une maturité parfaite, tant de réserve, afin de tenir les sens en bride ; et d'autre part, des jeunes gens faibles, dont le sang est bouillant et les passions vives, courir partout et se flatter d'être les maîtres de leur cœur et à l'abri de la séduction ! Mais est-ce que la paille est en sûreté au voisinage d'un grand feu qui lance de toutes parts des étincelles ? Vous dites que votre cœur est hors d'atteinte ! Mais une forteresse dont les portes sont toutes ouvertes, est-elle à l'abri de l'invasion des ennemis qui l'assiègent ? Quoi ! vous seriez en sûreté, tandis que votre âme est toute plongée dans les choses sensibles, tandis que vous voyez, que vous entendez, que vous folâtrez, que vous faites l'amour ? En sûreté, tandis que vous avez un tempérament de soufre, et qu'au milieu même de l'église, au milieu des saints offices, ayant le chapelet à la main, au milieu d'un exercice de piété, d'une prière, d'un sermon, et quelquefois même pendant vos confessions, vous êtes en butte aux tentations les plus délicates ? Oh ! comment voulez-vous que des cœurs si inflammables demeurent de glace et en sûreté au milieu des conversations les plus licencieuses ? Comment voulez-vous qu'ils soient sur leurs gardes, dans ces appartements et ces salons d'où la componction et la réserve n'approchent pas, au milieu de tant d'attraits qui invitent au plaisir, et avec cette grande liberté qui y règne ? C'est ce que vous ne me persuaderez jamais. Saints ermites, saints pénitents, saints anachorètes, quittez vos déserts et

regagnez vos villes ; entrez dans les salles de danse,
livrez-vous aux jeux et aux festins ; car c'est là qu'on
tient son cœur à l'abri de toute pensée, de tout désir,
de toute image capable d'effleurer l'innocence. Oui,
c'est là que la pureté est à l'abri, tandis que pour la
conserver, vous devez combattre dans vos solitudes et
vous armer de jeûnes et de pénitence !

On rit, mes amis, de ces précautions, pour garder
la pureté ; mais écoutez saint Jérôme ; il dit dans la
vie de saint Hilarion, que les jeux de mains et les
badinages sont les indices d'une chasteté qui expire,
tactum et jocos moriturœ virginitatis principia.

Oui, la pauvre pureté se trouve à l'agonie dans ces
jeux et ces familiarités qui ont lieu si souvent dans
les sociétés, même des personnes d'esprit. Réfléchissez
à cette parole bien grave de saint Augustin, à propos
des petites occasions de péché : Croyez-moi, dit-il, en
mettant la main sur sa poitrine, et en invoquant sa
qualité de prêtre, croyez-moi, j'ai vu dans certaines
rencontres, bien petites en apparence, tomber des
hommes qui étaient semblables aux cèdres du Liban,
et dont je n'avais pas plus soupçonné la chute que
celle d'un Jérôme et d'un Ambroise. *Crede mihi,
cedros Libani et ductores gregis sub hac specie corruisse
vidi, de quorum casu non magis dubitabam quam Hieronymi et Ambrosii.* Mais pour vous encourager à fuir
les moindres occasions qui pourraient vous entraîner
insensiblement au péché, concluons par un motif plus
noble et partant plus digne de votre piété. Nous
lisons dans le second livre des Rois que David étant
un jour en face de l'armée des Philistins, ces per-
pétuels ennemis du peuple d'Israël, la chaleur, le
vent, la fatigue et les incommodités de la guerre, lui
firent éprouver une soif des plus ardentes. Le besoin
était si pressant, qu'il ne put s'empêcher de dire :
Oh ! qui me donnera à boire de cette eau si fraîche et
si pure qui sort de la fontaine de Bethléem. *Oh ! si*

quis mihi daret autem aquæ de cisterna quæ est in Bethleem. Trois de ses guerriers entendirent le vœu du prince, et comme pour aller puiser à cette source, il fallait traverser le camp ennemi, ils s'animèrent mutuellement à franchir tous les obstacles. Ils arrivèrent ainsi à la fontaine, et y puisèrent un grand vase d'eau très pure et très fraîche, comme le roi l'avait souhaité. Le roi, qui souffrait déjà depuis longtemps de la soif, la dévora des yeux. Il prit le vase des deux mains, l'approcha de ses lèvres brûlantes et desséchées, et déjà il était au moment de les mouiller. Tout à coup il lève les yeux au ciel, et éloignant la coupe, sans en prendre une seule goutte, il refusa de boire, et offrit cette eau au Seigneur. *Noluit bibere, sed libavit eam Domino.* Il sacrifia à Dieu ce soulagement innocent, et dont il avait si besoin dans la circonstance. Saint Grégoire, entrant dans le cœur de David, examine quel a pu être le motif d'une abstinence si généreuse, et voici sa réflexion : David, dit-il, se rappela les jouissances illicites qu'il s'était permises en péchant, et pour offrir une satisfaction à Dieu, il voulut se priver d'un plaisir si honnête et si juste. *Quia se illicita perpetrasse meminerat, voluit etiam a licitis abstinere.*

Venons-en à nous-mêmes. Que celui qui a été trop indulgent pour soi, et qui s'est permis des satisfactions illicites dans sa jeunesse, use maintenant de rigueur envers soi, et qu'il s'abstienne des plaisirs même qui ne sont pas tout à fait interdits. Et n'est-il pas juste de serrer davantage le frein, lorsqu'on a couru à toute bride hors de la voie de Dieu ? N'est-ce pas un devoir de réprimer ses yeux, quand on les a laissés dépasser les bornes de l'honnêteté ? Qu'on mortifie sa chair, quand on l'a trop flattée ? Qu'on refuse de se retrouver dans les occasions où l'on a fait tant de chutes ?

Vous direz peut-être pour vous disculper : Mon père, je ne suis pas tombé, et grâce à Dieu, je vais au jeu, au théâtre, dans les sociétés et les promenades, sans avoir de reproche à me faire. — Voulez-vous que je vous croie? Je vous croirai par politesse ; mais vous aussi, par politesse, acceptez cette vérité incontestable : si l'occasion ne vous a pas été funeste, le souvenir de l'occasion vous sera préjudiciable. Ce qu'on voit avec plaisir, se fixe avec force et s'immobilise pour ainsi dire dans l'imagination. Une belle scène, une belle représentation, à laquelle vous avez assisté, restera gravée dans votre esprit, pendant des années et des années, et telle est la misère de la mémoire, que ne pouvant garder le souvenir de tout, elle se rappelle du moins les choses les plus sensibles. Ah! cette figure qui vous a plu vous portera malheur, si déjà elle ne vous a pas nui! Et puis réfléchissez sur ce fait que l'expérience vous a déjà sans doute appris, qu'il y a toujours des litiges sur les pays frontières ; et pourquoi? Parce que rien de plus facile que de dépasser les limites quand on est si rapproché. Les occasions sont l'extrême frontière entre le péché et la grâce, et de la sorte, la conscience est sans cesse à parlementer. J'ai entendu tel discours ; je me suis permis telle familiarité ; j'ai regardé ; je me suis entretenu. Hélas! je ne sais pas si j'ai consenti, du moins je me suis mis dans l'occasion, tandis que je pouvais l'éviter. Je ne l'ai pas évitée, et, à ce propos, vous vous embrouillez dans votre examen, et vous embrouillez une douzaine de confesseurs avec toutes vos explications.

Comprenez donc comment tous les genres, pour ainsi dire, de scrupules sont les fruits de ce sol, qu'on appelle l'occasion. Fuyez donc, fuyez bien loin de ces maudites frontières, et vous resterez fidèles à Dieu, et vous jouirez de la paix. *Nolite dare locum diabolo.* Et puisque vous êtes résolus d'éviter le péché et toutes les occasions prochaines du péché mortel, gardez-vous encore de toutes ces autres occasions qui ne sont pas, mais qui peuvent devenir aisément prochaines, quand on se laisse trop aller au gré de ses inclinations ou de celles d'autrui. Enfin, fixez pour toujours dans votre esprit cette maxime et cette recommandation finale, qu'*un petit mal est un grand mal;* et si vous savez vous mortifier dans les temps et les lieux convenables, en recourant au remède, surtout dans le principe, rappelez-vous d'autre part, pour votre consolation, qu'*un petit bien est un grand bien.*

TROISIÈME PARTIE

EXAMENS PRATIQUES

EXAMENS

SUR LES DIVERS ACTES DE LA VIE PRIVÉE, AVEC UNE COURTE INSTRUCTION SUR LA CONFESSION GÉNÉRALE, ET SUR L'OBLIGATION DE RENONCER A L'OCCASION PROCHAINE DU PÉCHÉ MORTEL.

AVIS A CEUX QUI DÉSIRENT FAIRE DE BONNES CONFESSIONS.

Selon saint François de Sales, les méditations et les examens pratiques ont une liaison très étroite entre eux. La méditation est comme la fournaise, où l'on fait rougir le fer, c'est-à-dire où le cœur s'amollit et s'enflamme du plus tendre amour envers Dieu ; mais l'examen et la réforme de la vie sont comme l'instrument ou la main de l'ouvrier qui donne au fer ainsi amolli la courbure convenable, et lui imprime la forme qu'il doit toujours garder.

C'est ce qui nous découvre l'erreur capitale de certaines âmes qui passent pourtant pour spirituelles et pour pieuses. Elles font oraison chaque jour, mais elles emploient tout le temps à des affections, à des aspirations, à des pensées saintes, sans toutefois en venir à un examen sérieux de leur état, afin d'y remédier efficacement. Ces personnes font rougir le fer, mais elles ne le plient pas. De là vient qu'après

avoir lu bien des livres de piété qui leur plaisent, et
après avoir pratiqué une foule de dévotions spécieuses,
tendres, affectueuses, elles demeurent toujours su-
jettes à leurs anciens défauts, à la colère, à l'ambition, à la médisance, à la vanité, etc.

Il importe donc beaucoup que le fer, je veux dire
le cœur, ne s'amollisse pas seulement, mais qu'il se
plie, et qu'il prenne la forme de vie et la manière
d'agir qui est agréable à Dieu et qui puisse contribuer
à son salut et à sa perfection. Et ici que chacun se
figure que le Seigneur lui adresse les mêmes paroles
qu'à Jérémie : *Ecce constitui te hodie super gentes, ut
evellas, et destruas, et dissipes, et œdifices, et plantes.*
Voici que je vous établis aujourd'hui pour arracher,
détruire, perdre et dissiper, et pour édifier et planter.
Cassien observe que les quatre premiers termes ont
rapport à la destruction des vices, et les deux derniers
à l'acquisition des vertus, pour nous montrer que le
premier emploi est beaucoup plus difficile, et requiert
en conséquence plus de temps, de travail et d'application. Nous devons donc nous appliquer avec toute
l'attention possible, afin de rendre notre âme semblable, comme disait sainte Thérèse, à un beau jardin,
d'où l'on a extirpé les mauvaises herbes et planté les
bonnes.

1. Le moyen de réussir, c'est d'abord de se recueillir
en présence de Dieu ; puis s'étant mis à genoux, on
l'adore et on le prie de nous accorder sa lumière et
son secours : *Illustra faciem tuam super servum tuum,
Domine.* Seigneur, je suis disposé à reformer ma vie ;
aidez-moi, à cet effet, de votre lumière et de votre
secours.

II. Assis, ou en se promenant, on parcourt alors un
à un tous les points de l'examen, en réfléchissant en
quoi on a manqué. Au besoin, on tient note de ses
fautes pour ne pas les oublier.

III. À la fin, on s'agenouille de nouveau, on prend

la résolution de s'amender, et on supplie Dieu et la très sainte Vierge de nous aider à accomplir nos résolutions.

Pour s'exciter à concevoir un propos plus efficace et plus ferme, on pourra se servir des considérations que voici. Premier motif : quelle obligation n'ai-je pas, après tant de temps et de grâces que Dieu m'a accordés, de m'amender une fois pour toutes de ces défauts. Second motif : si je ne me corrige pas maintenant, combien il est à craindre que ces défauts ne dégénèrent en habitude et que je ne puisse plus m'en défaire à l'avenir ! Troisième motif. Si je ne parviens pas à m'en corriger, quel regret à la mort et après la mort ! quelle confusion au tribunal de Jésus-Christ ! Enfin quel plaisir pour Dieu, quelle consolation pour moi-même, et quelle gloire au ciel, si je travaille efficacement à m'amender !

EXAMEN FONDAMENTAL.

SUR LE DÉSIR DU SALUT ÉTERNEL.

I. Suis-je persuadé que ma plus grande et ma plus importante affaire est de sauver mon âme? Cette persuasion me donne-t-elle le désir de me sauver, et m'inspire-t-elle de la sollicitude pour mon salut ?

II. Ai-je du moins autant de zèle pour mon salut que pour les intérêts de ce monde? Je devrais assurément en avoir incomparablement plus. *Quam commutationem dabit homo pro anima sua?*

III. Est-ce que je me recueille chaque jour, ou chaque semaine, pour réfléchir un certain temps sur mon état, sur les périls et les besoins de mon âme?

IV. Si par malheur je tombe dans quelques fautes graves, n'ai-je pas le triste courage de laisser languir

mon âme dans un état si dangereux pendant longtemps?

V. N'ai-je pas laissé dégénérer quelque faute en
habitude sans réfléchir à la difficulté et à l'obligation
d'extirper les habitudes vicieuses?

VI. Est-ce que je m'entretiens de l'état de mon
âme avec un guide instruit et prudent qui puisse me
donner de bons conseils?

VII. N'ai-je pas quelque préjugé contraire au salut?
Est-ce que je ne pense pas, par exemple, que Dieu est
bon, que je puis pécher hardiment, que je puis vivre
à ma fantaisie, qu'il suffit que je me confesse, qu'un
péché de plus n'importe pas, que Dieu a pitié de certaines faiblesses et qu'il les pardonne aisément?

VIII. Est-ce que j'écarte les obstacles du salut, en
me détachant de telle amitié, de tel emploi, de telle
conversation, de tel divertissement, etc? Et généralement parlant, est-ce que je mets un frein à mes passions, spécialement à la convoitise et à la colère, qui
pourraient entraîner mon âme dans le précipice?

IX. Est-ce que je recherche la racine et la source
de mes manquements, surtout de ceux qui me sont
plus familiers et plus fréquents? La source première
de ces manquements dans celui qui vit habituellement
dans le péché et éloigné des sacrements, c'est qu'il
regarde l'affaire du salut éternel, comme une chose à
peu près immanquable; sentiment diamétralement
opposé à la parole de Jésus-Christ et des saints, et
inspiré uniquement par le démon, qui veut par là
conduire les âmes à leur perte.

X. Est-ce que j'use des moyens absolument nécessaires pour le salut, tels que sont l'observation des
commandements de Dieu, la fuite des occasions prochaines, etc.?

XI. Est-ce que j'emploie en outre quelques autres
moyens très propres à assurer mon salut, comme
de recourir sérieusement et fréquemment à Dieu, à la

très sainte Vierge, à mon Ange gardien, à mes saints patrons ; de fréquenter dévotement les sacrements, fuir les occasions même éloignées ; d'entendre la parole de Dieu, etc. ?

XII. En somme, ne suis-je pas de ces gens aveugles et téméraires qui croient pourvoir suffisamment à leur salut, en se réservant d'y penser et de s'en occuper à la mort, qui peut les frapper d'une manière imprévue. ∕

Iᵉʳ EXAMEN.

SUR LA CONFESSION. — DE L'EXAMEN DE CONSCIENCE.

I. Avant la confession, ai-je soin de m'examiner avec le soin et l'application convenables ?

Le temps à employer à l'examen doit être proportionné à l'usage plus ou moins fréquent de la confession, au nombre plus ou moins grand des péchés, à l'importance plus ou moins grande des emplois et des affaires qu'on a à traiter.

La méthode à observer pour le bien faire, consiste en cinq points : 1° Remercier Dieu des bienfaits reçus. — 2° Lui demander sa lumière pour connaître nos péchés. — 3° Examiner ses pensées, ses paroles, ses actions, ses omissions. — 4° S'exciter à une véritable douleur. — 5° Former un bon propos.

II. Ai-je soin, dans l'examen, de considérer non seulement mes actions et mes paroles, mais encore mes pensées, mes désirs, mes complaisances, et tous les autres actes intérieurs où il y a péché ?

III. Est-ce que je réfléchis aux péchés d'omissions, et à ces fautes qu'on appelle de conséquence, à raison du dommage et du danger, soit personnels, soit étrangers, dont elles sont la cause ?

IV. Outre le péché en lui-même, ai-je soin de considérer les circonstances qui en changent l'espèce, comme sont le plus souvent les circonstances de lieu, de personne, de manière, et enfin de scandale?

V. Est-ce que je mets un soin convenable pour me rappeler autant que possible le nombre de mes péchés? car j'y suis obligé, s'il s'agit de péchés mortels. Et si je ne puis en déterminer le nombre précis, est-ce que je pense du moins pendant combien de temps j'ai vécu dans ce péché, et combien de fois environ je l'ai commis par jour, par semaine, ou par mois?

VI. Ai-je soin de distinguer les péchés certains d'avec les douteux, ainsi que le nombre certain d'avec l'incertain? Enfin est-ce que je m'examine particulièrement sur ces péchés qui proviennent d'une affection déjà invétérée et non rétractée, ou de quelque occasion prochaine que je n'ai pas rompue?

AVERTISSEMENT.

1° Les péchés commencés et non consommés, 2° les péchés commis intérieurement par pensée, affection, complaisance ou désir, 3° les péchés d'omission et de scandale, sont négligés par une foule de personnes dans l'examen qu'elles font de leur conscience; aussi ne s'en accusent-elles jamais en confession. C'est pourquoi nous allons joindre ici plusieurs examens particuliers sur ces sortes de péchés, comme aussi sur votre genre de vie et sur les obligations de votre état, de votre office, de votre emploi, qui sont réellement des obligations de conscience. C'est ce que vous remarquerez dans le cours de ces examens.

IIᵉ EXAMEN.

SUR LA DOULEUR ET LE BON PROPOS.

I. Suis-je persuadé que la douleur et le propos sont des parties essentielles du sacrement de pénitence, et qu'ainsi je ne dois pas être moins soigneux à produire ces actes qu'à examiner ma conscience? Je devrais même m'y attacher davantage, puisque le manque d'intégrité matérielle est assez souvent excusé par le défaut de mémoire, tandis que le défaut de douleur et de propos n'admet aucune excuse.

II. Est-ce que je sais faire la distinction entre la contrition et l'attrition? La première est une douleur parfaite, et suffit par elle-même pour effacer le péché; la seconde est une douleur imparfaite, suffisante cependant, quand elle est jointe à l'absolution, pour rétablir l'âme en grâce. Par conséquent, l'une des deux est nécessaire pour se confesser validement.

III. Est-ce que je m'excite à la contrition par des motifs surnaturels, soit en considérant mes péchés comme l'offense d'un Dieu souverainement bon, souverainement grand, souverainement digne d'être servi et aimé, motif qui est celui de la contrition parfaite, soit en considérant le péché comme passible des châtiments les plus affreux, ou comme des taches qui non seulement défigurent mon âme, mais la privent de sa fin dernière, motifs qui sont ceux de la contrition imparfaite ou attrition.

IV. Est-ce que je n'attends pas la fin de la confession, pour faire l'acte de contrition, tandis qu'on est tenu à le faire au moins avant d'avoir reçu l'absolution pour être validement absous? Est-ce que je ne diffère pas à faire cet acte, entre la confession et l'absolution du prêtre? Il serait inconvenant et dangereux de n'employer qu'un si court espace de temps pour s'exciter au repentir.

V. Comment est-ce que je me repens des péchés qui m'ont procuré quelque avantage ou quelque satisfaction notable? Est-ce que je les envisage de manière à en concevoir du déplaisir ; chose qui est beaucoup plus difficile pour ces sortes de péchés?

VI. Ne suis-je pas de ceux qui pèchent plus librement, sous prétexte qu'ils s'en accuseront à confesse? Une semblable manière de penser et de parler montre qu'on ne comprend pas la nécessité d'un repentir sincère. En effet, dire qu'on commettra tel péché et qu'on s'en confessera ensuite, c'est dire qu'on commettra ce péché et puis qu'on s'en repentira ; ce qui est une vraie folie.

VII. Est ce que mon bon propos est absolu, sans réserve de temps, de lieu ou de cas particuliers? Est-ce qu'il s'étend à tous les péchés, au moins mortels?

VIII. Est-ce que mon propos s'étend non seulement aux péchés, mais encore aux occasions prochaines de péchés graves, comme cela est indispensable ?

IX. Est-ce que mon bon propos s'étend aussi aux moyens de déraciner mes vices et mes mauvaises habitudes, comme j'y suis obligé?

X. Ne fais-je pas difficulté d'accepter les pénitences qui me sont imposées par le confesseur, et surtout les remèdes qui servent de préservatifs contre les rechutes? Cette répugnance est un signe de la faiblesse du propos.

XI. Afin d'obtenir l'absolution, est-ce que je ne promets pas au confesseur de rompre telle liaison, de brûler telles lettres, de ne plus faire telle visite, et autres choses semblables, tandis qu'intérieurement je n'ai pas cette intention, ou que je ne suis disposé qu'à faire une partie et pas l'autre ?

XII. N'ai-je pas raisonnablement à craindre que mes confessions aient été invalides, par défaut de repentir et de propos sincère? Retomber aussitôt, ne s'amender nullement, ni quant à l'espèce, ni quant au nombre; persister dans l'occasion prochaine; ne pas restituer, quand on peut, le bien ou la réputation du prochain; vivre longtemps dans l'habitude des mêmes péchés; ne pas accomplir les pénitences, ni mettre en pratique les remèdes; voilà autant de signes fort probables de l'insuffisance de la douleur et du propos. Et comme ces signes peuvent contraindre le confesseur à suspendre ou à refuser l'absolution, ils peuvent aussi faire craindre raisonnablement au pénitent de l'avoir reçue auparavant d'une manière invalide.

AVERTISSEMENT.

La douleur, pour être véritable, doit avoir trois qualités : 1° Il faut qu'elle soit *surnaturelle ;* 2° *souveraine,* c'est-à-dire au-dessus de toute chose; 3° *efficace,* de sorte qu'elle ne doit pas seulement nous détetminer à abandonner le péché, mais encore les occasions prochaines du péché mortel.

Pour la rendre surnaturelle et souveraine, il est fort utile de ranimer notre foi et de nous rappeler la grandeur de ce Dieu que nous avons offensé.

Pour savoir si elle est efficace, il faut considérer si on a une vraie et ferme volonté d'abandonner le péché et l'occasion prochaine.

Il est bon de réciter plusieurs fois ces actes de douleur avant la confession, tant l'acte de contrition, que l'acte d'attrition, en considérant les motifs de l'une et de l'autre, comme nous avons dit plus haut. Il est bon aussi de s'y exciter de nouveau avant de recevoir l'absolution, pour mieux en assurer les effets, qui sont de si grande conséquence.

IIIᵉ EXAMEN.

SUR LA MANIÈRE DE SE CONFESSER, ET SUR LES DEVOIRS
DU PÉNITENT APRÈS LA CONFESSION.

I. Est-ce que je me confesse d'une manière intelligible, pas tellement haut pourtant que je puisse être entendu par d'autres que par le confesseur?

II. Comment est-ce que j'expose mes péchés? N'est-ce pas en termes négatifs et vagues, comme par exemple : Je n'ai pas fait tout le bien que je devais. — Je n'ai pas aimé Dieu ni le prochain comme j'y suis obligé, etc.?

III. Est-ce que je n'expose pas mes péchés, sous couleurs de vertus imparfaites? Par exemple, si j'ai eu de la haine pour le prochain, est-ce que je ne dis pas : Je n'ai pas eu assez de charité ou assez de patience pour le prochain, etc.?

IV. Est-ce que je ne confonds pas les péchés déjà confessés avec ceux qui ne l'ont pas encore été? Cette confusion empêcherait le confesseur de bien former son jugement, comme juge et comme médecin!

V. Est-ce que je ne me confesse pas conditionnellement de choses certaines? par exemple, dire, si j'ai juré, si j'ai consenti, si j'ai médit, je m'en accuse.

VI. Est-ce que je ne mêle pas à la confession des récits inutiles ou des circonstances tout à fait superflues?

VII. Est-ce que je n'accuse pas les péchés des autres? Est ce que je ne nomme pas sans nécessité les personnes, les familles?

VIII. Est-ce que je m'accuse de mes péchés avec humilité, reconnaissant qu'ils sont les miens, et sans les imputer aux autres?

IX. Est-ce que je les expose avec intégrité, quant au nombre, et quant aux circonstances qui en changent l'espèce?

X. Est-ce que je n'ajourne pas certains doutes raisonnables d'une confession à une autre, en réservant de m'en éclaircir à l'article de la mort?

XI. Est-ce que je ne me confesse pas de choses légères, sans tenir compte de choses plus importantes?

XII. Est-ce que j'explique mes péchés en termes clairs et modestes? Pour les actes intérieurs, est-ce que je déclare quand il y a eu négligence, complaisance, désir, consentement plein, certain ou douteux? Et en matière de médisance, de vengeance, et autres cas semblables, ai-je soin de dire si c'était en matière grave, ou bien si c'était par impétuosité, dans un premier mouvement qui s'est ensuite évanoui?

DEVOIRS DU PÉNITENT APRÈS LA CONFESSION.

I. Est-ce que je m'acquitte promptement de ma pénitence? Est-ce que j'emploie les remèdes prescrits, avec exactitude et fidélité?

II. Est-ce que je remédie le plus tôt possible aux omissions passées, en commençant à payer tels legs pieux, à satisfaire des créanciers en besoin? Est-ce que je ne diffère pas de confession en confession, manquant ainsi de parole à Dieu et au confesseur? Est-ce que je ne remets pas au lendemain la restitution à laquelle je suis rigoureusement tenu, pour avoir fait tort au prochain dans ses biens ou dans sa réputation? Est-ce que je la fais avec la fidélité et la sincérité requise, ou bien est-ce que je ne la néglige pas totalement?

III. Est-ce que je m'éloigne de telle maison, de telle conversation, de telle personne, sans rougir de paraître tout autre, après la confession qu'auparavant, surmontant ainsi tout respect humain, et ne m'inquiétant pas du *qu'en dira-t-on?*

AVIS GÉNÉRAUX POUR LA CONFESSION.

I. Celui qui a de mauvaises habitudes, et qui retombe fréquemment dans les mêmes péchés graves, ne saurait employer de meilleur remède que de se confesser souvent, et, autant que possible, au même confesseur, que je suppose docte, pieux et prudent; car il ne faut pas rechercher un confesseur peu habile, ni en changer à plaisir, pour que le confesseur ne s'aperçoive pas que vous êtes dans l'occasion prochaine, ou qu'il ne vous oblige pas à y renoncer malgré vous.

II. Donnez tout le temps nécessaire à l'examen, et ne négligez rien pour vous assurer du repentir et du bon propos. Considérez-en les motifs, et priez Dieu avec humilité pour qu'il vous inspire une contrition sincère; car c'est là la partie principale et essentielle de la confession.

III. Quand vous allez vous confesser, pensez que vous allez laver vos souillures dans le sang de Jésus-Christ. Expliquez-vous en confession avec une sincérité parfaite, et ne vous éloignez jamais du confesseur avec un doute raisonnable touchant la bonté de votre confession. Afin de triompher de toute mauvaise honte, il est à propos de dire tout d'abord ce qui vous coûte le plus.

IV. Acceptez volontiers les pénitences médicinales, qui ont pour but de diminuer le nombre de vos fautes, et de retrancher les habitudes et les occasions. Regardez la pénitence comme une satisfaction bien légère, eu égard à la gravité de vos péchés. Sachez de plus que les œuvres enjointes comme pénitence par le confesseur sont beaucoup plus satisfactoires et méritoires que celles qu'on fait par choix. C'est pourquoi priez-le de vous en imposer un plus grand nombre, afin d'escompter au plus tôt la peine que vous méritez pour vos péchés. Supportez dans le même esprit les

incommodités des saisons et les désagréments de la
vie. Privez-vous, dans la même intention, de quelques
délassements, même honnêtes, à plus forte raison
s'ils sont dangereux. En outre, faites beaucoup de cas
des indulgences, et tâchez de gagner toutes celles que
vous pourrez, afin d'acquitter vos dettes envers Dieu.

V. Enfin, sortez du confessionnal dans des sentiments d'humilité et de reconnaissance. Gardez-vous
ce jour-là de toute faute, même légère, pour ne
pas commencer à être infidèle à Dieu et vous mettre
en danger de tomber dans des fautes plus graves.
Soyez plus recueilli pendant le jour, pour témoigner à
Dieu votre reconnaissance pour le bienfait du pardon.
Réfléchissez à la manière et aux moyens de déraciner
vos mauvaises habitudes, et cherchez à retremper
votre âme affaiblie par ses péchés passés, en la fortifiant par la sainte communion, par la prière, et par
les autres exercices de piété.

IV⁰ EXAMEN.

SUR LES ACTES INTÉRIEURS.

I. Ai-je des tentations contre la foi, et comment y
résisté-je? Si je dispute et si je conteste avec le démon,
c'est un tort ; car il s'agit ici de soumettre mon jugement à l'autorité de Dieu en disant : Je crois, Seigneur, tout ce que croit la sainte Église.

II. Est-ce que je ne soupçonne pas facilement, est-
ce que je ne juge pas en mal du prochain ? Est-ce que
je ne parle pas de mes soupçons, en donnant ainsi, aux
autres, mauvaise opinion du prochain? Est-ce que je
ne dépose pas difficilement mes préjugés, malgré que
l'expérience m'apprenne que je me suis souvent trompé
dans mes jugements ?

III. Ne suis-je point tourmenté par des pensées, des imaginations et des mouvements contraires à la sainte vertu de pureté? Est-ce que je suis persuadé que je puis commettre un péché grave, en consentant à toutes ces choses? au contraire, si j'y résiste, il y aurait une inquiétude excessive à me condamner de péché grave, à la première imagination mauvaise.

IV. Est-ce que je ne donne pas une occasion coupable à ces pensées et à ces tentations, en me permettant des regards trop libres, des gestes, des manières, des discours peu honnêtes, en regardant des images ou des livres obscènes, ou en conversant avec trop de familiarité?

V. Ne suis-je pas triste du bien, et satisfait du mal qui arrive au prochain, en dissimulant mes sentiments, ou même en manifestant quelquefois de la joie de ses disgrâces, et du dépit de ses succès?

VI. N'ai-je point de l'aversion pour quelque personne, famille, communauté, jusqu'à leur refuser tout service et même le salut? est-ce que je n'évite pas leur rencontre? Est-ce que je ne m'excuse pas sous prétexte que je ne leur veux pas de mal, ajoutant qu'ils n'ont qu'à prendre garde à ce qu'ils font?

VII. N'ai-je point de la vaine complaisance en moi-même, à cause de mon esprit, des dons de la nature ou de la fortune, méprisant les autres intérieurement?

VIII. Ne suis-je pas tenté de vaine gloire, même dans les choses spirituelles? Comment est-ce que j'y résiste pour n'en pas perdre tout le mérite, pour une fumée de vanité?

IX. Ne suis-je pas trop susceptible et trop pointilleux pour les moindres choses, ce qui est un signe d'orgueil et d'amour-propre?

X. Si j'ai essuyé quelque déplaisir de la part d'une personne ou d'un religieux, est-ce que je ne prends point en haine toute la famille ou la communauté, comme si elles étaient complices de la faute d'un de leurs membres?

XI. Est-ce que je ne conserve pas quelque ressentiment ou mauvais cœur, surtout à l'égard de mes parents, alléguant pour excuse que c'est par antipathie et par contrariété d'humeur? Est-ce que je n'en juge pas mal? est-ce que je n'en parle pas mal? ou est-ce que je n'entends pas parler avec déplaisir à leur avantage? au contraire est-ce que je n'écoute pas volontiers censurer leurs défauts ou raconter leurs disgrâces? car voilà autant de signes manifestes que je les hais.

XII. Enfin n'ai-je pas une affection désordonnée pour quelque personne, me flattant que c'est là un attrait innocent et une amitié tout à fait honnête, tandis que cette attache me rend soupçonneux et inquiet, et engendre en moi l'envie, la jalousie, la crainte, et quelquefois des pensées et des mouvements mauvais? Signe manifeste que cette affection n'est pas pure ni indifférente, mais impure et déshonnête.

Ve EXAMEN.

SUR LES OMISSIONS.

Tout ce qu'on est obligé de faire par charité, par justice, en vertu d'un commandement ou d'un vœu, est la matière d'un péché, quand on le néglige volontairement.

I. Est-ce que je ne néglige pas les devoirs de mon état ou de mon office, et cela, en ne cherchant pas à acquérir les connaissances requises pour bien m'en acquitter? Ainsi, un juge, un médecin, un chef de famille serait coupable s'il négligeait de s'informer, de consulter, de prendre des mesures pour l'acquit de son devoir.

II. Est-ce que je ne tolère pas chez mes subordonnés des vexations, des exactions, surtout à l'égard des pauvres?

III. Est-ce que je laisse à mes domestiques le temps d'entendre la messe les jours de fêtes et de se confesser, du moins aux solennités?

IV. Est-ce que je ne néglige pas de reprendre mes inférieurs, quand ils jurent, blasphèment ou médisent? et généralement est-ce que je ne néglige pas d'empêcher le mal que je puis et que je dois empêcher?

V. Est-ce que je ne néglige pas de payer mes dettes ou certains legs pieux? on est tenu en ce cas aux dommages qui en résulte pour les pauvres créanciers.

VI. Si j'ai accepté le soin d'un établissement pieux ou d'un bénéfice ecclésiastique, est-ce que ne laisse pas périr les revenus, détériorer les biens, négliger l'exécution des volontés des testateurs?

VII. Ai-je pris les mesures convenables pour connaître la conduite de mes inférieurs, en interrogeant quelquefois les maîtres sur la conduite de mes enfants, ou un serviteur fidèle sur celle de mes domestiques, ayant soin de taire le nom de celui qui, par zèle, me rapporte les manquements?

VIII. Est-ce que je ne laisse pas trop d'argent aux mains de mes enfants, de manière qu'ils le dissipent en jeux, en dépenses superflues, si ce n'est pas encore pis? Au contraire, est-ce que je ne les tiens pas tellement court, qu'ils soient contraints de dérober dans la maison, ou de faire quelque bassesse pour se procurer de l'argent?

IX. Est-ce que je ne permets point de familiarité entre mes enfants et mes serviteurs et ouvriers? Ce serait pis si c'était avec des filles ou d'autres personnes inférieures, à la campagne. Je dois même interdire tout cela entre parents même rapprochés, s'ils sont de différent sexe?

X. Est-ce que je fais des aumônes proportionnées à

mon état, comme j'y suis obligé par charité, et quelquefois même par justice? Si j'ai trouvé quelque
objet perdu, ai-je fait les perquisitions convenables
pour trouver le maître?

XI. N'ai-je pas omis la pénitence imposée par le
confesseur, et surtout les remèdes qu'il m'a prescrits?
Lui ai-je obéi, quand il m'a enjoint de restituer, de
me réconcilier, de rompre avec telle occasion, et
autres choses semblables?

XII. Quand il s'est agi de contrats extraordinaires,
de prêts, d'intérêts, n'ai-je pas négligé de m'assurer
auprès des gens éclairés, de la validité du contrat, et
du montant de l'intérêt que je pouvais réclamer sans
usure?

VIe EXAMEN.

SUR LES SCRUPULES ET LE SCANDALE.

I. Qu'est-ce que le scrupule? C'est une crainte vaine
qu'il n'y ait péché là où il n'y a pas véritablement
péché. Quand je sais qu'une chose est scrupule, est-ce
que je me tranquillise sans en tenir le moindre compte?

II. Est-ce que j'obéis à mes confesseurs, quand ils
me disent de ne plus penser à la vie passée, de ne pas
douter de mon repentir, de ne pas craindre qu'il y
ait péché mortel, de ne plus me confesser de tels
péchés, de ne plus parler de tels doutes? L'obéissance
est le moyen le plus efficace pour se délivrer des
scrupules.

III. Ne suis-je pas obstiné dans mon sentiment, en
ne me fiant pas à la parole de mon directeur, bien
que je sache d'ailleurs que c'est un homme pieux,
docte et prudent? Voilà d'où vient que je m'inquiète,
que je consulte à droite et à gauche, sans jamais
croire personne, ni me conformer aux bons avis.

IV. Est-ce que je ne suis pas scrupuleux, à la manière de Judas, me faisant un cas de conscience de ce qui n'est pas péché, et glissant légèrement sur des choses qui sont des péchés évidents ou des occasions prochaines pour moi ou pour d'autres? Combien de gens qui se font scrupule d'omettre la messe un jour ouvrier, de ne pas réciter telles prières vocales, de ne pas faire tel exercice de piété, et puis qui ne se confessent pas du temps et de l'argent perdu au jeu, des scandales et des mauvais exemples qu'ils donnent dans leur famille et au dehors, des murmures, des blasphèmes, des imprécations dont ils sont la cause, du mauvais gouvernement de leur famille, etc.

V. Est-ce que je ne change pas aisément de confesseurs, sous prétexte qu'ils ne me satisfont pas, mais en réalité, parce que je veux faire à ma mode et ne pas obéir? Est-ce que je ne les fatigue pas tous à leur raconter ce qu'on m'avait défendu de dire? De là vient que je doute toujours si je me suis bien expliqué, ou si mes confesseurs m'ont bien compris, et que je voudrais toujours recommencer mes confessions, aux dépens de la paix de mon âme et du repos des confesseurs.

VI. Est-ce que je ne fais pas des confessions générales, par scrupule, sans la permission de mon confesseur ordinaire, tandis qu'il suffit d'en faire une seule de toute la vie, avec une revue d'année en année, à partir de la confession générale? Enfin est-ce que je sais à quel signe on reconnaît une conscience scrupuleuse, pour savoir si la mienne l'est ou pas? 1° Quand on n'acquiesce pas au jugement de personnes instruites. 2° Quand on change souvent de jugement, et qu'une chose paraît tantôt péché, et tantôt pas. 3° Quand en agissant, je m'attriste et me trouble intérieurement, que je fais mille réflexions sur mille circonstances, que je suis inconstant dans ma manière de voir et que je sais par expérience m'être déjà trompé bien des fois.

VII. *Sur le scandale.* Est-ce que je sais ce que c'est que le scandale direct ou indirect? On entend par là tout ce qui peut moralement porter les autres à pécher, soit en pensées ou en paroles, soit en actions ou omissions. Ainsi par exemple : parler de choses déshonnêtes, dire des choses à double sens ; donner de mauvais conseils ou des ordres indiscrets; s'habiller et se conduire peu modestement, ce qui peut être fort dommageable pour l'âme du prochain.

VIII. Est-ce que je n'ai pas loué de mauvaises actions, surtout en présence des jeunes gens ou de mes enfants, ce qui serait encore pis, en applaudissant à une vengeance, à un acte déshonnête? On n'est pas excusable de tenir des propos déshonnêtes, parce qu'on les dit devant des innocents ou des gens qui connaissent le mal, ni parce qu'on les dit par badinage ou sans mauvaise intention.

IX. Est-ce que je ne commets pas le mal en public? Est-ce que je ne me vante pas de l'avoir fait? Est-ce que je ne me sers pas à cet effet de l'assistance de mes domestiques? Est-ce que je n'envoie pas des lettres, des messages, ou des cadeaux de nature à exciter au mal? Est-ce que je ne fais pas plus de toilette qu'il ne convient à mon état? Est-ce que je ne porte pas des odeurs et des parfums qui flattent trop les sens et qui peuvent porter à la volupté?

X. Est-ce que je ne garde pas chez moi, ou bien est-ce que je ne prête pas à d'autres des livres mauvais ou défendus, des romans obscènes, des écrits calomnieux ou licencieux? Est-ce que je n'expose pas des peintures immodestes?

XI. N'ai-je pas proféré, approuvé et loué des propositions contraires à la foi ou aux bonnes mœurs? telles sont les railleries qui expriment du mépris pour la vertu et qui éloignent les autres du bien.

XII. Est-ce que je ne cultive pas certaines liaisons, bonnes en elles-mêmes, mais qui, à raison de la fré-

quence des visites, donnent un sujet légitime de sus-
pecter ma conduite? Il en est ainsi de certaines
réunions, de certains entretiens, de certaines familiarités. Enfin, en me confessant, ai-je soin d'expliquer
au besoin la circonstance du scandale ; car cette circonstance doit nécessairement être indiquée.

VIIe EXAMEN.

SUR LES CONVERSATIONS, LE JEU ET LES DIVERTISSEMENTS.

I. Est-ce que j'évite, autant que possible, les conversations ou mauvaises ou dangereuses ; et quand je
ne puis les fuir, comment est-ce que je m'y comporte ?

II. Ai-je soin que mes compagnons ordinaires soient
gais, mais modestes et de bonnes mœurs ; en un mot,
telles que je les conseillerais à un ami dont je désire
le plus grand bien ?

III. Est-ce que je ne médis pas facilement du prochain, même en matière de réputation, sans m'en
faire grand scrupule ? Est-ce que je n'entends pas
volontiers ceux qui médisent, ou qui excitent les autres
à la médisance ?

IV. Est-ce que je ne plaisante pas sur les choses
saintes ou sur les personnes consacrées à Dieu, au
risque de détourner peu à peu mon cœur des choses
spirituelles et divines, châtiment dont ce péché est
assez souvent puni ?

V. Est-ce que je n'use pas fréquemment de paroles
indécentes, de formules de jurements, d'imprécations, de malédictions, etc. ?

VI. Est-ce que je n'introduis pas dans la conversation des discours obscènes et malhonnêtes, louant le
vice, et vantant le péché, sous cette frivole excuse que

c'est pour passer le temps, et non point dans une mauvaise intention?

VII. Est-ce que je ne dis pas des paroles équivoques et pleines d'allusions, ce qui est d'autant plus pernicieux que la malice est plus voilée?

VIII. Comment est-ce que je me comporte dans les sociétés, les festins, dans mes rapports et mes entretiens avec les personnes du sexe? quels sont alors mes procédés et ma circonspection? En général ai-je soin que mes récréations ne renouvellent pas les douleurs et les plaies de Jésus-Christ?

IX. Ne suis-je pas trop libre et trop familier dans ma manière d'être, au risque de me faire mépriser, sans compter les autres inconvénients? Dans mes badinages ne suis-je pas excessif ou fâcheux, au risque d'exciter des contestations?

X. Comment est-ce que je me comporte, quand il s'élève quelque discussion? Est-ce que je me rends à la raison, ou bien suis-je de ces hommes qui prennent feu à tout propos?

XI. Sais-je supporter la raillerie et les défauts de mes compagnons, me souvenant qu'ils ont à supporter les miens?

XII. Ne suis-je point passionné pour le jeu? Est-ce que je n'y donne pas trop de temps, trop d'argent? Quelle est ma conduite quand je perds? Est-ce avec tranquillité d'esprit? Est-ce que je n'y donne pas tellement de temps que cela me détourne d'affaires plus importantes et particulièrement de celle qui est la plus importante, le salut de mon âme? Enfin quelle est ma conduite à la chasse? Est-ce que je ne cause aucun dommage notable aux campagnes, et en général est-ce que je ne prends pas de divertissement nuisible au prochain, sans songer à réparer le tort que je lui fais?

VIII° EXAMEN.

SUR LES DEVOIRS D'ÉTAT ET SUR L'EMPLOI DONT ON EST CHARGÉ.

I. M'en suis-je enquis avec le soin convenable, pour connaître mes obligations de conscience? Y ai-je pensé, ai-je interrogé et consulté, ai-je surtout recouru à Dieu dans mes difficultés et mes doutes?

II. Est-ce que je sais tout ce qu'un chrétien doit croire, non seulement quant à la substance des mystères de la foi, mais encore quant à la manière de recevoir les Sacrements dignement et avec fruit?

III. Est-ce que je connais les devoirs que le charité m'impose envers Dieu et envers le prochain? Comment est-ce que j'accomplis le précepte de la charité envers les ennemis, de l'aumône envers les pauvres, de la correction paternelle et du bon exemple, etc.?

Tels sont les devoirs communs à tout chrétien. Chacun doit réfléchir en outre sur ses devoirs particuliers, comme père de famille, comme ecclésiastique, etc.

IV. Un père, une mère doivent réfléchir s'ils soignent convenablement l'éducation de leurs enfants, s'ils les forment à la crainte de Dieu et à la piété, s'ils leur donnent le bon exemple, s'ils ne leur laissent pas trop de liberté; s'ils ne les empêchent pas de suivre la voix de Dieu quand il les appelle à l'état religieux, ou bien si par des vues d'intérêt ou d'autres motifs, ils ne les forcent pas à l'embrasser sans vocation; s'ils ne consument pas en jeu et en dépenses de luxe, si pas pis, les sommes nécessaires à la subsistance de leur famille; s'ils ne tiennent pas chez eux de mauvais tableaux ou des livres obscènes, au grand préjudice des âmes de leurs enfants.

V. Que le maître s'examine s'il n'oblige pas ses serviteurs et inférieurs à travailler les jours de fête sans permission; s'il ne leur commande pas des choses

qu'ils ne peuvent accomplir sans péché ; s'il veille sur
leur conduite, sans tolérer le scandale ni protéger le
vice, usant au contraire de son autorité pour le réprimer ; s'il accorde à ses serviteurs, du moins de temps
en temps, le loisir d'approcher des sacrements, les y
exhortant même aux principales fêtes : s'il ne manque
pas aux conventions faites avec eux, et s'il ne leur refuse
pas ou ne diffère pas leur salaire d'une manière indis-
crète, sans réfléchir au préjudice qu'ils éprouvent.

VI. Que le maître réfléchisse en outre s'il ne tient
pas le salaire de ses ouvriers, ou s'il ne néglige pas de
satisfaire ses créanciers, comme la justice l'exige, pour
s'adonner à l'ambition, au luxe et à de vaines dépenses.

VII. De plus il doit examiner comment il traite ses
serviteurs et ses autres subordonnés ; s'il ne les mal-
traite pas en paroles et en faits, oubliant qu'ils sont
l'image de Dieu leur créateur, et ne réfléchissant pas,
que s'ils lui sont inférieurs, du côté de la fortune, ils
valent peut-être mieux que lui dans l'ordre de la grâce
et aux yeux de Dieu.

VIII. Que le fils de famille examine avec quel respect, quel amour et quelle obéissance il se conduit
envers ses parents.

IX. Les tuteurs, les administrateurs, les procureurs,
les avocats, les juges, et tous ceux qui sont chargés
d'un ministère qui intéresse les autres, et surtout le
public, ont à considérer si le bien commun et non
leur intérêt privé est la première règle de leur conduite ; si par ambition ou par avarice, ils n'ont point
entrepris une charge pour laquelle ils n'ont ni la
science ni la capacité requise ; s'ils ne se chargent pas
de plus d'emplois et de ministères qu'ils ne peuvent,
de sorte qu'ils soient dans la nécessité de négliger
l'un ou l'autre au préjudice du prochain ou du public,
et, ce qui est pis, au préjudice irréparable de leur
propre salut.

X. Qu'ils réfléchissent s'ils ne permettent pas à

leurs officiers ou employés inférieurs des vexations et des exactions, etc.

XI. Qu'ils examinent comment ils se conduisent, quand il s'agit de consultation, de remise, ou qu'ils doivent voter et juger, mais surtout quand il s'agit de choisir leurs employés et leurs subordonnés pour des fonctions publiques ; qu'ils voient s'ils ont uniquement égard au bien commun et au mérite du sujet ; ou bien si leur préférence n'est point motivée sur des considérations d'amitié, de parenté, de recommandation, d'ambition ou d'intérêt, pour se faire, comme on dit, des créatures.

XII. Qu'ils réfléchissent que le tort fait aux hôpitaux, aux lieux pieux, aux legs, aux pupilles, aux veuves, retombe sur ceux qui en sont la cause, et qu'ils en sont responsables.

Enfin que chacun réfléchisse, si, dans le choix d'un état, d'un ministère, d'un emploi quelconque, ou dans une entreprise d'importance, il observe les trois règles de saint Ignace, qui sont : 1° une inspiration manifeste de Dieu, qui ne laisse pas de doute sur la volonté divine. 2° Décider ce que nous voudrions avoir fait à la mort dans de telles circonstances. 3° Choisir pour nous le parti que nous conseillerions à un ami dont nous souhaitons le bien.

DERNIER EXAMEN.

POUR LES PERSONNES QUI ONT EMBRASSÉ L'ÉTAT ECCLÉSIASTIQUE.

I. Quelle idée avez-vous de la dignité sacerdotale ? quelle estime en faites-vous paraître dans la pratique ? Votre manière de vivre donne-t-elle occasion aux séculiers de l'estimer ou de la mépriser ?

II. Dans quelle vue avez-vous embrassé l'état ecclésiastique? Aspirez-vous au sacerdoce? et pourquoi? Si vous êtes prêtre, aspirez-vous à quelque emploi ecclésiastique, et dans quelle vue? Quels moyens employez-vous pour y parvenir?

III. Connaissez-vous les obligations de l'état ecclésiastique, et particulièrement celles qui sont attachées au sacerdoce? Quels moyens avez-vous employés et employez-vous actuellement pour vous en acquitter, et comment y satisfaites-vous, tant en ce qui vous regarde vous-même, qu'en ce qui regarde le prochain?

IV. Comment célébrez-vous le redoutable sacrifice de la messe? dans quelle intention l'offrez-vous? y apportez-vous les dispositions intérieures essentielles? observez-vous les rites et cérémonies nécessaires? gardez-vous toute la décence convenable dans un acte de cette importance? quel temps employez-vous à la préparation? avec quelle dévotion actuelle célébrez-vous et en combien de temps? quelle est votre action de grâces, et à quoi vous y appliquez-vous?

Si vous n'êtes pas encore prêtre, avec quelle pureté et quels sentiments vous disposez-vous à un ministère si divin? Fréquentez-vous la sainte table, et comment?

V. Comment récitez-vous l'office divin et celui de la sainte Vierge, si vous y êtes tenu? quelle est votre attention, votre prononciation, votre respect extérieur, etc.?

VI. Etes-vous bien persuadé que l'exemple d'un ecclésiastique est d'une grande conséquence, soit en bien, soit en mal, par rapport aux séculiers? vous montrez-vous convaincu en pratique de cette vérité, en donnant le bon exemple dans l'intérieur de votre maison et au dehors, à l'égard de ceux que vous voyez plus souvent?

Fuyez-vous avec soin jusqu'à l'ombre et jusqu'aux moindres occasions de ces vices qui, étant plus pernicieux et plus communs, doivent être combattus avec prudence, parce qu'ils peuvent être un sujet de damnation? Or, c'est ce que ne peut faire avec succès un ecclésiastique qui serait tant soit peu suspect en ces matières.

VII. Gouvernez-vous bien votre langue, qui est si souvent consacrée par le corps et le sang de Jésus-Christ? Considérez-vous que certaines paroles pourraient être un péché grave dans votre bouche, sans l'être dans celle d'un séculier, tant à cause de la dignité éminente de votre état, qu'à raison du scandale ou d'autres considérations particulières?

VIII. Quelle est votre conduite, par rapport à l'habit ecclésiastique, à la tonsure, etc.? Quelle idée avez-vous du respect qui est dû aux saints canons, aux prélats, etc.?

IX. Prenez-vous pour règle de conduite les statuts de votre saint état, ou seulement la vie honnête des simples fidèles? Faites-vous attention aux désordres graves et au préjudice considérable qui résulteraient pour vous de cette manière d'agir?

X. N'employez-vous pas le temps à des choses inutiles et à des entretiens séculiers, au lieu de vous occuper de ce qui est propre à votre état, et utile à votre ministère? Donnez-vous à l'étude un temps et un objet convenables? Vous occupez-vous de lectures spirituelles? Au contraire ne perdez-vous pas le temps en des lectures profanes, pernicieuses pour tout le monde et inconvenantes pour un homme de votre caractère?

XI. Etes-vous bien persuadé que l'oraison est souverainement nécessaire à un ecclésiastique, et que sans elle, vous ne parviendrez jamais à vivre selon la sainteté de votre vocation, ni à satisfaire aux obligations de votre ministère? Quel temps y consacrez-vous, et de quelle manière y vaquez-vous?

XII. Si vous avez quelque pension ou bénéfice ecclésiastique, en considérez-vous les revenus comme le

patrimoine de Jésus-Christ et les partagez-vous avec les
pauvres? ou bien ne les employez-vous pas en des
dépenses de luxe ou en des superfluités qui ne conviennent pas à votre état, et cela, sans le moindre
scrupule?

PRATIQUES FORT UTILES POUR CEUX QUI ONT FAIT LES EXERCICES SPIRITUELS.

Justificationem quam cœpi tenere, non deseram.
(Job. xxvii.)
Je n'abandonnerai pas la bonne voie que j'ai com-
mencé à suivre.

Industries pour persévérer et s'assurer une bonne mort.

I. Recourir à Dieu par de fréquentes aspirations, et
le supplier de conserver en nous le souvenir toujours
vivant des vérités que nous avons découvertes dans les
méditations de la retraite. Ne m'ôtez pas votre Saint-
Esprit. Affermissez mes pas dans vos sentiers, afin que
rien ne m'en puisse détourner. *Spiritum sanctum tuum
ne auferas a me. Perfice gressus meos in semitis tuis, ut
non moveantur vestigia mea.*

II. Voyez quels sont les ennemis de votre persévérance : si ce sont vos compagnons, votre instabilité
naturelle, vos occupations, vos passions immortifiées,
ou bien le respect humain; et pensez aux moyens à
prendre pour en triompher.

III. Prendre une maxime de foi, pour règle de
notre vie.

IV. Faire chaque année son règlement de vie, selon
la diversité de nos emplois, mais toujours sous la
direction du père spirituel, et le relire au moins une
fois le mois, pour voir si on l'observe. Surtout établir
et déterminer dans ce règlement quand on s'appro-
chera des sacrements.

V. S'exercer souvent, pendant la vie, aux actes des vertus qui sont si nécessaires à la mort, tels que les actes de foi, d'espérance, de charité, de contrition, de conformité à la volonté de Dieu. Surtout s'appliquer avec grand soin à déraciner ses mauvaises habitudes, afin qu'après avoir reçu les derniers sacrements, elles ne puissent nous entraîner au péché et nous perdre ainsi pour l'éternité.

VI. Sortir des exercices avec la résolution de ne pas s'épancher aussitôt en des rires et une licence superflue. Le démon et ses suppôts, ainsi que notre naturel, nous y porteront, afin de nous faire perdre en un seul jour tout le fruit de la retraite.

VII. Commencer aussitôt le genre de vie que nous voulons garder, nous souvenant qu'il ne suffit pas de bien commencer, mais qu'il faut persévérer ; car c'est celui qui aura persévéré qui sera sauvé.

VIII. Un excellent moyen de persévérer dans le bien, c'est la direction spirituelle qu'on trouve dans les associations pieuses ou les congrégations, tant à cause des règles qui s'y observent, que des bons exemples dont on y est témoin. Il est donc utile, pour se conserver dans la piété, ou de s'y agréger ou d'y persévérer avec ferveur et assiduité, si déjà on y est agrégé.

Finalement, comme la persévérance est un don gratuit de Dieu, il faut la demander chaque jour avec instance et exécuter fidèlement les promesses faites à Dieu : *hoc fac, et vives*. Faites cela, et vous vivrez.

RÈGLES POUR VIVRE CHRÉTIENNEMENT ET CONSERVER LE FRUIT DES SAINTS EXERCICES.

Chaque année.

I. Faire chaque année, autant que possible, les exercices spirituels, ou choisir quelques jours pour nous occuper uniquement de notre âme. Prendre ce temps pour faire une confession générale de toute l'année auprès d'un confesseur docte, pieux, prudent et qui ait toute votre confiance ; il importe grandement que vous continuiez de vous adresser à lui, et que vous le consultiez sur toutes choses, sachant qu'il est plus spécialement assisté de Dieu que tout autre pour vous donner de bons conseils.

II. Préparez-vous aux fêtes les plus solennelles par des exercices particuliers ou par des neuvaines, en assistant aux offices qui se font à cette fin, ou en suivant la direction de votre père spirituel, ou enfin en consultant de bons livres imprimés à cet effet.

III. Sanctifiez d'une manière spéciale les fêtes de Notre-Seigneur et de la sainte Vierge, en vous approchant, ces jours-là, des sacrements, tant pour gagner les indulgences, que pour obtenir les grâces particulières dont vous avez le plus besoin.

Je vous exhorte aussi à communier le jour de saint Ignace, patron des saints exercices, et à le regarder toujours comme votre avocat. Vous pourrez aussi faire en son honneur l'exercice des dix dimanches.

Chaque mois.

I. Le premier dimanche ou le premier vendredi de chaque mois, employez toute la journée à faire votre préparation à la mort. Confessez-vous et communiez ce jour-là comme si vous étiez sur le point de mourir. Faites au moins deux méditations, l'une le matin, l'autre l'après-dîner ou le soir. Ce jour-là abstenez-vous de toute occupation non indispensable, de tous jeux, de toutes conversations même permises. Donnez quelque temps de plus à l'oraison, à la lecture spirituelle, à l'examen de conscience, comparant un mois avec le précédent, et vous appliquant à réformer vos actions ordinaires.

Relisez les pensées et les résolutions de la retraite, réfléchissez à ce qui vous donnerait le plus d'appréhension à la mort, et à ce que vous voudriez avoir fait alors. Proposez-vous en particulier de vous amender de votre défaut le plus habituel et de pratiquer pendant le mois suivant une vertu déterminée. Ayez soin de vous pourvoir d'un livre qui vous aide à faire ce jour de retraite.

II. Choisissez un saint pour patron spécial du mois, recourez à lui chaque jour; entendez une messe de plus le jour de sa fête, ou visitez son autel, faites quelque aumône ou quelque bonne œuvre en son honneur; priez-le de vous assister au moment de votre mort, si elle doit avoir lieu pendant le mois.

III. Choisissez un jour pour rendre compte de votre conscience à votre père spirituel, en dehors même de la confession, s'il n'y a pas d'inconvénient.

Manifestez-lui en toute sincérité, sous le sceau et le secret de la confession, vos doutes, vos passions et vos tentations. Consultez-le sur la manière de vous conduire, tant pour l'amendement de vos défauts que pour votre avancement dans la vertu. Sachez bien que c'est là le moyen le plus excellent pour faire des progrès dans la voie du salut, et pour vous assurer une bonne et sainte mort!

Chaque semaine.

I. Sanctifiez les jours de fêtes, en vous rendant aux offices et aux réunions pieuses, en assistant aux ser-

mons, et en visitant avec piété les églises où il y a
indulgence et adoration. N'oubliez pas de prendre
part aux instructions qui se font sur la doctrine chrétienne. Si vous êtes à même d'instruire les autres,
faites-le avec patience et charité, vous souvenant que
c'est l'office d'un apôtre et qu'il y a en cela un grand
mérite devant Dieu.

II. Le vendredi, faites quelque pénitence corporelle,
d'après le conseil de votre père spirituel, ou bien cinq
actes de mortification en mémoire de la passion et des
cinq plaies de Jésus-Christ. Si vous êtes de la confrérie
de la Bonne Mort, ne manquez pas d'assister aux
réunions qui ont lieu dans le cours de la semaine.

III. Le samedi, jeûnez, si vous le pouvez, ou prati-
quez quelque abstinence en l'honneur de la Vierge
Immaculée. Lisez quelque ouvrage qui traite de ses
louanges ; visitez une église ou un autel qui lui est
dédié. Privez-vous, par amour pour elle, de quelque
récréation permise. surtout, si vous vous disposez à
faire le lendemain la sainte communion.

Chaque jour.

I. Levez-vous de bonne heure, et élevez aussitôt
votre cœur à Dieu pour lui offrir toutes vos actions.
Priez-le qu'il ne vous laisse pas tomber dans le péché,
et surtout dans celui que vous commettez plus souvent ; proposez-vous de tout cœur de vous en amender.
Ayez l'intention de gagner toutes les indulgences que
vous pourrez dans le cours de la journée. Recommandez-vous à la bienheureuse Vierge, à votre ange
gardien, à vos saints patrons, et aux saintes âmes du
purgatoire.

II. Employez au moins un quart d'heure à l'oraison
mentale ; assistez dévotement à la sainte messe. Lisez
quelque livre de piété, au moins pendant un quart
d'heure, vous gardant bien d'en perdre le fruit, en

faisant ensuite de mauvaises lectures. Le soir, examinez-vous en général sur tous vos défauts, et en particulier sur celui que vous voulez extirper. Imposez-vous
de vous-même quelque pénitence et faites quelque
acte de vertu ou quelque mortification, en l'honneur
de la sainte Vierge.

III. Ayez un soin particulier d'éviter les mauvaises
compagnies, les discours immodestes, les jeux immo-
dérés. Prenez garde surtout à ne pas vous laisser surprendre par le démon qui se flatte de vous séduire en
vous cachant le piège des occasions prochaines.

IV. Enfin, élevez de temps en temps votre esprit ·
vers Dieu par des oraisons jaculatoires. Rappelez-vous
sa présence, surtout quand vous êtes plus assailli par
les tentations. Offrez à Dieu vos actions indifférentes,
l'étude, l'application aux affaires, vos délassements
honnêtes, tâchant de le glorifier en tout, et de tirer
du mérite de tout ce que vous faites. Fuyez l'oisiveté,
source de tant de péchés; appliquez-vous sérieusement
à l'étude, si vous êtes jeune; si vous êtes plus avancé
en âge, aux affaires de votre maison et aux devoirs de
votre état. Voilà ce que Dieu veut de vous. Enfin souvenez-vous que telle est la vie, telle est la mort. *A
vita mors ; a morte æternitas.*

RÉSOLUTIONS COMMUNES A TOUS.

I. Si jamais vous avez le malheur de tomber dans
le péché mortel, confessez-vous-en le jour même, et
ne différez pas jusqu'à la prochaine fête.

II. Confessez-vous souvent, et le plus souvent possible, au même confesseur.

III. En cas de maladie, être le premier à faire
venir le médecin spirituel, dès le début du mal. Soyez
sûr qu'il y en a beaucoup qui meurent sans confession,

à cause des craintes superflues des parents, ou qui
n'ont que le confesseur, lorsqu'ils sont tellement
accablés par le mal, qu'ils sont presqu'incapables de
rien faire, au risque de ne pas se bien confesser.

MÉTHODE ABRÉGÉE POUR LA CONFESSION GÉNÉRALE.

Voici une courte méthode pour vous faciliter l'examen de conscience qui effraie à tort une foule de personnes. Si vous procédez d'après la marche que je
vais vous tracer, j'espère que vous n'y verrez pas de
difficulté.

Recommandez-vous de tout cœur à Dieu pour qu'il
éloigne le démon de vous ; en effet si le démon ne
réussit pas à vous détourner de la confession, il cher-
chera sans doute à vous troubler par des scrupules et
des inquiétudes inutiles.

L'examen que je vous propose roulera successivement sur vos pensées, vos paroles, vos actions et vos
omissions. Parcourez-le attentivement dans cet ordre
là même, qui peut vous servir aussi fort bien pour vos
confessions ordinaires.

Je vous recommande trois choses La première, de
ne pas vous embrouiller l'esprit, à lire d'autres examens, parce que, quand on y met un soin raisonnable,
on n'est pas obligé de faire davantage. Ceci est encore
plus vrai si vous faites une confession générale, par
pure dévotion ; car alors on n'est pas tenu de dire tous
les péchés qu'on a déjà confessés antérieurement, bien
qu'il soit mieux de les dire tous. Et s'il s'agit d'une
confession générale nécessaire, en supposant que vous
veniez à oublier, par mégarde, un péché mortel, vous
ne serez obligé de le confesser que lorsque vous vous
en souviendrez, sans devoir réitérer pour cela votre
confession générale.

La seconde, c'est qu'avant tout, vous fassiez l'examen de vos pensées, paroles, actions et omissions, par rapport au péché dans lequel vous êtes tombé le plus souvent; et ce péché-là, vous le trouverez sans grande recherche. Cet examen fait, suivez le même ordre pour l'examen des autres péchés; écrivez le tout distinctement et d'après la marche que nous allons indiquer, d'abord les pensées, puis les paroles, les actions et les omissions.

La troisième, est que si vous avez fait pendant quelque temps des confessions nulles et sacrilèges, vous commenciez par le dire à votre confesseur, en expliquant le nombre d'années et celui des confessions et des communions que vous aviez coutume de faire. Il serait bon aussi de mettre en tête les péchés commis depuis la dernière confession particulière.

EXAMEN SUR LES PENSÉES.

Aux pensées se rapportent tous les péchés intérieurs contre Dieu et contre le prochain : désirs, complaisances, doutes contre la foi, soupçons, jugements téméraires, haines, affections coupables envers d'autres personnes, intention de faire le mal etc.

Avis.

1° Les pensées mauvaises ne sont des péchés, que quand on consent avec délibération à la teutation, ou qu'on s'y arrête volontairement et avec advertance, en prenant plaisir à ces imaginations.

2° Avoir l'intention ou le désir de faire quelque chose qui est défendu, est toujours un péché, quand même on n'en viendrait pas à l'exécution; et si la matière est grave, c'est toujours un péché mortel.

3° Il ne suffit pas de dire en général : J'ai eu des

pensées mauvaises ; mais il faut expliquer en quelle
matière, si ce sont des pensées déshonnêtes, de vengeance, etc. Si vous vous y êtes arrêté avec désir ou
complaisance, et si ce désir regardait d'autres personnes, dites en géneral avec quelle sorte de personnes
et de quelle manière.

EXAMEN SUR LES PAROLES.

Aux paroles on peut ramener tous les péchés de
langue contre Dieu et contre le prochain : blasphèmes,
jurements, malédictions, imprécations, mauvais conseils, forfanterie d'avoir péché, médisances, injures,
menaces, mensonges, faux témoignages, et enfin discours impurs tenus ou entendus, chansons obscènes
dites ou entendues, paroles équivoques, etc.

Avis.

1° Vous ne devez pas dire en général : J'ai dit des
paroles inconvenantes, mais il faut expliquer en particulier en quelle matière. Si ce sont des injures,
contre quelle espèce de personnes, et si c'est en leur
présence ou seulement à part vous.

2° Pour les médisances, il faut expliquer si c'était
en matière grave, avec réflexion, et sur des choses qui
ne sont pas publiques. Ce n'est point une excuse de
dire que votre médisance n'avait rien de vrai, ou que
vous l'avez faite en confidence, à moins que ce ne fût
à quelqu'un qui pût et dût remédier au mal, et afin
qu'il y remédiât en effet, car alors il n'y a pas de
péché ; toutefois il faut ici de la discrétion.

3° Quant aux discours déshonnêtes, il faut expliquer
s'ils n'ont point scandalisé les personnes présentes,
si vous n'avez pas excité les autres à continuer sur le
même ton ; si vous ne leur avez pas lu des livres obscènes, etc. Enfin il faut expliquer si, en parlant de ces

choses, vous avez eu de mauvais désirs ou quelque complaisance coupable.

EXAMEN SUR LES ACTIONS.

Aux actions se rapportent tous les péchés extérieurs contre Dieu et contre le prochain. Il vous sera facile de vous les rappeler, en parcourant les commandements du Décalogue et de l'Eglise, les péchés capitaux et les obligations de votre état.

Avis.

Outre le péché, il est encore nécessaire de manifester les circonstances qui en changent l'espèce. Mais comme il est si difficile de connaître toujours ce qui change l'espèce du péché, consultez votre conscience, elle vous dira quelles sont celles qui rendent le péché plus grave et plus odieux. Le plus souvent, ce sont les circonstances *de lieu,* par exemple si vous avez péché dans le lieu saint ; — *de manière,* par exemple si c'est en présence d'autres ; *de personnes,* par exemple si vous avez péché avec une personne liée par vœu ; il ne faut cependant pas nommer la personne. Ainsi voler un objet d'églises ; engager les autres à voler ; usez de violence pour voler ; voler à des pauvres : voilà autant de circonstances qui rendent le vol plus grave, à raison du lieu, de la manière, et des personnes. Vous pourrez appliquer ces circonstances aux autres péchés, selon leur nature.

EXAMEN SUR LES OMISSIONS.

Aux péchés d'omission se rapportent les actions qu'on a négligées par indolence ou par mauvaise volonté, et auxquelles on était tenu soit en vertu d'un commandement, soit par vœu, soit par devoir d'état. Par exemple : ne pas entendre la messe les jours de fêtes ; ne pas dire tous ses péchés mortels à confesse ; ne pas faire la pénitence imposée par le confesseur ; ne pas s'acquitter de ses vœux, de ses engagements, de ses promesses en matière grave ; ne pas restituer le bien ou la réputation du prochain ; ne pas satisfaire ceux qu'on a offensés ; ne pas avoir le soin requis de sa famille, quand on est chef de maison ; ne pas mettre le soin convenable à s'instruire des choses nécessaires au salut ; ne pas demander conseil à des personnes instruites, en cas de contrats et d'affaires douteuses ; négliger de prévenir le dommage du prochain quand on le peut et qu'on le doit.

Avis généraux concernant l'examen.

Je joins ici, pour terminer, trois avis qui embrassent tout l'examen.

1° S'il s'agit de péchés graves, il faut en dire le nombre, c'est-à-dire combien de fois on a péché en pensées, paroles, etc. Un bon nombre s'effraient de devoir rechercher le nombre de leurs fautes, et pour ce motif ils n'osent entreprendre une confession générale. Mais voyez combien cela est facile : rappelez-vous à quelle époque de votre vie, vous avez commencé à commettre tel péché, puis dites au moins combien de fois environ vous l'avez commis par semaine ou par jour. Par exemple : il y a tel nombre d'années, que je commets tel péché, et j'y suis tombé chaque jour, ou bien deux ou trois fois par semaine, est-ce là quelque chose de si difficile? et pourtant, cela suffit, quand on ne peut pas dire le nombre précis ; car si vous le saviez au juste, il faudrait le dire.

2° Confessez les péchés certains comme certains, et les douteux comme douteux. Qu'ils soient sur vos lèvres, tels qu'ils sont dans le cœur ; autrement la honte qui vous porterait à les diminuer, ne manquerait pas de vous causer, par la suite, des scrupules raisonnables.

3° Soyez disposé à répondre avec sincérité aux questions du confesseur, et cette disposition suppléera en grande partie à ce qui aurait manqué à votre examen, par défaut de connaissance.

DE L'OBLIGATION D'ÉCARTER L'OCCASION PROCHAINE DU PÉCHÉ MORTEL. — CONDITION INDISPENSABLE POUR SE BIEN CONFESSER.

Si toute espèce de repentir suffisait pour faire une bonne confession, la majeure partie des confessions serait valable ; car tout pécheur qui se confesse éprouve toujours un déplaisir quelconque d'avoir péché. Mais le repentir, pour être suffisant, doit être efficace, et son efficacité doit surtout se manifester par la rupture des occasions prochaines et volontaires où l'on se trouve, et où l'on sait par expérience qu'on a fait des chutes fréquentes.

Un confesseur interrogera quelquefois son pénitent, et lui demandera : Combien y a-t-il de temps que vous menez cette mauvaise vie? — Il y a sept ans, répond le pénitent que j'entretiens cette liaison ; je me suis toujours confessé du mal qui en est résulté. — Vous vous en êtes toujours confessé? J'ai grand'peine à admettre le terme. Si par confession, vous entendez l'aveu complet de vos fautes, je vous l'accorde facilement ; mais l'aveu des fautes n'est qu'une partie de la confession, elle n'est pas la principale, et moins encore toute la confession. Il y manque l'âme et l'essence de la confession, qui consiste dans un repentir sincère et un propos efficace. Mais si pendant sept ans vous avez volontairement entretenu cette liaison, sachant bien qu'elle était pour vous une occasion prochaine de péché, c'est comme si vous ne vous étiez pas confessé, et ce qui est pis, vous avez sur la conscience sept mauvaises pâques.

Considérez donc, vous, qui vous trouvez enlacé dans une mauvaise occasion, et qui ne faites que passer du péché à la confession et de la confession au péché; considérez, dis-je, et craignez qu'à la mort, vous ne voyiez se dresser devant vous une foule de péchés que vous pensiez déjà pardonnés et effacés. *Est generatio quœ sibi videtur munda, et non est lota a sordibus suis.* Il y a une race, dit l'Esprit-Saint, qui se croit pure et qui n'est point lavée de ses souillures. Ce n'est pas un ni deux, mais un grand nombre, et toute une race de pécheurs qui se disent à eux-mêmes : Je me suis confessé, j'ai reçu l'absolution. Il n'en est rien, parce qu'ils n'en sont jamais venus jusqu'à rompre avec l'occasion prochaine et volontaire; ils n'ont jamais eu un repentir assez efficace pour effacer leurs péchés.

D'autres pensent que la fuite de l'occasion prochaine est un simple conseil que le confesseur donne au pénitent, pour prévenir les rechutes ; cette opinion manque tout à fait de justesse. La fuite de l'occasion prochaine n'est pas seulement un conseil du confesseur, mais un commandement de Dieu; elle n'est pas seulement utile pour éviter le péché à l'avenir, mais elle est rigoureusement nécessaire pour effacer les péchés présents; et si c'est un précepte, conséquemment celui qui ne l'observe pas, ne se confesse pas bien et n'obtient pas le pardon de ses péchés.

J'ai dit que c'est un commandement de Dieu; en effet, la même loi qui nous défend le péché, nous défend en même temps de nous exposer aux dangers prochains du péché. Si la loi de la charité nous défend de nous tuer nous-mêmes, elle défend aussi de nous exposer volontairement au danger prochain de perdre

la vie. C'est ainsi que dans beaucoup de diocèses, c'est
un cas réservé quand une mère ou une nourrice tient
la nuit dans son lit un enfant à la mamelle, sans séparation, par la raison qu'il y a en cela pour la pauvre
petite créature un danger prochain de suffocation,
comme il est arrivé maintes fois. Qu'une de ces mères
aille un jour à confesse, et s'accuse d'avoir gardé une
nuit son enfant dans son lit, sans les précautions
requises ; un simple confesseur ne pourra l'absoudre ;
et pourquoi? la petite créature n'a pas été suffoquée ;
il n'en est résulté aucun accident; n'importe. Vous
l'avez exposée au péril prochain d'être suffoquée ; il
n'en faut pas davantage pour commettre un péché
grave.

Maintenant celui qui se dit : Je garderai chez moi
telle personne, mais je ne pècherai plus ; je continuerai telle visite ; je secourrai telle famille, j'irai à
tel divertissement où j'ai souvent péché, mais je suis
bien résolu de ne plus pécher ; celui-là a déjà transgressé la loi de Dieu ; je dis transgressé, non pas
quant au point qui défend de consentir à l'impureté,
mais quant au point qui défend de s'exposer à ce
consentement, de sorte que s'il n'est pas pécheur en
un sens, il l'est dans un autre. Or, celui qui est dans
des dispositions criminelles, comment peut-il se bien
confesser ?

Voilà pourquoi Notre-Seigneur, parlant des occasions prochaines du péché, en saint Matthieu, commande de s'en séparer et de les éloigner : Si votre
pied ou votre main vous scandalise, dit-il, retranchez-
le et jetez-le loin de vous. *Si manus tua, vel pes tuus
scandalizat te, abscinde eum et projice abs te. Coupez-le,*
voilà la séparation ; *jetez-le loin de vous,* voilà l'éloignement. Seigneur, j'emprisonnerai le pied, je lierai
la main, je fermerai l'œil. — Cela ne suffit pas, dit le
Seigneur ; celui-là n'observe la loi qu'à demi, qui
reste voisin de l'occasion ; il faut couper le pied, la

main et de plus les jeter au loin. Il faut arracher l'œil et le jeter au loin. Quand une personne vous serait aussi chère que vos yeux, quand une chose vous serait aussi utile que la main, quand une amitié vous serait un soutien aussi précieux que le pied, je veux séparation et éloignement. N'ayez point de rapports avec cette personne, ne la secourez pas, ne lui écrivez pas, n'en prenez point de souci, précisément comme on fait d'un membre retranché du corps et dont on ne tient plus compte. Sans cette séparation, vous n'observez pas toute la loi de Dieu, et, par conséquent, vous n'êtes pas capable d'absolution.

Un commandant qui se mettrait volontairement en danger prochain de perdre la place qu'il est chargé de défendre, un gentilhomme qui s'exposerait au danger prochain d'encourir l'infamie, un père de famille qui permettrait à ses filles de s'exposer à perdre l'honneur, ne manqueraient-ils pas gravement aux devoirs de gouverneur, de gentilhomme et de père? et celui-là croira remplir ses devoirs de chrétien, qui persiste dans l'occasion prochaine de perdre son âme et d'offenser mortellement son Dieu?

Que le pénitent dise donc tant qu'il voudra : Je continuerai à voir cette société, je retiendrai l'occasion, mais je ne pècherai plus. Ne le croyez pas. S'il retient l'occasion, il pèche déjà par le fait, et par ce seul fait, il est déjà pécheur.

Ajoutez à ce qui a été dit, que si vous éprouvez de la difficulté pour abandonner l'occasion prochaine, c'est un indice assez sérieux que vous aimez le péché ; or, peut-on aimer et détester tout à la fois le péché? Et puis, comment le haïr de la sorte plus que tout autre mal? Celui qui aime et qui veut une chose qui a une liaison morale avec le péché, montre clairement par là qu'il aime et qu'il veut le péché lui-même. Un voleur qui ne veut pas se défaire de ses fausses clefs, témoigne qu'il a encore envie de voler. Un ivrogne

qui ne veut pas s'éloigner des cabarets, à qui persua-
dera-t-il qu'il déteste l'ivrognerie sur toutes choses?
Un homme habitué au tabac, et qui veut se débarrasser
de cette servitude, mais qui porte toujours en poche
la tabatière pleine et qui la tient ouverte sur sa table,
et jusque sur l'oreiller de son lit, témoigne-t-il une
volonté efficace de se défaire de cette habitude? Et
on voudra faire croire qu'on hait efficacement le
péché, qu'on en a le repentir requis pour la confession,
quand on cède à la difficulté de quitter l'occasion,
qui n'est que trop souvent la cause des chutes?

La fuite de l'occasion prochaine est une condition
si nécessaire pour se bien confesser, qu'on ne peut se
dispenser de la rompre et de s'en éloigner, lors même
qu'il s'agirait de notre bien spirituel ou temporel, ou
de celui d'autrui. Entre les propositions condamnées
et défendues, sous peine d'excommunication *latæ sen-
tentiæ* par Innocent XI, la soixante-troisième porte,
qu'il est permis de chercher directement l'occasion
prochaine du péché, quand il s'agit de notre bien
spirituel ou temporel ou de celui du prochain. *Licitum
est quærere directe occasionem proximam peccandi, pro
bono spirituali vel temporali nostro vel proximi.* Combien donc se trompent ceux qui disent : Je vais dans
telle maison, dans tel monastère, dans telle société,
non pas pour faire le mal, mais pour passer le temps.
Quand vous iriez pour dire l'office, ce serait encore un
péché ; non pas un péché d'incontinence, mais un
péché contre la charité que vous devez à Dieu et à
votre âme, charité qui vous défend de vous exposer à
l'occasion prochaine d'offenser l'un et l'autre.

L'expérience même prouve que les occasions prochaines auxquelles en s'expose dans de bonnes vues,
sont très souvent des pierres d'achoppement qui font
faire les plus tristes chutes. Une jeune fille, réduite à
l'extrémité par une longue maladie, fit appeler un de
ses anciens amants, pour l'exhorter à changer de vie

et à se convertir ; mais elle-même, séduite par l'occasion, se perdit misérablement ; car à la vue du jeune homme, elle se laissa aller à des élans si vifs et si affectueux, qu'elle accéléra sa mort temporelle et éternelle. Or, si l'occasion prochaine, recherchée dans des vues spirituelles et saintes, offre tant de danger, qu'en sera-t-il de celles que l'on conserve sous prétexte d'utilité, de délassement, de passe-temps ? Celui qui balaie les toiles d'araignée, tâche de tuer aussi la bête ; autrement à peine a-t-on emporté une toile, qu'elle en tisse une autre. Voilà l'image des occasions de péché ; elles sont d'une fécondité inépuisable. Otez le péché, mais enlevez aussi l'araignée, c'est-à-dire l'occasion.

D'après cette doctrine, on peut juger quel dommage cause à notre âme un confesseur qui, par une condescendance cruelle, nous donnerait l'absolution, lors même que nous ne serions pas résolu d'abandonner l'occasion prochaine du péché. Il ne lui est pas permis de vous absoudre, ni de se fier à vos promesses, lorsque vous lui avez manqué plusieurs fois de parole. Il vous dira bien : Je vous absous, *ego te absolvo* ; mais Dieu, du haut du ciel répond : Et moi je te condamne. Le confesseur vous bénit d'une main, tandis que Dieu étend la sienne pour vous maudire.

Cette doctrine est tellement certaine, qu'il est défendu d'enseigner ou de pratiquer le contraire sous peine d'excommunication, portée par Innocent XI. Ce saint pape a déclaré, avec l'assistance de l'Esprit-Saint, que c'est une erreur d'avancer qu'on puisse absoudre quelquefois celui qui se trouve dans l'occasion prochaine du péché, qu'il peut et ne veut pas abandonner. *Potest ne aliquando absolvi qui in proxima peccandi occasione versatur, quam potest et non vul dimittere.* Par conséquent un confesseur ne peut jamais absoudre celui qui est engagé dans une occasion mauvaise, et qui ne veut pas effectivement rompre sa

chaîne ; et, si un pénitent était assez pervers pour
changer à dessein de confesseur, et pour aller s'accuser
auprès de celui-ci de quatre chutes, auprès d'un second
de deux, auprès d'un troisième d'une, afin d'éviter
qu'on lui prescrive la séparation, et qu'on fasse ainsi
crever l'abcès, celui-là ne sera jamais un véritable
pénitent, et les absolutions qu'il recevra seront nulles.
Que si, pour son malheur et par une punition de Dieu,
un pécheur tombait entre les mains d'un confesseur
qui lui permit l'occasion prochaine et volontaire ; ce
confesseur serait non un père, mais un parricide, non
un père spirituel, mais un meurtrier spirituel et un
protecteur du vice. Si un faux monnayeur condamné
à mort, pour crime de fausse monnaie, obtenait sa
grâce du prince, vous semble-t-il probable qu'on
laisserait entre ses mains les moules dont il s'est servi
pour fabriquer de la fausse monnaie? Le pécheur est
coupable de la mort éternelle : la divine miséricorde
lui fait grâce de cette peine ; et il prétendrait pouvoir
retenir l'occasion prochaine de ses chutes et de son
malheur ?

Un seigneur qui était engagé dans une occasion
prochaine domestique, avait trouvé, pour son malheur,
un confesseur qui l'absolvait toujours avec une bienveillance sans égale. L'épouse de ce seigneur, femme
d'une grande piété, ne manquait pas de remuer la
conscience de son mari, en lui rendant suspectes tant
d'absolutions reçues sans qu'il rompit l'occasion. Le
mari se moquait d'elle lui disant qu'elle oubliait, sans
doute, qu'elle était une femme, et qu'elle voulait en
savoir plus que les théologiens eux-mêmes. Il continua
de vivre et de se confesser comme auparavant, et
arrivé au moment de la mort, sa confession fut semblable à toutes les autres. La dame restée veuve,
faisant un jour oraison dans sa chapelle, voit paraître
une grande flamme au milieu de laquelle elle aperçoit
un homme qui était porté sur les épaules d'un autre,

et elle entendit cette voix : Je suis l'âme de ton mari, et celui qui me porte est mon confesseur ; je suis damné pour m'être mal confessé, et lui pour m'avoir absous indignement, et nous voilà tous deux pour jamais en enfer.

Celui qui, étant engagé dans l'occasion prochaine, trouvera un prêtre pour l'absoudre à son gré, n'ira pas à pied en enfer ; mais pour moins de fatigue, il y sera porté sur les épaules de son confesseur.

FIN.

H
L
R

N
M
J

TABLE.

PREMIÈRE PARTIE.

MÉDITATIONS.

DEUXIÈME PARTIE.

MAXIMES ÉTERNELLES.

TROISIÈME PARTIE.

EXAMENS PRATIQUES.

Tournai, typ. Casterman.

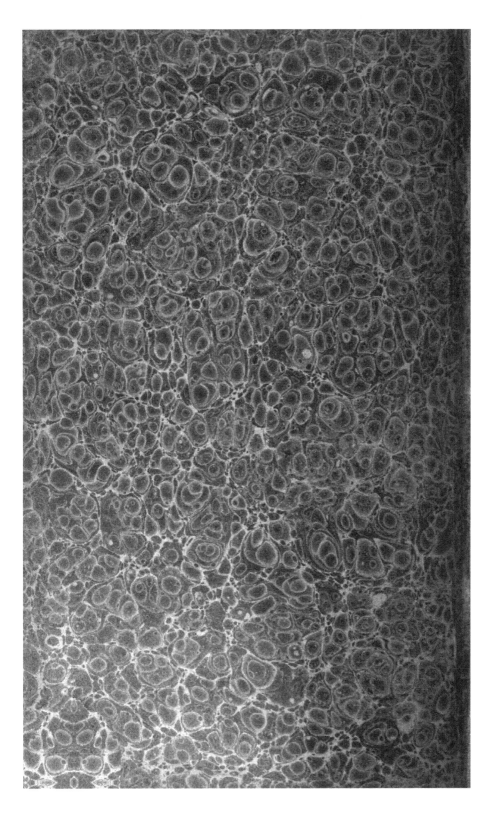

Lightning Source UK Ltd.
Milton Keynes UK
UKHW051027070720
365951UK00012BA/446